U0858084

国家自然科学基金项目研究成果
（批准号：70673090）

农村基础设施的多中心治理

Nongcun Jichu Sheshi De Duozhongxin Zhili

王春福　黄红华　李继刚　束顺民　许彬　著

中国社会科学出版社

图书在版编目（CIP）数据

农村基础设施的多中心治理/王春福等著.—北京：中国社会科学出版社，2010.11

ISBN 978-7-5004-9359-4

Ⅰ.①农… Ⅱ.①王… Ⅲ.①农村-基础设施-基本建设-中国 Ⅳ.①F32

中国版本图书馆 CIP 数据核字（2010）第 230142 号

出版策划 任 明
特邀编辑 张 鹏
责任校对 朱锡遵
技术编辑 李 建

出版发行 中国社会科学出版社
社 址 北京鼓楼西大街甲 158 号 邮 编 100720
电 话 010-84029450（邮购）
网 址 http://www.csspw.cn
经 销 新华书店
印 刷 北京奥隆印刷厂 装 订 广增装订厂
版 次 2010 年 11 月第 1 版 印 次 2010 年 11 月第 1 次印刷
开 本 880×1230 1/32
印 张 24.75 插 页 2
字 数 431 千字
定 价 48.00 元

目　录

图 表 索 引

第一章　绪论

基础设施（infrastructure）一词最早见于20世纪40年代初北大西洋公约组织对一个国家发动和应付战争能力的研究，之后成为发展经济学的重要研究内容。

《韦氏词典》对基础设施的界定是："由基地、服务训练设施等构成的整个系统，用于部队的军事行动。"① 这一定义使"基础设施"具有强烈的军事色彩。

《美国传统词典》对基础设施的界定是："一个社会或团体发挥作用所必不可少的基本的设备、服务和装置，比如交通和运输系统、水和能源管道以及学校、邮局、监狱等公共机构。"②《美国传统词典》对基础设施的这种界定，使基础设施具有了明确的经济色彩。

McGraw – Hill 图书公司1982年出版的《经济百科全书》对基础设施作出了这样的界定："基础设施是指那些对产出水平或生产效率有直接或间接的提高作用的经济项目，主要内容包括交通运输系统、发电设施、通讯设施、金融设施、教育和卫生设施，以及一个组织有序的政府和政治体制。"又指出："发展经济学有时使用'社会分摊资本'一词作基础设施的同义词。社会分摊资本是向一个以上行业提供服务为其产出的经济性投资，又进一步分为经济分摊和社会分摊资本。经济分摊资本是指道路、电力输送系统及电信等所必须的资本积累，社会分摊资本是指为教育、健康、治安、消防等服务项目所进行的投资。"③

《1994年世界银行发展报告：为发展提供基础设施》把"经济基础设施"界定为"永久性的工程构筑、设备、设施和它们所提供的为居民所用和用于经济生产的服务。这些基础设施包括公用事业（电力、管道煤

---

① 转引自王丽娅《民间资本投资基础设施研究》，中国经济出版社2006年版，第27页。

② 转引自复旦发展研究院《开放与合作：中国基础设施和产业》，学林出版社1995年版，第1—2页。

③ 同上。

气、电信、供水、环境卫生设施和排污系统、固体废弃物的收集和处理系统)，公共工程（大坝、道路、灌溉及排水用渠）以及交通设施（铁路、城市交通、海港、水运和机场)。”该报告将“经济基础设施”之外的基础设施定义为“社会基础设施”，通常包括文教、医疗保健等方面。①这是当前关于基础设施所作出的较具权威的解释。基础设施包括交通、邮电、供水供电、商业服务、科研与技术服务、园林绿化、环境保护、文化教育、卫生事业等市政公用工程设施和公共生活服务设施等。它们是国民经济各项事业发展的基础。在现代社会中，经济越发展，对基础设施的要求越高；完善的基础设施对加速社会经济活动，促进其空间分布形态演变起着巨大的推动作用。建立完善的基础设施往往需较长时间和巨额投资。对新建、扩建项目，特别是远离城市的重大项目和基地建设，更需优先发展基础设施，以便项目建成后尽快发挥效益。

农村基础设施可以分为基础生产设施与基础生活设施，其内容主要包括农田水利设施，农村交通运输、通讯设施，水电、能源提供设施以及为农村劳动力再生产提供服务的医疗、卫生、保健、文化、娱乐和体育设施等。也有人根据其所提供的服务性质不同，将农村基础设施分为三种类型：一是生产服务设施，如水利设施、农业科研和技术推广服务机构等；二是生活服务设施，如医疗、文化设施等；三是生产生活服务设施，如教育、道路和通信设施等。② 在一些政府文件中，也将农村基础设施分为生产性基础设施、生活基础设施、生态保护基础设施和农村社会事业基础设施等类别。③

农村基础设施是最重要的农村公共物品，它对农业生产、非农生产、农民人均收入以至农村消费和农村现代化进程均具有显著影响；④ 基础设

① 世界银行：《为发展提供基础设施》(1994 年世界银行发展报告)，毛晓威等译，中国财政经济出版社 1994 年版，第 13 页。

② 王瑜、应瑞瑶：《农村基础设施投资与农民收入关系再探讨——基于江苏省的实证分析》，《江西农业学报》2007 年第 9 期。

③ 国家发展和改革委员会：《2007 年政府支农投资指南》2007 年第 6 期。

④ Aaron, Henry J. 1990. *Comments on Why is Infrastructure Important*, in Alicia H. unnell, ed. Is There a Shortfall in Public Capital Investment? pp. 51—63, Boston Mass.: Federal Reserve Bank of Boston; MS Bhatia 1999. *Rural Infrastructure and Growth in Agriculture*, Economic and political; March 27, 1999; Jocelyn A. Songo. 2002. *Do Rural Infrastructure Investments Benefit the Poor?* Evaluating Linkages: A Global View, a Focus on Vietnam. Columbia University - School of International & Public Affairs . http: papers. ssrn. com/sol3/papers. ofm? abstract - id = 634418.

施发展在农业生产和非农生产增长中都存在规模经济效益，① 对于改变农村的落后和农民的贫穷境况以及农村可持续发展具有重要意义。我国经济学家林毅夫认为农村基础设施建设还影响到农村对工业产品的消费愿望，所以主张以基础设施建设作为新农村建设的落脚点，以此带动农村的生产发展和农村市场的开发。②

国内已有对农村基础设施治理的研究主要集中在以下几个方面：第一，对农村基础设施供给状况与问题的考察；第二，对农村基础设施供给中出现问题的原因的综合分析；第三，在前两步分析的基础上提出可能的解决方案和思路；第四，从农村基础设施的公共物品性质分析入手提出各种供给模式并在此基础上初步提出农村基础设施建设的多中心治理体制。

第一节　农村基础设施多中心治理：问题的提出

在城乡二元经济背景下，农村基础设施主要由农民自身通过基层政府和自治组织供给，这是对公社时期国家提供农村公共物品的一种替代。这一制度导致包括农村基础设施在内的诸多公共产品的供给问题。这也是造成农村落后的重要原因。其中，对于农村基础设施建设中存在的问题具有普遍一致的认识。即：农村基础设施供给主体错位、供给不足、农民负担过重；③ 总体供给不足（交通、用电、医疗与社会保障）与局部供给过度并存等，④ 基础设施地区差异大。例如，浙江南部山区的工业重镇，村内和村际硬化道路、通电、邮政等方面的基础设施建设较好，而自来水、电话、有线电视等基础设施次之，污水和垃圾集中处理的基础设施以及健身设施和电脑网络等基础设施则较为落后。⑤ 福建沿海多山的福州、漳州、

① 鞠晴江、庞敏：《基础设施对农村经济发展的作用机制分析》，《经济体制改革》2005 年第 4 期。

② 林毅夫：《“三农”问题与我国农村的未来发展》，《农业经济问题》2003 年第 1 期。

③ 黎炳盛：《村民自治下中国农村公共产品的供给问题》，《开放时代》2001 年第 3 期。

④ 刘炯、王芳：《多中心体制：解决农村公共产品供给困境的合理选择》，《农村经济》200 年第 1 期。

⑤ 卢亚珊：《乡镇基础设施建设存在问题及对策研究：以壶镇为例》，《科技情报开发与经济》2007 年第 31 期。

厦门、泉州和莆田等地的农村，农业不受重视、农业产值比例低，道路设施供给比较到位；但农业生产条件及设施供给明显不足；基础教育设施、公共卫生医疗设施和农村水利设施的建设和维护等则至今几乎是基础设施供给中的“盲点”。①

造成上述问题的原因主要包括：供给不足主要是因为财力有限；供给与需求不符是由于公共物品供给决策机制与公共资源使用的监督机制缺陷导致，还有城乡发展与投入不平衡、地区不平衡的原因；② 农村公共产品需求表达机制的缺陷，③ 各级政府之间以及政府与村民自治组织之间供给公共产品的权限划分不明，责任不清，交叉重叠严重，事权与财权的不统一妨碍了农村公共产品的有效供给，乡镇管理与村民自治的功能冲突、政务与村务的同时担当导致村民自治组织的角色冲突以及村民自治组织与村党组织的权力冲突妨碍了有效供给；④ 压力型行政体制使得政府向上级政府看齐而忽视农民提出的需求；⑤ 乡镇财政与事权不统一，政府为单一的投资主体，供给渠道单一，而且政府制度内税收不足以提供公共物品，使得农村公共产品主要是体制外供给。⑥

简单而言，新农村建设和农村税费改革以前，农村的基础设施主要由村镇从“乡镇统筹”和“村提留”资金支出，政府公共财政对农村基础设施投资非常有限，使得城镇基础设施建设主体是政府，而农村基础设施建设的主体则主要是村级组织和村民。这种差异性的供给方式导致农村集体经济和村民的负担沉重，农村基础设施供给普遍不足。新农村建设和农村税费改革后，国家公共财政加大了对农村基础设施建设的投入，政府被当作新农村建设的主体。但是事实很快证明，单一的公共财政并不能满足农村基础设施建设的需求。我国城乡二元结构的历史特点、经济社会发展的初级阶段决定了在统筹城乡发展和新农村建设的过程中将长期存在建设

① 杨国永等：《福建沿海地区农村基础设施供给方式创新研究》，《福建农林大学学报》（哲学社会科学版）2007 年第 6 期。

② 刘炯、王芳：《多中心体制：解决农村公共产品供给困境的合理选择》，《农村经济》2005 年第 1 期。

③ 林万龙：《乡村社区公共产品的制度外筹资：历史、现状及改革》，《中国农村经济》2002 年第 7 期。

④ 黎炳盛：《村民自治下中国农村公共产品的供给问题》，《开放时代》2001 年第 3 期。

⑤ 荣敬本等：《从压力型体制向民主合作体制的转变》，中央编译出版社 1998 年版。

⑥ 李彬：《乡镇公共物品制度外供给分析》，中国社会科学出版社 2004 年版。

资金相对不足的情况。农村基础设施建设需要多种资金来源。

扩展而言，农村基础设施的治理不仅仅包括筹资，还包括设计、建设、使用、管理与维护等整个过程中的各个环节。在这诸多环节中，都需要多种相关主体参与其中，通过各种激励机制使其发挥各自的作用。

那么，在农村基础设施治理的各个环节中，各级地方政府、农村社会组织、企事业单位与村民等主体分别处于什么样的地位，扮演哪些角色，发挥什么作用，形成一个什么样的多中心治理体制？这一多中心治理体制的绩效受到哪些因素的影响，需要通过什么样的制度变迁与政策激励才能改善其绩效？这些都是新农村建设背景下需要学者更加关注的问题。

第二节　农村基础设施多中心治理的理论与方法

农村基础设施多中心治理的必要性在于：城乡二元体制带来公共财政对农村的投入不足；分税制对高层级政府的财政集聚效应使得基层政府财政能力低下，无力投入农村基础设施。但农村基础设施多中心治理不仅仅因为基础设施建设的公共财政相对不足，还因为农村基础设施建设物品属性具有多样性。有些农村基础设施属于纯公共产品，有些属于准公共产品，还有些属于私人产品。其中纯公共产品中又有全国性的、地方性的和地方外溢性的公共产品；准公共产品中又有拥挤性和排他性的。与之相对应，农村基础设施治理的主体也是多层次的，包括了中央政府以及各级地方政府，包括各种企业等市场主体和各种社会主体，还包括农民集体及农户。[①] 从理论上而言，不同属性不同层次的农村公共物品应当有不同层次的主体提供。

实际上，已有研究表明，由于私人部门也可以提供农村基础设施建设，农村基础设施治理正在形成一种多中心的治理机制，在我国统筹城乡发展与新农村建设中，各级地方政府、参与企业、村域内企事业单位、农村自治组织与村民等多种治理主体之间的互动形成了农村基础设施的多中心治理机制。

按照奥斯特罗姆的说法，多中心体制意味着“把有局限的但独立的

① 杨国永等：《福建沿海地区农村基础设施供给方式创新研究》，《福建农林大学学报》（哲学社会科学版）2007 年第 6 期。

规则制定和规则执行权分配给无数的管辖单位，所有的公共当局具有有限但独立的官方地位，没有任何个人或群体作为最终的和全能的权威凌驾于法律之上。”① 多层次农村基础设施供给体系是根据农村基础设施产品不同程度的公共特性，以全面建设与改善农业生产的物质和社会条件为目的，以追求供给效率最大化为原则，将农村基础设施划分为若干个层次，并相应选择合适的供给主体，同时清楚界定各类主体在各层次基础设施供给上的功能作用和主要责任，全面促进新型投融资机制的创新。具体表现为，属全国性的农村基础设施，应由中央政府供给；属地方性纯公共产品性质的农村基础设施，应由地方政府供给；具有外溢性的地方性纯公共产品性质的农村基础设施则由中央政府和地方政府或各个受益的地方政府共同提供；属于地方性准公共产品性质的农村基础设施，既可以由地方政府供给，也可以由市场供给。

关于基础设施的多中心治理机制的系统、深入的研究主要是由在国外的学者作出的。其中许多成果是通过世界银行对发展中国家资助项目的研究获得的。② 研究者研究了秘鲁、③ 中国、④ 非洲、⑤ 东南亚如菲律宾、越南和印度等国，⑥ 当然也有对发达国家如美国本土的研究。⑦ 但是，不同

① 埃莉诺·奥斯特罗姆：《公共事物的治理之道》，余逊达、陈旭东译，上海三联书店2000年版，第4页。

② Elinor Ostrom, Larry Schroeder, Susan Wynne. *Analyzing the Performance of Alternative Institutional Arrangements for Sustaining Rural Infrastructure in Developing Countries.* Journal of Public Administration Research and Theory: J－PART, Vol. 3, No. 1 (Jan., 1993), pp. 11—45.

③ C Grootaert, GT Oh. 2001. *Rural Infrastructure Synergies: An Example from Peru.* －World Bank, Note for Rural Infrastructure Thematic Group.

④ Xiaobo Zhang, Shenggen Fan, Linxiu Zhang, and Jikun Huang. *Local Governance and Public Goods Provision in Rural China.* Environment and Production Technology DivisionInternational Food Policy Research Institute 2033 K Street, N. W. Washington, D. C. 20006 U. S. A. and Center for Chinese Agricultural Policy (CCAP) Chinese Academy of Sciences.

⑤ Fishbein, R. 2001. *Rural Infrastructure in Africa: Policy Direction, Africa Regional.* Working Paper series No. 18, World Bank, Washington.

⑥ MV K Sivamohan, K B Satyanarayana. *India: Irrigation Management Partnerships*, Booklinks Corporation Narayanaguda Hyderabad －500029.; Ramonette B. Serafica 1998. *Beyond 2000: An Assessment of Infrastructure Policies.* Discussion Paper Series No. 98－07, Philippine Institute for Development Studies.

⑦ Schroeder, Larry. 1994. *A Guide to Sustaining Rural Infrastructure Investments.* Associates in Rural Development for U. S. A., Agency for International Development. (Decentralization: Finance and Management Project).

国家的政治经济与社会发展模式与制度文化都存在很大的差异，国外的研究不能直接借用于我国农村基础设施建设。

从理论基础来看，关于农村基础设施的研究，使用最多的是布坎南（James Buchannan）的俱乐部理论、蒂布特（Charles Tiebout）的地方公共产品模型、奥尔森的集体行动理论、埃莉诺·奥斯特罗姆的多中心治理体制以及治理理论等。[①] 其中的多中心治理体制正是由奥斯特罗姆在对农村灌溉工程等基础设施建设的实证研究的基础上创建和发展完善的。

从方法上看，研究者或者通过案例研究讨论了农民如何被组织起来参与灌溉工程的管理，[②] 或者运用组织理论研究农民在灌溉工程管理中形成的组织，并为这种组织的改善从组织、激励和沟通等角度提供了理论依据；[③] 或者研究农民在管理灌溉工程中政府形成的伙伴关系；[④] 埃莉诺·奥斯特罗姆等人更是考察与设计了在六种不同的制度安排下的农村基础设施的设计、建设、筹资、使用与维护等方面的激励机制。[⑤]

第三节　农村基础设施多中心治理现状与影响因素的研究

有学者认为农村基础设施治理主体包括筹资主体、建设主体和运营管理维护主体。其中筹资主体包括各级地方政府、村集体、村民和社会各

① 黄祖辉、游旭平：《农村社区公共产品供给的研究综述》，http：//happy257. bokee.

② Suman Bery, D B Gupta, Reeta Krishna, and Siddhartha Mitra. 2004. *The Nature of Rural Infrastructure: Problems and Prospects.*

③ Norman Uphoff with Priti Ramamurthy and Roy Steiner. *Managing Irrigation Analysing and improving the performance of bureaucracies*, Sage Publications India Pvt Ltd M – 32, Greater Kailash Market. I New Delhi - 110048.

④ MV K Sivamohan, K B Satyanarayana. *India: Irrigation Management Partnerships*, Booklinks Corporation Narayanaguda Hyderabad 500029 .; Ramonette B. Serafica 1998. *Beyond 2000: An Assessment of Infrastructure Policies.* Discussion Paper Series No. 98 – 07, Philippine Institute for Development Studies.

⑤ Elinor Ostrom, Larry Schroeder, Susan Wynne. *Analyzing the Performance of Alternative Institutional Arrangements for Sustaining Rural Infrastructure in Developing Countries.* Journal of Public Administration Research and Theory: J – PART, Vol. 3, No. 1 (Jan., 1993), pp. 11—45.

界。例如，浙江南部壶镇村内的硬化道路建设，上级政府投入、村集体投入、村民集资、社会捐赠的资金比例分别是20%、70%、5%、5%。[①] 福建沿海地区的福建省沿海五地市27个村集体投资占总投资的比例平均分别为：福州50.9%、漳州64.5%、厦门31.0%、泉州47.7%、莆田28.6%，平均为40.1%；各级政府财政投资仅占总投资的23.2%，其中中央、省和县三级政府在农村基础设施投资比例分别为8.5%、11.2%和79.3%。[②] 部分农村只是当地农业龙头企业为了提高其生产效率，自己投资建设水利设施，如晋江市的前蔡村村办企业——福源公司近5年来投资近百万元修建村内生产基地的水利和道路设施。[③] 建设主体包括政府及其部门、村民自身以及相关企事业单位。在这个环节中，学者关注的是政府建设的效率，村民自身建设的质量以及相关企事业单位建设的资质要求和程序的正规性。需要加强对工程质量和工程财务的监督、审计与管理。至于整体的运营管理过程，有学者认为可以通过"建设—运营—转移（BOT）模式"、"租赁—建设—运营（LBO）模式"、"建设—拥有—运营（BOO）模式"、"购买—建设—运营（BBO）模式"、"建设—转移—运营（BTO）模式"与服务承包模式将农村基础设施民营化与市场化。[④]

因为治理主体具有多元性，所以农村基础设施治理的影响因素也涉及方方面面的内容。

第一，行政体制因素。我国乡镇的建制经历了以下变革：1958年成立人民公社；1983—1985年公社改成乡；[⑤] 新时期的乡镇改革大体可划分为四个阶段，即1980—1985年的"社改乡"和"乡政村治"体制建立；1986—1989年的"撤并乡镇"和推行"村民自治"；1990—1997年的县乡综合改革试点和建立健全农业社会化服务体系；1998年至今的农村税费改革和乡镇管理体制创新和"一事一议"改革。这些体制的变革影响

① 卢亚珊：《乡镇基础设施建设存在问题及对策研究：以壶镇为例》，《科技情报开发与经济》2007年第31期。

② 杨国永等：《福建沿海地区农村基础设施供给方式创新研究》，《福建农林大学学报》（哲学社会科学版）2007年第6期。

③ 同上。

④ 蔡乐渭：《放松管制背景下公共基础设施的市场化和民营化》，《行政法学研究》2005年第2期。

⑤ 张新光：《中国乡镇改革25年》，《中国行政管理》2005年第10期。

到农村基础设施的治理机制。如，我国大部分大型灌溉基础设施是在人民公社时期修建而成的。人民公社超强的政治动员能力，有利于降低灌溉基础设施供给中的协调成本与组织成本，但是在经济效益、适应性和维护责任等方面有明显的弊端。家庭联产承包责任制实施后，分散的农户难以组织起来对灌溉基础设施进行管理，集体行动问题无法得到解决。但同时，与土地集体所有制相匹配的乡镇统筹和村提留则为农村基础设施建设提供了不可或缺的资金来源。基于村民自治的制度安排与传统，我国自20世纪90年代中期开始的基于“参与式灌溉管理”的改革是农民自主治理模式的一次尝试和探索，有利于农村灌溉基础设施的有效利用与持续发展。①

第二，经济因素。农村基础设施需求、资金来源和管理方式都受到经济因素的影响。总体而言，这些因素包括：经济总量、农民收入、城市化率、农村居民非农就业比、集体经济的景气程度、乡镇企业的分布、规模与景气程度等。具体而言，各级政府筹资力度受到财税制度的影响，如1994年实行的分税制以及2006年取消农业税都对政府财政收支和基础设施建设形成影响。另外，政府对基础设施建设的投入力度还取决于各级政府的财政总量以及财政整合能力。如果财政集中在高层级地方政府，则会使得农村的组织管理者难以获知财政信息，从而可能失去争取财政的机会，所以政府财政使用一定要公开化和制度化。如果财政开支较多地由底层政府支出，那么底层政府的财政压力势必增大。如果基础设施建设的财政分散到各个部门，就会造成资金分散，难以监督管理与统计，造成一个项目有多个交叉投资来源，同时造成有些部门（比如建设相对成熟的部门）资金没有地方开支，有些部门（比如弱势的、建设量大的部门）的资金不够，所以需要加大各个部门的资金整合力度。村集体的投资力度与村集体经济的发展状况或者村集体的筹资能力相关。比如福建漳州被调研的村平均筹资84.2万元，莆田99.09万元，福州189.00万元，厦门202.13万元，泉州272.67万元。当前的问题可能是，村民集资比例太高、农村基础设施的公共化程度太低，造成村民负担加重，所以提高农村基础设施公共化程度、减小城乡投入之间的差距，势在必行；必要时可以

① 蒋俊杰：《集权化模式的兴起与瓦解：一项对我国农村灌溉基础设施供给模式的制度分析》，《云南行政学院学报》2007年第6期。

对城市与农村基础设施建设进行分别考核，以加重农村基础设施建设的分量。同时，财税金融部门应该形成一种有利于农民筹资的制度基础。市场主体的投资力度与当地市场经济的发展程度、乡镇企业的数量与实力等因素相关。

第三，社会因素。社会各界的捐资力度与当地的社会资本相关：比如福建沿海的华侨关系就能吸收到华侨的资金、湖南省的偏溪村利用村庄间同宗族的密切联系吸收了部分资金、通过本村在城市工作以及在政府任职的人员的捐赠吸收资金。除了华侨关系和宗族关系外，还有本村外出发展的人员、返乡的"知青"、驻村和联村指导员以及在村域内的企事业单位等。

第四，激励机制。农村基础设施建设的激励机制包括：供给与生产过程中的激励。前者包括防止搭便车的激励、消费者真实表达偏好的激励、财政平衡的激励以及对基础设施供方进行问责的激励，后者包括获取具体时空信息的激励、获取规模效益的激励以及合作生产的激励。但当前恰恰存在偏好表达机制扭曲、问责机制不健全、乡镇财权和事权不对称以及建设经营机制不合理等问题。基于此种认识，认为可以通过建立农民协会、完善"一事一议"、实现乡镇自治以及完善基层人民代表大会制度等形式建立多中心偏好表达机制，通过行政监督以及引入有资质的生产方强化需求方对供方、供方对生产方的监督问责机制，通过实现乡镇事权与财权对称以及开拓融资渠道、改革基础设施产权等完善财政和融资体制，通过合作生产与市场运作改善基础设施的经营体制等途径来建立与增加农村基础设施建设的激励机制。① 另外，引入基础设施项目管理，引进推广招标投标、项目预算、集中支付、政府采购、报账制、公告制、专家或中介机构评估等科学管理措施也是必要的。

第四节　农村基础设施多中心治理改善路径的研究

多中心体制作为基础设施治理的一种模式已经受到理论与实践界的普

① 付永、曾菊新：《农村基础设施建设的制度激励问题探析》，《生产力研究》2007 年第 14 期。

遍认可。在对农村基础设施多中心治理进行理论梳理、方法探讨，对多中心治理的现状、影响因素以及可能存在的困难进行考察的基础上，学者们提出了改善基础设施多中心治理机制的路径。它们主要包括：

第一，建立多元的筹资模式。通过制度外筹资，① 从税费（目前主要是将土地出让金）、政府债券（国家和地方政府债权）、转移支付（垂直转移支付和水平转移支付）、政府补贴（中央政府补贴与地方政府补贴）以及引导政策性银行或其他金融机构投入（通过贴息、担保等途径）等五个方面解决农村公共基础设施的资金问题。②

第二，明确各主体的职责。政府应当承担起提供公共物品的责任，保证各级政府财权与事权的统一，提高村级组织的效能；合理划分中央与地方各级的税收权限，适度扩大乡镇政府的税收管理权限，乡镇设置与本级政府事权相应的主体税种，为农村公共产品供给提供充足的财政保证。③

第三，改善需求表达机制。政府要转变观念，坚持以农民需求为中心的供给目标；农民要提高文化素质，树立现代公民意识；改革现行的农村公共产品供给决策程序；提高农民的组织化程度，维护农民的合法权益；④ 或者通过改善村民代表大会与乡镇人民代表大会制度，反映农民自己表达对公共产品供给的需求；改善村级自治组织决策机制，实行村自治组织以及党支部直选，实行乡镇直选，使他们对村民负责等；⑤ 也有人在公共产品最优供给理论的基础上提出了农村公共产品次优供给模型。⑥

第四，拓展融资渠道。包括开拓农村民间资本的融资渠道，推行财政制度改革。⑦

① 林万龙：《家庭承包制的实施与农村社区公共产品供给制度变迁》，中国农业大学经济管理学院博士学位论文，2000 年；孙潭镇、朱钢：《我国乡镇制度外财政分析》，《经济研究》1993 年第 9 期。

② 吴朝阳：《非盈利性农村公共基础设施筹资方式分析》，《当代财经》2004 年第 5 期。

③ 黎炳盛：《村民自治下中国农村公共产品的供给问题》，《开放时代》2001 年第 3 期。

④ 郭泽保：《建立和完善农村公共产品需求选择的表达机制》，《中国行政管理》2004 年第 12 期。

⑤ 同上。

⑥ 林万龙：《乡村社区公共产品的制度外筹资：历史、现状及改革》，《中国农村经济》2002 年第 7 期。

⑦ 张志英等：《我国农村基础设施建设引入民间资金的思考》，《农村经济》2004 年第 3 期。

第五，进行配套改革。包括改变压力型行政体制，实现乡镇长直选制度，真正落实村干部的选拔机制，使他们对下负责，真正反映农村公共物品的需求，真正给他们决策权；[①] 改变农村公共物品供给决策体制，实现由“供给主导型”向“需求主导型”转变等。[②]

第五节　研究述评

对农村基础设施治理的研究大多被包含在“农村公共产品（物品）”的研究中。这一研究取得了很多共识，有不少成就，也有很多需要进一步深入研究和改善的地方。

第一，对于农村基础设施的供给状况、原因分析与改善途径的认识有高度的认同或者说高度的同一性，甚至大部分文章从讨论的内容和形式上都具有同构性。这一状况既有积极的意义，又有消极的方面。积极的意义在于主要研究者在对一些相关事实的认定上具有同一性，偏差较小；消极的方面在于大多数研究都是从简单的现象分析到大而化之的原因分析，然后得出结论。这种现象导致近年来这一领域的研究缺乏“知识增量”。

第二，对农村基础设施供给的状况、原因与改善途径进行综合性的、面面俱到的论述多，对某一具体单一问题的原因和改善途径的专门、深入论述少。综合性的讨论一方面可以避免在研究之初对研究对象的影响因素形成片面的理解，进而全面地把握与分析原因；另一方面，因为讨论的方面太多、篇幅有限，所以不能对每一方面做确凿的讨论、不能避免似是而非的结论、也不能进一步发掘各个方面之间的内在联系或内在矛盾。这种情况导致研究提出的问题与对策太泛、太浅，可操作性不强。

第三，较多的研究是从某一现象或者某些数据入手，依据一些现有理论进行分析，然后得出结论；缺少对现实案例的深入调研、分析与比较，缺乏对农村基础设施治理的“本土”知识的掌握。这种状况导致研究者难以真正了解农村基础设施治理的内在与实际的机理，因而提出一些似是

---

① 荣敬本等：《从压力型体制向民主合作体制的转变》，中央编译出版社 1998 年版，第 28 页。

② 冯海波：《委托代理关系视角下的农村公共物品供给》，《财经科学》2005 年第 3 期。

而非、应有性不强的见解。

第四，规范研究较多，实证研究较少。即对改善农村基础设施治理中存在的问题的应对措施，应然的回答较多，对实现这种应然的条件的研究较少，因而不能预测应然与实然之间的差距，提出的对策也不具有切实可行性。

第五，论题主要集中在筹资建设方面，而对建成后的基础设施的使用、管理与维护问题很少有前瞻性的研究。如今国家加大对农业基础设施投融资的力度，大量的农村基础设施早已启动甚至建成（东部地区尤其如此），基础设施的使用、管理与维护的长效治理机制问题已经成为迫切的研究课题。

第六，对农村基础设施的多中心治理机制的研究主要由国外学者作出，我国学者虽然提出了“多中心治理”的概念，但是尚未建立起系统的分析框架，不能避免对国外概念与体系的生吞活剥，所以在对国内农村基础设施治理的各个环节进行实证调研的基础上提出本土化的包含中国农村基础设施筹资、建设、使用、管理与维护各个环节的“多中心治理机制”迫在眉睫。

总的说来，国内研究最大的不足在于较多地把目光集中在农村基础设施建设的一般情况考察和其中的筹资模式方面，而对已经显现的农村基础设施的有效使用、高效管理与长效维护等方面的问题却关注不够。而且即使在基础设施的筹资建设方面，也因为欠缺深入的研究而更多地停留在“实然”考察与简单批评的基础上提出一种“应然”的建议，而没有对由“实然”向“应然”转变的可能性、必要条件和具体路径与机制进行深入的考察，甚至缺乏对“实然”的农村基础设施筹资、建设、使用、管理与维护各个环节的具体治理机制的考察。这就决定了已有研究与现实亟待解决的理论与现实问题存在不同程度的脱节，从而一方面对农村基础设施建设中面临的“供给主体错位”、“供给与需求错位”、“总体供给不足与局部供给过度共存”、“农民负担过重”等问题不能提出切实可行的解决方案；另一方面对已有基础设施缺乏有效使用、高效管理与长效维护缺乏应有的关注，更谈不上提出理论支撑与解决方案了。

已有研究还存在的一个缺陷就在于虽然有研究者提出了农村基础设施的多中心治理体制的概念，也对其中涉及的各级政府或者农村社会组织、企事业单位、村民等主体的行为作了一些研究，但是多数把它们割裂开来了：或者研究政府的政策与财政供给，或者研究社会组织等的自主组织管理，却没有看到两者是相互影响相互作用的。这种研究必然看不到农村基础设施设计、筹资、建设、使用、管理与维护过程中多中心体制的形成与运行机制，当然就看不到这一系列过程中从“实然”走向“应然”的确切条件与途径，也就对解决当前农村基础设施建设中存在的问题提供不了具有切实意义的指导。

第六节　本书的研究内容与方法

基于以上分析，农村基础设施建设多中心治理研究的下一步应该在对其他国家的农村基础设施建设的经验进行考察并对其经验教训进行反思、对我国不同历史阶段农村基础设施建设的政策供给与制度安排等进行比较分析、对我国现阶段农村基础设施的设计、筹资、建设、使用、管理与维护等整个过程中的各个环节进行实证调研的基础上，考察我国各级地方政府的政策和制度供给，农村社会组织、企事业单位与村民等社会主体在农村基础设施供给中形成的组织制度安排，各级地方政府与各种社会主体之间的互动过程以及在这一过程中形成的治理机制，建立评价多中心治理机制中的政策供给与制度安排的绩效与价值评价体系，通过实证研究取得的数据与案例进行验证并在此基础上提出我国新农村建设中农村基础设施建设的最优治理机制。

其中，我们的预设包括以下几个方面：

第一，现阶段我国农村基础设施的问题不仅仅是筹资问题，而是从筹资到使用管理与长期维护问题，而且后者会随着时间推移越显其重要性。

第二，一套好的治理机制可以缓解当今建设资金相对不足的缺陷，从而达到更多地融资和更有效地组织基础设施的建设、使用管理和长效维护。

第三，这种治理机制是政府、企业、社会组织与村民等多种主体互动的结果，表现为多中心治理机制。这种互动机制是由多种主体掌握的资源（物质资源、组织资源与社会资本等）以及它们的利益诉求、职能范围与行为方式决定的，它们反过来决定或影响政府提供的政策以及在多主体之间逐步形成一种制度安排。

第四，这种治理机制可以通过各种具有激励作用的制度安排得以改善。这些制度安排包括公共财政体制改革、基层政府执行力建设、相关企业参与建设的基础设施的产权设置、村级自治组织的主体权力的确定以及全面质量管理和目标管理等多种管理方法与技术的运用。

第五，这种治理机制中的政策供给与制度安排的绩效与价值是可以通过一系列指标加以评价的。这些绩效评价指标包括总体绩效指标与间接绩效指标。前者包括经济效率、通过财政平衡实现公平、再分配公平、责任与适应性等；后者包括供给成本和生产成本两个方面，每个方面又包括一系列具体指标。价值指标包括农村基础设施建设的公共化（国家财政与行政资源介入农村的基础设施建设）、市场化（企业与市场加入农村基础设施的直接生产与运营）与社会化（农村自治组织与村民积极参与到农村基础设施的建设、使用、管理与维护当中）。

第六，通过实证分析在总结已有政策供给和制度安排经验的基础上，建立一套最优的、带有一般性的农村基础设施多中心治理的机制是可行的。

在以上预设的基础上，本项研究的具体研究内容包括以下几个方面。

研究一，农村基础设施治理的历史演变。我国各个历史阶段农村基础设施建设的具体差异表现在什么地方？什么因素影响了农村基础设施的建设？这些问题可以通过纵向的历史比较分析来考察。新中国成立后，我国历史上的农村基础设施建设可以分两个阶段。第一个阶段是人民公社时期，第二个阶段是家庭联产承包责任制时期。这两个时期在生产资料所有制、经济社会发展程度、基层政权组织形式、建设资金的来源与数量、基础设施建设的组织方式等方面都有很大的差异。这两个时期农村基础设施的提供种类、数量与质量，基础设施建设、使用、管理、维修的效率与公平性等也存在差异。通过这两种差异之间的相关性的分析，考察所有这些因素对农村基础设施建设的影响，并找出具体的影响途径与方式。

研究二，农村基础设施多中心治理的国际经验。各国农村基础设施建设的具体差异表现在什么地方？什么因素影响了农村基础设施的建设？对此，我们还需要通过同一时代（或历史阶段）的不同国家和地区的情况进行考察。考察同一历史阶段基础设施建设在不同经济、社会与政治背景的国度内的差异，从而从横向比较的角度分析出哪些是影响农村基础设施建设的重要因素。

研究三，农村基础设施多中心治理的现状研究。本项研究主要是在横向与纵向的比较研究的基础上，考察我国现阶段农村基础设施多中心治理的状况。具体来说就是考察我国农村基础设施多中心治理的总体状况和地区差异，并从中梳理和总结出农村基础设施多中心治理的影响因素。

研究四，农村基础设施多中心治理的模式研究。在理论梳理和现实考察的基础上，总结我国不同种类农村基础设施的多中心治理模式，并对多中心治理的过程进行考察，以便找出影响治理方式和效果的因素、找出治理中存在的问题，并依此提出相应的改善思路。

研究五，农村基础设施多中心治理体制的制度绩效评价。这一部分包括对农村基础设施治理进行客观和主观的评价两个方面的内容。其中客观评价的主要内容包括治理效率评价、农村基础设施均等化评价以及市场化、公共性和社会性程度评价。主观评价包括农民对基础设施建设政策的了解程度、对基础设施建设的满意程度、基础设施建设的资金使用情况以及责任主体的主观认识。

研究六，农村基础设施治理多中心治理及其优化研究。基于前面各项研究，在中国现有的经济、政治、社会与文化背景下提出一套涉及地方政府政策供给以及企业与社会本土制度安排的治理机制。提出在现有农村基础设施建设资金相对短缺的条件下更有效地完成从基础设施的筹资到建设使用与长效维护的治理机制与具体的政策建议。具体研究内容包括总结农村基础设施多中心治理的基本逻辑、概括农村基础设施多中心治理的目标体系和基本内容、总结农村基础设施多中心治理的基本经验和教训，最后对农村基础设施多中心治理的管理协调机制、资金筹措机制、利益表达机制和兼容机制提出政策建议。

本项研究主要采用比较研究、实证研究以及定量分析等方法。其中比较研究主要是通过横向比较与纵向比较研究分析影响农村基础设施建设的经济、政治、社会文化与制度因素。实证研究主要是立足于我国“新农村建设”中的基础设施建设的实践情况，通过对黑龙江、浙江、湖南、河南和广西等省市农村基础设施建设的现状和实证分析，修正已有的理论，构建自己的分析框架并在此基础上进行理论研究。定量分析主要是指在实证调研的基础上获取数据，并将数据用 SPSS 软件进行处理，对一个地区农村基础设施建设状况及其影响因素、对评价农村基础设施建设制度绩效的各层级的指标进行频数分析、相关性分析和其他数量分析。

我们希望，通过本项研究，可以更加清楚地了解我国农村基础设施多中心治理的状况与问题，总结出其中的治理经验，揭示影响多中心治理绩效的因素，从而提出或者有助于提出一套在农村基础设施建设资金相对短缺的情况下，能最大效率地实现基础设施建设的筹资、设计、建设、使用、管理与长效维护的多中心治理机制，最终达到改善农村基础设施治理的目标。

第二章　农村基础设施治理的历史演变

著名的制度经济学家道格拉斯·诺思在讨论制度变迁的时候说道："历史表明，人民过去作出的选择决定了其现在可能的选择。"① 从这个意义上说，回顾我国农村基础设施治理的历程，有助于为当前和未来农村基础设施治理提供历史借鉴。

农村基础设施治理乃至农村建设或者乡村运动都并非当代才有。就晚近而言，我国影响力较大的乡村建设运动和农村基础设施建设在民国时期就已经开始了。国民政府始终面临战争和内部分裂问题，很少关注农村基础设施建设问题。同时，由于农村的贫困，因而也很少出现由普通农民自觉组织起来实施的农村基础设施建设。民国时期，农村基础设施主要依靠一些社会精英依据个人的觉悟，自觉实施的一些乡村发展计划，其实际产生的效果较为有限。新中国成立初期，我国实行的是计划经济体制，整个社会投资包括基础设施（城市的和农村的）建设基本由政府包揽。这一时期，农村基础设施的建设具有投资主体单一、资金匮乏、过度依靠政府行政手段推动的特点，农村基础设施建设总体看来，进展较为缓慢。改革开放以来，我国农村基础设施建设的进展逐渐加速，逐渐朝向资金来源多元化、管理主体多元化、建设模式多元化的方向运动。但是，总体看来，农村基础设施建设的进展还不尽如人意。主要表现为，农村基础设施建设还较为滞后，难以满足农村社会的发展要求；各个区域的农村基础设施建设不平衡；农村基础设施建设对政府过度依靠，社会力量参与不足。回顾我国农村基础设施建设的历史，可以看出，农村基础设施的多中心治理，是当下的必然选择。这意味着以下几点：一是社会精英的自觉参与，有利于推动农村基础设施建设；二是农村基础设施建设，离不开政府的大力支

① 道格拉斯·诺思：《经济史中的结构与变迁》，陈郁、罗华平等译，上海三联书店、上海人民出版社 1994 年版，第 1 页。

持和推动；三是提升农村基础设施建设的水平，需要各方面力量的投入和关注。

第一节　民国时期我国的乡村建设运动

“民国时期的乡村建设运动，是中国现代史上的一件大事”。[①] 晏阳初、梁漱溟、卢作孚等是这一时期乡村建设运动的杰出代表。1904 年，米鉴三在河北定县翟城村创办“村治”，强调加强乡村机构是全国复兴的基础。1926 年，晏阳初选定河北省定县为平民教育实验区，在 10 年间，进行了大量的农村社会调查，出版了《定县社会概况》一书，指出我国农民有愚、穷、弱、私四大缺点，“识字救国”是农村的出路（晏阳初，1933）。梁漱溟在 20 世纪 30 年代开展了“乡村运动（农民运动）”，认为乡村自治、乡村教育、乡村自卫、农业改良等是题中之意（梁漱溟，1932）。30 年代，国民政府着手建构农村金融体系。1933 年，豫、鄂、皖拨款 250 万元创办鄂豫皖赣四省农民银行。之后因其他各省农村也急需救济，于是增加资金，扩大组织，成立中国农民银行，以促进农村经济的复兴。1936 年 9 月，国民政府成立农本局，试图加强农村金融力量，促进农村发展。南京国民政府把农村合作运动作为政府的政策推行，从合作行政机构的设置、合作金融系统的建立、合作法规的制定及合作人才的培养等方面着手，试图整合社会资源，推动农村发展。在七年多的乡村建设实践基础上，卢作孚在 1934 年对“将来的三峡”提出了“乡村现代化”的科学规划。“十几年间，他在峡区修建铁路公路、疏浚河道、开发矿业、兴建工厂、开办银行、建设电站、开通邮电、建立农场、发展贸易、组织科技服务等。在综合经济实力迅速增长的同时，又很重视文化、教育、卫生、市容市貌建设。先后建立了学校、图书馆、博物馆、科学院、医院、运动场、公园，扩宽街道、规划城区等，致使峡区很快就发生了变化。”[②] 李维汉晚年著作《回忆与研究》，分析了民国时期乡村建设运动形成的原因：“形成于 1927 年大革命失败以后的时期。当时由于帝国主义的加紧侵

① 刘重来：《卢作孚与民国乡村建设研究》，人民出版社 2007 年版，第 48 页。

② 同上书，第 56—57 页。

略和连年的军阀混战，造成农村破产，不仅贫雇农无法生活，就是富农和中小地主也遭到损害，因而产生资产阶级乃至地主阶级的乡村改良运动。”[①] 30 年代，乡村建设运动到达了高潮。“到了 1934 年，全国乡村建设团体达 600 余个，这些团体在全国各地建立的乡村建设实验区、实验点达 1000 余处”。[②]民国时期乡村建设团体的类别，有人总结为十三类：“（1）农村改进区——占大多数。（2）农民教育馆——江苏、无锡、徐州及其他各地占次多数。（3）乡村师范学校。（4）农业学校——大学、中学。（5）农业推广机关。（6）县政研究机关。（7）县政府。（8）合作社——如华洋义赈会。（9）农民教育机关。（10）自治团体——如河南镇平等。（11）自卫团体——同上。（12）行政机关——如农村复兴委员会、实业部。（13）报馆。”[③]费正清在《剑桥中华民国史》中把这些乡村建设团体概括为“西方影响型的和本土型的，教育研究型的和军事型的，平民型的和官府型的”[④] 六大类。民国时期的乡村建设运动虽然高潮迭起，但基于当时的中国国情，难以达成杰出成就。“总之，民国时期的乡村建设运动，虽然参加的团体众多，实验点遍布全国十多个省，但除了卢作孚在四川嘉陵江地区推行的乡村建设实验外，真正有成就的，给农民带来实惠，使农村经济获得发展的并不多”。[⑤]

民国时期，中国的政治体系还具有明显的二元交错的特征：一是国家权力体系，以其强制性的权力控制社会；二是在乡土生活中形成的具有明显的自组织特征的政治社会。这一时期，一方面由于国民政府一直面临战争情势，国家内部存在一定程度的分裂，国民政府的实际统治区域有限，因而由国家权力体系统一推动的农村基础设施建设计划实际上非常有限；另一方面，由于农村大多经济萧条，农民在贫困线上挣扎，因而由普通农民自觉组织起来实施的农村基础设施建设近乎没有，主要依靠一些社会精英依据个人的觉悟，自觉实施的一些乡村发展计划，其实际产生的效果较为有限。但尽管如此，民国时期的乡村建设理论、经验和教训，对于我国

① 李维汉：《回忆与研究》（下），中共党史资料出版社 1986 年版，第 688 页。

② 转引自刘重来《卢作孚与民国乡村建设研究》，人民出版社 2007 年版，第 52 页。

③ 同上。

④ 费正清：《剑桥中华民国史》（下），杨品泉译，中国社会科学出版社 1998 年版，第 407 页。

⑤ 刘重来：《卢作孚与民国乡村建设研究》，人民出版社 2007 年版，第 54 页。

当前的农村发展以及探索农村振兴之路具有积极的现实意义。

第二节　新中国成立初期到改革开放前的农村基础设施建设

一、基础设施的投融资体制

这一时期我国实行的是计划经济体制，整个社会投资包括基础设施（城市的和农村的）建设基本由政府包揽，在基础设施的建设问题上具有如下特点：基础设施的投资主体较为单一；投资决定权和项目审批权高度集中在政府机关；基础设施的建设资金主要来源于财政拨款；投资运行主要依靠行政系统和行政手段。新中国成立初期国民经济恢复阶段、“一五”时期和20世纪60年代经济调整时期，我国基础设施的投融资体制的主导模式是中央集权制。在“大跃进”和“文化大革命”时期，采取的主要模式是中央统一领导下的地方分权制。

总的看来，这一时期，我国基础设施投融资体制大致经历了六个时期。

1. 国民经济恢复时期（1949—1952）

这一时期，我国在所有制上存在国营经济、集体经济、公私合营经济、个体经济和私人资本主义经济五种成分，这也导致在基础设施建设问题上的投资主体多元化，而国家在基础设施建设中占主导地位。

2. “一五”时期（1953—1957）

这一时期，国家在基础设施建设上采取了“全统全包”的高度集中的统一管理模式。这一模式的主要特点是：投资决策权集中于中央，即项目审批权高度集中；在计划管理的条块关系上，强调以条条管理为主；基础设施投资建设资金由国家财政无偿拨付；资金统一由专业银行办理拨款和实施监督。

3. “大跃进”时期（1958—1960）

这一时期，基础设施投融资体制实行中央和地方的行政性分权。基本内容主要有：下放投资项目审批权限；在条块关系上，改以块的管理为主；实行投资包干制，鼓励节约资金。

4. 经济调整时期（1961—1965）

中央集权的管理模式重新恢复，主要内容有：加强基本建设计划和立项的统一管理；强化投资管理的制度化；严格自筹资金管理，所有自筹资金用于基础设施建设必须纳入国家统一的基本计划，不得用于搞计划外的基础设施建设。

5. “文化大革命”时期（1966—1976）

这一时期，基础设施投融资体制总体来说属于第二次中央与地方的行政性分权，主要特征是：审批权下放；再次实行投资包干；扩大地方投资分配权限；简化和废除投资管理制度。

6. “拨乱反正”时期（1977—1978）

这一时期，基本设施投融资领域开始了一系列整顿工作，主要有：在全国范围内开展财务大检查，严肃财经纪律；明确要求严格执行国家计划，控制投资规模；总结以往的经验和教训，强调按程序办事。

新中国成立之时，中国在长期遭受战争破坏之后，经济萧条。从1949—1957年，中国经济迅速得到一定程度的恢复（表2－1）。

表2－1　1952—1957年间主要经济指标

年份	人均国内生产总值（元）	国内生产总值指数（上一年＝100）	农业	工业	建筑业	交通运输	商业
1952	119.0	100	100	100	100	100	100
1953	134.6	115.6	101.9	135.7	136.4	124.1	138.0
1954	137.0	104.2	101.7	119.3	96.7	110.8	101.8
1955	143.2	106.8	107.9	106.6	113.8	102.5	99.9
1956	161.4	115.0	104.7	128.6	170.0	121.8	108.5
1957	165.2	105.1	103.1	111.4	92.9	107.2	98.9

资料来源：《中国经济统计年鉴2001》。

1949—1957年是中国工业化起步阶段，在重工业优先的发展战略指导下，基本建设资金逐年向重工业倾斜，农业基本建设资金相对不足，农村较为贫困（表2－2）。

表 2－2　**1953—1957 年间工农业投资额**

年份	投资额（亿元）			比重（基本建设投资额为 100）		
	农业	轻工业	重工业	农业	轻工业	重工业
1953	2.87	4.98	23.36	3.2	5.5	25.8
1954	1.86	6.74	31.63	1.9	6.8	31.9
1955	2.04	5.27	37.68	2	5.3	37.5
1956	4.76	9.41	58.76	3.1	6.1	37.8
1957	4.52	11.04	61.36	3.1	7.7	42.8

资料来源：武力：《中华人民共和国经济史》（下），中国经济出版社 1997 年版。

1958 年以后中国进入了“人民公社”时期。尽管公社时期农村依然贫困，但在公社的土地和生产资料集体所有制以及按劳分配制度、公共积累基础上农村公共事业（生活生产基础设施、农村金融、基础教育、合作医疗等）还是给农民带来了福利。“从 20 世纪 50 年代到 70 年代中期，中国政府通过对其资源的有效控制，在全国范围内开展了大规模的农村基础设施建设，改善农村灌溉设施和交通条件。通过建立全国性农村信用合作社网络，改善农村金融服务。到 1978 年，中国已经建成了由近 6 万个人民公社级营业机构和 35 万个生产队信用站组成的农村金融服务网。从 1952 年到 1978 年，农村信用累计为农民提供了 1373.5 亿元的农业贷款”。①

二、农村基础设施建设概况

1. 教育基础设施

民国时期，国家经济萧瑟，教育事业非常落后。其时中学大多设在县城以上的城市，农村地区很少，许多地区连小学也没有。“在半封建半殖民地的旧中国，教育事业非常落后。全国人口中百分之八十以上的人是文盲，学龄儿童的入学率只有百分之二十左右，劳动人民很少能进入学校学习。……在各级各类学校中，受外国控制的教会学校和私立学校占很大比重。学校分布极不合理，高等学校和中等专业学校多数集中在大中城市和

① 国家统计局农村社会经济调查总队：《2000 年中国农村贫困监测报告》，中国统计出版社 2000 年版，第 49 页。

沿海一些省份，中、小学也是大多设在城镇，农村很少，内地、边远地区和少数民族地区教育事业更加落后。全国各级各类学校学生仅占全国人口的5.6%”。①

新中国成立后，我国对旧的教育体制采取了一系列的改革举措，主要有：(1) 接管公立学校。1949年4月25日，由毛泽东、朱德签署的《中国人民解放军布告》申明：“保护一切公私学校、医院、文化教育机关、体育场所和其他一切公益事业。凡在这些机关供职的人员，均望照常供职，人民解放军一律保护，不受侵犯。”②教育主管部门在全国各地开展了接管公立学校的工作。(2) 整顿私立学校。新中国成立初期，针对私立学校经费紧张，难以维持的局面，国家对私立学校采取了“积极维持、逐步改造、重点辅助”的方针。(3) 接办教会学校。旧中国的教会学校，一切行政事务均由外国人把持。1950年12月，中央人民政府颁布《关于处理接受美国津贴的教会学校及其他教育机构的指示》，着手接办教会学校。(4) 减免学杂费、给予生活困难补助、增设儿童识字班和夜校、在劳动人民集中的区域增建学校、举办工农速成中学等。“到1950年底，全国共创办工农速成中学24所，招收学生4400余人”。“1954年，全国工农速成中学发展到87所，其中57所附设于各类高等学校”。③1955年，工农速成中学停办。

“大跃进”时期，在农村教育领域主要实施了以下措施：(1) 大力推行半工（农）半读。据统计：“1958年全国兴办农业中学、其他职业中学20023所，在校学生199.99万人；1959年发展到22302所，在校学生218.99万人；1960年为22597所，在校学生230.20万人。与此同时，农业中专也高速发展，学校猛增至1064所，在校学生达314839人，分别为1957年的7.1倍和3.7倍。”④ (2) 发动群众办教育。这一时期，全国耕读小学发展迅速。“1965年在校学生已达132万人，占小学生总数的21.7%，从而使全国学龄儿童入学率达到84.7%”。⑤ (3) 制定教育发展的高指标。在“大跃进”的影响下，全国教育出现了严重的“虚肿”现

---

① 中华人民共和国教育部计划财务司：《中国教育成就统计资料：1949—1983》，人民教育出版社1984年版，第1页。

② 转引自李水山主编《农村教育史》，广西教育出版社2007年版，第9页。

③ 同上书，第13、15页。

④ 同上书，第35—36页。

⑤ 同上书，第33页。

象，教育质量较为低下。1961 年，中共中央八届九中全会召开，着手纠正“大跃进”的错误，开始有计划地压缩教育发展的规模。一方面发展普通中学教育；另一方面加快发展职业中学，使中小学有所发展。颁布了《高教六十条》、《中学五十条》、《小学四十条》等文件，着手规范教育管理。1962 年八届十中全会之后，伴随着党在阶级斗争问题上的失误，在“教育为无产阶级政治服务”的方针下，教育领域内部的阶级斗争问题受到强烈关注。全国普遍掀起了学生学工学农的热潮，这一方面促进了学生与工农的结合，但另一方面，书本知识的传授与学习越来越受到轻视和冲击。“1965 年，全国农业中学、各类职业中学猛增到 61626 所，在校生 443.34 万人。其中农业中学 54332 所，在校生 316.69 万人，占到农业中学，各类职业中学学校总数的 88.16%，占在校生总数的 71.43%”。[①]

“文化大革命”初期，各地贫下中农代表纷纷进入学校。1968 年 11 月 14 日，《人民日报》发表山东省嘉祥县马集公社教育组两名干部的一封信，信中说：“小学应是大队的一部分，大队在政治领导、经济、师资等条件上完全能够自己办小学。建议所有公办小学下放到大队来办，国家不再投资或少投资小学教育经费，教师都回本大队工作，国家不再发工资，改为大队记工分。这样的好处是从根本上改变了修正主义教育路线，使小学直接在大队党支部的领导下进行工作；有利于对知识分子的再教育；真正落实毛主席的最新指示‘在农村，则应由工人阶级的最可靠同盟者——贫下中农管理学校。’能使小学教育工作不脱离政治，不脱离生产劳动，不脱离三大革命运动。”[②] 各省据此行动起来。“据统计仅河北省就有约 11 万名公办小学教师被强行下放”。[③] 全国农村基本形成了生产大队办小学，公社办中学，“区委会”办高中的农村教育格局。创造了“政府补贴 + 公社的公共经费分担”的全民办教育模式。“尽管当时农村教育质量水准十分有限，但在当时国家财力严重不足的情况下，借助于这一模式，通过政府和集体共同分担方式，用最少的钱，办成了世界上规模最大的农村教育事业”。[④]

---

① 李水山主编：《农村教育史》，广西教育出版社 2007 年版，第 36 页。

② 同上书，第 40—41 页。

③ 同上书，第 41 页。

④ 张磊主编：《中国扶贫开发历程（1949—2005）》，中国财政经济出版社 2007 年版，第 25 页。

2. 农村社会保障和医疗卫生设施

农村的社会保障体系是由农村的社会救助、社会保险、社会福利和社会优抚所构成的一个系统。方青认为，农村社会保障体系"包括一定的价值观，这是制度产生的合理性基础；一整套的规范体系，包括各种法律法规和政策性文件，这是制度的基本内容；一系列的组织机构，这是保证制度实施的实体；一定的物质设备和服务，前者是现金补偿和实物资助，后者是生活照料和精神抚慰"。[①] 1978 年之前的农村社会保障，主要是有限的集体（人民公社）保障，大体上经历了这样的一个发展时期。新中国成立初期，我国农村的社会保障体系的主要内容是社会救助与"五保"[②] 制度、社会福利与合作医疗和社会优抚。农村集体保障制度通过高级农业合作社组织实施。内务部主管社会救助工作。1956 年 6 月 30 日，一届人大三次会议通过《高级农业生产合作社示范章程》，强调促使农民在农业生产合作化运动中创造条件开展合作，互助医疗，解决农村"病有所医"的问题。该章程规定："农业生产合作社对于缺乏劳动能力或完全丧失劳动力，生活没有依靠的老弱寡、残疾社员在生产上和生活上给予适当安排和照顾，保证他们吃、穿和烧柴的供应，保证年幼的受到教育和年老的死后安葬。"[③] 1958 年，全国农村享受"五保"待遇的对象有 519 万人。人民公社化初期，"办好敬老院"成为人民公社的任务之一，各地蜂拥兴办敬老院。如 1958 年山东省共建敬老院 2.81 万处，入院人数（包括孤老烈属）达 80.54 万人。1960 年后因集体经济困难，敬老院大部分解散，"五保"老人回村（队）分散供养。到 1963 年底，全省敬老院仅剩 300 处，在院老人 2000 余人。[④]

1959 年卫生部对农村合作医疗的形式予以肯定。新中国成立初期，我国政府即致力于农村卫生保健网的建立和完善，到 1965 年就初步形成

---

① 方青：《解组与重构——二元社会结构下的农村社会保障》，安徽人民出版社 2006 年版，第 26 页。

② "五保"是我国对无法定抚养义务人抚养，无维持正常生活的劳动力，无正常生活来源保障的老人、残疾人、孤儿实行生活照顾的一种社会救济制度。

③ 中国社会保障制度总揽编辑委员会：《中国社会保障制度总揽》，中国民主法制出版社 1995 年版，第 943 页。

④ 山东省地方史志办公室：《山东省省情资料库（民政库）》第四卷"社会救济"，http://sd.infobase.gov.cn/shizhi/ztk/a/index.htm(2006/5/20).

了以集体经济为依托的农村初级医疗卫生保健网，县设医院，公社设卫生院，大队（村）设卫生室。1969 年后，合作医疗进入大发展阶段。到 1978 年，全国有“赤脚医生”4777469 人，卫生员 1666107 人，合作医疗覆盖率达到 90% 以上，农村居民健康状况得到很大改善（傅卫，1999）。在“文化大革命”的政治氛围中，“搞不搞合作医疗，不仅是重视不重视农民医疗保健问题，而且是执行不执行毛主席革命路线问题，因此很快就一哄而起，实现了合作医疗‘一片红’”。[①] 大批农民充当“赤脚医生”，踊跃推广中医、中药，到 1976 年，90% 的生产大队办起了合作医疗。[②] 但是，这种发展是建立在缺乏基本积累的基础之上，保障水平低下，抵御风险的能力很差。20 世纪 70 年代，农村合作医疗的覆盖率达到全国行政村（生产大队）的 90%；“合作医疗”（制度）与农村“保健站”（机构）及数量巨大的“赤脚医生”队伍（人员）一起，成为解决我国广大农村缺医少药的三件法宝，被世界银行和世界卫生组织誉为发展中国家解决卫生经费的唯一范例。

3. 农田水利建设

农田水利建设就是通过兴修为农田服务的水利设施，包括灌溉、排水、除涝和防治盐、渍灾害等，建设旱涝保收、高产稳定的基本农田。主要内容是：整修田间灌排渠系，平整土地，扩大田块，改良低产土壤，修筑道路和植树造林等。小型农田水利建设的基本任务，是通过兴修各种农田水利工程设施和采取其他各种措施，调节和改良农田水分状况和地区水利条件，使之满足农业生产发展的需要，促进农业的稳产高产。20 世纪 50 年代初期，中国修建了许多近代灌溉工程，干支级渠道比较顺直整齐，但对田间渠系和田块没有及时进行建设和整修，田间工程配套不全。旱作灌区，土地不平整，大畦漫灌，水量浪费严重；水稻灌区串灌串排现象普遍存在，不仅影响合理灌溉、排水晒田，而且造成肥料流失、水量浪费。另外，田块面积小，形状不规则，与农业机械化生产很不适应。1965 年以后，国家对兴修水利、大搞农田基本建设、发展农村电力、推广农业机械化等方面投入越来越大。至 20 世纪 70 年代后期基本上完成了包括海河治理、淮河治理、黄河治理、辽河治理等

① 蔡仁华主编：《中国医疗保障实用丛书》，中国人事出版社 1998 年版，第 344 页。

② 岳松东：《呼唤新的社会保障》，中国社会科学出版社 1997 年版，第 190 页。

在内的许多大江大河的治理工程。不仅消除了水患灾害，而且建立了许多具有综合利用功能的水利枢纽工程，产生了兴利除弊的巨大效益。例如 1969 年竣工的江都水利枢纽工程，由三座大型抽水机站、五座中型节制水闸、三座船闸和疏浚河道等十多项工程组成，它把长江、淮河、大运河和里下河连接起来，利用这些河流的不同水位，通过自流和机动引水结合进行排涝和抗旱，可灌溉农田 250 多万亩。1972 年竣工的辽河治理工程，共修筑堤防 4500 公里，修建水库 220 座，流域共建电力排灌站 920 处，可灌溉农田 1100 多万亩。1973 年完成的海河治理工程，前后用了十多年的时间，共修筑防洪大堤 4300 多公里，开挖、疏浚河道 270 多条，新建涵洞、桥、闸 60000 多座，同时还建了许多水库，对洪、旱、涝、碱等灾害进行了全面治理，使海河的排洪能力比历史上提高了 10 倍多，使海河流域实现了每人一亩水浇地，1973 年粮食总产量比 1963 年增长了一倍。在水利建设中，止于 1977 年全国各地共兴修了近百条人工河，建了 70000 多座大中型水库。例如，令世界震惊的林县红旗渠，被称为“人造天河”，1969 年全部建成，总干渠长 104 里，灌溉面积可扩大 60 万亩；湖北省的汉北河也是一条人工河，1970 年竣工，全长 110 多公里，建成后扩大灌溉面积 100 多万亩。①

第三节　改革开放以来我国农村的基础设施建设

一、农村基础设施建设的投融资体制

1978 年十一届三中全会的召开，促进了一个新时代的来临，农村基础设施建设和社会事业的发展得到进一步增强，农民收入实现稳步增长，农民群众的生活水平和生活质量得到提高。随着农村改革的不断进展，国家与农民的分配关系发生了变化。国家财政用于农业投入的规模也在不断增长，过去高度集中的统收统支的财政管理体制被财政包干体制所取代。中央财政和地方财政在农村基础设施建设方面的支出重点在一定程度上有所明确。其中最典型的做法就是“将用于农业基础设施建设的小型农田

① 数据根据中华人民共和国水利部网站资料整理所得。

水利资金包给地方，农村教育、卫生等支出责任也主要由地方财政承担”。[①]“由于乡村公共产品的筹资责任明确到基层政府，农村统筹资金制度便应运而生，其基本特征是：以乡统筹费和村集体提留的形式参与农户收入的分配，在此基础上形成统筹资金的再分配，集中用于乡村教育、道路建设、其他公益事业及其政权建设等”。[②]

2001 年以来，中央政府针对严峻的“三农”问题，就国家与农民分配关系问题提出了“多予、少取、放活”的指导方针。随着“费改税”的进行，农村基础设施的投融资体制发生了新的变化。主要有：增加农村教育、卫生、文化支出，加大对农村公共基础设施的投入力度；改变财政支农方式，对农民实施直接补贴；取消农业特产税（2006 年全面取消）。这一方面有利于给农村减负，促进农民增加收入，但另一方面，也导致了乡村负债的新问题。“税改前，乡村除从经营性收入外还要从收上来的‘乡统筹、村提留’中拿出一部分来偿还债务，而税改后，乡村可用财力下降，筹资数量和筹资数额减少，偿还能力受到很大限制，偿债压力非常大。据最近对分布在福建省不同地区 11 个县市 40 个行政村的调查，税改以来（2003 年和 2004 年两年平均）村级债务平均 35.9 万元，比税改前（2001 年和 2002 年两年平均，下同）增加 1.53 万元，增长 4.47%；村级债务出现增加的有 17 个村（占 42.5%），平均每个村增加 10.92 万元，最多的村比税改前增加 53.5 万元；只有 13 个村级债务减少，平均减少 9.56 万元”。[③]

由于农村基础设施投资存在比较利益低、投资回收周期长等特点，农户和其他私人部门缺乏投资积极性，再加上农村基础设施和农村社会事业发展所需的资金投入量一般较大，仅靠农户是难以解决的，目前对于农村基础设施建设的主要资金是由财政投入。由于信息不充分、激励机制不健全，中国“三农”资金投入渠道紊乱、资金分散、重复投资、重复建设等问题突出，使得财政支农资金很难发挥综合效益，呈现总量低、结构不合理、资金使用效率不高等现实特点。“从国家财政看，财政用于农业基

① 王小林：《结构转型中的农村公共服务与公共财政政策》，中国发展出版社 2008 年版，第 68 页。

② 同上。

③ 曾长福、林鹰漳：《税费改革后农村基础设施建设问题研究》，《福建农业学报》2007 年第 1 期。

本建设投资是农村基础设施的重要来源，从‘一五’时期到‘七五’时期，我国农业基本建设支出占国家财政基本建设支出的比重最低为8%，最高为12%，20世纪90年代以后，这一比重有所提高，基本在13%—16%之间波动，1998年由于国家用增发的国债作为农业基本建设投资，这一比重曾高达33%，但1999年又降至16.8%”（表2-3）。[①]

表2-3 1999年以前我国涉农支出数据

	国家财政支农支出	农业支出占财政支出的比重（%）	国家财政基本建设支出（亿元）	国家财政对农业基本建设支出（亿元）	（%）
一五时期	99.58	7.54	506.44	40.91	8
二五时期	283.65	12.67	1052	126.62	12
1966—1970（三五）	230.45	9.18	974.72	98.45	10
1971—1975（四五）	401.22	10.24	1575.61	174.75	11
1976—1980（五五）	693.55	13.13	1854.09	238.03	12.8
1981—1985（六五）	658.48	8.8	1880.33	158.57	8.4
1986—1990（七五）	1167.77	9.08	2641.57	247.7	9.3
1991	347.57	10.26	559.62	75.49	13.5
1992	376.02	10.05	555.90	85.00	15.3
1993	440.45	9.49	591.93	95.00	16
1994	532.98	9.2	639.72	107.00	16.7
1995	574.93	8.43	789.22	110.00	13.9
1996	700.43	8.82	907.44	141.51	15.6
1997	766.39	8.3	1019.50	159.78	15.6
1998	1154.76	10.69	1387.74	460.70	33
1999	1085.76	8.23	2116.57	357	16.8

资料来源：陶勇：《农村公共产品供给与农民负担》，上海财经大学出版社2005年版，第106页。

当前我国农村基础设施建设的资金筹措，由计划经济时期的国家财政投资和集体投资为主发展为以国家财政投入为主导、金融系统信贷资金为

① 陶勇：《农村公共产品供给与农民负担》，上海财经大学出版社2005年版，第106页。

支持、农村集体和农民个人共同承担以及民间资金的参与的多元化投资结构。

改革开放以来，我国农村基础设施投资额不断增加，但总体而言，农村基础设施的发展水平依然难以满足于农村经济社会发展要求。由于我国长期以来推行工业化、城市化发展战略，使国家财政绝大部分投向了城市，国家通过“剪刀差”的方式，以农业补偿工业、农村支持城市，结果使得城市基础设施方面远远超过农村，城市成为政府关注和投资的重点，造成农村基础设施建设严重滞后。20 世纪 90 年代以来，随着“三农”问题的矛盾越来越突出，政府支农力度逐年增大，使得近年来农村的环境和农民生活有了一定的改善。据国家统计局网站公布的数据显示，“九五”期间国家财政对于农业的支出有较大幅度的增长，由“八五”时期的 2271.95 亿元增长到“九五”时期的 4938.88 亿元，增幅是“八五”时期的 1.2 倍，“十五”时期同样保持了对农业的大力投资，初步估计，全国农业基本建设投资规模大约为 4500 亿元左右。

由表 2－4 可知，1990—2003 年 14 年来农业支出占财政支出年平均水平的 8.8%，农业基本建设占财政支出比例平均为 2.28%。虽然 14 年中国家每年对农业投资的绝对数量有不同程度的增长，这一投资比例和投资的绝对数量（相当于平均每年投入 879.33 亿元）相对于每年国家财政支出投向城市基础设施建设的数千亿元相比显然是大大不足的。受到亚洲金融危机的冲击，我国于 1998 年 7 月份开始，财政政策发生了重大转变，由原来适度从紧的财政政策转向积极的财政政策和稳健的货币政策相搭配的政策，并且通过扩大退耕还林、深化农村税费改革和粮食流通体制改革等措施，千方百计增加农民收入，刺激消费。在这一年，国家财政支出用于农业的比例较前些年相比有了较大提升，由 8.3% 增长到 10.69%，绝对数量由 1997 年的 766.39 亿元增加到 1998 年的 1154.76 亿元；农业基本建设投资占财政支出比例也有较大的增长，由 1997 年的 1.73% 增加到 1998 年的 4.26%。在之后的 1999—2003 年中，国家对农村投资的绝对数每年都有所增长但投资比例却有所回落，对农村基本建设的投入更是如此，1999—2003 年的投资比例甚至低于 1998 年以前的水平。

表 2－4　　1990—2003 年支农支出情况

年份	农业基本建设支出	农业支出合计	农业支出占财政支出的比例（%）	农业基本建设占财政支出的比例（%）
1990	66.71	307.84	9.98	2.16
1991	75.49	347.57	10.26	2.23
1992	85.00	376.02	10.05	2.27
1993	95.00	440.45	9.49	2.05
1994	107.00	532.98	9.20	1.85
1995	110.00	574.99	8.43	1.61
1996	141.51	700.43	8.82	1.78
1997	159.78	766.39	8.30	1.73
1998	460.70	1154.76	10.69	4.26
1999	357.00	1085.76	8.23	2.71
2000	414.46	1231.54	7.75	2.61
2001	480.81	1456.73	7.71	2.54
2002	423.80	1580.76	7.17	1.92
2003	527.36	1754.45	7.12	2.14

资料来源：刘星、王澜：《加强农村基础设施建设加快我国农村经济发展》，《湖南农机》2007 年第 5 期；财政部网站，《财政统计年鉴》中没有直接的关于国家财政对农村基础设施的投资，故以国家财政用于农业基本建设的数据加以替代。

二、农村建设设施建设概况

1. 农村道路

农村道路一般是沟通乡（镇）到村、村到村或田间生产基地到乡（镇）、村的道路。中国各地情况差异甚大，有的农村道路经常通行汽车，则须按公路标准修建。制订农村道路规划时，需要结合当地山、水、田、林、路综合治理的原则，根据地方上的具体情况，因地制宜地进行。我国农村道路建设与“三农”问题一样，长期受到“重城轻乡”和二元经济的影响。国家极少投资在修筑农村道路上，并且喊出了在城市从未听到过的“人民道路人民建，建好道路为人民”的口号。在这种口号的掩饰下，使对农民的乱摊派变为“合法化”，加重了农民负担。国家发改委在 2004

年4月召开的《全国农村公路建设规划》(草案)论证会上提出，为加快农村公路建设步伐，交通部将实施“五年千亿元规划”，即在“十一五”期间国家将投入1000亿元人民币，力争到2010年中国东部地区所有具备条件的行政村、中部地区80%以上的行政村、西部地区90%以上的乡镇都能通沥青路或水泥路；同时，所有具备条件的行政村都通公路。但是，在全国200多万个自然村庄中，除去那些村庄规模太小、户数少、人口少的零星村庄和修路难度太大的深山区村庄以及已经修筑了硬化路面的村庄外，现阶段有紧迫修路要求和修路价值的村庄共100万个左右。每个村庄大体需要修建2—4公里硬化路面。按照现行平原地区四级乡村公路投资标准，每公里硬化路面需要投资15万元左右，总投资3000亿至6000亿元人民币。目前我国农村公路建设的融资渠道主要来自财政投资、农民集资(包括以工代资)、银行贷款、社会团体投资等渠道。截至2004年底，全国农村公路(包括县道、乡道、村道)总里程达到近290万公里(其中村道147万多公里)，其中，县乡公路由1978年的59万公里增至2004年的142.4万公里，技术等级迅速提升，等级路由1978年的26万公里增至2004年的110.7万公里；路面状况明显改善，截至2004年底，高级、次高级路面里程占县乡公路总里程的39%；通达深度逐年提高，99.6%的乡镇和92.9%的建制村实现了通公路，基本形成了县与乡、乡与乡、乡与村之间的农村公路网络。①

2005年2月，国务院审议通过《农村公路建设规划》，要求按照“政府主导，分层负责；统筹规划，分步实施；因地制宜，分类指导；建养并重，协调发展”的指导思想，加大政府投入力度，加快农村公路建设，为发展农业、繁荣农村经济，推进城镇化进程，建设农村小康社会提供良好交通基础条件。提出21世纪前20年农村公路建设的总体目标是：具备条件的乡(镇)和建制村通沥青(水泥)路，基本形成较高服务水平的农村公路网络，使农民群众出行更便捷、更安全、更舒适，适应全面建设小康社会的总体要求。交通部2006年1月26日通过《农村公路建设管理办法》，其中第四条规定，农村公路建设应当由地方人民政府负责。其中，乡道由所在乡(镇)人民政府负责建设；在当地人民政府的指导下，

① 《全国农村公路建设规划》，武汉交通政务网，http://www.whjt.gov.cn/2007-2/200702065680.shtml.

村道由村民委员会按照村民自愿、民主决策、一事一议的方式组织建设。第七条规定，交通部负责全国农村公路建设的行业管理。省级人民政府交通主管部门依据职责负责本行政区域内农村公路建设的管理。设区的市和县级人民政府交通主管部门依据职责负责本行政区域内农村公路建设的组织和管理。目前我国农村道路养建资金的筹集，主要依靠“五个一点”，即财政投一点、受益村筹一点、动员社会捐一点、协调银行贷一点、抓准政策争一点。但农村道路养建问题上依然存在农民负担重、县乡财政拮据、村镇互不联结、道路质量低劣、缺乏必要的维修和养护等困难。据交通部统计显示，2003—2004 年两年，全国建成农村公路 35. 2 万公里，其中沥青路、水泥路 19. 2 万公里，超过 1949 年新中国成立以来农村建设沥青路、水泥路的总和。2004 年，中国新增农村客运班车 8500 多辆，有 286 个乡镇、28424 个行政村新开通了班车。发展和改善农村公路交通，是解决“三农”问题的重要前提和基础条件。经过 50 多年的建设，全国县乡公路总里程达 127. 7 万公里，是 1952 年的 10. 2 倍。但是，全国还有 184 个乡镇、5. 4 万多个行政村不通公路。在全国 104. 3 万公里的非水泥、沥青路面的公路中，农村公路就有 92. 3 万公里，占 88. 5% 。[①] 当前我国农村交通存在交通参与者成分复杂，交通混行严重、秩序混乱；县级和农村公路质量低劣、养护不到位，严重影响了农村的交通；融资难，资金缺口大，严重影响了农村交通的发展；道路交通基础设施急剧增加，道路等级较低问题。2006 年交通部为加强农村公路建设，将按照建设社会主义新农村的要求继续加大对农村公路建设的力度，使东部发达区域基本实现村村通，欠发达的地区乡镇、行政村通沥青或水泥路的比率明显提高。到“十一五”末基本实现所有具备条件的乡镇建制村通公路，95% 的乡镇和 80% 的建制村通沥青路或水泥路，县乡公路要达到 180 万公里，5 年增加 30 多万公里，新改建农村公路 120 万公里。

2. 农村饮水设施

2006 年国务院发展研究中心将“推进社会主义新农村建设研究”列为重点研究课题，开展了涉及 17 个省（市、自治区）、20 个地级市、57 个县（市）、166 个乡镇、2749 个村庄的大规模实地调查。得出被调查地区“77% 的村饮水安全；41% 的村饮水存在困难；55% 的村有集中供水

① 陈新平等：《农村交通发展的问题及对策研究》，《经济参考报》，2005 年 8 月 23 日。

管道，这些村自来水用户比例为68%。东部和西部有明显差异”。“上海、江苏和浙江农村饮水基本全都安全，与之相比，青海、四川和甘肃等地存在饮水困难，甘肃的饮水安全最不能得到保证”。①

2006年8月至2007年11月，全国爱卫会、卫生部联合组织开展了全国农村饮用水与环境卫生现状调查，这是我国首次针对农村饮用水与环境卫生开展的大规模调查研究工作。② 本次调查在全国31个省、自治区、直辖市和新疆生产建设兵团开展，按照分层随机的方式共调查657个县、6590个村、65839户，6948份水样。饮用水调查结果显示：我国农村生活饮用水水源主要以地下水为主，饮用地下水的人口占74.87%，饮用地面水人口占25.13%；饮用集中式供水的人口占55.10%，饮用分散式供水的占44.90%。以2006年执行的《农村实施〈生活饮用水卫生标准〉准则》作为饮用水水质评价标准，本次调查水样中未达到基本卫生安全的超标率为44.36%；地面水超标率为40.44%，地下水超标率为45.94%；集中式供水超标率为40.83%，其中近3年中央投资建设水厂超标率为38.99%，分散式供水超标率为47.73%。农村饮用水超标的主要因素是微生物指标超标，饮水中因细菌总数和总大肠菌群所引起的水质超标率为25.92%；集中式供水中有消毒设备的仅占29.18%，分散式供水均直接采用原水。农村饮用水消毒率低，是导致饮用水的微生物指标超标的主要原因。对家庭饮用水处理及饮水习惯调查显示：在饮用非集中式供水的农村家庭中，对饮用水进行水处理（不包括烧开）的占5.11%。在饮水习惯上，喝开水的占85.23%，这一良好习惯在预防控制水性肠道传染病上起到非常重要的作用。环境卫生调查显示：农村入户调查卫生厕所的普及率为23.83%，其中无害化卫生厕所普及率为22.74%，厕所入室的比例为17.82%，多数厕所建在院内或院外，上厕所不方便问题十分突出。农业生产中，利用粪肥的比例为84.34%，其中使用非卫生厕所的农户中有90.04%利用粪便作为农肥，远远高于使用卫生厕所农户的63.76%，通过未经无害化处理的粪便传播疾病的风险较高。环境卫生调查结果还显示，有约一半的村庄没有规划和环卫制度，缺乏专职保洁员的

① 李剑阁主编：《中国新农村建设调查》，上海远东出版社2007年版，第31页。

② 中国疾病预防控制中心网站：http://www.chinacdc.net.cn/n272442/n272530/n3246177/22209.html.

村占65.64%；进村道路硬化率达到70%以上，但村内道路全部硬化的仅占18.20%。生活垃圾是农户家庭垃圾的主要来源，农民每人每天生活垃圾量为0.86公斤，全国农村一年的生活垃圾量接近3亿吨，其中的36.72%约1亿吨垃圾属于随意堆放，养殖业垃圾和秸杆杂草在一些地区污染严重。

2004—2006年三年间，中央转移支付农村改水改厕项目投入4.82亿元，用于支持贫困地区，特别是血防地区建设无害化卫生厕所215万座；地方病项目投入4100万元，对饮水型氟、砷病区和高碘水源地区进行筛查，对病区防病改水工程进行检测，基本掌握了病区分布范围和改水工程运转情况。2007年，中央财政进一步加大了转移支付的力度，已投入3.36亿支持地方开展农村改厕和水质监测工作。通过中央项目的实施，将引导地方各级财政不断加大投入，加快农村改厕工作的步伐，完善农村饮用水水质卫生监测网络，及时开展农村饮水安全工程卫生学评价，努力提高农村无害化卫生厕所普及率、粪便无害化处理率和饮水卫生合格率。

针对当前我国农村饮用水和环境卫生状况，卫生部要求重点开展农村改水改厕、垃圾减量、污水减排等工作，建立村庄保洁机制，进行环境卫生综合整治。同时开展农村环境卫生适宜技术的研究和开发，建立完善以农村饮用水水质卫生为重点的环境健康危害监测体系。卫生部要求，今后要进一步把爱国卫生工作的重点放到农村，大力开展农村环境卫生综合整治。逐步推广“户分类、村收集、乡转运、县处理”的城乡统筹垃圾处理模式，提高生活垃圾无害化处理率；按照先灰色污水（不含人畜排泄物的生活污水）、后黑色污水（人畜排泄物），先明（明渠、明沟）后暗（暗渠、暗沟）的顺序，逐步解决农村生活污水问题。依靠科技进步，提高工作质量和管理水平，针对当前突出问题，加强新技术、新方法的研究、应用和推广，帮助基层更有针对性地开展环境改造和群众性防病工作。

农村饮水不安全对人民群众的身心健康构成了威胁，是当前人民群众最关心、最迫切需要解决的问题，2000—2003年，国家发改委和水利部先后立项下达了全国农村饮水解困工程项目总投资162亿元，计划解决5064万人口的饮水困难问题。截至2003年底，共完成投资155亿元，建成各类农村饮水工程83万处；到2004年9月，已解困人数达到4978万人。2000年以来，党中央、国务院把解决人畜饮水作为农村基础设施建设“六小工程”的重要内容，建成各项农村饮水工程80多万处，解决了5700万农村人口饮水困难。[①]但从目前看，农村人口饮水安全问题还没有得到彻底的解决，很多地方的饮水存在着高氟、高砷等问题，而且随着工业化和城镇化的发展，农村水源受到很大污染，不仅加剧了水资源的短缺，而且水质的恶化严重威胁着广大人民群众的身心健康。

3. 农村教育设施

1978年4月22日至5月16日，在北京召开了全国教育工作会议，从思想、路线、方针、政策等方面总结了过去的经验和教训，讨论了有关全国教育事业发展规划和大、中、小学工作条例等问题，会议通过了《一九七八年至一九八五年全国教育事业规划纲要（草案）》、《全国普通高等学校暂行工作条例》、《全日制中学暂行工作条例（草案）修改意见（讨论稿）》、《全日制小学暂行工作条例（草案）修改意见（讨论稿）》等文件，对全国教育的发展起到了深远的影响。全国各地农村根据各自特点，对中小学的开办进行了区域调整和学制的调整，更加适应农村经济社会的发展要求。1979年，农村中小学教师开始职称评聘工作。1980年，经国务院批准，内蒙古自治区的11000名中小学民办教师经考核合格后，分期分批转为公办教师。1980年12月，中共中央、国务院颁布《关于普及小学教育若干问题的决定》，对农村小学的经费和办学条件作了明确的规定：“农村小学的校舍修建和桌凳购置，一般应由社队主要负责，国家酌情给予补助。国家补助费大体按所需的1/3的比例列入省、市、自治区预算，使用时根据实际情况，有的可以不补，有的可以少补，有的可以多补。同时，国家给予民办教师补助费。少数民族最贫困的地区，要由国家包起来，实行免费教育。”[②]《关于普及小学教育若干问题的决定》要求逐步减少民办教师的比例，规定国家每年安排一定的专用劳动指标，经过严格考核，将合格的民办教师分期分批转为公办教师，师范院校每年要招收一部分民办教师。通过教育普及工作，农村基础教育有了很大的发展。“1981年，农村小学数85.8万所，占小学校总数的96%，学生数为12467.4万人，占小学在校生总数的87%；农村小学毕业生升入初中的升学率达到61.9%。少数民族小学教育发展更快。1951年少数民族小学

① 数据来源：根据水利部网站资料整理所得。

② 李水山主编：《农村教育史》，广西教育出版社2007年版，第72页。

94.3万人，站全国小学生总数的2.2%；到1981年，少数民族小学生达到735.6万人，占全国小学生总数的5.13%”。“小学专任教师中民办教师所占的比重逐年下降，1978年占65.4%，1979年占63.8%，1980年占61.4%，1981年下降到58.2%”。[①] 1983年5月6日，中共中央、国务院发布《关于加强和改革农村学校教育若干问题的通知》，明确农村学校的任务主要是提高新一代广大农村劳动者的科学文化水平，促进农村社会主义建设。强调我国农村情况各不相同，农村教育要从实际出发，因地制宜，办学应坚持多层次、多种规模和多种形式。1984年12月13日，国务院发布《关于筹措农村学校办学经费的通知》，要求对农村学校，在国家逐年增加教育基本建设投资和教育事业经费的同时，要充分调动农村集体经济组织和其他各种社会办学的积极性，开辟多种渠道筹措农村办学经费。除国家拨给的教育事业费外，乡人民政府可征收教育事业附加费，对农业、乡镇企业都要征收。鼓励社会各方面和个人自愿投资农村办学。1987年6月15日，国家教委会同财政部发布了《关于农村基础教育管理体制改革若干问题的意见》，指出科学划分地方各级政府的职责权限，是搞好农村基础教育管理体制改革的关键。20世纪80年代，我国农村的中小学有了一定程度的发展（表2-5）。

表2-5　　1985—1986年农村中小学教育指标

	单位	1985	1986
一、高中			
学校数	所	5934	5490
班数	万个	3.8	3.6
毕业生数	万人	54.1	53.7
招生数	万人	72.3	67.6
学生数	万人	197.8	194.6
专任教师	万人	12.3	12.0

① 李水山主编：《农村教育史》，广西教育出版社2007年版，第74页。

续表

二、初中			
学校数	所	63641	63512
班数	万个	53.6	58.2
毕业生数	万人	622.3	663.9
招生数	万人	946.9	969.1
学生数	万人	2698.9	2808.0
专任教师	万人	139.5	144.9
三、小学			
学校数	所	76.6	76.3
班数	万个	344.5	346.5
毕业生数	万人	1600.3	1626.9
招生数	万人	1906.6	1865.5
学生数	万人	11076.3	10913.9
教职工数	万人	473.0	476.4
其中：教师	万人	429.3	432.6
职工	万人	43.7	43.8

资料来源：根据相关年度《中国统计年鉴》和《中国农村统计年鉴》整理所得。

1990年，国家教委印发《关于设立中国燎原广播电视学校的通知》，要求充分利用广播电视，面向农村，为乡镇农民文化技术学校、职业技术教育中心、农村职业中学等提供教学服务，国家教委决定在中央电大内设"中国燎原广播电视学校"，面向广大农村提供电视教学课程。1994年6月中共中央、国务院发布了《关于〈中国教育改革和发展纲要〉的实施意见》，认为我国在20世纪90年代，中等和中等以下学校在管理体制改革方面，仍然是继续完善在中央的宏观指导下，实行"地方负责，分级管理"的体制，即县、乡、村三级办学，县、乡两级管理，以县为主的管理体制。规定"县级政府有责任根据中央的方针政策，把中等及中等以下教育事业的发展纳入全县的总体规划，制订调动本地各级政府和社会力量办学积极性的办法，抓好干部和队伍建设，统筹管理教育经费，调配和管理中小学校长、教师，制订有关民办教师的政策，加强对教学业务的指导，有计划、有步骤地普及九年义务教育，规划和调整教育结构，使教育着重为当地的经济建设与社会发展服务”；“乡级政府负责管理设在本乡的农村学校，做好职责范围内的工作”。“行政村在教育管理方面的工作，主要是发挥行政村在解决危房、改善办学条件、提高教师待遇、筹措解决民办教师工资、管好学校财产、维护学校权益、动员适龄儿童入学、参与监督学校工作等方面的作用”。[①]“2002 年全国财政预算内对农村义务教育的拨款达到 990 亿元，占当年义务教育经费总投入的 78.2%”。“2001 年和 2002 年，中央财政每年在补助中西部地区加强农村贫困地区义务教育、农村中小学教师工资补助、消除中小学危房、信息化建设、资助困难学生等方面的专项经费投入都达到了 80 亿元以上”。[②] 2003 年，《国务院关于进一步加强农村教育工作的决定》提出，要建立健全资助家庭经济困难学生就学制度，争取到 2007 年全国农村义务教育阶段家庭经济困难的学生都能享受到“两免一补”（免杂费、免书本费，补助寄宿生生活费）。2005 年 2 月，教育部、财政部发布《关于加快国家扶贫开发工作重点县“两免一补”实施步伐有关工作的意见》，要求从 2005 年春季学期起，中央对国家重点贫困县的农村义务教育阶段贫困家庭学生全部免费发放教材，地方政府要积极落实对这些学生免除杂费和补助寄宿生活费。2005 年 12 月，温家宝总理主持国务院会议，研究农村义务教育问题。会议提出了深化农村义务教育保障机制改革的主要内容。一是从 2006 年开始，全部免除西部地区农村义务教育阶段学生学杂费。2006 年我国农村地区教育基础设施的发展状况大体如下列表 2-6 所示。2007 年扩大到中部和东部地区；对贫困家庭学生免费提供教科书并补助寄宿生生活费。二是根据农村中小学公用经费支出的合理需要，提高农村义务教育阶段中小学公用经费基本标准。三是建立农村义务教育阶段中小学校舍维修改造长效机制，校舍维修改造所需资金，中西部地区由中央和地方共同承担，东部地区主要由地方承担，中央适当给予奖励性支持。四是对中西

---

① 李水山主编：《农村教育史》，广西教育出版社 2007 年版，第 144—145 页。

② 同上书，第 155 页。

部及东部部分地区农村中小学教师工资经费给予支持，确保农村中小学教师工资按照国家标准及时足额发放。21 世纪伊始，发展农村远程教

表 2－6　2006 年农村教育概况

幼儿园

主办者	农村幼儿园园数		班数	
	总计	其中少数民族幼儿园	总计	其中学前班
农村	64719	416	395172	218330
教育部门	15547	279	257606	192945
集体	15872	78	41533	5346
民办	32648	58	92281	18538
其他部门	652	1	3752	1501

小　学

主办者	学校数（所）	教学点数（个）	班数（个）
农村	295052	87590	2110023
教育部门和集体	290638	86393	2057233
民办	3132	947	34049
其他部门	1282	250	18741

普通初中

主办者	学校数	班数
农村	35283	459452
教育部门和集体	33083	436708
民办	1532	15249
其他部门	668	7495

普通高中

主办者	学校数	班数
农村	2160	39649
教育部门和集体	1639	33335
民办	374	4567
其他部门	147	1747

资料来源：根据《中国教育统计年鉴 2007》数据整理所得。

育提升了议事日程并步入运行轨道。2003年6月，“农村中小学现代远程教育工程试点示范项目”经国务院批准，由教育部、国家发改委、财政部启动。该项目为西部12个省、自治区、直辖市和生产建设兵团的农村中小学配置59490套教学光盘播放设备，覆盖29229所农村小学、2350所农村初中；建设5016个卫星教学收视点；为贵州、云南、甘肃、宁夏、新疆5省区建设200个农村中心学校计算机教室。①

4. 农村医疗卫生设施

1978年五届人大通过的《中华人民共和国宪法》将“合作医疗”列入，1979年，卫生部、农业部、财政部联合发布《农村合作医疗章程(草案)》，对合作医疗进行了规范。到1980年，全国农村约90%的行政村（生产大队）实行合作医疗，成为我国医疗保障制度的重要支柱之一。“‘合作医疗’与合作社的保健站及数量巨大的‘赤脚医生’队伍一起，成为解决我国广大农村缺医少药的三件法宝”。② 自1981年开始，国家开始有步骤地改进对烈属、复退军人定期补助和对家居农村的义务兵家属的优待办法。1986年9月《中共中央关于制定国民经济和社会发展第七个五年计划的建议》中，第一次明确在正式文件中使用“社会保障”概念，将我国的社会救助、社会保险、社会福利和社会优抚等社会保障性质的制度统一归并到社会保障制度中。1987年3月14日，民政部发布《关于探索建立农村社会保障制度的报告》，在上海、大连等地的农村地区进行了养老保险制度的试点。80年代，我国的农村卫生事业有了一定程度的发展（表2－7）。

表2－7　1985—1986年我国乡村卫生机构情况

	单位	1985	1986
一、卫生院	个	30230	30101
中心卫生院	个	1562	1551
乡卫生院	个	28668	28550
二、床位	张	351576	349042

① 转自李水山主编《农村教育史》，广西教育出版社2007年版，第195—196页。

② 郑功成等：《中国社会保障制度变迁与评估》，中国人民大学出版社2002年版，第243页。

续表

	单位	1985	1986
中心卫生院	张	52190	51983
乡卫生院	张	299386	297059
三、卫生机构人数	个	478365	465212
中心卫生院	个	68189	66612
乡卫生院	个	410176	398600

资料来源：根据相应年度《中国统计年鉴》和《中国农村统计年鉴》整理所得。

1986 年，全国村设置的医疗点合计为 795963 个，其中村或群众集体办的 298042 个，乡村医生或卫生员联合办的 86016 个，乡村卫生院设点的 28969 个，个体办的 349792 个，其他为 33144 个。[①] 1991 年，国务院正式决定由民政部负责开展建立农村社会养老保险制度的改革试点工作。1992 年，民政部发布《农村社会养老保险基本方案（试行）》，提出了发展我国农村社会养老保险的基本思路。基本原则是要求从我国农村实际出发，以保障农村老年人基本生活为目的；坚持资金以个人缴纳为主，集体补助为辅，国家予以政策性支持；坚持农村务农、务工、经商等各类人员社会养老保险制度一体化的方向。保障对象为农村人口，缴纳标准为多档次，实行个人账户，个人缴纳和集体补助部分都记在个人名下。1993 年在《关于建立社会主义市场经济体制若干问题的决定》中明确指出：要"发展和完善农村合作医疗制度改革"。1994 年 1 月，国务院颁布了《农村五保供养工作条例》，对"五保户"的评定登记、供养标准、"五保"内容、供养形式、经费来源、"五保"对象财产或遗产的处理等加以了规范，"中国农村合作医疗制度改革"试点工作开展。1997 年 8 月，国务院发布《关于在各地建立城镇居民最低生活保障制度的通知》，根据通知的精神，各地制定本地区的农村最低生活保障制度，救助对象的确定标准分为四类："一是家庭成员均无劳动能力或基本丧失劳动能力的农户；二是家庭劳动力严重残疾生活确有困难者；三是家庭劳动力因常年患疾病确有困难者；四是家庭主要成员因病、灾死亡而子女均不到劳动年龄生活特别

① 根据《中国统计年鉴》数据整理所得。

困难者。”[①] 截至1998年底，全国有2123个县（市）和65%的乡（镇）开展了农村社会养老保险工作。[②] 2001年底，全国农村参加社会养老保险的人数为5995.1万人，农村养老保险基金滚存结余216.1亿元。[③] 从1991年到2001年，我国农村地区初步建立起社会保障网络（表2－8）。

表2－8　　1991—1998年我国农村社会保障发展情况

项目 年份	建立农村社会保障的乡镇数（个）	社会保障基金会（个）	社会保障基金会资金额（亿）
1991	13322	18663	16.7
1994	14854	195276	28.1
1998	18745	151081	51.3

资料来源：方青：《解组与重构——二元社会结构下的农村社会保障》，安徽人民出版社2006年版，第93页。

“十五”期末，全国参加基本养老保险、基本医疗保险、失业保险、工伤保险、生育保险人数分别达到1.75亿人、1.38亿人、1.06亿人、8478万人和5408万人，参加农村社会养老保险的人数达到5442万人。2005年，社会保险基金收入6968亿元，支出5401亿元。[④] 卫生部统计资料显示，我国农村与城市地区的卫生事业经费投入存在较大差异（表2－9）：

表2－9　　全国卫生总费用在城乡间的分配

项　目	2000	2001	2002	2003	2004
城乡卫生费用（亿元）	4586.6	5025.9	5790.0	6584.1	7590.3
城市	2621.7	2793.0	3448.2	4150.3	4939.2
农村	1964.9	2233.0	2341.8	2433.8	2651.1

① 方青：《解组与重构——二元社会结构下的农村社会保障》，安徽人民出版社2006年版，第90页。

② 劳动和社会保障部、国家统计局：《1998年劳动和社会保障事业发展年度统计公报》，《中国劳动保障报》1999年6月17日。

③ 劳动和社会保障部、国家统计局：《2001年劳动和社会保障事业发展年度公报》，http://www.molss.gov.cn.

④ 《2006—2010年劳动和社会保障事业发展“十一五”规划纲要》，http://w1.mohrss.gov.cn/gb/zt/2006－11/08/content_146879.htm.

续表

项　目	2000	2001	2002	2003	2004
城乡卫生费用比例（%）	100.0	100.0	100.0	100.0	100.0
城市	57.2	55.6	59.6	63.0	65.1
乡村	42.8	44.4	40.4	37.0	34.9
人均卫生费用（元）	361.9	393.8	450.7	509.5	583.9
城市	812.9	841.2	987.1	1108.9	1261.9
农村	214.9	244.8	259.3	274.7	301.6

资料来源：《2005 年中国卫生事业发展情况统计公报》。

数据说明，我国城市居民的社会保障水平远远高于农村居民。根据 2000 年人口普查数据，城市居民预期寿命 75.2 年，农村居民预期寿命为 69.6 年，相差近 6 年。在东部 10 个发达的省，城乡居民预期寿命差距为 3.5 年，而西部 10 个不发达的省，城乡居民预期寿命差距为 8.2 年。[①] 当前我国农村地区依然存在医疗设施、高素质医生匮乏的问题。“村卫生室平均数量在 1.5 个左右，每个村庄平均有 2.53 个医生，其中有医生资格的人为 2.26 人。东部、中部和西部调查村庄平均医生数为 2.85 个、2.59 个和 2.03 个。平均每 988 个农村人口中仅有 1 名正式医生。每村卫生室数量地区差别不大，每村有资格的医生东部最多，中部次之，西部最少，医生与人口之比中部最高，东部次之，西部最低，但均不理想，农村医疗资源严重匮乏”。[②] 20 世纪 80 年代以来，我国农村卫生院（表 2－10）和敬老院（表 2－11）的数量变化起伏不大，这在一定程度上说明我国乡村卫生事业的发展较为迟滞。

表 2－10　1985—2004 年我国农村卫生院发展指标

年　份	卫生院数（个）	床数（张）
1985	47387	720619
1986	46967	711234

① 王小林：《结构转型中的农村公共服务与公共财政政策》，中国发展出版社 2008 年版，第 212 页。

② 李剑阁主编：《中国新农村建设调查》，上海远东出版社 2007 年版，第 39 页。

续表

年　份	卫生院数（个）	床数（张）
1987	47177	722979
1988	47529	726124
1989	47523	722713
1990	47749	722877
1991	48140	729152
1992	46117	732754
1993	45024	730828
1994	51929	732390
1995	51797	733064
1996	51277	734745
1997	50981	742447
1998	50071	737693
1999	49694	734032
2000	49229	734807
2001	48090	740060
2002	44992	671295
2003	44279	672741
2004	41626	668863

资料来源：根据相应年度《中国统计年鉴》和《中国农村统计年鉴》整理所得。

表 2－11　　1985—2004 年我国农村敬老院发展状况

年　份	敬老院数
1985	23622
1986	26678
1987	28014
1988	28532
1989	29625
1990	27886
1991	29067

续表

年　份	敬老院数
1992	26472
1993	26281
1994	25205
1995	23201
1996	40130
1997	16498
1998	39377
1999	37344
2000	25576（更名为老年收养性福利机构个数）
2001	26650
2002	25697
2003	24343
2004	26442

资料来源：根据相应年度《中国统计年鉴》和《中国农村统计年鉴》整理所得。

5. 农村环境设施

改革开放以来，伴随经济发展的同时，环境污染问题日益严重。我国农村的环境形势非常严峻，已经威胁到农村居民的生产生活。“中国农民为中国现代化付出了巨大的代价，但他们却越来越被排挤在现代化成果之外。城乡居民收入差距由20世纪80年代的1.8∶1，扩大到90年代的2.5∶1，2003年更达到3.2∶1”。①

当前我国农村地区面临的环境问题主要体现在如下方面。

第一，农业生态环境受到一定程度破坏。农业生态环境是由农、林、牧、副、渔业生产所必需的土壤、水、森林、草原、空气和阳光等自然因素构成。改革开放以来，国家先后实施“三北”防护林、大江中上游防护林、沿海防护林等一系列林业生态工程，开展黄河、长江等七大流域水土流失综合治理，使我国的生态环境建设取得了举世瞩目的成就并对国民

① 曾鸣、谢淑娟：《中国农村环境问题研究——制度透析与路径选择》，经济管理出版社2007年版，第7页。

经济和社会可持续发展产生了积极、深远的影响。但我国的生态环境恶化的趋势还未得到遏止。我国农业生态环境恶化主要表现在：（1）土壤环境恶化。当前我国面临严重的水土流失、土地沙化、农地污染、耕地消退问题。“近50年来，我国因水土流失毁掉的耕地达4000多万亩，约占全国耕地总面积的1/3，每年流失的土壤总量约达50亿吨”。[①] 2005年环保总局发布的调查数据表明：珠三角近40%的农田菜地土壤重金属污染超标，其中一成土地污染属严重超标。我国是世界上荒漠面积较大、危害严重的国家之一，荒漠化土地主要分布在华北、西北地区，涉及18个省（区、市）470个县（旗、市），形成万里风沙线。虽然我国每年都开展了大规模的植树造林，但由于成活率低，加上管理水平、乱砍滥伐等问题，森林覆盖率增长缓慢。（2）水资源污染严重。由于农村生活和农牧渔业生产及规模化畜禽养殖造成的农业面源污染、工业废水的大量排放等因素，致使广泛分布在农村的河流、湖沼、沟渠、池塘、水库等处的地表水和地下水受到严重污染。许多地区利用污水灌溉农田。据国家统计局农村社会经济调查司2004年数据，从1978年到1998年，我国“污灌面积”从500万亩增加到5472万亩，占全国总灌溉面积的7.3%。

第二，农村居住地环境恶化。农村居住地通常指自然村以上、县城以下规模的农村人口集中居住地以及从事各种生产的居住点。除了少数乡镇政府所在地以外，基础设施一般都是通过内部集资逐步建设的，发展水平相对较低，且缺乏有效管理。农村居住地的环境恶化主要涉及以下因素：（1）缺乏系统规划。农村居住地的建设规模随着经济的不断发展而壮大，但大都缺乏整体性规划或规模不当，这一方面导致了农村居住地的建设较乱，另一方面致使土地利用缺乏合理的功能分区。（2）缺乏污染治理和监管能力。由于经费的欠缺，农村居住地的环境监管长期处于放任状态。“2003年，我国农村饮用水卫生合格率仅为62.1%，生活污水处理率不到2%，卫生厕所普及率仍不到10%，垃圾处理收集系统建成率几乎为0”。[②]（3）工业污染难以得到有效控制。我国乡镇企业的发展，一方面繁

① 曾鸣、谢淑娟：《中国农村环境问题研究——制度透析与路径选择》，经济管理出版社2007年版，第63页。

② 同上书，第70页。

荣了农村经济活跃了农村市场，另一方面也带来了严峻的工业污染问题。乡镇企业普遍存在布局不当、设备陈旧、环保意识欠缺等问题。另外，城市里的很多污染企业也不断搬迁到乡村地区，加大了农村的环境压力。(4) 农业面源污染加剧。化肥和农药的使用量越来越大（表2－12），对农村的河流、土壤、空气质量等构成了威胁。大棚农业的发展，使得地膜污染不断加剧。

表2－12　我国农田养分投入中有机肥和化肥结构的变化

年份	肥料投入			化肥构成		
	总量/万吨	有机肥比重%	化肥比重%	氮肥/万吨	磷肥/万吨	钾肥/万吨
1965	974.4	81.9	18.1	120.6	55.1	0.3
1975	1709.8	68.6	31.4	364.0	160.9	23.0
1985	3218.2	44.8	55.2	1258.8	407.9	109.1
1995	5295.0	32.1	67.9	2224.0	994.0	376.9
2000	6028.0	30.3	69.7	2470.6	1111.8	617.6

资料来源：李子田等：《我国农业可持续发展面临的生态环境问题及对策》，《农机化研究》2006年第1期。

第三，农村垃圾处理难题。20世纪80年代以来，随着我国农村经济社会的发展，越来越多的农村人口集聚到新建的中心村和小城镇，这使过去分散在广大乡村的垃圾、污水等随人口集聚而日益集中化。而这些地方的垃圾、污水处理等公共设施要么根本没有，要么严重不足，因此垃圾、污水处理难题由隐性呈显性，造成当地环境恶化。在有些规划得较好的农村，虽然建造了一定量的环境卫生设施，但建成后往往面临当地政府财政无力支付运行成本，居民认为自己不应支付费用，或无力支付费用而导致的时开时停问题，难以真正发挥作用。另外，农村的垃圾处理还涉及长期以来村民的生活习惯、风俗等因素的影响，解决起来，难度很大。目前，农村垃圾处理技术主要有三种方式：卫生填埋、堆肥和焚烧。一个县城建设一个中型的垃圾填埋厂至少需要几千万元的资金，垃圾焚烧厂则至少投资在1亿元左右，地方财力很难承受。如果分散处理，则又受技术条件的制约，其中最担心的就是简易填埋后会产生渗滤液，而技术不过关的焚烧则可能产生大量的二恶英（毒性较大的化合物）。在城市垃圾治理上，可以推行处罚措施，加大执法力度。但在农村，推行处罚措施难度很大，只能加强引导。

农村垃圾治理难度较大，单凭政府一方面的推动显然不够，但仅凭农民自己去治理也不现实，因此只有以农民为主体、以政府为主导，多管齐下，才能真正治理好农村垃圾问题。其一，政府要加大对垃圾处理基础设施建设的投入，列出专项资金建设垃圾池、垃圾车、垃圾填埋场、垃圾处理设备等，统筹建设收集、储运、运输、处置设施。其二，要加强对农民的宣传教育，使他们真正认识到乱扔垃圾的危害，学会分类处理垃圾，掌握正确处理垃圾的各类方法。其三，要以村为单位，充分发挥农民主体作用，通过建立村规民约的形式，建立起业余的“农村环卫队”，经费可以采取村集体经济出一点、村民自己筹一点的办法，形成“村收集、镇中转、县市处理”的垃圾处置模式。其四，寻求垃圾处理的产业化，鼓励农民建设沼气池，推广农村垃圾无害化处理技术。农村垃圾与城市垃圾相比，在种类上有所不同，那就是易于腐化分解的较多。因此要鼓励农民多建沼气池，将易腐化分解的垃圾投入沼气池。同时要多推广一些农村垃圾无害化处理技术。其五，要吸引社会资本投资污染治理领域，同时政府要让治污企业“能挣钱”，一是要出台垃圾收费方案，由农民承担一部分污染治理费用；二是政府要给予一定的财政补贴，政府要“花钱买环境”。

村容整洁，环境优美，是新农村建设的基本要求。在新农村建设过程中，一些地方在治理农村环境污染方面积累了不少成功经验，值得各地借鉴和学习。比如江西省赣县南塘镇石院村在垃圾治理过程中，形成了一套“村民自我分类、政府打好基础、聘请专门人员、统一清运处理”的方案。其一，该村对各家各户进行宣传，教会农民对垃圾进行分类的方法，每家每户都自备两个垃圾桶，一个装易腐烂可分解的，一个装不易分解的。易腐烂可分解的就由农民自行倒入沼气池，不易分解的就倒入村里的垃圾池进行集中清运。其二，政府投入资金进行基础设施的建设。由镇政府投入资金，在村里集中建了两个垃圾池，购买了专门的清运设备。其三，聘请专门人员，即采取村集体出一点，村民集一点的办法，该村村民每人只需一年出两元钱，聘请村里两名贫困户，专门负责对村内环境进行清扫和垃圾的清运。这样，既有了专人进行垃圾清扫，贫困户又有了一笔额外的收入。统一清运处理，即镇政府购买了两台垃圾清运车，定期到各村巡回清运垃圾，然后集中进行处理。该村的这种垃圾治理模式在我国农村具有较好的推广价值。

6. 农田水利建设

20 世纪 80 年代以来，随着农村改革的不断推进，“分田到户”逐渐取代了过去的“公社模式”。农户分得小面积田地之后，通常都自行解决灌溉问题，由此导致了一个新的问题，农民兴修水利设施的积极性大幅度下降，农田水利工程建设在我国普遍面临忽视、停滞的状况。依据我们对部分乡村地区的调查，发现很多“大集体”时期置办的灌溉设备、水渠等已经逐渐毁损失去功用。目前我国现有的灌区大多是 20 世纪 50 年代至 70 年代修建的，很多灌区工程老化失修严重，灌不进、排不出的问题十分突出。由于水利建设投入严重不足，产权制度与管理体制改革滞后，合理水价机制尚未形成等原因，致使灌区渠系工程配套不完善，损毁严重，灌溉面积萎缩，抗灾能力差，用水浪费严重，制约了农业综合生产能力的提高。农田水利设施薄弱，老化失修严重。在全国耕地中，有灌溉排水设施的只有 8.4 亿亩，每年实际灌溉的只有 7 亿多亩，其余的均是“望天田”。“据水利部门调查，全国大中型灌区工程配套率仅为 70% 左右，骨干工程完好率只达 50%，骨干渠道病险段达 30%，全国大中型排灌泵站完好率不足 60%。全国灌区中有 1/3 因缺水、渍涝、盐碱等原因成为中低产田”。[①] 近年来，农田水利设施的修建开始受到各级政府的关注（表 2－13）。

表 2－13　　我国水利基建投资来源　　（单位：亿元）

年份	投资总规模	预算内拨款	水利建设基金	国债资金	银行贷款	外资	自筹	债券	其他投资
2000	566.0	72.0	18.0	215.0	47.8	23.2	190		
2001	560.7	89.0	21.0	193.0	32.0	27.0	174	1.3	21.7
2002	819.2	112.9	27.6	319.2	55.2	20.2	249	1.1	34.1

资料来源：《中国水利发展统计公报 2000—2005》。

2005 年 10 月 6 日，国家发改委、财政部、水利部、农业部、国土资源部联合发布《关于建立农田水利建设新机制的意见》，强调“农田水利设施是提高农业综合生产能力的基础”。发展农田水利设施的原则是“政府支持、民办公助；民主决策、群众自愿；规划先行、注重实效；深化改

① 中国老科协农田水利专题调研组：《关于加强我国农田水利建设的几点建议》，http://www.casst.org.cn/n643322/n673446/39390.html.

革、创新体制”。由国家发改委、财政部、水利部、农业部、国土资源部等部门提出的新机制的主要思路是：以政府安排补助资金为引导，以农民自愿出资出劳为主体，以农田水利规划为依托，以加强组织动员为纽带，以加快农田水利管理体制改革为动力，逐步建立起保障农田水利建设健康发展的长效机制。据国家发改委的介绍，这一新机制的一个亮点是：把农田水利建设纳入公共财政支持范围，在直接受益的范围内，继续引导农民投工投劳。

表 2－14　　我国水利基建投资结构　　（单位：亿元）

年份	水利基建完成投资	防洪工程投资	水资源工程投资	水土保持工程投资	其他
2000	613.0	305.0	94.8	18.3	
2001	549.5	308.3	151.0	17.7	72.5
2002	787.0	481.2	230.0	25.8	50.0
2003	813.7	401.0	255.0	51.0	106.0
2004	790.3	380.1	240.9	46.3	122.9
2005	827.4	399.6	247.7	44.2	135.9

资料来源：《中国水利发展统计公报 2000—2005》。

在《关于建立农田水利建设新机制的意见》中，相关部门对今后农田水利建设的六项工作重点做了详细地说明，内容包括：（1）增加政府投入，逐步建立农田水利建设资金稳定增长的机制。财政部门要建立小型农田水利设施建设补助专项资金，对农民兴修小型农田水利设施给予补助，并逐步增加资金规模；在安排农业综合开发资金时，继续把农田水利建设作为中低产田改造的一项重要内容。发展改革部门要调整投资结构，切实增加对农田水利建设的投入。土地出让金用于农业土地开发部分和新增建设用地有偿使用费，要结合土地开发整理安排一定资金用于小型农田水利建设。要整合国家现有的各项农田水利建设资金，加强统筹协调，避免重复安排，着力提高资金使用效率。按照中央与地方事权划分原则，地方各级政府应切实承担起农田水利建设的主要责任，把农田水利建设资金纳入投资和财政预算，逐步形成适度规模。（2）认真做好农田水利建设规划编制工作。农田水利建设规划的编制工作，采取以县为单位、自下而上的方式进行，原则上每个县都要编制。编制规划要统筹兼顾，突出重点，分步实施，讲求实效。规划按程序经过审批后，即为安排国家补助资金的依据，申报项目必须符合规划的要求。水利部门要从全国和区域水资源合理配置的要求出发，加强对规划编制工作的指导。各地区要结合实际，积极试点，取得经验后逐步推广。（3）规范农田水利建设项目管理和资金使用。一是明确资金投向。中央和省级财政资金重点用于补助粮食主产县。二是明确项目实施主体。项目实施主体可以是农户、农村集体经济组织，也可以是农民联合体或其他农民专业合作组织。三是完善补助方式。主要用于补助项目建设的材料费、设备费及机械作业费，具体方式可采取项目管理或“以奖代补”的办法。四是制订补助标准。根据工程性质、农民在限额内筹资筹劳情况，制订不同的补助标准，筹补结合、多筹多补。五是健全申报程序。由县级有关部门对项目主体的申请进行审查、公示后联合上报。需要农民筹资筹劳的项目，应经县级农民负担监督管理部门审查。农田水利建设项目管理和资金使用的具体办法，由有关部门另行制定。（4）完善村级“一事一议”筹资筹劳政策。对政府给予补助资金重点支持的斗渠、相邻村共用的村级小型水塘（库）和圩堤等农民受益的农田水利工程，可以村级为基础进行“一事一议”，按照乡镇协调、分村议事、联合申报、统一施工、分村管理资金和劳务、分村落实建设任务的程序和办法实施。“一事一议”筹资筹劳的限额标准由省级农民负担监督管理部门提出，报省级人民政府批准。根据受益主体和筹资筹劳主体相对应的原则，在不影响村整体利益和长远规划的前提下，可按受益群体议事。要加强资金和劳务的监管，对国家引导资金和通过“一事一议”筹集的资金和劳务，都要实行全过程公开、民主管理，接受群众监督。严禁强行以资代劳或变相加重农民负担。各级农民负担监督管理部门要会同有关部门加强监管，提高资金和劳务使用效率。（5）进一步加强农田水利建设的组织领导工作。县乡政府要将农田水利建设工作纳入重要议事日程，明确目标和责任，落实有关政策，组织规划编制，抓好项目实施，加强监督检查。水利部门要加强对工程建设的指导和检查监督。鼓励和扶持农民用水协会等专业合作组织的发展，充分发挥其在工程建设、使用维修、水费计收等方面的作用。（6）加快推进农田水利建设管理制度改革。按照“谁投资、谁受益、谁所有”的原则，推进小型农田水利设施产权制度改革，明确小型农田水利设施的所有权，落实管护责任主体。以农户自用为主的小、微型工程，归农户个人所有；对受益户较多的小型工程，可按受益范围组建用水合作组织，相关设施归用水合作组织所有；政府补助形成的资产，归项目受益主体所有。允许小型农田水利设施以承包、租赁、拍卖等形式进行产权流转，吸引社会资金投入。

相比之下，20 世纪 80 年代以来我国农村的水电站建设发展较为缓慢（表 2－15）。

表 2－15　　1980—2004 年我国乡村水电站数量

年　份	乡村办水电站（万个）	村（队）办水电站个数（万个）
1980	1. 22	6. 81
1984	1. 24	4. 77
1985	1. 2062	4. 3692
1986	1. 1959	4. 2177
1987	1. 20	4. 00
1988	1. 23	3. 93
1989	1. 21	3. 88
1990	1. 21	4. 03
1991	无数据	无数据
1992	4. 81	
1993	4. 52	
1994	4. 87	
1995	4. 07	
1996	3. 77	
1997	3. 61	
1998	3. 31	
1999	3. 17	
2000	3. 00	
2001	2. 92	
2002	2. 76	
2003	2. 67	
2004	2. 71	

资料来源：根据相应年度《中国统计年鉴》和《中国农村统计年鉴》整理所得。

7. 文化设施

农村文化事业的发展对于促进农村的精神面貌、农民的知识素养与生活质量、增进农村的社会和谐具有重要的作用。我国是一个农业人口大国，具有较为明显的城乡二元分立的特征。和城市相比，乡村的落后不仅仅是经济方面的。在信息获取、知识素养等方面都存在全方位的差距(表2-16)。

表2-16　各国文盲率

国别	中国	美国	日本	意大利	波兰	菲律宾	韩国	阿根廷	泰国
文盲率	13.37	0.6	0.3	2.1	1.5	3.6	8.7	5.7	10.7

资料来源：廖腾芳：《乡村社区图书馆构建模式探讨》，《图书馆学刊》2002 年第 3 期。

县域、乡村社区图书馆事业与发达国家和地区社区图书馆事业相比有着较大的差别，与城市图书馆事业也有着较大的差别，这也是我国乡村贫困的重要原因。表2-17 反映了 1999 年我国农村与城市图书馆建设方面的差异（表2-17）。

表2-17　我国城乡图书馆建设差异（1999 年）

地域	藏书总量（万册）	书架长度（万米）	人均藏书（册）	流通人次（万人）	人均借书（册）	外借书刊（万册）	人均收入（元）
农村	14087	335	0.162	10076	0.107	9276	2210.30
城市	25452	596	0.654	7964	0.18	7014	5854.00

资料来源：廖腾芳：《乡村社区图书馆构建模式探讨》，《图书馆学刊》2002 年第 3 期。

虽然如此，80 年代以来，我国农村地区的文化站还是有了一定的发展（表2-18）。

表2-18　1985—2004 年乡村文化站建设情况

年　份	农村乡文化站（个）	农村集镇文化中心（个）
1985	47577	10172
1986	49815	10586
1987	49805	10808
1988	50041	11099
1989	49349	11080

续表

年　份	农村乡文化站（个）	农村集镇文化中心（个）
1990	49309	12269
1991	47904	11407
1992	44863	12187
1993	43105	11670
1994	43383	12471
1995	41633	12484
1996	39121	19626
1997	37917	23038
1998	39811	21994
1999	39719	23066
2000	39348	22171
2001	37201	20117
2002	36054	21706
2003	35138	21621
2004	34879	31864

资料来源：根据相应年度《中国统计年鉴》整理所得。

总而言之，从我国现有基础设施存量来看，农村生产性基础设施由于投入不足，普遍存在年久失修、功能老化、更新改造缓慢等问题，并且由于农村基层组织管理功能普遍薄弱，导致基础设施的损坏严重。另外，由于农村生产技术水平低下，农业机械化程度非常低，现代农业发展缓慢，农业生产资料利用效率不高，农业生产效益低下，为了增加收入，农民不得不长期过度开发利用农用土地，使得土地的承载力逐年下降。绝大部分农村地区的文化、体育、娱乐、休闲等生活性服务基础设施建设普遍不足，尤其是与农民自身发展紧密相关的医疗卫生基础设施极度缺乏。中小学基础设施缺乏，教育手段落后，教育水平低。大部分农村缺乏农民培训机构，平均每县有一所依靠职业中学的农民工培训学校。与农民生活息息相关的自来水、电网基础设施极为缺乏。部分已通自来水的村庄，由于水源不足，管理不善等原因，供水得不到有效保障。农村电网老旧严重，少数地方还没有通电。乡村道路质量低下，普遍缺乏排水设施。

表 2－19 我国农村基础设施一般状况（1996 年）

项目＼地区	东 部	中 部	西 部
通电	99.29	99.46	87.57
通邮	98.30	90.92	72.89
通公路	90.74	86.75	77.78
通电话	71.34	39.62	18.59
能接收电视	98.30	92.59	82.68
饮水困难	5.26	10.01	23.97
饮自来水	31.23	6.26	9.30
用燃气	7.89	0.42	0.49
有医疗站	70.36	72.57	56.75

资料来源：全国农业普查办公室：《中国第一次农业普查资料综合提要》，中国统计出版社 1998 年版。

李剑阁认为，同城镇相比，农村基础设施和公共服务的差距具体体现在六个方面：“一是，农田水利设施建设严重滞后。现有的农田水利设施相当大部分超期运行，老化失修，设施不配套。二是，农村有近 1/3 的农民因为长期得不到安全饮用水，身体健康受到不良影响。有 9000 多万农民经常受季节性干旱影响，供水困难。三是，农民行路难的问题仍未得到完全解决。全国 65 万个行政村中，有近 4 万个村不通公路，农村公路中沙石路占 70%。四是，农村能源消费以煤和秸秆薪柴为主，沼气、太阳能等清洁能源的比重还相当低。五是，广大农村地区尤其是中西部地区的电力设施还比较落后，全国仍有 2000 万农村人口用不上电，一部分农村仍未实现城乡同网同价。六是，农村教育、卫生等社会公共服务设施落后。目前，农村中小学有危房面积 3670 万平方米，危房率达 6.6%，占全国中小学危房面积的 81%。2002 年农村每千人拥有的病床数 0.79 张，仅为城市的 32.9%。中西部地区农村乡镇卫生院危房率为 33%”。①

当前，在基础设施建设上，我国农村居民普遍较为关心的主要涉及道

① 张琳：《加强农村基础设施建设，改善农村公共服务——访国务院发展研究中心副主任李剑阁》，《理论视野》2007 年第 1 期。

路、饮水、环境等（表2-20）。发展农村基础设施，需要从各地实际情况出发，认真考虑农民的实际需求，力求不断改进。

表2-20 村干部及村民认为新农村建设迫切需要解决的问题 （%）

	综合	东部	中部	西部
饮水	62.3	76.0	71.3	76.0
修路	79.5	87.6	85.8	87.6
用电	38.6	41.5	43.8	41.5
建沼气	55.6	67.8	68.9	67.8
厕所改造	64.2	70.3	69.5	70.3
污水处理	58.2	54.8	54.2	54.8
垃圾收集	66.5	61.4	65.9	61.4
医疗网点	67.7	74.5	73.5	74.5
文化建设	82.7	87.1	80.9	87.1

资料来源：李剑阁主编：《中国新农村建设调查》，上海远东出版社2007年版，第36页。

第四节 农村基础设施治理历史的借鉴意义

民国时期，由于国民政府始终面临内战的压力，没有足够的财力来应对农村基础设施建设，同时，由于这一时期乡村非常贫困，村民自行组织起来，开展农村基础设施建设的动力也不强。在这种两难境况下，由社会精英自觉推动的乡村建设运动，对于改进农村基础设施建设，促进乡村社会发展起到了重要的作用。

新中国成立伊始，我国采取了高度集中的计划经济模式，这一时期，农村基础设施建设主要依靠政府的推动。但是，由于政府的财力有限，难以有效满足农村基础设施建设的要求。

改革开放以来，我国逐渐走向了市场经济道路，政府财力不断提升。但是，在农村基础设施建设的投入上明显不足。同时，随着市场经济的发展，农民的个体意识逐渐增强。这在一定程度上导致农民对农村基础设施建设缺乏兴趣和热情。各种因素综合作用的结果，就是我国农村基础设施建设水平依然较为低下，不能有效满足农村经济社会快速发展的要求。任何一个社会要实现经济的可持续增长都离不开城乡的协调发展，城市现代化发展到一定阶段必然要向农村扩展，而良好的农村基础设施恰好是城市文明向农村延伸的桥梁。农村基础设施建设有助于推进农村现代化，有助于缩小城乡差距，为广大农村居民参与经济发展过程，分享经济发展的成果创造必要条件。农村基础设施建设将使农村经济和社会事业长期受益，农村经济的发展进而可以扩大全国的市场规模，不断为全国经济增长提供新的空间，提升经济发展水平。

回顾我国农村基础设施建设的历史，可以得出以下几点启示。

1. 处理好城市建设与农村建设的关系，实行“城乡一体化”战略

多年来，国家利用“剪刀差”的方式以极低的价格收购农产品用于工业和城市的建设，使得农村在源源不断地向城市提供粮食和工业原材料却并没有获得应有的收入。与此同时，国家政策向城市倾斜，逐年增加对城市和工业建设的资金，但并没有同时提高对支持工业的农业的相应配套投入。多年来的恶性循环使得城市的发展日新月异，而农村的基础地位却被忽略了。由于我国农村发展的基础落后，虽然改革开放以来国家在加强农村基础地位，但农业和农村的资源配置在国民收入分配中仍处于不利地位，公共财政对农村公共产品和服务领域投入不足，农村居民和城镇居民的社会地位仍然不平等，计划经济体制下城乡的二元结构没有从根本上改正，农村基础设施的发展水平受到严重的影响。

要不断改变“城乡分割”的局面，必须加大对农村建设的支出，改变基础设施建设落后的现状，切实解决农村基础设施建设中存在的各种问题，切实采取措施增加农民收入，缩小城乡差距。必须转变观念，充分认识农村基础设施是农业和农村经济的“先行资本”，是一项功在当代、利在千秋的事业。要把农村基础设施建设作为调整农业结构、发展农村经济、增加农民收入的基础工程来抓，以改变农村生产条件、改善农村生存环境、提高农民生活水平、实现农村经济社会的可持续发展。

2. 要尽量争取对农村基础设施建设的资金支持

由于农村基础设施建设主要依赖于中央和地方政府的财政支出带动。1985年以来我国对农业的财政投入到1991年处于上升的趋势，其后除了1998年突然的上升之外基本处于缓慢下降的趋势，到2003年已经滑落到近年来的最低点。近几年来中央财政对农村投入有较大增长，但是这主要是国债资金，正常年度预算内基建投入不足30%，地方财政尤其是县级

以下财政大多是吃饭财政，很难有力量投入农业，地方财政尤其是县级财政对农村基础设施建设投入过少。根据谁受益谁投资原则，地方政府应该担负起当地农村基础设施建设的主要责任。但是由于种种原因和财力限制，地方政府难以保证对农村基础设施建设的投入。农村和农业的发展只能依靠农民自已，农民成了基础设施建设全部成本的承担者。

应尽快建立有效的小城镇融资机制，使其资金来源充裕、稳定、多样化，以满足其建设需要。在制度保障上，积极推进基础设施基本供给制度的改革与创新，增加农村基础设施的供给。必须首先对城乡分割的二元体制进行改革，并对基础设施供给基本制度进行创新。具体而言，一是按照基础设施的类别、层次，科学合理地划分市场与政府在提供基础设施方面的职能边界、职责和义务范围，财政要坚决从竞争性领域退出，或者财政不再进入竞争性领域。二是根据城乡统筹发展的原则，加快推进基础设施供给制度的改革与完善，逐步建立起适应公共财政要求、符合国际惯例，城乡统一筹划、统一政策、统一标准、统一待遇的新型现代基础设施供给制度。三是通过制度安排，优化投资结构，突出重点。把资金主要投向市场不能解决或农民千家万户难以解决的属于公共利益、公共需要的事情和问题。四是要随着经济的发展、财政收入的增长不断加大对农村基础设施建设的财政投入力度，同时，在时机成熟的条件下，通过发行债券、吸收国际中长期贷款、吸纳社会捐助、鼓励民间资本参与、激励农民参与基础设施建设的积极性等多种方式，促进农村基础设施建设。

3. 集中力量对农村基础设施进行整体规划

农村基础设施建设投资大，建设周期长、涉及面广，对新农村建设乃至整个区域经济的布局具有导向性作用。鉴于目前农村基础设施的实际情况，有必要对农村各项基础设施建设的现有状况和未来发展项目进行全面的勘查和适度超前的总体规划，并制定量力而行、重点突出、分步实施的建设方案。农村居民生活基础设施包括宿舍、院落、厨房、厕所、上下水、电灯电话、燃气、供暖、垃圾处理等。农村公共基础设施包括村屯道路、电力通讯设施、自来水供应系统、沼气秸秆燃气供应系统、文化体育场所、学校、卫生所、村部及村民会馆、公园、广场、超市卖点、池塘、水渠、化粪池、垃圾处理场等。这两方面建设要紧密结合、配套衔接，更重要的是，使二者与农村各类产业的生产设施建设相衔接，形成有机整体。

4. 突出抓好重点设施建设

由于资源的约束，不可能同时发展所有的基础设施，尽管这些基础设施都是短缺的，并且短缺程度都比较大，对农业和农村的经济发展都有促进作用，但在具体建设过程中要从实际出发，根据不同基础设施建设对经济社会发展的贡献率，从群众要求最迫切的农村基础设施入手，突出重点，择优扶持一批关系农民群众生产生活，诸如水、电、教育、文化、卫生等基础设施建设项目，集中力量进行突破，力争取得新的更大的进展。

5. 完善农村基础设施建设的管理体制，实施多中心治理

引入利益驱动机制，强化农村基础设施建设的管理体制，加强农村基层政权建设，提升其对农村各项公共事务和公共财产的管理能力。从农村各项基础设施建设的实际出发，分类制定相应配套的管理办法，提高基础设施建设使用效率，最大限度地在社会主义新农村建设中发挥更大的作用。按照“谁投资、谁拥有、谁受益、谁负责”的原则，加快农村基础设施产权制度改革，建立农村基础设施管理的长效机制。过去农村基础设施建设中存在的一个突出问题，就是“重建轻管”，建成的公共设施由于管护责任不落实，缺乏后续投入和维护管理，老化失修严重，难以长期发挥效益。因此，要把建管并重作为推进农村基础设施建设的一项重要原则，加大改革力度，明晰产权，明确责任，充分调动各方面投资建设和管好农村小型基础设施的积极性。对现有农村小型基础设施，可实行市场化管理和商业化运作，通过产权拍卖、租赁以及建立各种协会等，加强建后管护，激活存量资产，实现良性循环。

第三章　农村基础设施多中心治理的国际经验

“他山之石，可以攻玉”。借鉴其他国家在农村建设和发展上的经验和教训有助于发挥我国在农村建设上的“后发优势”，少走弯路。本研究选择了美国、德国、日本、印度、韩国五国作为分析对象，主要是因为这五国在经济发展水平、政治制度、资源禀赋、发展历程、文化类型方面具有一定代表性，对五国经验的总结也更可能具有代表性、概括性、普遍性。美国和印度均属所谓民主国家，与我国文化相异，且都是大国，但发展阶段相差悬殊。美国显然是一个发展相对非常成熟的国家，其农村发展过程是自生的，也基本不受外力干扰，其发展经验对我国的农村建设具有重要的参考价值，但美国的资源禀赋、农村建设条件、政治制度与我国显然不可同日而语，所以其经验相对于我国的农村建设必然也有很大的局限性。德国同为发达国家，但其与美国的历史传统和发展条件迥异，相对于美国而言，与中国的相似度增加。事实上，德国作为援助项目，在中国山东尝试了其成功的“巴伐利亚”经验，在当地的试验区取得了良好效果。印度作为一个政治制度与我国迥异的农业大国、人口大国、发展中国家，就其国情复杂程度而言，不逊于我国，因此对印度经验的考察显然对我国农村建设的策略选择具有参照对比的意义。日本、韩国与我国在文化类型上有一定相似，尤其韩国，但二者分属于先发展国家和后发展国家，其农村建设经验对我国具有的教益程度又有不同，但无疑对我国的农村建设具有更为直接的借鉴意义。

第一节　韩国农村基础设施建设及借鉴意义

一、韩国农村概貌

韩国国土面积约10万平方公里，耕地面积约占国土面积的20%，单一民族，全国人口4854.4万，其中农业人口327.4万，仅占全国总人口的6.4%。随着韩国现代化水平的不断提高，农业人口的比例不断下降，韩国农村户均人口也不断减少，而户均耕地由0.92公顷增加到1.48公顷。根据韩统计厅最近公布的《2007年农渔业基本统计调查结果》,[①] 2007年韩农户数量为1231000户，农业人口共3274000名，分别同比减少1.1%和0.9%。2007年农业人口的高龄率为32.1%，比上年增加了1.3个百分点，高于全国平均水平22.2个百分点。65岁以上的经营主所占比例高达46.5%，是全国水平的5倍以上。2007年从事渔业的家庭共74000户，渔业人口202000名，分别比上年减少4%和4.8%。渔业人口的高龄率为22.1%，比上年增加了1.9个百分点，高于全国平均水平12.2个百分点，65岁以上的经营主所占比例为29.1%，是全国平均水平的3倍。农村环境优美、交通便利、基础设施完善，家家通了自来水、天然气，农村和城市生活一样便利。农民年人均收入2004年已经超过1万美元关口，城乡居民的收入比在1.2∶1左右，城乡差距基本消除。

而早在20世纪70年代初，上述一切还难以想象。1970年韩国农业人口占全国人口的比例为50.4%，农民人均收入只有137美元。从地方公路通往村庄的道路既狭窄又弯曲，没有桥梁，各种车辆和农机具无法通过，交通十分不便。全国250万农户中80%住茅草房，只有20%的农户通电。“住草房、点油灯、吃两餐”是当时韩国农民生活的真实写照。

韩国农村在30年间发生了天翻地覆地变化，这些成就的取得主要归功于20世纪70年代以来由政府推动的“新村运动”。

---

① 本节所引用数据如无特别说明，均来自韩国政府所提供的材料和韩国统计厅公布的统计数据。本节写作特别感谢杭州市农办给予的资料支持。

二、"新村运动"与韩国农村的发展

1. "新村运动"的背景

20世纪60年代初，由于受到长期的殖民统治以及战争的创伤，韩国极其贫穷落后，人均GDP只有85美元。为了加快发展，韩国政府从1962年开始实施了以出口导向为主体、重点推进工业化的发展计划，显著提升了工业生产能力，加快了城市化步伐，极大增强了韩国的经济实力和政府财力。但与此同时，韩国农业和农村的发展受到了忽视，农业增长慢、农民收入低、农村基础设施落后，导致了工农业发展严重失调，城乡差距急剧扩大。1962年，韩国工业年均增长速度为7.8%，农业为5.3%；到1970年，工业增速升至10.5%，农业则降到2.5%。农户的年均收入也由城市居民家庭收入的71%下降到61%。农村春荒期间饿死人的现象时有发生。

为了扭转工农业发展失调和城乡差距扩大的局面，1970年4月22日，韩国总统朴正熙提出在农村开展自主、自助的乡村建设运动，由各村庄制订改善生活环境的计划，政府提供部分支援。这一试验性的运动当年取得显著成效。从1971年起，政府开始正式推动和实施这一运动，从中央和地方的各级机关抽调大批工作人员派往农村，直接指导农村建设，这一运动被称之为"新村运动"。

2. "新村运动"的内容

"新村运动"主要有五个方面内容：一是建设农村基础设施。这是"新村运动"的切入点。政府主要是扶持农民兴建小型堤坝、桥梁、灌溉沟渠、上下水管网、农地整治、农田道路和购置农业机械设备等。二是培育农民的国民精神。这是"新村运动"获得成功的重要因素。三是增加农民收入。这是"新村运动"的根本目标。通过推广新品种、引入先进技术、调整产业结构、实行稻米保护价等措施增加农户的农业收入；通过在农村兴办农产品加工、营销及制造业企业，为农民创造非农就业机会，增加农户的非农收入。四是改善农村生活环境。这是"新村运动"的重要内容。主要是扶持农户改造厨房、厕所和卫生间，兴建上下水设施、垃圾收集处理系统、公共活动场所，改造住房和兴建新居等。其中茅草屋顶改造（把茅草屋顶改成青瓦或铁皮屋顶）是最受农民欢迎的项目，也是大多数农村在"新村运动"中首选的项目。除此而外，政府还鼓励和扶持农民植树、种草、种花，进行生态建设，美化农村环境。五是发展农村社会事业。这是“新村运动”的有效载体。主要是发展农村基础教育和医疗卫生事业，如在农村增设中小学校，兴建文化活动场所和设施，完善乡村医疗网络，推行强制性医疗保险，政府对农民给予补助等。

韩国“新村运动”大致经历了三个发展阶段。

第一阶段：1970—1980 年，这是“新村运动”全面启动和发展的黄金时期，也是成效最为显著的时期。在这一阶段，主要由政府主导。政府无偿提供水泥、钢筋等物资，用于修建桥梁、公共浴池、洗衣场所、河堤、房屋和村级道路等，初步改善了农村的居住条件和基础设施。随后政府支持农村调整农业结构，推广良种和先进技术，并大力发展以农产品加工为主的农村工业，推进增加农民收入计划。1974 年以后，“新村运动”开始由农村向城市的社区和企业扩散，并注重全民精神文明建设。这一时期的韩国“新村运动”的主要项目及实施效果如表 3－1 所示。

表 3－1　20 世纪 70 年代韩国“新村运动”的主要项目及实施效果

项目名称	项目实施前状况	项目主要内容	项目实施效果
改善农村公路	公路狭窄弯曲，没有桥梁，各种车辆和农机具无法通过，交通十分不便。	修建桥梁，改善公路。村民自发组织修筑河堤。不少村民无偿让出自己土地，供村里修路。	1971—1975 年间，新架设 65000 多座桥梁，各村都修筑了宽 3.5 米、长 2—4 公里的进村公路。70 年代后期，除个别极偏僻的农村外，全国实现了村村通车。
改善住房条件	全国 250 多万农户中约有 80% 住在茅草屋。	农民从外地运来水泥和沙子，改善屋顶，政府给予贷款支援农民改善居住条件。	到 1977 年，全国所有农民都住进了换成瓦片或铁皮房顶的房屋，农村面貌焕然一新。
自来水工程	农民自古饮用井水，既不卫生又不方便，需要花费很多劳动力和时间。	村民们自觉行动，把山上的水引到村里蓄水池后再用水管接到各家。不宜引水的村深挖井，再用水管接到每家厨房，用抽水泵取水。	20 世纪 70 年代，新铺自来水管道 4440 公里，80 年代，普及使用汲取地下水的井管挖掘机，农村饮水和环境卫生条件明显改善。
推广高产水稻品种	水稻产量低，1970 年每公顷 3.5 吨，1972 年人均收入 1025 美元。	政府推广高产水稻新品种，并给予财政补贴。农民采取“集团栽培”方式，水土条件相似的 10—30 户农民，在班组长的带领下，共同选种、育苗、插秧，直至收获。	水稻高产品种短时间内推广到各地农户；农民的水稻栽培技术和水稻产量提高。1977 年，每公顷水稻单产增加到 4.9 吨。农民人均收入 2961 美元。
农村电气化	20% 农户安上电灯。	政府鼓励竞争，优先给积极参与“新村运动”的农村供电并给予部分补助。	1978 年全国 98% 的农户装上了电灯。20 世纪 90 年代全国基本实现了电气化，城乡差距显著缩小。

续表

项目名称	项目实施前状况	项目主要内容	项目实施效果
兴建村民会馆	运动初期难以找到村民能集中讨论问题、组织活动的场所。	各地农村纷纷兴建村民会馆，用于开会、培训、交流、公共食堂、公共交易等。	截至 1978 年，建设新村会馆 35950 座。
大力发展农协组织	运动初期农民户均储蓄额 4300 韩元；农协提供的生产资金中 70% 来自政府财政或金融资金。	20 世纪 70 年代以来，越来越多的农民到农协金融机构储蓄。农民使用的化肥、农药以及其他农资、建材、家电等物资大都由农协组织提供。	70 年代末农民户均储蓄增长至 24.5 万韩元，农协提供的生产资金 25% 来自政府。农协规模迅速扩大，一个基层农协受理的资金从 1977 年的 4300 万韩元增加到 1980 年的 23.4 亿韩元；工作人员从 1972 年的 6 名增加到 1980 年的 18 名。

资料来源：根据韩国政府提供的材料整理所得。

第二阶段：1980—1998 年，这是“新村运动”调整、扩展和自我发展时期。这一阶段由政府主导向民间主导转变。全国成立了“新村运动”中央本部，形成了自上而下的全国性网络，在广大农村、社区、工厂开展“新村运动”。农村“新村运动”工作重点转向提高农民收入、改善农村文化福利环境、发展农村工业、金融业和流通业等。城市“新村运动”致力于改善城市生活环境，开展遵守秩序、市民健康生活和邻里互助运动等。工厂“新村运动”主要是开展劳资合作，提高生产效率，改善产品质量，改善员工福利，构建福利社会等。

第三阶段：1998 年以后，“新村运动”进入新的发展时期，或称“第二次新村运动”。政府重新成为推进“新村运动”的主导力量。主要以“生活改革运动”和“构建新的地区共同体”为核心，加大对农业和农村的支持力度，重点提高农民综合素质和农业竞争力、推进农村信息化和农村社保与福利事业。鼓励有知识的人回到农村；建设“信息新村”，给农户无偿配备电脑和网络设施；提高农民医疗保险的政府补助比例；提高农民年金保险资助额等。

随着不同历史时期的发展，韩国“新村运动”的内容不断演变，从基础设施建设发展成为思想进步运动，从广大农村扩散到社区工厂，从解决农村问题演变为实现国家的现代化。

3. 30 年“新村运动”的成效

经过 30 多年的发展，韩国“新村运动”在推动农村基础设施建设、增加农民收入、消除城乡差距和实现城乡协调发展等方面取得了显著成效。

第一，农业人口比例大幅下降。1970 年韩国农业人口占全国人口的比例为 50.4%，1980 年该比例下降到 37%，1990 年又进一步下降到 18%，2000 年只有 8.7%。到 2004 年底，全国人口 4808 万，其中农业人口 341 万，仅占全国总人口的 7.1%。随着农业人口的下降，韩国农村户均人口也不断减少，而户均耕地面积却不断增加。从 1970 年到现在，每户平均人口由 5.8 人降到 2.7 人，户均耕地由 0.92 公顷增加到 1.48 公顷。

第二，农村基础设施大为改善。前已有述，“新村运动”之前的韩国农村，从地方公路通往村庄的道路既狭窄又弯曲，没有桥梁，各种车辆和农机具无法通过，交通十分不便。“新村运动”以后，全国大部分农村修建了桥梁、公路。1971—1975 年间，全国农村共新架设了 6.5 万座桥梁，各村都修筑了宽 3.5 米、长 2—4 公里的进村公路。到 1979 年，全国农村道路建设达到 61200 公里，除了个别极为偏僻的农村外，基本实现了村村通车。另外，村民们还自发组织起来，修筑了许多河堤。

第三，农民生活条件迅速提高。在实施“新村运动”前，全国 250 万农户中 80% 住茅草房，只有 20% 的农户通电。到 1977 年，全国所有的农民都住进了换成瓦片或铁片房顶的房屋，到 1978 年，全国 98% 的农户都装上了电灯。现在，城乡生活几乎没有区别。

第四，粮食生产能力明显增强。“新村运动”初期，政府开始推广“统一系”的水稻高产新品种，使韩国的水稻生产跨入划时代的发展阶段。1970—1977 年，水稻的每公顷单产从 3.5 吨增加到 4.9 吨。到 80 年代后期，韩国每公顷产水稻 6.1 吨。农业生产能力显著提高，粮食产量增加，有效解决了农村吃饭问题。

第五，城乡收入差距基本消除。随着“新村运动”的深入开展，韩国农户收入不断增加，从 1970 年到 1990 年的 20 年间，农户家庭收入增长了 20 倍。1970 年韩国农民人均收入只有 137 美元。2004 年农民人均收入突破 1 万美元。在 1974—1977 年间，农村居民的收入水平曾一度超过了城市居民的收入水平。1993 年农村居民人均收入达到城市居民收入的 95.5%。近几年，韩国城乡居民的收入比都在 1.2：1 左右，城乡差距基本消除（表 3 - 2）。

表3-2 韩国不同时期农家收入及构成情况 （单位：美元）

年份		1970	1980	1990	2000	2004
家庭平均总收入（A）		739	4429	15598	20936	25350
其中	农业所得	560	2886	8863	9888	10533
	农外所得（B）	179	1543	4018	6745	8342
	转移收入（C）	0	0	2717	4303	6475
B/A（%）		24.2	34.8	25.8	32.2	32.9
C/A（%）		0	0	17.4	20.6	26.6

资料来源：根据韩国统计厅公布的数据整理所得。

第六，国民经济快速增长。韩国“新村运动”既促进了农村地区的发展，也实现了整个国家经济实力的快速增强。从1970年到1980年的时间里，韩国国民生产总值大幅提高，从81亿美元上升到609亿美元，增长了7倍多。到2004年，韩国国民生产总值达到6809亿美元，人均国民生产总值超过14000美元（图3-1）。

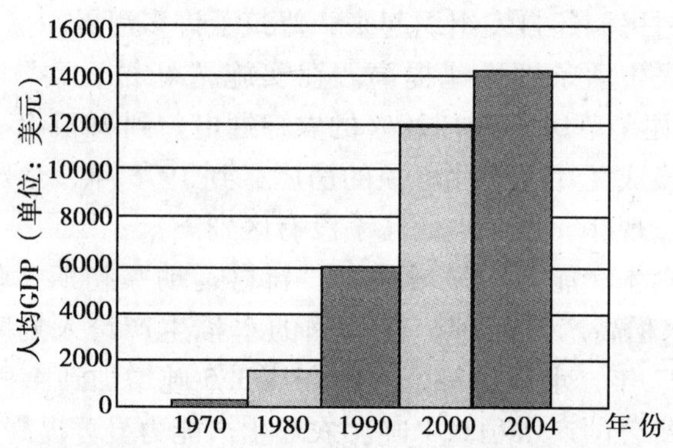

图3-1 韩国人均国民生产总值增长情况

资料来源：根据韩国统计厅公布的数据整理所得。

三、韩国农村建设的基本经验

1. 政府强力推动

韩国“新村运动”一开始完全由政府主导和推动。其主要推动手段有：一是行政机构和人员广泛参与。政府建立了一整套从中央到地方的组织领导体系，各道、市（郡）及最基层的面（洞）都成立了“新村运动”领导机构，专门负责政策的制定，协调各部门之间的配套政策和措施落实。在“新村运动”的开始和全面推行阶段，上至总统、下到普通公务员都参与到这一运动中，责任到人，各负其责。政府实行奖惩分明的考核制度，帮扶得好的就提拔，帮扶得不好的就调到山区、岛屿等艰苦的地方去工作。当时的总统朴正熙，不仅参与起草“新村运动计划”，而且亲自到农村调研、到研修院授课。二是物力财力大力支持。“新村运动”基础设施建设所需要的物资，基本上都是由政府财政提供的。1970—1980年的10年间，政府财政累计向“新村运动”投入2.8亿韩元。政府还通过其他方式，如向农民发放最长可达30年的长期低息贷款，支持“新村运动”。

2. 农民自主选择

韩国“新村运动”特别注意发挥农民的主体作用。政府虽强力推动和支持“新村运动”，但不包办代替、更不强迫农民选择项目。每个村具体搞什么项目，完全由农民自己选择。政府按照先易后难、因地制宜原则，从农民感受最深、最迫切需要解决的事情入手，拟定支持的项目计划，如更换屋顶、修建道路、送电照明、解决人畜吃水、整治农村卫生环境等，农民根据实际情况选择最适合本村的项目。项目确定后，主要依靠农民的亲自劳动进行项目建设。政府允许进度有快有慢，项目各村不一，不搞齐步走。让农民从“新村运动”中见到利益、得到实惠，就会自觉参与到“新村运动”中来。同时，利用典型事例对农民进行现身说法，注意发挥其主观能动性和创造力。政府推动支持和农民广泛参与有效地结合在一起，是“新村运动”获得成功的重要保证。

3. 社会积极支持

韩国“新村运动”中，全社会积极参与新村建设，大学和科研院所的教师、科技人员轮流到农村巡回讲授和推广科技文化知识，海外的侨胞自愿捐钱捐物，城市各机关单位、工矿企业与农村结对，进行“一帮一”的扶持，三星、现代、韩国电力、韩国通讯等大型企业都带头支持农村建设。从某种程度上讲，韩国新村建设取得成功，是全社会支持的结果。韩国城市市民对农民有着深厚的感情，宁可吃本国的高价米，也不进外国的低价粮。韩国农民的高收入，得益于农产品的高价格（表3－3为部分农作物亩产所得）。据有关数据显示，韩国农产品的价格比国际农产品价格平均高2.85倍，韩国的牛肉和食用油价格是全球之冠。土豆、苹果、猪肉等农产品大部分也名列前茅。虽然韩国在20世纪60年代就加入关贸总协定，但外国农产品一直很难进入韩国市场。

表3-3　2004年韩国部分农作物平均亩产纯收入　（单位：美元）

品种	水稻	苹果	大棚白菜	大棚葡萄
亩产纯收入	620	2170	1132	5900

资料来源：根据韩国政府提供的材料整理所得。

4. 实行激励机制

政府对“新村运动”的财政支持，不搞平均分配，奖勤罚懒，奖优罚劣。干得好的，多给物资和资金；干得不好或未达到标准的，不追加物资和资金。政府根据各村的表现和成果，将全国的3万多个村庄划分为自立、自助、基础三个等级，成绩最佳的村划为自立村，最差的村划为基础村。政府的援助物资只提供给自立村和自助村，并在村口立上牌子，以激发村民的积极性。奖勤罚懒、奖优罚劣的奖惩机制发挥了有效的促进作用和无形的监督作用，有利于激发责任感和荣辱意识。

5. 注重教育培训

教育培训在“新村运动”中占有极其重要的位置。韩国从中央到地方政府都设有“新村指导员研修院”，对国家各级公务员、社会各界负责人、新村指导员分批进行业务培训，包括政策说明、计划制定、实地考察、经验介绍、问题研讨等。然后这些人再对农村建设项目进行指导，并向农民灌输正直诚实的价值观，培养农民勤奋、自强、团结、奉献的主人公意识，倡导勤俭节约的生活方式，使农民具有强烈的协作精神和良好的生活态度。“中央研修院”自成立以来已对“新村运动”的指导员培训了20多万人次，为农村培养了一大批带头人和骨干。

四、韩国“新村运动”对中国农村基础设施建设的启示

1. 比韩国“新村运动”起步时优势明显

2005年我国国民生产总值为22257亿美元，人均GNP已超过1300美元，比20世纪70年代初韩国“新村运动”起步时的综合实力要强很多。部分发达地区已经达到“新村运动”的第三阶段水平。这是韩国“新村运动”起始阶段所无法比拟的。另外，相对于韩国“新村运动”而言，

我国新农村建设早在20世纪80年代之前已经开始，现在的农村建设其实是长期持续进行的农村建设的延续，因此，我国的新农村建设并不是始发性的。

2. 诸多方面需要大力培育和改善

第一，政府支持保护体系不健全。一直以来，政府重视发展城市化和工业化，农村的水电、交通、教育、文卫以及通信等基础设施建设严重滞后，造成城乡差距很大。目前，全国城乡居民收入比高达3.12∶1，城乡社会保障覆盖率的比例为22∶1，占60%的农村人口只能享受20%的卫生资源。到现在为止，全国农村还有7.9%的行政村不通公路，自来水通村率也不到50%，一些农村空心化，甚至负债严重。政府对于农村的建设，输血不多，抽血不断。据专家估算，仅土地出让一项，约有2万亿元资金为城市建设作出贡献。政府对“三农”的支持保护体系没有真正建立起来。

第二，社会关心帮助力度不大。当前，全社会关心支持“三农”的氛围还不浓，农村发展缓慢，农民仍处于低人一等的弱势群体地位。农民最普遍的社会权利被漠视，农民进城打工受到各方面的歧视问题，农民工子女受教育难，农民工的生活条件太差，农民工工资被拖欠现象严重。很多歧视农民的现象已经是见怪不怪了。现实生活中，基层政府非法、强行征用土地的现象依然存在，农资生产者、服务者“坑农害农”的事件时有发生，农民没有过上“体面而有尊严”的生活。

第三，基础设施建设要规划先行。建设新农村，规划要先行。只有抓好规划，确保建设的科学有序，才能逐步改变村镇建设杂乱无章、水平低下的问题，才能防止“只见新房，不见新村，有了新村，没有新貌”的现象。要从本地农业和农村经济发展的现实出发，整体规划好所属村庄，有序建设、分阶段推进。在建设中注意保护耕地，注重生活设施配套，节约资源，可持续发展，避免大拆大建，允许“城市有农居、农村有大厦”。

第四，以自治自助为原则，创建新组织。农村基础设施建设的主体不是单个的农民，而是组织起来的农民。没有坚强有力的组织，新农村建设很难取得成功。在韩国“新村运动”中，农民自助合作组织尤其是基层农协发挥了重要作用。当前，我国一些农村不是民主或自治的问题，而是基本秩序难以维持的问题。因此，重建农村组织是当前新农村建设的关键之一。新农村建设依托的组织有农村行政组织、社会服务组织、经济合作组织和民间团体组织等。在农村行政组织建设上，要在村庄合并的基础上，重点选好带头人，以一个人影响一班人，以一班人带领全村人；要大力发展自助合作组织；同时，要鼓励、引导和支持农村发展各种新型的社会化服务组织；还要引导妇联、老年协会等自主开展农村公益性建设，推动农村基层志愿服务活动等。

第五，加强城乡建设统筹。韩国“新村运动”得到了全社会的广泛支持。我们农村基础设施建设，必须充分调动一切力量，拆除城乡樊篱，让全社会成员积极参与新农村建设。政府应把农业、农村和农民问题放到整个国民经济中考虑，发挥城市对农村的辐射带动作用，系统构建新型“三农”支持保护体系。

第六，加大财政直接补贴力度。韩国政府对农民扶持力度很大，农户家庭收入的1/5来自政府补助（即转移收入）（见表3－2）。另以韩国庆山市为例，庆山市农业产值占国民经济的2.4%，农业税收占总税收的0.8%，而农业领域财政投入占总投入的12%（图3－2）。在财政投入方式上，按照普惠、直接、公平的原则，对农户以及与农户关系紧密的农协组织进行财政补助，让每位农民得到实惠，如向广大农户发放农机购买补贴、农机修理补助、小孩上学补助、生产资料补助、动物防疫补助、优良种子补助、社会保险补助等。农协组织采购设备资金也大部分由财政出资。

第七，引导农业龙头企业参与农村基础设施建设。农业龙头企业与农村有着天然的“血缘”关系。多年来，龙头企业在培育主导产业、吸纳富余劳动力、带领农民增收等方面发挥了重要作用。在新农村建设过程中，政府要在财政、信贷、税收等方面出台措施，努力把农业龙头企业培育成参与新农村建设的重要社会力量，实现以企带村、以村促企、村企共赢。对于龙头企业参与村庄整治、山坡地综合开发、宅基地复垦的，可与联系村实行利益共享。对于龙头企业捐赠公益事业的，可按有关规定在税前扣除。对于龙头企业招用联系村富余劳动力的，可享受“下岗职工”再就业或其他扶持政策。

第八，开展新农村建设单体项目补助。在新农村建设过程中，一些村基础好，实力强的，进行全面建设，但有些村实力较弱，不能全面开展村庄整治建设。因此，我国在新农村建设过程中，要对村庄进行分类处理，

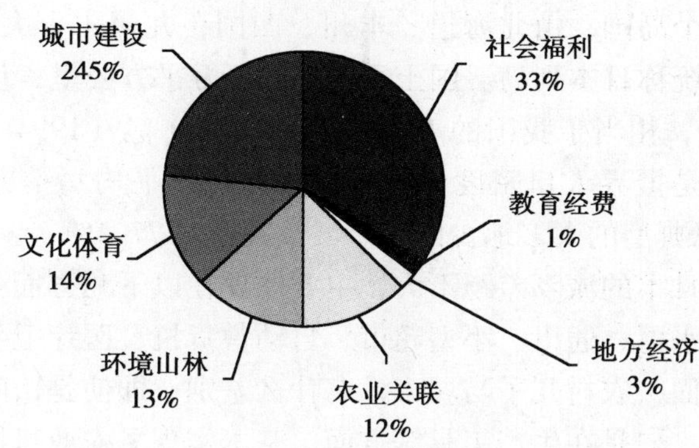

图 3－2　2006 年庆山市财政预算情况

资料来源：表中数据根据韩国政府提供的材料整理所得。

区别对待，对一些基础差的村要开展单项奖励。每年拟订若干鼓励项目，如种植花草、修筑道路、疏通沟渠、解决人畜用水等，各村根据实际情况选择适合自己的 1—2 个项目，政府在年底根据建设情况，按照“多动多扶，少动少扶”原则进行补助，充分调动广大农村特别是基础较差的村的积极性，让每一个村都行动起来。这对于新农村建设的整体推进也有促进作用。

第二节　日本农村基础设施建设及借鉴意义

一、日本村庄概貌

跟欧美诸国相比，日本有着与中国国内更为相像的地方，并表现在传统文化、人口分布、建设历程（战后起步）等方方面面，而且日本在资源贫乏基础上的经济振兴更是为世人所称道。自 1868 年明治维新后，日本以追赶发达国家为目标，以农业为基础大力发展工业。二战后日本经济于 1955 年开始复兴，国民生产总值于 1967 年超过英国和法国，1968 年又超过德国，成为仅次于美国的第二经济大国。从 1950 年至 2000 年，由町村部所组成的日本农村人口由 5275 万人（占总人口的 62.7%）减少到

2706 万人（占总人口的 21.3%），[①] 人口规模减少了将近一半。

日本国是个岛国，由北海道、本州、四国、九州 4 个大岛和 3900 多个小岛组成，统称日本列岛。国土面积 37.77 万平方公里，仅占世界陆地面积的 0.27%，相当于我国的 1/25，人口 1.239 亿（1994 年），居世界第 7 位。日本是世界人口密度最大的国家之一，平均每平方公里 329 人（1992 年），属典型的人多地少国家。城市人口占 77.4%。

总体上讲日本的城乡差距不大，主要体现在以下几方面：一是在道路交通、煤气、水电、通讯、小型超市、自动售货机、医疗卫生和住房等基础生活设施方面，农村几乎与城市没有什么差别，即使是田间小路也基本上用柏油铺就；二是在生产工具等方面，基本实现了农业机械化或者说现代化，每家农户都有二三台小型农耕机械，还有代步用的小轿车；三是日本对农业生产有很多的保护政策和健全的产供销体制，农民生产的粮食、蔬菜等农副产品从来不用担心销售不出去，农民收入也相当可观，超过了一般打工族的水平。

战后日本地区间经济差距经历了扩大、缩小的反复演变，并总体上呈现缩小的趋势，其主要原因是日本政府针对工业化、服务化和全球化等不同的时期特点，充分运用市场机制，采取了相应的干预措施。

二、日本农村基础设施的一般情况

二战以后，日本的农村、农业发展经历了一个曲折发展的过程，日本五六十年代人口转移是以向城市转移为主，农村地区向大都市地区的人口转移始终占日本国内人口转移总量的 1/3 以上。1958—1960 年，到非农产业就业的农业劳动力每年为 68.6 万人，其中有 411 万人流入城市，占 59.5%，而流入农村非农产业的仅有 27.6 万，占 40.1%，结果形成了农村地区的人口过疏问题：农村人口稀疏、产业衰退、基础设施奇缺、文化水平落后。因此，日本政府决定实行农村改革。

据日本农业经济学家介绍，日本曾先后于 20 世纪 50 年代中期和 60 年代后期两次大力推进新农村建设。第一次新村建设在强化农业基本建设

---

① 日本总务省统计局：《国势调》（2000 年），（东京）日本统计协会，2002 年。Department of Statistics of Ministry of Internal Affairs and Communications of Japan. National Census ; 2000 . Tokyo ; Japan Statistics Association , 2002.

的基础上，推进农民合作，提高经营水平。第一次新村建设主要做了三项工作。一是确定推行区域，二是建立新村建设推进体制，三是加大对新村建设的资金扶持力度。第一次新村建设于1956年开始至1962年结束。经过了多年的发展，日本农村在农田基本建设、道路建设、排水设施建设、水利建设、信息建设等基础设施建设上取得了巨大的成果。

1. 农田基本建设

日本农田自流灌溉面积较少，不到总面积的30%，大部分农田需通过提灌设施给水；地势较低的农田必须通过排水设施除涝。日本政府从20世纪70年代开始，不断进行农田给排水设施的建设，经过30多年的建设，已形成了较为完备的排灌体系，为农业高产稳产和农产品品质的提高奠定了坚实的基础。目前所进行的投资建设，着重从功能、节水、高效方面加快完善，对原有的排灌设施进行改造，对老化的设备、管网进行更换。

2. 道路建设

20世纪60年代以后，随着农业机械化的发展和汽车的迅速普及，道路建设成为农村居民的最基本要求，也是缩小城乡差别、改善生产和生活环境的首要任务。修建农村道路的基本要求是要使汽车能直接进入各户住宅的用地内。在传统的村落里，大都沿着道路设有生活用水的水渠。有的地方为确保修建道路用地而填埋了水渠，这种做法不利于保护景观和环境。以前的农村道路大都使用沥青路面，但是，现在开始应用彩色路面、可渗透路面铺设技术以及选用有利于环保的铺砌材料。

3. 排水设施

在实施新农村建设的初期，主要兴建排水渠，以排泄污水或雨水，进入80年代后，生活排水再加上农业排水使水渠发出难闻的气味，不但成为蚊蝇的滋生源，也成为环境的污染源，加强污水的处理呼声越来越高。在此形势下，近几年来建设农村下水道成为新农村建设的主要项目之一。村落的下水道普及率虽然还低于城市，但普及率在急骤上升。村镇下水道一般以村落为单位修建，并通过小型处理场进行污水处理，也可根据需要，几个村落共设一所污水处理场。处理后的水质需要满足环境法规定的排放标准，如再生为农业用水，还必须符合农业用水的标准。由于处理过的水在村落附近排放，有利于当地的水土保持，有利于可持续发展。

4. 亲水空间和或生态池等的建设

原先村镇修建农业用水渠、蓄水池等设施的目的在于灌溉农田，但是，随着社会的发展，这些设施的环保功能和休闲功能正在加强。长期的实践证明大规模建设庭园式的人工设施不利于生态环境的保护。近年来，采取了各种可以保护生态环境的建设方式。例如，采用接近自然的施工技术，在恢复或营造当地生物的栖息环境的同时，又可以保持原来的水利功能。

5. 水利建设

日本的农村水利经过从明治维新到20世纪80年代，上百年的建设，开发灌排保障能力，达到很高水平，在此以后，它们把农村中小河湖水环境治理、农村居民生活污水的处理作为重点提上日程。目前农村污废水处理率大约是32%，规划再用10—15年时间达到50%。由于农村居民居住分散，把污废水集中起来处理成本非常高。即使如此，它们仍在坚持做，因为这是实现日本农村水利21世纪发展目标——把农村建成适合人们居住、生活和生产地方的不可少的措施。

6. 信息基础设施

二战后日本经济迅速恢复，农业基本上实现了机械化、市场化和信息化。日本农村已形成了多层次、立体化覆盖的信息传播格局，农村的电视、广播、报刊和网络等各种媒体均较为发达。在各种媒体中日本农民首选电视。日本各地电视台设有丰富多彩的涉农栏目，各地农业行情报道、农业技术专题讲座、农业新品种介绍等节目最受欢迎。对重要的节目，农户还用录像机录好后反复琢磨，从中获取生产经验和最新农业发展动态。广播也是重要的媒介，日本农民长期有收听广播节目的习惯，在田园工作时，不方便收看电视就拧开随身携带的袖珍式收音机，边干边听。日本农民还有早晨读报的习惯，农户一般订有一些全国性、地方性及专业性报刊，有些报纸整版登载全国各地的农业市场行情，他们可根据这些信息，安排自己的生产，选择农产品的上市时间。更为重要的是，日本农村报纸发行渠道畅通，当天的报纸每天凌晨4时就送到，一般不会出现延误情况。

三、日本农村基础设施建设的特点及主要措施

无论是为了提高农民的生活水平，还是为了大力发展农业，农村基础

设施建设都十分重要，日本政府在三次农村改革中对农村基础设施投入不断增大，使日本乡村各种基础设施不断完善。如加快农田基础设施建设，既保证了农田的使用率，又提高了产出；大力发展农村道路；大力发展信息产业，使农民的信息渠道始终保持畅通。总体而言，日本农村基础设施建设的特点和主要措施可以包括以下四个方面：

1. 政府积极参与基础设施建设

第一，政府充当发起者。从三次农村建设看，前两次都是自上而下政府主导型的，即由官方针对在工业化、城市化进程中农村所暴露出来的问题，提出加强农村基础设施建设的意见，体现了官方对农村的重视。

第二，在资金上大力支持。据统计，日本财政资金投入于农村生活基础设施项目，至2002年已经达到30%。另有资料显示，日本政府通过各种渠道用于农业的投资高达农业总产值的15倍之多。政府筹集的这些资金主要是用于如土地改良、水利建设等农业基础设施建设，另外还用于科研推广、动植物防疫、农业灾害赔偿、农业劳动者补助和农业金融补贴等方面的投入。日本政府在1998年为农村基础设施建设投资10840亿日元，1999年增至10910亿日元。农村基础设施的改善，加强了城镇间、城乡间的联系，为实现城乡一体化提供了可能，而农村发展也为城市产业和人口的扩散开辟了道路。

第三，在组织与规划上给予支持。日本专门成立专注于农村规划、建设与加强产业发展的农业构造改善局；官方指定推行新农村建设的区域，同时督促町村成立农业振兴协会，并建立了由市町村、县到中央的三级完备的、覆盖了整个农村的农协组织体系。许多地区政府还出面委托专业规划团队制订农村基建方案等。县政府无偿开办各类补习班。

2. 重视法律法规及各种制度建设，有利于基础设施建设

为了推进农村事业改革、促进农业发展，日本政府依据不同时期农村发展情况及目标，先后出台了一系列法律法令和影响深远的扶农政策，为农村各项建设事业提供支持。如在20世纪五六十年代制定了《农业法》等近30个法规，并多次修改《农业协同组合法》。70年代出台《农药取缔法》等与有机农业有关的法律法规。1999年颁布了《食品、农业、农村基本法》、《持续农业法》等。此外，还先后颁布实施了《过疏地区振兴特别措施法》、《农林渔业组合重建整备法》等法律法规。在制度建设上，主要包括农民充分参与规划制度；尊重农民选择，保护农民权益，培

养农民自立制度；加大政府财政投入，大力建设农村各项基础设施；农业现代化补助资金制度；发展农村教育、卫生、文化、信息等社会事业制度；农业和农村防灾救灾保险制度等。所有这些构成了一个完整的体系，为农村农业的发展及农村公共产品的供给提供了法律与制度上的保障。

3. 基础设施市场化运作

在日本农村地区，基础设施建设与配套都是市场化的，农户主要通过申请向市政管理部门要求配备市政设施。但是，特别对于部分呈散居化的农村地区，管线到户则必然涉及超额的铺设成本，日本农户家庭现阶段仅配套了水、电等基础设施，煤气则使用液化天然气，体现了一种实事求是的态度。值得称道的则是农村地区的基础设施，尤其是污水、固废处置设施非常完备。日本的3000多个市町村地区基本上都配备了相应的污水、固废处置设施。这为农村的环境和生态建设提供了切实保障。联系到中国国内，在农村地区垃圾、污水无害化处理普遍管理缺乏的情况下，如何在这一领域的基建设施方面加大投入，为地区居民营造一种更适宜居住的生存环境，显得愈益紧迫。

4. 充分发挥农业协同组合的作用

日本战后重建的“农业协同组合”，是一个集农业、农村、农户于一体的综合社区组织，它是在政府的大力倡导和扶持下发展起来的，由农民自愿结合而成的。目前全日本99%以上的农户都属于该组织。农协分基层、县级及农协中央会三大层次；按业务对象和经营范围不同又有综合农协和专业农协两类。它们共同构成了完备的遍布各地的综合服务网，利用联合力量，为农民提供快速、周到、高效的服务。该组织的辐射范围极广，几乎涉及农民生活的各个领域和农业生产的各个环节。有资料显示：日本有80%以上的农副产品是由农协销售的，90%以上的农业生产资料是由农协提供的，71%的生产信息及59%的生活信息来自农协系统。可以说，农协承担了日本农村主要的经济功能，在发展农村经济、改善农民生活、加强农村基础设施建设、提高农民的交易地位、推进农业与农村现代化建设等方面，作出了极大的贡献。在新农村建设过程中，农协更是首当其冲，起到了政府难以替代的作用。

四、日本农村基础设施建设存在的问题和原因

尽管日本在20世纪50—70年代进行了三次农村改革，在农村基础设

施建设方面取得了瞩目的成绩，但是由于国家人口、地形等客观原因，日本农村基础设施建设还是存在着一定的问题，归结起来有如下三点：

1. 农村人口不断减少，导致基础设施极度缺乏

二战后，农村人口大量向城市转移，农村人口不断减少，为此日本农业的发展也适应城市化发展作出了调整，为了使农户有时间在城市从事非农产业，必须设法提高机械化程度。1960 年日本用于农业机械的支出为 841 亿日元，1975 增加到 9685 亿日元，增长了 10 倍多，70 年代中期已基本实现了从耕作、插秧到收获的全面机械化。机械化的发展又进一步促进了城市化，但片面适应城市化也给农业带来一系列的问题：第一，使农业生产费用大增。1950 年每一农户平均农业经营年投入仅为 4 万日元，1987 年达到 171.4 万日元，比 1950 年增加了 36 倍还多。第二，在城镇化过程中农业用地被大量占用，粮食产量及自给率大大降低。日本从 1940 年农业用地面积开始减少，到 90 年代损失了 52% 的农田，粮食产量比最高产量减少了 33%，结果粮食主要依靠进口，1993 年日本粮食消费总量的 77% 依靠进口。

2. 工业化进程加快，工农业发展严重失衡

由于日本在战后大力发展工业，导致农业在国内生产总值的比重从 1960 年的 9.5% 下降到 1979 年的 3.1%，而总就业人口中农村就业人口从 1960 年的 26.8% 下降到 1979 年的 7.5%，由于农业发展越来越薄弱，国家将主要精力放在工业建设中，因此对于农村基础设施建设来说是一场大的灾难，因缺乏人力、物力、财力，在此时期农村基础设施建设处于空白期，农民希望能够达到温饱水平，而政府在此投入的少之又少。到了城市化建设中后期，日本政府才逐渐认识到农村建设的重要性，才将重心转移到农村，加大对农村基础设施建设的投资和扶持。

3. 结构不合理

第一，由于市町村合并等原因，很难向偏远地区提供行政服务，造成农村人口不断流失。在日本，市町村是最基层的行政区，市是城市化地区，町和村都是农村的基层行政区，町和村之间没有明显的差别，但町含有“城下町”的意思，它的规模一般要大于村，在形态上更接近于集镇。为推进农村城市化进程，日本政府在指导思想上倾向于广域行政，即行政区范围要大。为此，日本于 1953 年出台了《町村合并法》，町周围的村进町。进一步以一个城镇为中心，周围 3—4 个村，十几个自然村，在合

并后成立市，并在城市化过程中成为真正的市。随着町村合并的进程加快，市的数量迅速上升，而町村数量急剧减少。1953 年，市町村总数为 9868 个，其中市 286 个，町村 9582 个；至 1978 年，市町村总数急剧下降到 3255 个，其中市 646 个，町村 2609 个。合并的结果就是造成农村人口的大量流失，农村基础设施缺乏、结构不合理。

第二，二战后日本经济受到严重打击，资源严重匮乏，国家将重心放到城市建设。日本发动的侵略战争在给别国带来灾难之时，也使其本土招致了沉重打击。至战争结束时，许多城市成为废墟，物资极度匮乏，农业也遭遇欠收，通货膨胀严重。出于振兴需要，日本政府采取了把有限资金集中于煤炭等重点领域及东京等大城市上的倾斜政策。因措施得当，再加上美国扶持等外在因素的配合，其经济很快复苏。而其农村尽管也有所好转，但仍然落后，与城市的繁荣相比存在着较大的反差。

五、日本农村基础设施建设对我国的借鉴

1. 政府应该承担应尽的责任，发挥主导作用

市场机制是一种通过市场来配置社会资源的经济运行方式，主要依靠价格机制、竞争机制、供求机制来引导微观经济主体行为朝着有利于社会的方向发展。但是，事实表明，市场机制并不是万能的，公共产品供给问题就是其中之一。这是因为公共产品具有非排他性和非竞争性以及收益的外部性特征，这些特征极有可能形成不用付款就可以消费的“搭便车”机会，从而不能满足成本收益对称的市场激励原则。进一步地便会使得理性的消费者从自己的成本收益考虑，不愿意主动自愿地为市场提供这种产品。而当所有的社会成员都持这种态度时，公共产品就会得不到任何的资金来源，从而也就谈不到公共产品的供给，更不用提效益了。即一般来说，由市场提供公共产品是缺乏效率的，远远不能满足社会对公共产品的需求。解决的途径便是通过政府依靠强制性的融资方式———征税，再经过公共财政支出来完成必需的公共产品的供给任务。

农村建设中需要关注与投入的许多方面，如教育培训、社会保障、文卫体等社会事业，供水供电等公共基础设施，以及生态环境建设等，都具有公共产品属性。因此政府予以相应的资金投入是其责无旁贷的责任。日本尽管是个资本主义市场经济国家，但是我们看到它早已意识到了这个责任，并且一直在通过投入较大资金量、充当组织者等实际行动积极履行这

个职责。这是值得借鉴的。另外从其经验来看，应依实情适时调整政府参与的力度、广度，在不同阶段采取不同对策，不能过于教条，也不能走极端。再有，还要区分不同发展阶段的规律，分阶段重点实施地区规划、基础设施建设、环境整治、法律政策等专项工作，以便有利于力量的集聚。我国目前在这个方面存在的主要问题就是，在经济转轨的过程中，矫枉过正，由大包大揽变为放权过多，结果形成欠账太多，投入太少，农村公共产品奇缺的现状，即政府并没有真正负起相应的责任。所以为了促进农村的发展，政府必须要在财政金融政策上加以调整，加大投入比例。而目前我国的经济发展也到了工业反哺农业的阶段，具备了一定的实力。假如考虑到地广人多、发展不均的国情，至少也应该在最为重要的几个方面先行加强专项投入。

2. 加强法制建设，利用法律手段规范、加速农村发展

第二次世界大战结束后，为解决日本粮食的严重不足和庞大的失业群体的就业压力，日本实行开垦工程，并于 1949 年制定《土地改良法》，实施土地改良项目。1955 年以后，大步迈入了以重工业、化工为中心的高度经济成长阶段。但随着经济高度增长，农村里出现了农业收入与其他产业收入差距拉大、农业结构脆弱等方面的问题。为此，1961 年，为提高农业生产效率、扩大农业生产和改善农业结构，制定了《农业基本法》，并于 1962 年和 1963 年分别建立了“农业构造改善项目”和“园田化治理项目”的立项制度。由于接着出现经济高度增长，城镇地区的土地需求增大，致使农田的无计划转用。1968 年为治理城市问题制定了《都市计划法》，1969 年为振兴农村制定《有关整治农业振兴地区的法律》（简称《农振法》）。伴随着人口和产业向大城市集中的速度加快，致使农村人口过于稀疏，农村问题已达不可忽视的程度。为此，1969 年日本内阁会议通过了以“创造富裕的环境”为基本目标的“新全国综合开发规划”，作为独立的项目新增加了致力整治农（山/渔）村的生活环境条件的业务。因此，我国也应加强对农业、农村的法律法规建设，促使农业、农村稳定健康地发展。

3. 加快农村信息化建设

日本在信息技术方面虽然起步较晚，但是发展很快，日本农林水产省对农村地区的信息化建设从 20 世纪 50 年代中期的农事广播（有线放送）的基础建设开始。到了 20 世纪 60 年代后期，日本提出“GreenUtopia 构

想”，顺应了当时新闻传媒的潮流，对农村信息化的发展起到了巨大的推动作用。到了20世纪80年代末，由于各种信息技术的迅速普及及网络化的发展，农村信息化政策不断地进行扩充，农村地区的信息化程度进入快速发展阶段。到1998年底，在日本各都道府县建立的与农业信息化相关的网络中心等机构有67个，平均每个县有1.5个农业信息中心。日本20世纪90年代初建立了农业技术信息服务全国联机网络，即电信电话公司的实时管理系统（DRESS），其大型电子计算机可收集、处理、储存和传递来自全国各地的农业技术信息。每个县都设DRESS分中心，可迅速得到有关信息，并随时交换信息。中国农村信息化建设经过多年的积累，已取得了一定的成效，但仍存在一些问题，如信息化基础设施薄弱，农村信息资源缺乏有效地整合与共享，农村科技信息服务能力弱等问题，针对建设现状，应加强基层农村信息化基础设施和农业科技信息资源建设，大力发展各类实用的农村信息化软件，完善中国农村科技信息服务体系建设，促进社会主义新农村建设。

第三节　印度农村基础设施建设现状及借鉴意义

一、印度村庄概貌

印度作为发展中大国，与中国有较多的可比性。印度国土面积只有中国的1/3左右，人口2001年就已经10.28亿了。但是，因为绝大部分土地宜耕宜居，所以人多地少的形势倒不很严峻。印度有邦级行政区划32个，区级行政区划（district）593个，次区级行政区划（sub-dis-trict）[①] 5470个。大约2.38%的土地面积为城市地区，城镇5161个，其中10万人以上的称作城市，大约有400个左右。印度的城市化水平比中国略低，2001年的统计数字是27.82%，[②] 但是学者们一般认为实际城市人口在35%左右。

① 印度区级行政区划下的行政区划各邦的名字不统一，因此，全国来说叫sub－district或者intermediate，在古吉拉特邦，这一层叫taluka，其他很多邦叫block。

② India 2006, a Reference Annual, published by Ministry of Information and Broadcasting, Government of India.

印度有人口居住的村庄大约有59.4万个（中国是72万个），村庄分类的主要依据是人口规模分为1000人以下、1000—1999人、2000—4999人、5000—9999人、1万人以上五大类。各类的村庄数量比重依次为：61.39%、21.89%、13.55%、2.49%和0.67%。[①] 可见1000人以下的村庄占绝大多数。

印度的城乡差别不大，从外部面貌来看，城市建筑物不太密集和高耸，基础设施也比较落后，除非私人领地，大部分公共场所都比较脏乱，贫民窟和底层穷人随处可见，牛和狗等动物四处游荡……相比之下，农村地区因为有大片的田园掩映，贫穷和脏乱并不太显眼，宁静和谐之象倒比较突出。

印度地区差距非常大，发展程度最高的邦其人类发展指数接近土耳其，而发展程度低的很多邦该指数与撒哈拉以南非洲接近。巨大的差距还存在于一个地区内部，城市里，现代化的高楼、地铁与最悲惨的贫民窟比邻；农村地区，沃野环绕的村庄里既有美丽的庄园，也有生活在窝棚里的一贫如洗的家庭。

二、印度农村基础设施的一般情况

水和卫生设施的短缺、拥堵的公共交通、难以预测的能源短缺导致的断电都让外国投资者对印度望而却步。连印度央行也在最近的报告中称："基础设施已经成为抑制印度经济增长的最大瓶颈。"因此印度政府一直强调不断加大农村基础设施建设力度，并决定在100个最落后的地区实施基础设施发展特别计划，修筑农村公路和建设农村通讯网、电力网，并在条件适合的地区发展计算机互联网设施，以便在增加粮食产量的同时促进农村各业的发展。尤其突出的是，农村基础设施全部由政府出资修建。如农村的电力、道路等基础设施建设全部由邦政府出资，如此一来，农民的负担大为减轻。[②]

印度农村发展的核心研究单位"印度农村发展研究院"（NIRD）的研究也把印度农村的基础服务定义为六种，分别是饮用水、路灯、卫生设

---

① Census of India 2001, Published by Registrar General & Census Commissioner, India.

② 印度农业的最新发展，上海农业网，2004年4月21日。

施、基础教育、基础医疗和农村道路。[1] 本书涉及的印度农村基础设施包括饮用水、生活用电、卫生设施、村内外道路、农业基础设施、通讯和网络、文化图书室、基础教育、基础医疗。

1. 饮用水

印度炎热干旱，饮用水非但关系生活质量和健康，甚至关系生死，因此印度政府都非常重视村庄饮用水的解决。为了更有效地实现饮用水工程的可持续性发展，政府从1999年起在一些地方试行水务改革，2001年全印度62.3%的住户有自来水，16.7%的住户用手压井，16.8%的住户用井水，另外有4.2%直接从河里、水塘里、沟渠里取水饮用。[2] 饮用水工程目前已经取得很大成效。全国60万个居民点中，仅有1%尚未完成该工程。工程标准为：每人每日安全的可饮用水达到40升；每250人拥有一个手压泵井或水站；在平原地区水源应在居住地1.6公里之内，在山区，水源应不超过居住地海拔±100米。从2002年开始在全国农村推行名为水务自我管理（swajaldhara）的饮水供应改革，希望以此使农村的饮用水系统长期稳定发展。其模式是在非政府组织的帮助下，提高农村社区的自我管理能力，由社区自我计划、实施和维护饮用水设施系统。

2. 生活用电

印度电力供应不够理想，2001年84%的村庄通电，43.5%的农村家庭通电，目标是2007年全部村庄通电，2011年全部家庭通电。各邦之间的差异比较大，古邦已经实现所有村庄通电的目标，而通电家庭也达72%以上。但是通电时间平均每天只有14.7小时。不过比起市民来，农民能够享受到一些用电优惠，因此，村民对此都很满意。印度村庄用电的建设、经营和维护基本都是由邦电力公司来负责，每个村庄有一个电工负责电力事宜，其工资是由电力公司支付，村潘查亚特只负责路灯的维护和路灯的电费，而村庄供水用电的账单由地方政府买单，农户用电直接向电力公司交费。

3. 卫生设施

村庄卫生条件目前主要是三个方面，即村庄排污设施、垃圾处理和家

---

① Das, Keshab, Visaria, Leela. *Issues in Rural Sanitation*: *Lessons from Gujarat*. Journal of Rural Develop－ment. Vol. 21（1），pp. 1－26（2002）NIRD，Hyderabad（India）.

② Economic Survey 1999—2000，Government of India. 以下六类公共产品的统计数字均来源于这本年鉴。

庭厕所。排污设施方面比较令人失望，简单的排污沟渠也没有，各家各户都直接把污水倾倒在路边。垃圾处理设施也极少，因此垃圾堆积的情况比较多，村庄内部呈现一种不整洁的状态。值得一提的是厕所，印度社会一直缺乏厕所文化，随处便溺现象在大城市和乡村随处可见，这种文化对于人口稠密的地区来说就是一种灾难。因此，印度政府需要花大力气改善城乡的厕所条件。

1986 年农村发展部推出一个农村卫生计划，几乎全额资助农村各类弱势群体修建厕所。与此同时，各邦也有相应的计划和资金，多年来，累计花费已经达到541 亿卢比（约98 亿人民币），但是收效不够理想。1999 年，政府实施的“总体环境卫生运动”整合了 1986 年开始实施的农村厕所工程。建造厕所，改变居民的卫生习惯成为这一工程的重要组成部分。其主要目标包括：增加厕所在农户家中的覆盖率；在所有的学校和儿童活动中心建造卫生设施；修建公共厕所、排水系统和堆肥池；采取切实措施有效预防水源性疾病，提高农村居民的整体生活质量。据 2001 年的普查，印度农村地区只有 22% 的人口能够享受到厕所。

政府从发动、教育群众入手，同时向每一农户提供最高 2250 卢比的资金补助，用于建造厕所等卫生设施。建造厕所的工程同时还在全国 594 个行政区中的 400 个行政区的 35 万所公立小学全面展开。政府计划到 2005/2006 财年实现所有农村学校和儿童活动中心建有厕所卫生设施和供水设施，而且特别强调要为女童建造独立厕所。因为这关系到女童接受初等教育是否便利的问题。

4. 村内外道路

农村道路对发展中国家是一个很大的难题，这个难题可以分为两个方面：对外连接性和村庄内部道路。从连接性来看，基本每个村庄都有对外联系的道路，关键是对外连接道路是否是硬化路面，因为印度有几个月的雨季，因此全天候道路（all-weather road）就成为道路建设的一个目标。2000 年 12 月，印度政府开始实施一个村庄连接项目（PMGSY，Pradhan Mantri Gram Sadak Yojana——总理农村道路计划），由中央政府完全负责。计划到 2003 年底实现全部 1000 人以上的定居点都有全天候道路，到 2007 年 500 人以上的定居点都有全天候道路连接（山区则是 250 人以上的定居点）。届时该计划道路总长将达到 146185 公里。

值得一提的是，已经有村庄开始利用政府的就业保障计划或者其他计划的资金进行内部道路的硬化铺设，随着饮水等基本需求的满足，道路开始成为村民的首要需求。

5. 生产性基础设施

印度传统农业的最大特点就是农业对气候和雨水等自然条件的依赖性很大，经常遭受季风的危害而造成水旱灾害。为此，印度政府对农村水利设施建设给予了相当大的重视，制订了发展水资源的国家远景规划，包括水的储存和建造沟通低洼地域的网络，将一些地区的富余水资源输向缺水和易干旱的地区。另外，政府还采用了新的划分灌溉工程的方法，将传统的以工程费用为标准划分改为以可覆盖播种面积为标准来划分，使水利设施的布局和利用更加有效合理。特别是印度非常强调增加小型灌溉工程（即可覆盖播种面积在 2000hm^2 以内的工程）。由于它们的灌溉潜力几乎都能立即得到充分的利用，广大农民感到有利可图，也都纷纷采取了积极主动的态度。

6. 通讯和网络

印度电视、广播和网络的普及率很低。据印度新德里媒体研究中心主任 N. Bhaskara Rao 的研究，目前印度农村的电视机普及率仅为35%，大部分农民尚无法看到电视。因此在 2005 年宣布的“建设印度”（Bhara-Nirman）计划中，通讯与信息技术部的电讯局提出的目标是，到 2007 年 11 月，为目前尚没有村公共电话的 66822 座村庄接通有线电话，其中 14183 座偏远村庄将设置数字卫星电话终端机。

印度政府非常重视在农业中使用计算机网络。20 世纪 90 年代以来，印度政府决定实施农业研究信息系统（ARIS）项目，以信息技术促进国家农业科研系统的发展，资金来源于国家农业研究项目基金。建立农业研究信息系统的主要目的是：使农业管理人员和农业研究人员快速而方便地获取信息；利用国家农业研究系统的基础设施搜集、加工、储存、检索和利用信息；在国家农业研究系统内部全面实现信息资源共享；提高研究项目规划、执行、监督和评价的能力。

7. 文化图书室

印度政府设有专门的农村出版基金，积极扶持农村图书和报刊出版事业，故而以乡村图书馆为载体的农村出版业较为活跃，在普及农业科技、传播先进文化等方面发挥了重要作用。以印度西南地区的喀拉拉邦为例，全邦人口 3300 万，有 990 个乡。该邦从 20 世纪 40 年代起推广“图书馆运动”，号召每一个乡村建立一个图书馆和一个阅览室。乡村图书馆属公共服务性质，地方政府每年拨款添置报刊图书，管理人员大多是义务的。一般的图书馆有3—5份用当地语出版的报纸，1—2份英文报纸，数份周刊，图书上万册。周刊由个别乡民捐赠，图书和报纸由图书馆订购。目前，全邦已经建成9000个图书馆，12000个阅览室。每个乡（人口2.5万）大约有图书馆8个，阅览室10间。在一些经济十分落后的乡村，还建有流动图书室，由志愿者逐家逐户推广图书借阅。阅读习惯普及后，制度简化，在每个小区设定点借阅室。①

8. 基础教育和医疗

印度作为一个经济欠发达的人口大国，农村公共品供给管理最成功的方面，应当属于农村教育。印度义务教育及其转移支付制度的显著特点是实行城乡有差别的政策。随着义务教育计划的实施，农村地区儿童入学率有较大上升。全印度第4次教育调查（1978年）结果表明，印度全国有90.93%的初级小学是在农村地区，同时也有83.78%的高级小学在农村地区。这与全印度第3次教育调查（1973年）结果相比，有了很大的提高。另外，印度自1947年独立以来，一直致力于免费医疗服务，现在全国所有的国民，不论是政府公务员，还是事业和企业单位的工作人员，甚至于无业人员，都可以在政府医院享受免费医疗。占全国人口72%的农村居民也与城镇人一样，享受国家提供的免费医疗。

三、印度农村基础设施建设的特点及主要措施

无论是为增强农业的发展后劲，还是为改善农民的生活，农村基础设施建设都十分重要，印度政府对此类公共产品的投入也很大，使印度乡村各种基础设施不断增加。如加强建设水坝、池塘等蓄水设施和抽水机、提灌站等提水设施，有效扩大灌溉面积；建立粮食缓冲储备，改善仓库设施等，加强农业生产风险管理；建立乡村电网和乡村公路，改善农村运输条件，以提高农业机械化水平，保证农作物良种、农药、化肥和农业机具等现代农业投入物及时运到农村，加速把粮食及其他农副产品运到其他消费地。印度农村基础设施建设的特点和主要措施可以包括以下四个方面。

① 吴锋：《国外农村信息传播的基本模式与启示》，人民网“今传媒”2008年4月8日。

1. 农村基础设施供给机制方面全部是由州政府直接负责和管理

印度农村的基础设施全部是由州政府（相当于我国的省级政府）直接负责和管理，从项目到资金、建设和管理，都是直接由州政府负责。村级单位的公共产品供给直接由州政府负责和管理，从供水系统、村级小学建设、简易的卫生保健设施、农村贫困人口建议住房工程，甚至连村级公共厕所等都是直接由州政府相关部门直接负责。村一级政府主要是负责项目申请、项目参与以及项目实施的监督和配合等。而且，许多项目由州政府负责向全社会招标，并鼓励中标单位尽可能使用当地农村的劳动力，同时支付一定的劳动报酬。从印度基础设施的供给机制可以看出，州政府直接负责村级管理和建设，减少了中间环节。其实在州政府下面，还有一个叫 Ranchayat 的村农民自治组织机构，包括区级等共三级政府，最后才是村级政府。但是就农村基础设施的供给而言，并不是层层下达，级级管理，而是直接由州政府负责的管理。应当说，这样的制度安排确保了农村基础设施的足额和有效供给，不至于最后落空。

2. 印度储备银行和 RIDF 为农业生产提供贷款，有利于基础设施的建设

在农业生产和农村发展中的资金问题上，长期以来，印度中央银行即印度储备银行不断扩大对农业的短期季节性贷款，并通过邦合作银行及地区开发银行对农业供给中长期贷款。同时，该行还建立了农业筹资开发公司，对各类银行发放的农业贷款提供资金融通方便。由于银行贷款从农业发展扩展到农村发展，1982 年印度建立了行使印度储备银行农业贷款职能的国家农业农村发展银行，简称国民银行。其股本一半由印度政府出资，一半由印度储备银行提供。其不仅为农业、乡村工业、小型工业、手工业、农村工匠及为促进农村发展的各类生产活动批准的其他农村金融结构提供短期、中期和长期信贷，而且还为各邦政府提供为期 20 年的长期贷款，为中央政府批准的机构给农村和农村发展发放的长期贷款提供信贷保险，还为农业农村信贷的发展进行协调及促进农业农村发展研究等。在 1995—1996 年间，针对本国内存在的农业公共投资不足的状况，印度政府设立了农村基础设施投资基金（Rural Infrastructure Development Funds 简称 RIDF），目前已发放了十多期贷款，用于改善农村的基础设施条件，具体包括农村公路、农村桥梁、小型水利项目、水土保持、防洪、水利灌溉、饮用水、农村教育体制等基础设施，2005—2006 年的第一期农村基

础设施发展基金（RIDF），贷放本金为800亿卢比。农业生产快速发展增强了国民经济，改善了人民生活，有利于基础设施的建设和推进。

3. 基础建设和农村发展计划相结合

在农村的社会发展方面，从20世纪70年代末期起，印度政府实行了一系列农村发展计划。实行农村青年就业计划，以增加农村劳动力就业，降低农村人口贫困程度；同时，推行农业基础设施建设计划，增加农村蓄水池、小型电站和提灌站等农业基础设施，保证农业稳定增长；此外，还推行农村综合发展计划，建设乡村公路、乡村学校、乡村医院等农村基础设施，促进农村全面发展，印度农村金融机构积极参与各类农村发展计划。

普遍农村就业计划（Sampoorna Gramin Rozgar Yojana）又名为普遍以工代赈工程（Universal Food for Work Pro-gramme），2001年8月15日起在全国实施。根据该计划，中央每年拨给各邦政府500万吨粮食，价值500亿卢比。这一工程旨在通过在农村地区修建持久耐用的社区基础设施，政府加强对农村的投入，一方面可以使农民获得额外的就业机会，获得工资性收入，保证贫困人口的最低粮食需求，同时也可以改变农村落后的经济、社会基础设施面貌。该工程的受益人群主要为表列种姓和部族、妇女及领回从事有害工种童工的家长。

4. 通过现代化基础设施推进农村建设

在推进农村的现代化方面，印度政府把提供电信普遍服务作为政府的重要职责，把提供普遍服务作为电信服务与电信监管的主要目标之一，因此，农村的电信服务业在逐步得到加强。在进一步提升农村公共电话服务的同时，也在力图把这种公共电话设施转变为在农村地区建立电信信息中心，在农村介入互联网，提供数据传输，这一政策刺激了农村和偏远地区的经济发展。另外，在世界银行的持续资助下，印度已开始形成一个地区性、全国性、乃至全球性的农业信息技术的网络。电话、广播电台和电视台已经覆盖了印度绝大部分的农村地区，由此构成了非常广泛的农业领域的电台听众群、电视观众群，以及用电信相连的农村用户群。政府还专为农业设立了与地区农业教育及研究机构相连的呼叫中心和广播、电视频道。由农科毕业生接听免费热线电话，接受农民的询问，或当时给出解答，或咨询专家后给出答复。

四、印度农村基础设施建设存在的问题和原因

印度的贫困人口还占有相当的比例，其中多数在农村。印度政府把提供农村基础设施和投资进行固定基础设施建设作为优先发展的重点，但基础设施薄弱仍是发展的主要障碍。印度农村基础设施存在的问题表现为以下三方面：

1. 农村基础设施总体水平较低

首先，印度农村基础设施总量不足。目前约有1.1亿印度人居住在城镇地区。有超过8000万的贫困线以下的城镇居民很少或根本没有获得最基本的基础设施服务，如供水和卫生设施。而治疗基础设施缺失导致的水源性疾病，估计需要花费印度政府150亿—200亿美元。鉴于政府财力有限，而农村地区广大，整体而言，印度农村的基础设施依然比较薄弱。2002年，印度遭遇一场严重旱灾，粮食产量锐减3000万吨，全年农业生产出现5.2%的负增长，拖了当年国民经济发展的后腿。农业如此脆弱，最主要的原因在于农村基础设施投资不足，抗灾能力差。遇到自然灾害，农业就会大幅减产。

其次，农村基础设施的投资数额一直偏低。印度央行也在最近的报告中称："基础设施已经成为抑制印度经济增长的最大瓶颈。"为了赶上中国的基础设施水准，据新德里的第十一个"五年计划"，2013年前，印度要在基础设施建设上每年投入GDP的9%，大大超过当前5%的比例。但研究显示，若要赶上中国的基础设施水准，印度需要在2015年前每年投入GDP的12.5%。2006年，中国吸引了约348亿美元的外国直接投资(FDI)，而同年印度吸引的FDI为169亿美元，不到中国的一半。分析人士称，基础设施是造成中印两国引资差距的主要因素之一。

2. 基础设施结构不合理

第一，生产性基础设施建设情况较好。如水利设施，有效扩大灌溉面积；仓库设施，加强农业生产风险管理；生态环境治理，延长了可持续发展的时间，这些基础设施都有效促进了农村和农业的发展。

第二，生活性基础设施供给不足。在印度和村民生活相关的生活环境设施则发展相对缓慢，特别是饮用水不净和公厕等卫生设施匮乏，以严重影响到村民生活，世界卫生组织认为，印度80%的疾病，如腹泻、霍乱、疟疾等，是由于缺少安全饮用水和卫生设施引起的。

第三，社会性基础设施安全力薄弱。相当一部分地区因没有建立健全农产品标准化生产、无公害食品和优质专用农产品生产的科技推广体系、信息服务体系、病虫害防治体系及监测检测体系，而导致农产品的环保、消费安全标准难以保证，不能适应发展订单农业特别是出口创汇农业的需要。同时，执法体系、文化服务机构建设等也缺乏足够的资金保障。

第四，流通性基础设施承载力孱弱。很多农村交通设施落后，虽然基本实现了村村通公路，但通村公路质量较差；村内街道虽经过多次规划、整修，但路面质量不高、街道狭窄、垃圾成堆、排水设施不健全的现象普遍存在。这种滞后状况严重制约了农村各项事业的发展以及农民生活水平的提高，直接制约着农村流通体系的建设。

3. 基础设施缺乏统一协调，统一规划

对于一个幅员辽阔的农业大国来说，农业基础设施的布局和规划是否合理，直接关系到资源配置的效率。农业基础设施又是一个复杂的系统，如何将各种不同类型和功能的子系统有机地衔接起来，形成一个完整的大系统，充分发挥整体功能，是农业基础设施布局中的一个重要问题。但是印度的村庄基本没有规划，随着村庄房屋建设的发展，规划如果不能先行，则会极大影响村庄的后期发展，比如，不利于今后机动车的发展等。

造成印度农村基础设施总量不足，总体水平低，结构不合理的主要原因有以下几点。

1. 社会和市场力量没有充分发挥作用

农村基础设施供给不足是印度农村基础设施总量不足的主要原因，特别是生活性基础设施的供给明显小于需求。首先印度农村基础设施采取的是政府出资的方式，供给主要通过中央政府和邦政府的职能部门向下落实到区级，然后在区政府和区发展机构的协调下按照项目要求具体安排这些公共产品的供给。这中间存在着一个大问题，就是责任划分不够清楚，基层的资源动员能力还是不够。基层主要依赖上级的转移支付，自有资源很少。其次，由于政府的资金有限，不能全方面满足农村的需求，这就存在着供给不足的问题。再者，投资最关键的问题是投融资方式的选择，因为投融资方式不仅关系到农村基础设施投资的效率，还决定了农村基础设施投资的资金来源，而在涉及印度百姓日常生活的水和卫生设施上，并没有类似 PPP 或者 BOT 这样的模式来解决问题。

2. 种姓制度等文化传统影响印度政府对农村基础设施的关注

印度农村基础设施总量不足，结构不合理也和印度的种姓制度有关，虽然1950年的《印度宪法》明确提出要废除贱民制度，各邦也分别制定了直接的保护贱民的法律，但事实上种性制度依然存在，据不完全统计，目前印度人口中，贱民（不可接触者）人数约为1.6亿，半数以上居住在农村。这使得各界对首陀罗（被征服的奴隶，从事农业和各种体力及手工业劳动等）和贱民生活息息相关的基础设施投入和建设不足。

3. 印度信息化的发展道路忽视了基础设施的地位

印度选择的是一条信息发展的道路。印度的信息技术相当发达，2006年，印度信息产业的年产值突破420亿美元，年平均增长率将达到28%。印度的农村基础设施中信息技术也运用的相当普遍，给生产带来了便利。但是正是由于这条信息化的发展道路，使得印度政府对农村和农民的关注度不够，投资不足，虽然在信息技术服务方面，印度已受到不少好评，但其基础设施上的缺陷被众多投资者认为“拖了印度经济增长的后腿”，给其他行业的发展造成了不小的障碍。

五、印度农村基础设施建设对我国的借鉴

1. 供给制度方面

印度农村基础设施供给机制方面全部是由州政府直接负责和管理，从这种供给机制可以看出，州政府直接负责村级管理和建设，减少了中间环节。另外印度的民主制度使得乡村基础设施的提供在决策的合法性、参与度、透明度、回应性、廉洁和公正方面都有优良的表现。由于印度政府掌握的资源较少，所以印度大力发展非政府组织，使得国内外的非政府组织在乡村公共品供给方面起了很大的作用，政府与非政府组织合作，利用非政府组织调配资源的能力，从一定程度上弥补了政府资源匮乏的困境。

2. 融资方面

印度政府在农村基础设施投融资方面采取的做法值得我国借鉴。印度农村基础设施全部由政府出资修建，减轻了农民的负担。另外印度储备银行和RIDF还提供各项长期贷款，确保了国家在资金短缺的情况下仍能及时完成农村各项基础设施的建设，促进农业、农村基础设施和农村发展的信贷流动。但是也要注意的问题是，全面政府出资的方式会导致由于财政供给不足而引起的供给不足问题，因此在政府管理的模式下是否可以采取

PPP 或者 BOT 模式是值得思考的问题。

3. 现代化基础设施方面

印度在信息技术方面一直是领先，因此在农村基础设施建设方面，印度投入的信息网络型基础设施也相对完善。这些现代化的设施提高了农业的生产量，改善了村民的生活质量，为农村的发展注入了更多现代化科技元素。我国农村通讯水平相当落后，信息闭塞，严重制约了农民科技水平的提高。应该加快农村通讯设施建设，以县城和小城镇为中心，向周围农村地区辐射，建立覆盖全国的通讯网络，将先进的农业科技及时传播到农民当中去。

第四节　美国农村基础设施建设及其借鉴意义

一、美国农村概貌

在美国，通常所说的农村并非我们传统概念中的乡下，不能简单地根据行政区划来界定美国的农村和城镇。美国是按照人口的密度来划分农村和城镇的。美国联邦政府管理和预算办公室的定义是：拥有 5 万人的城镇中心县和其周边地区县被称作城镇地区。其余的非城镇地区也就是美国的农村。根据上述定义，美国的农村地区有 2500 个县，人口达到 4900 万人，覆盖了 75% 的国土。

首先，美国人口城乡分布不均，农村人口很少。美国城市化进程起步早，发展速度快，城市人口占总人口的大多数。早在 1910 年，美国城市人口占人口总数的比例就达到了 45%，比目前中国城市化水平还要高。美国城市人口比重在 21 世纪初已接近 80%。现在，美国城市规模已经空前扩张，形成了 276 个都市区，其中 500 万人以上的大都市区有 9 个。据美国人口咨询局调查，2002 年，居住在都市地区的人口 2.26 亿，占全美总人口数的 80%。

其次，人口产业分布情况与中国完全不同的是，美国的劳动力高度集中在非农产业部门，在非农产业中又高度集中在服务部门。据美国劳工部统计，2004 年 1 月底，全美劳动力总数为 1.46 亿。就业人口的行业分布是：农业 800 万人，占 0.58%；非农产业 1.3 亿，其中工业 2100 万人，占16%；服务行业1.08亿，占84%。[①] 由此我们可以看出美国的农村人口只占到总人口的小部分，且大多数人口从事非农产业。

与人口城乡分布不同的是，美国的农田面积占总土地面积的比重高达21%，其人均耕地面积是我国的9倍多。在20世纪20年代，美国农场土地经营的规模是平均每家600亩，后来向两极分化发展，呈现出小型农场户增多，中型农场户减少，大型农场户增加的趋势。到20世纪末，60亩以下的小型农场户的比例仅占美国耕地的0.7%，600—3000亩的中型农场比例由50.6%下降至17.9%，而面积在6000亩以上的大型农场户的比例却占到耕地面积的65%。[②] 由此，我们可以看出美国的农村农业主要呈现土地经营权集中，规模经营明显的特点。

美国城乡收入差距依然较大、产业构成具有较大差异。据统计，农村占城市的收入比重从1979年的82%下降到1999年的69%。高贫困仍存在于许多农村地区，包括阿巴拉契亚地区以及密西西比三角洲，1997年的农业调查显示，超过500个农村（占23%）被认为是"持久贫困"。[③] 当前美国农村的经济增长仍然主要依靠着大量低技能、缺少技术优势的生产部门，如农业种植、纺织业、服装业等。2004年乡村地区人均收入为25104美元，城镇地区为34668美元。乡村比城镇低27%。2004年，乡村地区非农业工作岗位的平均收入是31582美元，同期城镇地区的收入是47162美元。这一差距还有不断发展和扩大的趋势。

美国的城乡居民生活品质差距较大。在教育方面，1990—2000年，乡村25岁以上的成年人的大学教育比从12.4%上升到了15.1%，但是城乡之间仍有11.3个百分点的差距。在能源消费、通讯服务、医疗条件等方面都落后于城市。与城市相比，美国乡村地区的医疗条件相对不足，居民的健康状况不如城镇居民，医疗设施和服务设施的普及面相对较窄，无论是从资金还是从就医的方便性方面都不如城镇地区。

二、美国农村基础设施建设概况

为了缩小城乡差别，促进乡村地区的经济和社会发展，美国联邦政

---

① 詹鸣：《美国人口现象面面观》，《人口与计划生育》2004年第12期。

② 邓德胜、祝海波、杨丽华：《国外农村现代化模式对我国实现农村全面小康的启示》，《经济问题》2007年第2期。

③ 赵长峰：《略论新时期美国的农村经济政策》，《经济问题》2008年第1期。

府、州政府和地方政府的许多部门都参与了乡村地区的建设。美国的农业部、交通运输部、小企业局、环保局、房屋和城镇发展局、卫生与人类服务部、国土安全部、劳工部和商业部等部门都制定有乡村发展项目计划。在这些计划中，农业部的乡村发展计划处于主导地位。根据美国 1980 年颁布的乡村发展法案，美国农业部是执行美国乡村发展计划的领导部门。美国农业部制定的乡村发展计划涵盖内容相当广泛，几乎包括了乡村社区建设的各个行业，包括：房屋建设、社区供水和废水处理、金融服务、发电供电、可再生能源发展、自然资源保护、农业新产品的研发，以及通讯和因特网的普及等。该计划主要是通过提供拨款、贷款、贷款保证、技术支持和开展研发等手段来支持乡村地区的社区建设和经济发展。几十年来，这些项目计划有力地促进了乡村地区的经济和社会发展，得到了公众的基本认可。例如：2005 年，美国农业部的乡村发展计划投资 42 亿美元，帮助 44224 个乡村家庭获得了住房；投资 6600 万美元重新安置了 11700 个低收入家庭的住房；资助建设和翻修了 812 个基础设施，包括：112 个健康护理中心、12 个公共安全设施、92 个教育设施、15 个能源设施、157 个公共建筑和 7 个娱乐中心；电力发展计划批准了 111 个乡村地区电力传输、发电的贷款项目，这些项目使 195000 个新用户获得了电力，改进了 240 万个消费者的用电条件；供水和废水处理项目计划，通过资助乡村地区的供水和废水处理项目造福了 100 万个用户。可以看出，美国的乡村发展计划注重的是乡村地区的社区建设和人民生活的改善。主要手段是通过提供资金支持，改善乡村地区的基础设施，从而达到提高乡村地区居民的生活质量，缩小城乡差别的目的。①

1. 美国农村基础设施建设的主要内容

美国农村基础设施建设的主要内容包括：主要的农村基础设施建设：交通运输（包括为公众提供运输服务的公路、铁路、码头、空港管路和桥梁建设）、通讯系统（包括通信体系和信息网络体系）、电力设施、水利工程（包括低洼易涝地建明沟、梯田修造工程建设、地下管道排水工程、在干旱地区兴建农田水利灌溉设施和引水工程及灌溉防洪设施建设）、江河治理和污染治理（随着环境问题变得越来越重要，江河湖泊的治理垃圾处理、排污处理以及空气污染的治理建设投入逐渐加大）、水土

① 曹建业：《浅谈美国的乡村及其发展计划》，《政策计划》2007 年第 8 期。

保持（包括供水体系和地下水体系建设）、农村教育建设投入（包括学校、图书馆和农业科技研究机构建设）、卫生机构建设（农村医院和卫生所建设）。

2. 美国农村基础设施建设模式

这里具体分析在美国农村基础设施建设中各级政府的权责分配、资金投入责任、基础设施建设的土地来源，以及相关的技术支持。

第一，权责分配方面。联邦政府的职责不是提供农业补贴，而是向农村进行投资，帮助农村地区建立新经济成功所必需的基础设施、技能等；改善农村地区的投资环境，以吸引更多的投资者。① 美国农业部把“致力于发展乡村经济、改善农村人口的生活质量”作为自己的一项重要职责，包括建设给排水和排污系统；提供合理的、可负担的住房资金；支持电力和乡村的商务；通过信息和技术的帮助，支持社区发展等。② 联邦政府和州政府负责全国受益或规模大的项目；地方政府则投资于中等规模的项目；规模小的由农场主个人或联合投资兴建，并在政府的依法监督下自行经营管理；诸如路灯的提供等规模最小的，是由乡（镇）基层政府负责。③

第二，资金来源方面。为保障美国的农村基础设施建设，美国联邦政府通过法案的形式保障各类资金的投入，制定了一系列支农计划。在建设基础设施方面，资金来源主要由联邦资金、州资金和地方政府资金组成。联邦资金是美国农村建设的最大来源，例如美国为农村社会提供水及下水道体系的最大的联邦资金计划是美国环境保护局（USEPA）和美国农业部下属农村有效服务中心（RUS）。联邦政府在设立资金投放后，有权让州政府建立和运作贷款项目以及让其为各种各样的环境项目提供财政援助。国家循环贷款资金不被用来提供直接放贷。各州必须贡献出该计划的20%的资金作为配套资金，每年都要制定利用计划，包括各类项目利用名单，名单上的受援助单位必须先由联邦政府审查和对外公示之后才可以付诸实行。州政府作为建设资金的分配者也享有一定的自由支配权，例如全

① 赵长峰：《略论新时期美国的农村经济政策》，《经济问题》2008 年第 2 期。

② 李燕凌、曾福生、匡远配：《农村公共品供给管理国际经验借鉴》，《世界农业》2007 年第 9 期。

③ 黄立华：《美国农村公共产品的供给及启示》，《北方贸易》2007 年第 1 期。

国农村水利协会在全国 23500 个农村社区设有分会。每个州平均拥有 400—500 个社区分会，几乎覆盖所有地区。为努力提高饮用水质量，各成员单位必须参加众多的培训和技术项目。除了美国环保局循环基金的管理程序，各个州政府也分别提供不同的额外援助，尽管通常不提供大量的现金融资，但是州政府的支出在基础设施支出方面也占了较大的比重。但是，对于如何拨付环保局的资金，各州有各自的弹性政策，例如有多少钱可以用在州一级的农村供水系统中。此外，各州往往提供对款项和小额赠款的利用规划，以及项目在后续阶段和初始阶段的保留款项。地方政府资金向来是传统的来源，尽管金额数量上不如联邦政府和州政府，但是在具体的小型开发项目上，地方资金起着非常关键的作用。地方政府资金的来源名目众多，如可以在卫生水开发和废水排放收费、物业税、污染费和地方发展贡献金方面获得一笔可观的现金。地方政府在具体的建设项目上往往采取政府间合作或是与私营公司合作的方式，往往通过起草政府间协定（IGAs）或谅解备忘录（MOUs）的方式确定各个主体应当分担的费用和相应的建设责任。

第三，土地来源方面。美国土地分配比例大致为：私有土地占 50% 多，联邦政府占 30% 多，州政府土地占 10% 左右。土地国有并不是由国家直接经营，而是通过租佃的形式由农场主经营。国有土地的所有权掌握在国家手中，其经营权、使用权、处置权大部分由农场主掌握。土地私有一般采取自有自营的形式。美国的这种“有尺度的农地私有权、有保障的农地使用权”的土地制度对农村基础设施建设产生了巨大的影响：首先，在进行农村基础设施建设时，不得随意征用土地，改变土地使用权。如果国家需要征用私人的土地或是将已出租给私人的国有土地用以公共基础设施建设，也需要通过交换或是购买的途径。其次，在对土地进行规划建设时，必须召集社区所有的成员参与，在社区成员讨论通过的基础上才能颁布；而且土地所有者在法律规定的范围内有充分的自主经营和使用权利。政府要管理和调控土地的利用，政府只能通过农业支持项目来吸引农场主参加，并不能强迫和指令农场主执行某个计划或调整其使用结构。土地所有者有土地收益分配和处分的权利。土地收益除了按国家和地方政府的规定交纳比较固定的土地税、农产品销售所得税、房产税等之外，没有任何其他税费。由此可见，美国的这种土地权力保护制度使得政府在开发基础设施建设时要充分考虑农民的意愿。

第四，技术支持方面。首先，通讯系统建设离不开计算机技术。美国农业基本上是以市场为导向的农业，农民根据市场信息经营和管理农场，所以信息通讯系统建设显得尤为重要。依靠先进的信息网络，美国的农民可以准确、及时地掌握国内和国外的市场信息。他们可以借助电话线等方式使计算机联网，农民在家里就可使用全国各地的政府农业中心、大学、科研院（所）和图书馆里的数据库，可以获得关于产品价格波动、品种改良、新型农业机械、动植物病虫害防治等方面的最新数据。美国的农业信息网络也需要依靠先进的计算机技术的支持。首先，市场基础信息的收集、整理和发布都是由市场调查员来完成，然后他们将这些信息通过计算机网络汇集到美国农业部市场营销局或是分布在各地的农产品市场报价员。这些信息借助于通讯卫星可以在瞬间传到100多个地面接收站。如在西海岸的消息，几秒钟就可在东海岸和其他地方收到。其次，水利工程、污染治理以及通讯系统等基础设施的管道建设离不开现代科技。在美国，有许多科研机构和有关公司已经着力开发新技术来支持管道铺设和探测由地下水管和排水管道老化所引起的昂贵的泄漏和恶化。如利用声音监听设备发现泄漏之处，尽管聘请这样的专家价格不菲，但是弥补泄漏仍能为市政节省下一大笔开支。另外，引入一种不可燃的氢与氮的混合气体，将之导入管道，然后由地面仪器探测气体浓度最高的地方便是泄漏点；还有一种技术是设计一种爬行机器，它可以进入地下水道或是排风管道，将图片或是电子信号传送到地面；最新的技术是一种叫“smart pig”的机器，进入管道后，利用磁场技术或超音频技术探测管道的厚度和受腐蚀情况。①

三、美国农村基础设施建设的若干方面

1. 交通基础设施建设

从20世纪60年代开始美国政府就对西部农村地区展开“公路扶贫政策”。其主要目的是要将地区的主要中心与全国的市场连接起来，增强通道地区的竞争力；促进通过该地区的更有效的商业流通，增强发展潜力；便于当地居民利用该公路系统寻找工作机会和接受公共服务。在政府的交通基础设施建设过程中最为突出的特点就是针对贫困落后的原因，进行系

① Dennis Lopez, *Saving America's Infrastructure*, Light & Medium Truck; Dec 2007/Jan 2008; 20, 11; Academic Research Library, pg. 38.

统分析和全面规划。

在建设的初期，政府的手段仅仅是鼓励私有资金建设铁路，通过税收优惠、土地补助和开发政策对他们进行补偿，并没有进行系统的交通运输规划，也没有完善的法律制度。

在后来的交通建设过程中，政府的组织和领导作用显然得到了加强，交通运输政策和有关法律制度也在逐步建立和完善起来。联邦政府专门设立组织机构负责区域交通运输基础设施规划及其实施。其中一个典型的例子就是阿巴拉契亚地区委员会，它是1965年美国国会通过"阿巴拉契亚地区开发法"设立的专设机构，委员会由阿巴拉契亚地区13个州的州长和一个由总统任命国会批准的负责人组成，共有工作人员50人，负责规划和实施阿巴拉契亚地区开发公路系统规划的实施，以及其他有助地区经济社会发展的联邦资助活动。

在交通运输基础设施规划建设中联邦政府充分利用立法工具落实资金来源和具体使用规范。例如，阿巴拉契亚地区开发公路系统联邦政府承担所需资金的80%，其余的20%由地方政府承担。在落实所规划的地区干线公路通道所需资金的同时，也有对各地方的连接线路公路提供联邦资助的规定：州长每年可用50万美元，加上联邦政府资助阿巴拉契亚地区开发公路系统各州拨款的5%，总计每年不超过100万美元用于地方连接线公路的建设，并严格规定用于连接线公路的资金不得用于现有公路的重新罩面、维修、安全等工程项目。

在规划地区交通基础设施建设时，美国政府采取了实用的规划模型对该区域的所有交通设施进行了充分的论证。首先，他们对该地区的经济社会现状进行分析；其次，他们设定了该地区的远景目标及近期预期可实现的具体的目标，地区未来发展方向、设想和近期目标；然后，通过分析，找出影响实现这些具体目标的各种可能的因素，并研究制定实现目标的战略；最后，该规划还涉及了公共部门、私人部门以及其他利益相关者如何共同参与和合作的规划，包括如何落实可持续发展的规划与资金政策、具体的实施设计以及如何在规划实施过程中对进程及时进行评价。①

① 束明鑫：《美国的交通扶贫政策》，《交通世界》2004年第6期。

2. 教育基础设施建设

在美国的农村，由于幅员广阔和人口稀少，常常出现这样的情况，户与户之间即使最近的邻居都是数百英里远，这与欧洲一个小村周边十英里内有可能有六个相似的村庄的情况大不相同。事实上，小村的人口需要搬迁到人口更多的城镇中。①

1945 年至 1975 年，随着人口的迁移，一些重要的乡村逐渐变成城市，从而对学校数量的增长提出了要求。美国的法律规定，除了少数几个少数民族和在最落后的农村地区，几乎所有的学龄儿童都必须接受教育。政府尽力以各种方式教育在农村地区的年轻人。为弥补乡村学校规模小的缺陷，国家基本上采用两种方法：（1）学校合并，（2）引进地方当局合作。与市区学校相比，农村的学校似乎更有可能成为综合性单位，从而提供一整套的服务。

“学校合并”是通过建立具有一定“规模”的农村学校和学区，创建一个“共同”的、“标准”的、具有一定“学术内涵”的学校体系，以提升农村学校的教育质量。其基本途径是对农村小学校和小学区进行合并与重组。在美国的农村“学校合并”运动中，首先是各级政府都在努力制定必要的政策和措施，积极推动和鼓励农村学校合并，开始设立或增加对农村合并学校的援助基金。一些州通过立法为农村合并学校提供更多的经费支持。其次，政府为农村合并学校建立一个安全、高效、免费的交通服务体系，成为农村“学校合并”和学区重组的基本条件之一。到 20 世纪 20 年代，美国多数州陆续制订有关农村儿童上学交通法令，使农村学生能够通过公共交通服务每天往返于学校和家庭之间。另外，政府构建了责权明确的农村教育管理体制。为提高农村学校的管理与教学水平，美国政府开始设立县学监岗位，负责管理本县的农村学校，特别是农村初等学校。县学监的主要职责是撰写教育报告、为教师颁发证书、视察学校、对学校实施一般的督导职能等。州则主要负责教育立法、为农村中学专业性比较强的学科提供指导、为经费困难的学区提供资金援助等，以保持各个学区教育资源的相对均衡。②

① *Infrastructure for rural schools*, Safra, Martine, Yelland, Richard. Organisation for Economic Cooperation and Development. The OECD Observer. Paris: Oct/Nov 1993. , Iss. 184; pg. 17, 4 pgs.

② 王强：《20 世纪美国农村“学校合并”运动述评》，《外国中小学教育》2007 年第 8 期。

取消农村小型学校，建立综合性单位，由政府统一管理。19 世纪末以来，美国社会各界就不断提出：农村学校效率低下，应该将其整合成较大的学校，以便教育资源的集中利用。这样做的出发点是：（1）较大的学校体系更具有规模效应，从而能降低生均费用；（2）较大的学校体系更能为学生提供较好、较为专业的教学从而为学生取得学业成就提供更多的机会。小型农村学校没有能力向学生提供现代社会所需要的教学，应由大型的综合中学取而代之。然而，这种做法使地理位置偏远和人口分布稀疏的农村社区的孩子上学不便利，也丧失了使学校与社区关系密切的机会。

3. 住房基础设施建设

在美国农村，家庭规模一般比城市家庭要大，但是也比城市地区的家庭更贫穷。农村地区的家庭中有更多的老龄和教育水平很低的成员。只有很少的农村家庭享受到联邦政府、州政府或地方的住房资助。在农村，只有 14% 的家庭住在公房中，居住在政府资助的其他房屋中的家庭比例为 8%；而在市中心，这两个比例分别高达 23% 和 14%。现有的住房资助水平跟实际需求之间存在严重的差距，加剧了农村地区家庭的住房压力。数据显示，目前在美国的农村共有 300 万租户和 420 万拥有住房的家庭急需解决各自的住房问题。为了解决这些问题，美国政府创立公共或者私人的贷款计划项目、联邦政府建立的社区基金、家庭和社区发展基金计划和互助住房计划等。统计数据表明，在乡村拥有住房的家庭中，大约 2% 的家庭住房贷款是由乡村住房管理局担保的，另有 9% 的家庭从联邦政府获得了低息贷款。①

首先，我们来简单介绍一下美国的农村住房贷款计划。该计划由美国农业部所属的农民住家委员会管理。该计划为农户提供低息贷款以使农户购买、建造和修缮自己的“合适的住房”，为贫困户提供低息贷款或补助金改善他们的温饱住房，同时贷款给非营利组织提供社会公共基础设施。该贷款计划独立于其他支农贷款形式；除了提供贷款和补助金以外，该机构还直接面对农户提供在房屋规划、设计、造价、合同、建筑监理等方面的建议和帮助。贷款利息也是因人而异的，高收入农户的贷款利息是 6.5%，中低收入农户为 5%，互助组织为 4%，贫困户和老年人为 3%。

① 阮小健、张红：《美国乡村住房的现状与未来》，《城乡建设》2003 年第 7 期。

期限最长为33年。大部分贷款资金由私人支付，政府提供第一笔资金滚动并为私人资金提供担保。美国农民住房贷款计划的实践表明，农户是良好的贷款对象，贷款损失在1%以下，如果有机会获得体面的住房，美国农民是乐意支付的。

其次，美国政府鼓励低收入农户以互助组织形式为自己提供住房。六到十户农户联合起来，互相提供劳动和帮助，农民住家委员会提供专家服务，专家全程提供组织、规划和技术指导，农户提供劳动力，这样可以节省25%—30%的费用。为确保项目成功，委员会制定了详细的规则，例如，农户信用记录良好；所盖房屋必须设计简单，结实而不昂贵；参与家庭必须具有精诚合作的精神；必须使用当地的经济材料；贷款不能用来支付专家的工资和农户自己的劳动等。

将美国的农村住房建设举措概括起来就是，以福利贷款为主，根据不同情况给予低息长期贷款；对贫困户提供住房补助金；鼓励住房自主和合作；结合住房贷款提供全面的住房建设服务。同时，日益发展的二手房市场、增长迅猛的非营利性住房供给公司、社区内的土地发展等多种多样的民间方式也在努力为解决农村住房问题作出尝试。①

4. 图书馆建设

美国农村图书馆在20世纪70年代还很落后。农村图书馆工作人员的教育水平也不高，他们很难获得必需的图书馆设备及文献资源。进入现代社会后，许多农村居民意识到获取信息、开发利用信息的重要性。因此，90年代以来，人们对农村图书馆的建设给予了足够的重视，美国农村图书馆事业取得了很大进步。

在农村图书馆馆藏方面，美国农村图书馆为了给少年儿童提供更好的服务非常重视馆藏建设。在有限的经费现状下，馆员慎重选择每一本书，尽力让每一分钱都花在“刀刃”上。为了建设完备的馆藏，美国政府及其他一些机构经常为农村图书馆提供赞助。在政策支持方面，美国历届总统都致力发展学校教育，支持农村图书馆建设。美国图书馆协会和美国学校图书馆协会长期坚持通过发表文章的形式呼吁政府与社会关注和支持农村的图书馆建设。为了配合农村图书馆服务的开展，美国发起了“农村家庭文化工程”，同时还给予图书馆一定的经济资助。有利的外部环境对

① 盛荣：《美国农村住房扶助政策及其启示》，《农业经济》2003年第12期。

农村图书馆的进一步发展起了很大作用。

近年来，美国农村图书馆紧跟时代的发展，开始利用计算机技术、网络技术把本馆与本州、本国乃至世界各地的图书馆网络连接在一起，形成了多层次的图书馆网络。在纽约地区，GAIN 计划为五所农村图书馆提供因特网服务，并负责培训农村图书馆员使用新技术的方法与技能。在高新技术的带动下，农村图书馆在促进少年儿童健康成长以及为终身教育奠定基础方面起着越来越大的作用。

农村图书馆的管理员承担着各种各样的任务。他们必须要了解各个方面的情况，他们不仅要指导孩子们读书、看画报，还要为办馆筹集资金。他们还经常与孩子们的家长接触，以便了解他们的家庭背景和生活环境，因人而异地帮助每一个儿童汲取知识。农村图书馆员不仅仅是本馆的管理者，他们还是本地区少年儿童的老师，是教育者。①

5. 电气化建设

美国农村电气化主要由 REA（农村电气化管理局）组织实施。该局成立于 1935 年，为农业部下属的独立机构，负责对农村电气化项目的贷款，并提供技术管理、法制及财会事务的支持。农村电气化的基层组织为电气化合作社。到现在全国已有农村电气化合作社约 1000 个，覆盖近 1050 个基地，2500 万农业人口。早期典型合作社的规模大体是 800 个人，居住范围 800 平方公里，并拥有 400 公里输电线路，其中 75% 的电力用户是农民。合作社由理事会委任经理管理，理事会由社员普选。合作社入社简单，每个居民缴年费 5 美元即可入社。

美国农村电气化事业的发展和农电管理体制的建立始于 20 世纪 30 年代。当时美国正处于经济萧条时期，农村用电普及率较低，农村只有 11% 的人口用上了电，农业生产依靠手工和牲畜劳作方式，生产力水平较低。为了保障农村电气化健康、稳步发展，联邦议会于 1935 年 5 月通过了《农村电气化法》，制定了向农村供电可享受 30 年低息贷款的电网建设投资政策，以鼓励供电商向农村供电的积极性。同时，在联邦政府农业部下设农村电气化局，负责农电工程项目审批，监督贷款的发放与使用，制定和颁布农村电力技术标准和有关管理制度，对农村供电企业提供技术

① 张久珍：《美国农村图书馆与少年儿童信息服务》，《中小学图书情报世界》2000 年第 4 期。

指导。由于私人供电商不愿意承担发展农村电力任务，政府提倡在农村建立电力合作社，这一举措得到了农民拥护。通过上述政策措施的实施，有效地加速了农村电气化进程，到20世纪60年代，美国农村已基本实现了电气化。

农电合作社的是由用户组成的民间性机构，实行独立核算，属非营利性实体。为了指导和规范农电合作社的行为，加强相互间的技术交流，维护合作社的利益，这些农电合作社还联合组建了“全美合作社协会”，旨在向政府反映合作社的意见、建议和要求，争取有关发展政策。随着农村经济的发展和产业结构的调整，对农村电力事业产生了重要的促进作用。农电合作社的供电能力、供电范围、服务对象和经营范围也发生了很大变化。有相当数量的农电合作社已经不是单一经营农村供电业务，除了正常的供电外，还利用国家提供的长期低息贷款投资建设电厂，从事发电业务，向供电商趸售电力。同时，农电合作社的经营业务也从经营电力逐步拓展到农村有线电视、计算机网络、通讯、饮水等领域，有的甚至还从事一些农产品的贸易等。合作社已从当初的非营利性机构逐步演变成市场性经营机构。在供电业务方面，由于农电合作社在电力建设上享受长期低息贷款，其供电成本较其他电力公司低廉（在美国，由农电合作社供电的电价一般为每千瓦时6美分，其他供电商供电电价为7美分以上，有的大城市用电电价达到14美分），加之有着良好的供电服务，使许多非农村用户纷纷转由农电合作社供电，服务用户数量大大增加。现在全美共有大小不等的农电合作社1000多个，大的合作社供电用户达20多万户，小的有1000—2000户，共计拥有员工约70000人，向全国近3000个郡（县）的1300多万用户供电，服务人口达3200多万，供电用户占全美总用户的11%，供电面积占美国国土的75%。

美国农电合作社在供电设备采购上实行了入网证制度。凡是欲向农电合作社提供机电设备的厂商，必须要将其产品向国家农电合作社协会申报，待获得许可证后，方可向农电合作社销售产品。政府采取设备入网的主要目的，是为了保证电力设备的质量，特别是利用国家低息贷款的建设项目所选用的产品，必须符合相关技术标准要求。①

① 戴俊良：《美国、巴西农村电气化的特点及经验》，《农电管理》2003年第2期。

四、美国农村基础设施建设的成功经验对我国的借鉴

1. 充分发挥政府的主导作用

尽管美国是一个典型的市场经济国家，但是在基础设施建设方面政府是最大的出资方和管理者，对全国农村的基础设施建设起着最为重要的主导作用。然而在具体基础设施建设过程中，政府的角色是安排者，而不是传统的既是安排者又是生产者。他们以政策诱导的方式鼓励其他社会主体对基础设施建设投资和建设。反观我国，自分税制改革后，中央政府就下放了对农村公共产品的供给职能，而承接者地方政府或因财力不足或因逐利动机驱使，也没有尽到职责；农民迫于生产生活需要只得自行填补政府在公共产品供给中的缺位，形成公共产品供给的"个体化"，加重了农民负担。借鉴美国经验，我们应该重构农村公共产品供给体制，形成各级政府、市场等各方合作的结构，以减轻农民负担，促进城乡经济社会协调发展。

2. 建设主体多元化

在美国的基础设施建设中，各主体应分清责任，充分落实建设目标。在美国的农村基础设施建设过程中，从立项到开发，从投资到资金分配，从施工到监督，联邦政府、州政府、地方政府、农村合作社、私人企业以及村民共同参与到美国的农村基础设施建设中，各个主体的责任明确，分工不同。且根据建设项目的不同特点采用不同的建设模式。

3. 加大来自政府的财力支持

美国联邦政府在农村基础设施建设的各个方面都投入了大量的资金，并以法案的形式加以坚持，各级政府在实际实施各建设计划的同时也都以各种方式加大对农村项目的支持。美国政府对全国农村的基础设施建设项目几乎涵盖了所有方面。国会和政府对农村建设的各类计划也都以法律的形式固定，并定期进行更新。可见，政府对农村建设的支持力度不可谓不大。

4. 建立健全农村合作组织体系

这是美国政府在农村基础设施建设过程中的一项有利工具。健全的合作组织体系不仅可以在一定程度上使农村实现自我运行，减少政府负担，而且各类合作组织在建设农村基础设施项目时分别承担了不同的任务，为建设项目的顺利实现提供可靠的保障，也为地方政府和农村自身投资各类

建设提供了规避风险的保障。另外，健全的金融体系和保险体系也是开发和建设基础设施的重要保证。尽管大多数的基础设施建设由政府出面立项，但是政府的资金并非以现金的形式全部投入到建设过程中，大多数时候，政府鼓励私人公司、私人银行或保险公司进行投资，然后给予政策优惠以补偿其损失，或是以其他转移支付的手段支持保险体系在农村基础设施建设上的投入。

5. 对农业信息基础设施建设尤为重视

快捷的信息网络体系不仅本身可以为农村提供各种便利，同时也为其他基础设施建设的开发和建设创造了有利条件。美国对全国各类信息体系的建设投入了大量的财力，并最终建立了统一的网络体系。这不仅为农民的生活和生产提供了便利，也有效地促进了其他基础设施建设的进程。

第五节　德国农村基础设施建设及借鉴意义

一、德国的农业与农村

德国位于欧洲中部偏北，国土面积35.7万平方公里，人口8200多万，人口密度为每平方公里28人，是欧洲人口最多（仅次于俄国）和最稠密（仅次于比利时与荷兰）的国家之一。德国不仅是一个高度发达的工业国，而且也是欧盟重要的农业强国之一，德国的农业生产效率较高，2002年每位农民养活的人口超过120人，主要农产品自给率超过90%，是欧盟国家中仅次于法国和意大利的第三大农产品生产国· 德国农产品加工业即食品工业发达，年营业额超过1200亿欧元，位居五大制造业的第四位。德国农产品进出口贸易发达，是美、法、荷之后世界第四大农产品出口国，2004年出口额282亿欧元，出口比例为21.6%，占全球份额超过5%；是美日之后第三大农产品进口国，进口额占全球7%左右。根据OECD对“以农业为主的地区”的定义，德国农村地区占全国国土总面积的29%，占总人口的12%和占全国GDP的9%；根据德国自己的分类，农村地区占国土面积的59%，占全国人口的27%，对GDP的贡献是21%。

德国的农业发展状况与德国的农村发展模式密切相关，“城乡等值化”是德国新农村建设最具代表性的模式，主要是通过土地整理和村庄更新等方式使农村在生产、生活质量上与城市逐渐消除差异，实现与城市生活相等值的目的。“城乡等值化”建设最早从德国巴伐利亚州开始，包括片区规划、土地整合、机械化耕作、开发农产品项目、农村基础设施建设、修路、发展教育等很多项措施，通过改善村庄生产、生活条件，发展生态农业，保持传统文明使农民与农村共同发展，因此被称为“巴伐利亚经验”。“巴伐利亚经验”的主要思路是：一是制定“村镇整体发展规划”，如调整地块的分布，改善农田基础水利设施等；二是调整农村的产业结构，积极推广农村机械化作业，组建合作社，发展生态农业；三是保护传统文明，如整修传统民居、建立博物馆等；四是加强教育培训，推行“双元制”教学，让孩子从小既学文化课，也学实用技术。同时，文体娱乐活动也被他们看作吃饭穿衣一样平常，村庄里各种娱乐设施齐全。

德国农业已经从注重增加产量、解决温饱的传统农业阶段，以规模化、机械化、科技化为特征的现代农业阶段，进入注重生态保护和食品安全的新的发展阶段。德国农业之所以取得今天这样的成就，除了得天独厚的自然条件以外，很重要的原因是政府较好地履行了宏观调控的职能，依靠完备的法制和不断完善的政策体系，给农业和农村的发展以强力的支撑，促使发达的工业反哺农业，繁荣的城市支援农村。

二、德国新农村建设与农村基础设施建设的措施

德国的农村建设大致可分为四个阶段：第一阶段为19世纪30年代，德国是一个以农业为主的国家，农业人口占总人口的80%，《帝国土地改革法》使德国农村建设逐步走上法制轨道，农村的自由发展状态结束。农村给排水设施的建设、土地的规整与合并、荒地的开发利用都遵循该法进行实施；自二战之后，许多工业场所迁至农村地区，第二阶段的农村改革与建设开始，这一阶段村庄更新的重点主要集中在新村建设和完善基础设施两个方面，虽然这在一定程度上破坏了老村庄的原有风貌，但在提升农村生活水平，消灭城乡差距方面取得了很大进步；第三阶段时期，20世纪70年代，城市居民为了追求宽敞的住房、良好的空气和宜居的环境而出现的无计划的“返乡运动”，导致了农村地区建筑密度增大、交通拥挤杂乱、土地开发过度、土地使用等矛盾的加剧，村庄失去了原有的特色

和魅力。1976年，联邦政府对《土地整理法》进行了修订，将农村建设纳入法律条文中。这一阶段实施的农村建设开始审视村庄的原有形态和村中建筑，重视村庄内部道路的布置和对外交通的合理规划，关注村庄的生态环境整治，农村不再是城市的复制品，而是有着自身特色和发展潜力的村落；进入20世纪90年代，第四阶段的农村建设融入了可持续发展的理念，农村开始注重生态价值、文化价值、旅游价值、休闲价值与经济价值的建设。

1. 自下而上规划，发展科学生态农业

德国在进行新农村建设时，非常重视自下而上的农业规划。规划编制一般是由相关人员制定合理的农村综合发展规划，规划的参与主体比较宽泛，包括村民、企业、协会、管理部门等。规划的内容包括规划区的发展目标、实现发展目标的途径以及需要优先发展的项目等。规划由相关主管部门审批。特别是针对农村和区域经济发展、自然资源保护以及改善农业结构等重要政策的制定，主要由州制定，国家只负责主要的大纲。此外，县、区和社区政府在执行农村发展政策方面也担当着非常重要的角色。除执行州项目外，他们还会制定并执行自己的政策，比如改进自然与景观管理、保护水资源、特色旅游路线或加强地方道路网路等。注重环境保护，坚持农业的可持续发展是农业科学规划的重要方面。德国政府要求，在农业发展中，要权衡经济和环境利益，避免由于外源物质污染或经营措施不当而对农田内外群落造成不良后果；注意对天然生物品种资源特别是生态方面有价值群落的保护，保护风景名胜和自然景观。

2. 实施积极的农业支持与补助政策，保护和提高农业生产能力

二战后，德国政府积极落实欧洲复兴计划，采取政府财政补贴的手段刺激农业生产，提高农产品价格，复兴农业。20世纪50年代就已基本解决国家的食品供应问题，60年代以后出现供过于求现象。在欧洲经济政治一体化背景下，为实现欧盟提出到2010年欧洲农业全面参与市场自由竞争的目标，在WTO和欧盟共同农业政策框架下，德国政府实施农业改革。德国的农业补贴形式多样，包括环境保护补贴、种植业补贴、休耕补贴和畜牧业补贴等。以环境补贴为例，又细分为生态农业补贴、粗放型草场使用补贴等。在农业基础设施建设方面，德国联邦政府与各州政府联合为农业基础设施建设提供大量资助，如建造重要的排水与供水设施、修建农村道路、进行农田和林地重建；实行有利于农业机械化发展的价格补

贴、贷款等经济措施；对有困难的农业企业也提供特别资助。为保护生产者的利益，扶持农业，德国政府为农业提供补贴的大政方针始终没有改变，补贴的力度继续加大。但是逐渐改变补贴方式和补贴方向，即由刺激产量增加转向注重农产品质量安全、区域发展、环境保护和改善生产生活条件等方面。2002 年德国中央财政的农业支出为 180 亿欧元（其中欧盟补贴 80 亿欧元）。2003 年德国农民从欧盟得到 67 亿欧元补贴，从本国政府得到 77 亿欧元补贴，按 130 万农民计算，人均得到 1.1 万欧元补贴。由于政策的导向，德国及欧洲农业加快转型，正在逐步转向农产品质量安全、生态农业、能源农业、非农产业等四个方面，生产能力和质量不断提高。

3. 运用市场和经济手段，扩大规模经营

为扩大经营规模，提高生产效率，早在 1955 年，德国政府就颁布了《农业法》，允许土地自由买卖和出租。后又制定实施《土地整治法》，调整零星分散的小块土地，使之连方成片。主要利用信贷、补贴等经济和市场手段来促进土地集中经营，鼓励农民从事非农产业，减少农民。1965 年出台政策法规，规定出售土地的农民可获得奖金或贷款，凡土地出租超过 12 年的，每公顷可获奖金 500 马克。这些政策措施的实施，促进了土地的流转，扩大了生产经营规模。譬如，农场平均规模从 1949 年的 8.06 公顷扩大到 2004 年的超过 30 公顷，农业发达的巴伐利亚州，经营规模 50 公顷以上的农场已占 39.8%，其中 100 公顷以上的已占 13.19%。德国农场数量则从 1949 年的 165 万个减少到 2004 年的 50 余万个。农业从业人员减少到 130 余万人，占总劳动人口比例不到 3%。农业劳动生产率大大提高，粮食单位面积产量跃居欧盟第 5 位，粮食总产量跃居欧盟第 2 位。

4. 完善社会保障制度和公共服务体系

德国农业人口享受所有的社会保险，比如养老保险、失业保险、医疗和护理保险等。2002 年德国的农业支出约为 100 亿欧元，欧盟补给德国约 80 亿欧元。在 180 亿欧元中，用于实施农业社会政策如支付农民的养老、医疗、失业保险等占了 66%。此外，德国政府非常重视对农业人口的教育和培训。德国政府充分利用农村业余大学对农民进行教育和培训，同时还举办形式多样的学习班对农民进行专业知识和生产技能方面的培训。德国农业部还提出了资助农村综合发展新思路，将资助农村综合发展列为《联邦—州改善农业结构和沿海地区保护共同任务法》2005—2008 年任务框架计划的重点。这一新思路的基本思路是，把一个地区视为一个整体，把各种资助措施有机地结合起来，努力改进地区自然条件、农业基础设施和农场工作条件，以达到有效促进有关地区综合发展的目的。2002—2005 年，德国政府出资 4500 万欧元，开展了 500 多个资助项目。

5. 重视发展农村合作经济组织，完善农业服务体系

长期以来，德国就注重发展农村合作社，从 1864 年第一个农业合作社的创立，农村合作社已有 130 多年的历史。按照经营业务的范围，合作社分为五大类：农资供销、加工合作社，信贷合作社，手工业、商业和服务业合作社，消费合作社，住房合作社。德国的合作社不是严格按照行政区划建立的，而是按照经济门类自然形成的，社员进出自由。合作社分为三级：农村基层合作社，占合作社总数的 98.5%；地区合作社联社，占总数的 1.2%；中央合作联社。各合作社都具有独立的法人地位，代表农民社员的利益，领导人由选举产生，基层合作社与地区社、中央级联社不是隶属关系，而是服务关系。各基层社独立经营，自负盈亏。目前，德国有各类合作社 1 万多个，社员 1400 多万。这些合作社遍布德国农村，为农民提供生产、加工、销售以及信贷、农资供应、咨询等方面的服务，成为一个综合性的社会服务网。它结构完善，法律完备，服务周到，发挥着个体农民和国家都不能替代的作用。德国政府高度重视农民合作组织的发展，加强指导，赋予其政策指导、利益协调、技术交流和社会服务等多方面的职能。德国农民合作组织已有半官方性质，特别是州以上农协，一半的工作人员是公务员，一半的工作经费是政府提供的。

6. 政策性农村金融和农村合作金融体系

德国实行以综合银行为主体、特殊银行为补充的银行体系。综合银行由以下“三极模式”组成：第一极是私立性质的信贷银行组，包括大银行、区域性银行、外国银行的分支机构。截至 2004 年底，共有 252 家（不含分支行），信贷资产规模为 18190 亿欧元，在农村信贷市场上的份额为 13% 左右。第二极是公共性质的储蓄银行组，分三个层次：第一层次是德国汇划总署，为储蓄银行领域的最高机构；第二层次是州立银行和汇划中心，共有 12 家；第三层次是储蓄银行，共有 477 家（不含分支机构）。截至 2004 年底，其信贷资产规模为 22840 亿欧元，在农村信贷市场

的份额为35%左右，是农村信贷的第二大供给者。第三极是合作银行组，也由三个层次构成，即德意志合作银行、区域性中心合作银行和信用合作社，共有1338家（不含分支机构），信贷资产为7390亿欧元，在农村信贷市场占44%的份额，是德国农村信贷的最大供给者。截至2004年底，特殊银行和其他金融机构的资产规模达17230亿欧元，参与农村信贷活动的主要有德国农业地产抵押银行、垦殖与地产抵押银行、德国复兴信贷银行等金融机构。这类机构多为再融资性质，一般不直接发放贷款，而是通过其他银行机构间接向农业企业提供长期贷款，虽然占农村信贷市场的份额只有8%左右，但地位特殊，对德国农业和农村经济的发展起到了不可替代的作用。德国是欧洲农业信用合作的发源地，因此德国农村金融是以合作金融为主体。经过一个多世纪的发展，德国形成了极具特色的合作银行体系，它共分三个层次，各层机构都是独立的企业法人：第一层次为基层合作银行，全国共有2500家，直接从事信用合作业务；第二层次为三家地区性合作银行，即GZB银行、SGZ银行和WSZ银行；第三层次是全国合作金融组织的中央协调机关——德意志中央合作银行。具体而言，德国合作银行管理体制由以下几部分组成：一是自下而上逐级入股、自上而下服务的合作银行体系；二是依托联邦中央银行和行业审计的监管体制；三是信用合作与其他合作社相互融合的行业自律体系。

三、德国农村基础设施建设对中国的启示与价值

1. 科学划分各级政府支农投入的职责

在德国，联邦政府主要负责涉农各项社会事业、基础设施补贴政策；地方政府主要负责农业科技推广、农民培训、结构调整、救灾、环保等政策，各级之间各司其职、各负其责、相互协作、协调一致。就我国而言，也必须根据受益范围和外部效益的大小明确划分各级政府的支农职责，对农业的投资或各种补贴（包括直接的和间接的）到底由谁来承担，即各级财政应当承担什么样的支出，或承担多大比重，作一个科学而明确的制度安排。中央与地方的支农职责可以根据政府支出划分的一般原则来划分。按照受益原则，应该将受益范围遍及全体国民或相当部分国民的支农支出列为中央的财政支出；将受益范围仅为某一相对狭小区域的国民的支农支出列为地方的财政支出。按照技术原则，应该将外部效益高、投资规模大、技术要求高的支农支出划分为中央的财政支出；将外部效益低、投

资规模小、技术要求低的支农支出划分为地方财政支出。在划分中央与地方支农职责的前提下，还要将各级政府支农行为及其农业投入的数量调控界限一并纳入法律规范，同时要通过完善中央财政对地方财政、上级财政对下级财政的转移支付制度或农业专项补助资金制度，支持跨行政区的、有外部效应的或那些本应由某级财政承担但又无力承担的重要支农项目，以更好地引导地方增加农业投入。

2. 加大对农业和农村经济发展的政策性扶持和保护力度

德国通过政府调节、干预的方式对农业和农村发展进行多方面资助与保护，至今仍对农民给予大量补贴。据OECD的资料显示，如果按农民人均计算，德国每年每位农民享受的补贴为1.7万美元；如果按照耕地面积计算，德国每公顷土地补贴300多美元。中国已经完成了牺牲农业、发展工业的过程，应该按照世贸规则和加入世贸的承诺，制定相关政策，加快农业和农村经济发展。首要的是切实减轻农民负担，积极推进农业税费的减免。农业是弱质产业，农民又是弱势群体，在目前国家财力无法补贴农业和农民的情况下，应该逐步减少对农业和农民征收的各种税费，给农业和农民休养生息和再发展的机会。其次是充分利用“绿箱政策”，加大对农业的投入。重点投入领域有：农业科研、推广、教育和培训；动植物疫病防治以及农产品质量与安全标准体系和农业市场服务体系的建设。再次是调整“黄箱政策”支出，提高财政支出的使用效率。调整的措施有：减少直至停止对粮棉流通企业的补贴；加大对农业基础设施建设的投资；增加对农业投入品特别是种子的补贴；增加对各种农业合作协会的补贴资助。

3. 加快体制创新，大力发展农村新经济组织

德国的经验表明，农民合作经济组织在农村经济发展中发挥着重要作用，在解决农民生产经营活动中的各种问题和提高劳动生产率方面具有不可替代的作用。农民问题说到底是组织问题，农业发达的国家和地区，农民组织化程度也相对较高。因此应尽快适应市场经济和建设新农村的要求，加快体制创新，大力引导、扶持、培育和完善“自我管理、自我服务”的各类农民专业合作组织，如专业农民协会、商品协会、“公司十农户”经营组织、互助组、家庭农场，以资金、技术、土地、机械入股的民营农场等，充分发挥农民的市场主体作用。同时要注重转换政府农业管理职能，加强农业的宏观管理与服务，尽快从行政管理过多中解脱出来，

把生产、流通、加工等环节交给农民和农民专业经济组织来办。特别要在全国人大《农民专业组织法》通过后，各地要结合实际，尽快出台相关的政策、条例、章程，创造更有利于农民合作经济组织发展的政策和法律环境，促进农民经济合作组织的健康发展。

4. 注重农业、农村经济和社会的协调、和谐发展

德国农业生态环境保护的意识和效果、乡村优美环境的创建都值得我们认真研究。伴随着中国扩大对外开放和深化农村改革，农民的收入也不断增加，生活水平有了一定程度的提高。然而，农村的生态、生活环境却没有质的改善，借鉴德国农村经济社会协调发展的理念和实践，中国在注重农村经济发展的同时，应该注意生态环境保护，加强农村社会的整体发展。

5. 加大政府投资和融资支援，建立农村资金回流机制，加强农村信贷服务

各国推进新农村建设的各项政策措施都是以财政投资和融资支援为后盾的。德国农村公共基础设施建设资金主要由政府通过补贴的方式来鼓励农民改造和建设，并由农民参与项目决策、设计、监督和实施。产业的开发有基金会等股份制金融机构协调和扶持。因此，我国新农村建设应采取中央财政和地方财政投资与乡村集资的方式，为避免划拨财政经费后层层被消化和削弱的现象，中央财政由中央新农村领导小组直接负责，通过专款专用、专款配套、直接到村或农户等各种方式，建立合理的财政投入管理体制。为解决当前农村资金通过商业银行和邮政储蓄大量流向城市、农民和农村中小企业贷款难、农村金融服务严重滞后的问题，国家要加强农村信贷服务的立法和政策引导，如规定商业银行要将存款的一定比例用于农业（直接贷款或委托农村金融机构贷款），对农业贷款达到一定规模的商业银行和股份制银行，实行部分税收减免或降低存款准备金率的鼓励政策；规定邮政储蓄机构在一个县存款市场的最高份额，超过部分以批发方式委托农村金融机构放款，或通过协议存款方式增加农村金融机构资金来源。

6. 强化农业政策性银行的特殊支农作用

德国农业政策性银行和其他国有、州立银行在德国农村经济发展中发挥了重要作用，我国农业和农村经济发展在今后一段相当长的时期内还需要政策性金融的支持。当前要改变农业发展银行单纯支持粮棉流通和粮棉

产业化领域的局面，将农业发展银行定位于扶持农业和农村经济发展的综合性银行，其业务范围涵盖所有农业项目、农村基础设施与公共设施建设、农业企业技术改造、农村小城镇建设、环境保护和农业政策性保险等，增加对农业和农村中长期贷款的投入，增强农业抵御自然灾害的能力。为解决目前财政支农资金投入分散、使用效益低下的问题，建议整合各部门专项支农资金，成立农村信贷担保基金，由农业发展银行集中管理，作为国家对符合政策扶持项目贷款的利息补贴或贷款损失的风险补偿，也可以拿出一部分直接由农业发展银行按国家意图对农民和农业企业进行直接补贴。要增强农业发展银行再融资功能，除人民银行提供必要的再贷款外，今后农业发展银行的主要资金来源要通过在境内外发行债券筹集，由国家财政提供担保，同时建立包括邮政储蓄协议存款、农村信贷担保基金（财政支农资金）、商业银行委托发放资金、专项国债资金、农业企事业单位存款、财政专项存款、农村医疗和养老保险基金、计划生育奖励基金、外国政府和国际组织援助资金在内的多渠道资金来源体系，以保证农业政策性信贷资金投入。

第六节　五国经验的总结

尽管五国在经济发展水平、政治制度、资源禀赋、发展历程、文化类型方面均存在差异，但通过对五国农村建设经验的考察，我们还是可以总结出比较明显的共同经验。

一、农村的发展与国民经济的总体发展亦步亦趋

五国农村的建设和发展与国民经济的总体发展阶段和水平是相对平衡的。就美国、日本、韩国、德国四个发达国家来看，不管它是自主发展类型还是赶超型发展，不管其发展的历程和周期有多长，但就其发展历程中的不同阶段而言，采取的农村建设措施和项目选择方向基本一致。这一点也不受各国的资源禀赋影响，资源禀赋只影响各国农村建设所采取的具体方法。从表 3—4 中明显可以看出这一特点。

表 3-4　　五国农村基础建设的步骤与项目选择方向

国别	农村发展时期及特点	项目选择方向
美国	农业不发达时期（独立战争到南北战争，1776—1865）	出售公有土地以支持交通运输等基础设施
	农业生产力高速发展时期（南北战争后到20世纪30年代）	农业灌溉基础设施、农业科技及技术推广、农村教育、农村社会保障、交通运输和信息服务、扶持农业合作社
	农产品过剩时期（20世纪30年代以后）	农业科研和教育、土地和自然环境保护
德国	自由发展时期（19世纪30年代以前）	农业为主，农业人口占总人口的80%
	法制下的发展时期（19世纪30年代到二战前）	颁布《帝国土地改革法》，农村给排水设施的建设、土地的规整与合并、荒地开发利用
	新村建设时期（二战后到20世纪70年代前）	许多工业场所迁至农村地区，村庄更新的重点主要集中在新村建设和完善基础设施两个方面，提升农村生活水平，消灭城乡差距
	“返乡运动”时期（70年代到90年代）	审视村庄的原有形态和村中建筑，重视村庄内部道路的布置和对外交通的合理规划，关注村庄的生态环境整治，农村不再是城市的复制品，而是有着自身特色和发展潜力的村落
	可持续发展时期（20世纪90年代至今）	开始注重生态价值、文化价值、旅游价值、休闲价值与经济价值的建设
日本	旧农业基本法时期（1961—1999）	价格支持、农业基础设施、水利、农业技术开发补贴
	新农业基本法时期经济高速发展阶段（1999年至今）	强化农业基础设施建设、重视农业科研推广、加强宏观调控
印度	农业大国	农村基础设施、农村医疗卫生、农村电信、农业合作社、农业科研及技术推广
韩国	全面启动和发展时期（1970—1980）	政府无偿提供水泥、钢筋等物资，用于修建桥梁、公共浴池、洗衣场所、河堤、房屋和村级道路等
	调整、扩展和自我发展时期（1980—1998）	提高农民收入、改善农村文化福利环境、发展农村工业、金融业和流通业等
	新的发展时期，或称“第二次新村运动”（1998年以后）	政府重新成为推进“新村运动”的主导力量。主要以“生活改革运动”和“构建新的地区共同体”为核心，加大对农业和农村的支持力度，重点提高农民综合素质和农业竞争力、推进农村信息化和农村社保与福利事业。建设“信息新村”，给农户无偿配备电脑和网络设施；提高农民医疗保险的政府补助比例；提高农民年金保险资助额等

资料来源：作者整理所得。

二、财政对农村投资的政策目标具有动态性

农业发展阶段不同，各国政府投资的目标、重点和所采取的措施也不同，基本上是随着国家在不同时期对农业的要求和农业所面临的问题而变化的。表3－4中也显示了同样特点。当本国农业生产供给能力尚不足以满足国内供给时，政府主要支持农业生产，其范围包括能够带动农业生产发展的水利、交通、电力、教育科研及科技推广等，旨在提高农产品的供给能力，维持较低的食品价格水平，并相应增加农民收入。随着农业生产能力的不断发展，在满足自给的条件下，价格支持的弊端日益暴露，政府支持的目标、重点开始转向控制农业生产，调节和优化农业生产结构，提高本国农业的综合和可持续发展能力。例如，20世纪30年代之前，美国农业生产力水平低，农产品尚不能完全自给，此时政府主要扶持农业生产，以提高农业综合生产能力。自20世纪30年代之后，特别是50年代以来，由于农产品过剩和因过度开发造成的水土流失与水资源短缺，美国政府对农业和投资的重点投向了控制恶意生产、克服农产品过剩，以及保护土地、水等自然资源。

三、对农业基础设施建设的财政支持力度与所需资金规模有关

农业基础设施因其具有投资多、见效慢、对生产影响大的特点，一般都由政府财政提供支持。其中，大型农业基础设施中，所需资金一般全部由政府财政部门提供，中小型农业基础设施建设虽然由农场主或农村合作组织负责投资，但政府提供的资助比例也相当高。政府通过加大对农村基础设施建设的投入，支持农田基本建设，支持水利设施、农村电网、乡村道路等建设，改善农村和农业的基础条件。美国在20世纪70年代中后期，对农业生产性投资高达5000多亿美元；日本对土地改良等农田基本建设的投资占农牧渔业预算的30%左右，对农田基本建设项目的补贴高达90%，对农民购买大型农业机械和设备的补贴达50%。

四、政府对农村建设的支持须符合WTO《农业协议》要求

WTO《农业协议》中有关农业支持的政策分两类：一类是“黄箱政策”，指政府对国内农业生产与贸易采取财政补贴、价格干预、关税与非

关税壁垒等措施，来达到国内粮食等农产品的生产及向农业转移收入的目的，其结果是替代和扭曲了市场机制。另一类是“绿箱政策”，指政府对农业提供的支持是在不扭曲市场机制的前提下促进农业的持续发展。这类政策主要有：一般性政府服务，如农业科研、技术培训推广与咨询、水利等基础设施服务、病虫害控制等；国内食品援助；通过投资提供的公共调整计划；自然灾害的救济支持；环境规划等。

为符合国际惯例，当前各国政府财政对农业投资的重心逐渐偏向于间接投资，重点支持农业生产经营环境，提高农业的可持续竞争力。一些发达国家通过增加对农业的 R&D 和技术推广的投入，增加对农业环境治理方面的投入等，弥补了农业资本积累的不足，推动了农业科技进步和劳动生产率的提高。同时，为了增强农业发展后劲，发达国家对农业教育也投入了大量的资金。

五、完善地方治理的立法

从美、日、韩、德的成功经验来看，地方治理立法非常必要。一方面，这些法律法规规范地方政府的治理行为，规范政府提供公共产品的行为；另一方面，这些法律法规又为农村更广泛意义上的公共产品供给提供了基本制度和规则，是公平的社会合作体系、高效的基层治理机制和规范有效的公共产品供给制度得以形成的前提条件。对各级政府在公共产品供给与治理过程中该拥有什么样的权力，该做什么、不该做什么，该怎么做、如何做，都有明确的法律规定。如美国的联邦基本法、各州法律以及其他相关法律明确规定了联邦、州和地方政府在地方公共产品供给过程中的责任和权力，各级政府之间职责明确，政府间的权力关系清晰、责任关系明确。①

对农村建设的某些问题还要进行专门立法。日本在这方面做得很好，20 世纪 50—60 年代日本政府共出台了《农业振兴法》、《农业机械化促进法》、《区域农业开发法》、《农业协同组合法》等 30 多个涉及农村、农业发展的法律法规，形成了完善的农村公共产品供给法律体系，为农村公共产品的有效供给和高效治理提供了强有力的法律保障。而且通过立法积极

---

① 参见陈家刚《德国地方治理的公共品供给——以德国莱茵—法尔茨州 A 县为例的分析》，《经济社会体质比较》2006 年第 1 期。

构建农村社会福利制度，建立了农村社会保障制度。尤其是《国民健康保险法》和《国民年金法》的颁布，开辟了日本农民医疗保险和养老保险的先河，[①] 为农村农民的发展提供了重要保障。这些法律法规是政府以合法、高效的途径供给公共产品与进行基层治理有效的法律保障，亦是当前我国基层建设和农村公共产品供给与治理应该吸收、借鉴的做法。

六、多中心的农村基础设施供给与治理机制

1. 政府强力参与和积极引导相结合的角色定位

政府投入庞大的支农财政资金具有关键作用，政府对农业的投入主要依靠积极稳健的财政金融政策实现的。五国为了解决农村农业的发展问题，都运用了积极的财政金融政策支农、援农，提供大量的财力支持农村解决公共物品供给，充分保障支农、援农所必需的财政款项。

韩国在“新村运动”中，基础设施建设所需要的物资，基本上都是由韩国政府财政提供的。在“新村运动”起始阶段，即从 1970 年 11 月到1971 年 7 月，韩国政府为全国 3. 5 万个村每村分配 335 袋水泥，要求开展政府拟定的 20 个农村基础设施建设项目，而后政府不断追加投入，仅 1970—1980 年的 10 年间，政府支援“新村运动”的财政投入累计就达到了 2. 8 亿韩元（约相当于 1972 年国民总产值的一半）。[②]

日本的“造村运动”，政府对农业农村的投入幅度更大、持续时间更长。早在 20 世纪 50 年代，日本农业的总投资已占国民经济投资比重的 20% 左右。随着农业的发展，政府用于农业的财政投资基本上呈增长趋势。财政投资占农业总投资的比例 1960 年为 23. 4% ，到 1975 年增长为 43. 3% 。[③] 而目前财政收入中农业一般只占 1% ，但政府对农业的投入却占财政支出总预算的 10% 以上；再加上地方预算支出，财政支农资金超过农业 GDP 总额。经合组织发表的调查表明，2000 年，日本对农业的补

① 陈艳：《日本农村福利制度对我国新农村福利制度建设的启示》，《科技经济市场》2007 年第 3 期。

② 刘震、吴栋、孙咏梅：《新农村建设：韩国经验与中国实践》，《特区实践与理论》2006 年第 4 期。

③ 杨生胜、王晓峰：《日本对农业的扶持政策》，《农业经济》1997 年第 3 期。

贴已经达到了 GDP 的 1.4%，而同期的农业收入仅占 GDP 的 1.1%。①

但是，要促进农村农业的可持续发展，单纯依靠政府投资兴建公共基础设施和财政扶持还是远远不够的，各级政府必须建立各种与财政扶持政策相配合的金融制度，提供丰富的金融产品。韩国政府的做法是向农民发放最长可达 30 年的长期低息贷款，支持“新村运动”。日本政府为完善对农村、农业、农民的扶助与支持，于 1950 年前后就开始建立各种“制度贷款”——国家、地方及公共团体，按照国家法律、条例及纲要，通过利息补贴、补偿损失、债务担保以及其他类似优惠措施给农民的长期低息贷款(利率一般为 5% 左右)。② 50 多年来，日本政府采取多种措施扶持这样的金融制度，各种金融机构向农民贷款的数量不断增加。日本政府所建立的农业金融制度与体制基本上直接满足了农民对农业投入的增加，满足了发展农业生产、加速农业现代化进程中对资金的大量需求。这些为解决农业资金短缺采取的措施，是保障农业农村发展的重要举措。

另外，美、日、韩还运用大量的支农补贴直接补贴给农民，极大地提高了农民的收入。日本的“造村运动”其主要背景就是在城市经济飞速发展的过程中农村出现了人口过疏、农业生产力大幅下降、农业生产难以维持生活、农村面临瓦解的危机，农村稳定、农业发展、农民收入增加成了日本发展和稳定所面临的主要问题，困扰着日本政府。为了社会稳定与可持续发展，日本政府除了加大农村公共基础设施建设的财政支援以外，不断提高对农业的补贴。20 世纪 80 年代以来，日本政府每年农业补贴总额都在 4 万亿日元以上，从 1960 年到 2000 年，年平均增长 15.25%，对农业的补贴金额已经超过了农业的收入。农林水产省从 2000 年开始对山区农民进行直补，总额达 740 亿日元。农民农业收入中来自政府直补的收入达到 72%。③

除了上述政府的强力参与路径外，美、日、韩、德四国都非常注意引导、吸引社会资金投入到农村建设中去。例如美国的农业灌溉设施建设。美国的大型灌溉设施一般由联邦政府和州政府投资，中小型灌溉设施由农

① 匡远配、汪三贵：《日本农村公共产品供给特点及其对我国的启示》，《日本研究》2005 年第 4 期。

② 杨生胜、王晓峰：《日本对农业的扶持政策》，《农业经济》1997 年第 3 期。

③ 匡远配、汪三贵：《日本农村公共产品供给特点及其对我国的启示》，《日本研究》2005 年第 4 期。

场主个人或联合投资，农业部给予一定的补助。农业灌溉基础设施建设资金来源是政府安排的灌溉资金和向农场主收取的水费。政府灌溉资金的来源是出卖公共土地的收入，联邦政府根据法律规定安排各州使用。如1888年国会通过法令，西部干旱地区每年可以领取40.47万公顷的公共土地，其出卖收入用于建设灌溉基金，不论是州政府还是私人灌溉公司主办的灌溉工程，其建设计划和水费标准都由政府负责审批。当时灌溉工程的水费标准一般是每公顷74.1—98.8美元，通常10年付清。在全部水费付清之前，灌溉公司保留对水库、水坝和其他基础设施的管理权。所以，美国灌溉设施建设基金由政府和农民共同负担，灌溉公司相当于商业盈利性组织，灌溉设施或由州政府直接主办，或通过招标的方式由灌溉公司具体组织实施。由于有了稳定的资金来源和健全的制度，美国灌溉设施得到了迅速发展。

在农村建设的组织领导层面，政府的主导和引导角色更加显著。从韩国“新村运动”取得的经验来看，行政机构和人员广泛参与“新村运动”也是其取得良好效果的重要原因。韩国“新村运动”最初由政府主导和推动，政府建立了一整套从中央到地方的组织领导体系，各道、市（郡）及最基层的面（洞）都成立了“新村运动”领导机构，专门负责政策的制定，协调各部门之间的配套政策和措施落实。在“新村运动”的开始和全面推行阶段，上至总统、下到普通公务员都参与到这一运动中，责任到人，各负其责。政府实行奖惩分明的考核制度，帮扶工作做得好的公务员就提拔重用，做得不好的就调到山区、岛屿等艰苦的地方去工作。时任韩国总统朴正熙，为了促进农村农业发展、推进“新村运动”，他亲自参与起草了“新村运动计划”，亲自到农村调研、到研修院授课，他的亲历亲为行为对“新村运动”的顺利开展和推进起了重要的模范作用和推动作用。但是，政府的积极参与并不意味着政府的完全包办，从韩国、日本的经验来看，政府更多是起到积极引导作用，尊重农民的自主性。

2. 非政府组织参与、民营化与志愿供给

美、日、韩、印、德五国农村基本建设中的供给方都不局限于政府机构，而具有分散化、多中心供给和治理的特征，第三部门如代理机构、协会、管理委员会等发挥着重要作用。尤其是美日发达国家，形成了民营化、社会志愿供给与第三部门供给相互配合、相互促进，多元的立体化供给相辅相成，形成完善的社会公平合作体系、公私伙伴关系以及完善的农村公共产品供给和治理体系。

农村基础设施等建设规模庞大，单纯的依靠政府投入，必然带来财力、物力、人力供给不足，同时由于没有有效的社会整合与优化，其供给和治理绩效往往无法达到最佳状态。因此，发达国家的公共产品供给与治理往往都是多中心、多主体、多元化的，非政府部门在其中扮演着举足轻重的角色。发达国家还经常通过契约外包的方式向私人组织购买公共产品，以提高供给效率。前述美国灌溉设施建设的例子也充分体现了这一点。同时，在美日，社会捐助是公共产品供给的重要补充，甚至有些捐助是公共产品的重要来源。如对美国 1986—1988 年间的 112 个艺术博物馆的调查，表明私人与公司捐助达到了艺术博物馆总收入的 33.5%，政府的公共财政支持仅达到 31.6%；1995 年，私人捐助资金占了美国医疗研究总投入的 55.8%；许多历史保护协会的运作是没有政府财政资金支持的，[①] 而大量的社会捐助对发达国家基层公共产品供给产生了重要作用。此外，还有大量的志愿服务与志愿供给。除了社会捐助构成公共产品供给的必要补充之外，美日的市民社会比较发达，广大公民积极承担责任，志愿参与公共产品的供给与治理。

七、农民组织化

美、日、韩、德的实践表明，以代表农民利益、服务农业为宗旨的农业专业经济组织——各种农业行业协会的建立和发展，可以使农户和农业企业在自律、互助的基础上形成更大范围的联合行动，整合各种社会资源，从而有效克服小规模生产和分散经营的局限性，提高农业生产的专业化程度和集约化水平，进而增强农业的综合竞争能力，促进农业现代化进程。主要表现在：可提供农业生产资料、负责农业新技术的培训和推广，为农业的发展提供优质服务；[②] 可实现集约化、规模化、专业化的生产；实现规范有序的市场经营模式；促使国际化市场体系的形成。

八、注重农业技能培训

在美日发达国家，职业教育被视为促进农村建设的一项重要任务。农

---

① Dennis Epple and Richard Romano：*Collective Choice and Voluntary Provision of Public Goods*, International Economic Review，2003（02）.

② 曲文俏、陈磊：《日本的造村运动及其对中国新农村建设的启示》，《世界农业》2006 年第 7 期。

业职业教育以政府投入为主，公立院校的经费由国家投入，学费全免。[①] 私立学校或者教会学校，也开设有农业职业技术教育，通过多中心与多元化的培训机制，形成完善的全社会参与的农业职业教育培训体系。在日本，对农民的教育培训，借助于各级农业科技教育培训中心、高中等农业院校、企业以及民间各类培训服务机构、各级农民协会、各级农业技术推广服务体系和农业改良普及系统，形成一个多中心、多元化的农业技术知识供给体系，政府、学校、民间力量共同参与，协同作用、互相补充，有计划、分层次、有重点地开展农民职业技术培训。

九、建立有效的监督制度

健全的监督机制、规范化运作机制为农村基础设施建设提供了制度保证，这对于保障政府农业财政拨款的使用效率和效益，防止贪污腐败，具有重要作用。加强对基层政府监督的制度化、法制化和规范化，特别是对公共财政支出与政府财政拨款运用的有效监督，是确保基层治理和公共产品供给有效性的重要外部条件。对基层监督的主要途径就是通过制定完善的基层法律规范，实现监督的法制化。美、日、韩、印、德五国对地方政府行政与财务审计制度做了专门规定，以立法形式对地方政府财政活动进行监督与制约，规定基层政府部门必须设立专门的审计机构，按照特定的审计程序对公共财政运行状况进行全面的审计监督。

十、以城乡均衡发展为取向

“城乡等值化”是德国新农村建设的代表性模式，它是指通过土地整理和村庄更新等方式使农村在生产、生活质量上与城市逐渐消除差异，实现与城市生活相同等值的目的。“城乡等值化”建设最早从德国巴伐利亚州开始，包括片区规划、土地整合、机械化耕作、开发农产品项目、农村基础设施建设、修路、发展教育等很多项措施，通过改善村庄生产、生活条件，发展生态农业，保持传统文明使农民与农村共同发展，因此被称为“巴伐利亚经验”。德国的这一经验对于填平我国的城乡鸿沟、消弭城乡差距、推进城市化战略显然具有直接的借鉴意义。

---

① 蒋平：《欧美发达国家农业职业教育启示与思考》，《中国农业教育》2006 年第 1 期。

第四章 我国农村基础设施多中心治理的现状

受城乡二元结构的长期影响，我国农村基础设施建设相对落后。近年来，由于统筹城乡发展战略的实施，状况有所改观，但国家支持的力度仍需加大。目前农村基础设施中生产发展型基础设施建设优于生活基础设施建设，生活基础设施优于社会发展型基础设施。基础设施建设仍然是生产导向而不是生活导向，更没有发展到以社会发展为主的阶段，农村基础设施建设的层次总体较低。除基础教育和村级卫生室外，其他类别的基础设施一般都是东部地区优于东北地区，东北地区优于中西部地区。但是中西部地区基础设施建设改善程度相对较高，区域差距正在缩小。

农村基础设施已经开始形成多中心治理的局面，地方政府、村集体、村民和社会各界通过各种形式参与到其中，并形成了多种基础设施治理模式。总的来说，东部地区农村基础设施建设显示了更多的公共化，市场化程度也更高，而中西部地区则不得不提升其社会化，依靠农村的社会资本和村民的公共意识，大家筹资建设基础设施。农村基础设施多中心治理，其效果受各级政府的财政能力、政府对基础设施建设的激励和引导的政策与措施的力度、村集体的经济实力与组织能力、农户的经济实力与公共意识以及农村的经济基础与社会资本等多种因素的影响。

基于此，进一步改善中国的农村基础设施建设，其途径包括：第一，进一步加大政府对农业农村的投入，整合政府资金；第二，增加和改善村集体经济发展的资源禀赋，加强村集体土地在基础设施治理中的重要作用；第三，为企业参与农村基础设施创造利润空间；第四，为金融机构支持农村基础设施建设提供激励机制；第五，创造有利于农村社会资本发展壮大的经济、社会与文化环境；第六，培养和激发村民参与公共事务的责任感；第七，建立与完善以需求导向的农村基础设施供给机制。

第一节　农村基础设施治理的总体状况

根据农村基础设施的用途，可以把它分成生产型基础设施、生活基础设施和社会发展型基础设施。生产型基础设施包括水电站、灌溉与排洪设施以及道路交通设施等。生活基础设施包括饮水设施、厕所、电线和电话线等。社会发展型基础设施包括科教文卫和社会福利方面的基础设施。

对于各项农村基础设施治理现状的考察，可以通过投资额以及各类基础设施的统计指标来表示（表4－1）。对于我国农村基础设施治理而言，资金短缺是最重要和最直接的影响因素，考察投资额可以反映资金短缺的状况。通过考察各类基础设施的统计指标，可以用这些指标来衡量与比较全国各地基础设施建设的相对水平。

表4－1　农村基础设施考察体系

	考察内容	主要统计指标
总体投入	基本建设投资	基本建设投资占财政支出比重（%）
		基本建设投资占农业支出比重（%）
生产型基础设施	水电站	乡村办水电站个数（座）
		发电能力（万千瓦）
		农村用电量（亿千瓦时）
	灌溉与排洪	水库数量（座）
		水库库容量（亿立方米）
		节水灌溉面积（万公顷）
		排水管道长度
		除涝面积（万公顷）
		水土流失治理面积（万公顷）
		治碱面积（万公顷）
		堤防长度（万公里）
		堤防保护面积（万公顷）
	道路交通	道路长度（公里）
		道路面积（万平方米）
		道路照明灯数（盏）
		桥梁座数（座）
		通公交车或客运班车行政村比例（%）

续表

	考察内容	主要统计指标
生活基础设施	饮水设施	改水受益农村人口比例（%）
		饮用自来水农村人口比例（%）
	厕所	卫生厕所普及率（%）
		粪便无害化处理率（%）
	通电	乡通电率（%）
		村通电率（%）
		户通电率（%）
	通电话	行政村通电话率（%）
社会发展型基础设施	教育	初中生均校舍建筑面积
		小学生均校舍建筑面积
	卫生	村卫生室（个）
		设置卫生室的村占总村数（%）
	社会福利	老年收养性福利机构（个）

资料来源：作者整理得出。

一、农村基础设施投资

除了1970年和1999年等年份外，新中国成立以来历年的支农支出绝对值均呈上升趋势，而且上升速度逐步加快，其中1997—1998年间和2003—2004年间增长特别明显。但是从支农支出占财政支农的比重来看，1985年以后反而整体上不如此前。这是因为我国1986年以前改革与发展的重点主要在农村，1986年以后转向了城市，2004年以后才重新回到农村。支农支出占财政支农的比重在1952—1985年间有两次大幅波动，此后只有1998年一次较为明显的波动。1952—1985年间、1962年和1978年比例最高，1962年、1970年和1985年比例最低。1986—2004年间，有1991年和1998年两个波峰，但比例始终不及1962年和1978年。我国历年农业支出占财政支出的比重在5%—13%之间，基本建设支出占农业支出的比重在18%—46%之间，水利基本建设投资占39%—71%之间，且除1965年外，历年均超过50%（图4－1）。可见，我国农业支出只占财政支出非常小的部分，而基本建设在农业支出中占比也不大。在占比不大的农业基本建设支出中，分量最重的组成部分是水利基本建设。

从固定资产投资方面看，无论是全社会固定资产投资额还是农村固定资产投资额，1985年以来历年都有增长，而且近五年来的增长相对较快。然而，从农村固定资产投资占社会固定资产投资的比例来看，却另有规

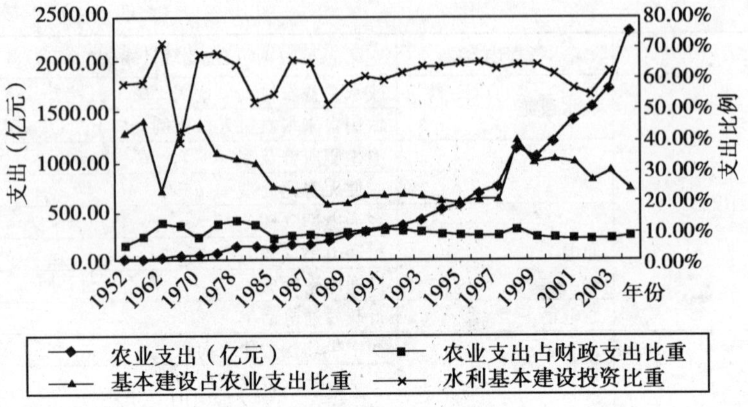

图 4-1　历年各种农业支出情况

资料来源：《中国农村统计年鉴 2005》。

律：1995 年以前，这一数据没有超过 2%，1996 年后骤升到 23.33%；但随后又逐年下降，到 2006 年只占总投资额的 14.92%（图4-2）。可见，1996 年以来，社会固定资产投资越来越偏向城市而忽略农村。

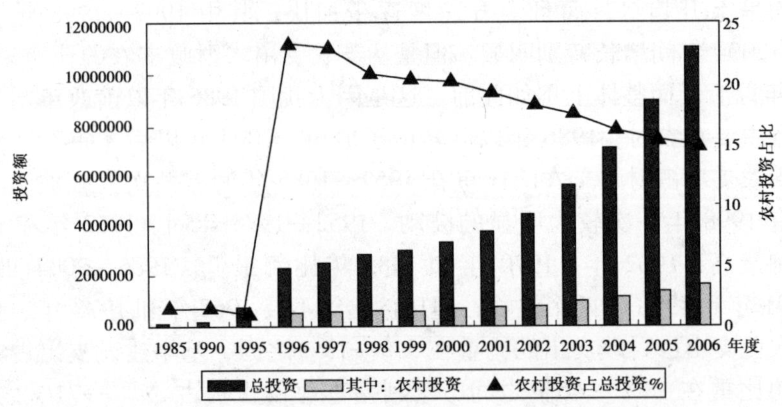

图 4-2　农村固定资产投资额

资料来源：《2007 年中国农业发展报告》，农业部农业信息网。

因为农村固定资产投资中有公共投资和私人投资，所以我们必须对其进行细分。以 2006 年我国村庄建设投资为例，其中住宅投资的比例占 55.99%，公共建筑投资比例为 7.47%，生产性建筑占比为 18.18%，市政公用设施投资比例是18.39%。在市政公用设施投资中，道路桥梁占56.63%，供水设施占15.89%，排水设施占6.60%，防洪设施占7.42%，园林绿化占5.27%，环境卫生占3.22%，其他占4.97%（图4－3）。可见村庄建设的公共建设投资比例不高，且公共建设投资主要在道路桥梁等一般的基础设施方面，农村环境卫生设施的投资比例较低。

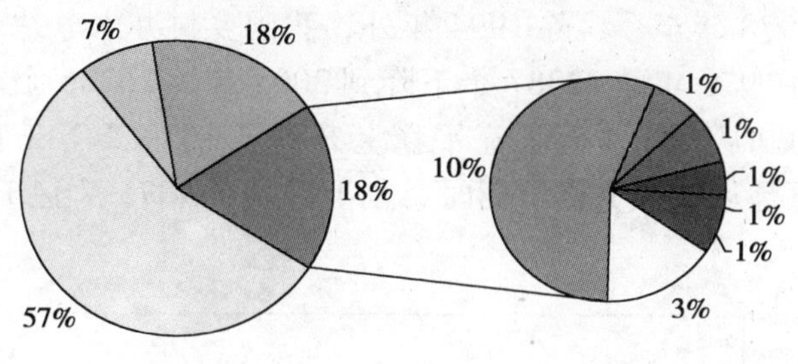

图4－3　2006年村庄建设投资结构图

资料来源：《中国城乡建设统计年鉴2006》。

按照建设社会主义新农村的总体部署，国家投资优先解决广大农民最急需的水、气、路、电等生产生活基础设施。大幅度增加农村饮水工程的投资。2003—2007年，全国共完成农村公路建设投资6486亿元，其中中央安排国债投资和车购税资金1325亿元，地方自筹和其他资金达5161亿元，新建公路130万公里。累计安排农村饮水安全工程中央投资189.2亿元，加上地方投资，共计解决了9748万农村人口的饮水困难和饮水安全问题。同时加快了普及农村户用沼气的步伐。2003—2007年累计安排中央投资80亿元，共新建沼气用户823万户，2007年底全国沼气用户达2650多万户。2003—2005年国家总投资829亿元实施了县城电网改造。2008年中央预算内固定资产投资1521亿元，用于农业农村的投资近740亿元，占全部安排的49%；其中用于直接改善农村生产生活条件的投资443亿元，占全部安排的29%。① 这些投资改

① 国家发展和改革委员会：《农村基础设施建设发展报告》，中国环境科学出版社2008年版，第5、11页。

善了农村生产生活条件。

二、生产型基础设施的状况

生产型基础设施主要是指农村农田水利和水电等基础设施。农村水电是以小水电为主体，直接为农村经济社会发展服务的水电站及其供电网络。从1978年至今，除1994年外，我国乡村办水电站个数总体呈下降趋势，由1978年的82387个下降到2005年的26726个。但是同期农村发电能力却从228.4万千瓦平稳上升到了1099.2万千瓦，同期的农村用电量更是从253.1亿千瓦时急剧上升到了4375.7亿千瓦时（图4-4）。

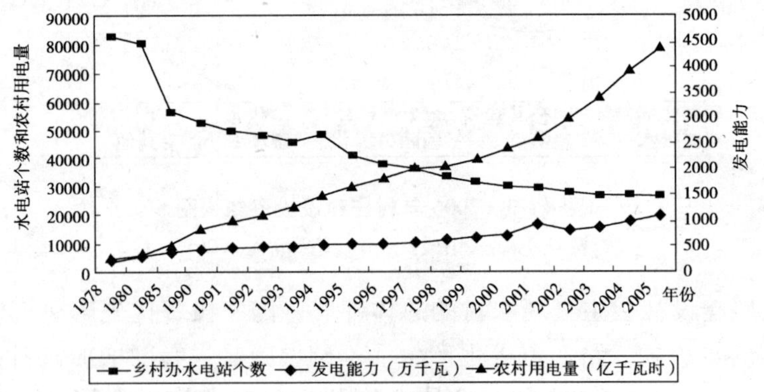

图4-4 历年农村水电基础设施

资料来源：《中国统计年鉴2007》。

农村水电站建设的投资额从1990年的348848万元增加到了2006年的4604296万元。在农村水电站个数减少的同时，水电站的规模和发电能力却增强了（图4-5）。

1990年以来，我国农村水库数量稳步增加（2005年除外），水库库容量、节水灌溉面积、除涝面积、水土流失治理面积和治碱面积也稳步增加。其中数量增长最快的是小型水库，而蓄水量增长最多的是大型水库。农村水库的蓄水主要依靠库容1亿立方米以上的大型水库。堤防长度逐年增加，堤防保护面积也是如此（表4-2）。

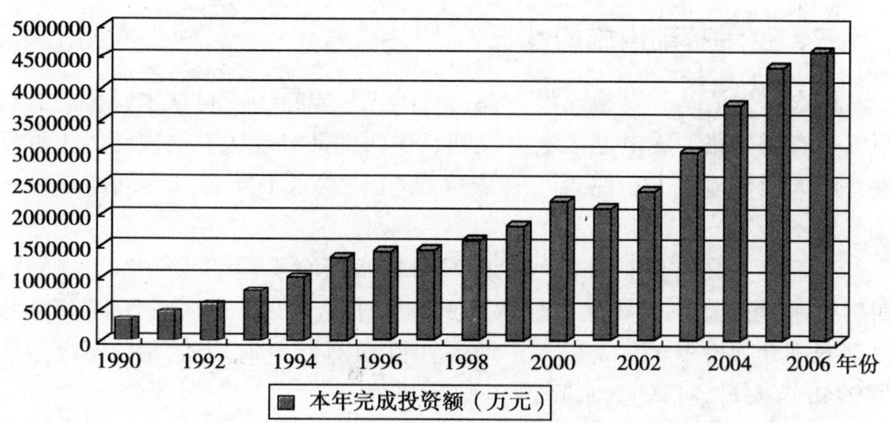

图4－5　农村水电站建设历年完成投资额

资料来源：《中国统计年鉴2007》。

表4－2　　历年农村水库建设情况

	1990	1995	2000	2004	2005	2006
水库（座）	83387	84775	85120	85160	85108	85849
其中：大型水库	366	387	420	460	470	482
中型水库	2499	2593	2704	2869	2934	3000
小型水库	80522	81795	81996	81831	81704	82367
水库库容量（亿立方米）	4660	4797	5184	5542	5624	5842
其中：大型水库	3397	3493	3842	4147] -0	4197	4379
中型水库	690	719	746	796	826	852
小型水库	573	585	594	599	602	611
节水灌溉面积（万公顷）	—	—	1638.9	2034.6	2133.8	2242.6
除涝面积（万公顷）	1933.7	2006.5	2098.9	2119.8	2133.9	2137.6
水土流失治理面积（万公顷）	5300	6690	8096	9200	9465	9749
治碱面积（万公顷）	499.5	543.4	584.1	596.2	603.2	—
堤防长度（万公里）	22	24.7	27	27.7	27.7	28.1
堤防保护面积（万公顷）	3200	3060.9	3960	4393.4	4412	4548.6

资料来源：《中国统计年鉴2007》。

三、生活基础设施的状况

在农村生活基础设施建设方面，我国先后安排了农村饮水安全、农村沼气、农村公路、无电地区电力设施、中西部部分地区农网完善等工程建设。广大农村地区“行路难”、“农电难”、“饮水不安全”等问题得到明显改善。

2007年，国务院批准了《全国农村饮水安全工程“十一五”规划》，明确要求其间解决1.6亿农村人口的饮水安全问题。2003—2007年，中央已安排专项投资189.2亿元，地方和群众筹资182.24亿元，累计解决了9748万农村人口的饮水问题（表4－3）。①

表4－3　　2003—2007年农村饮水工程建设情况

分区	投资（亿元）			受益人口（万人）
	小计	中央	地方	
合计	371.44	189.2	182.24	9748
西部	171.34	112.85	58.49	4294
中部	142.2	63.52	78.68	3882
东部	57.9	12.83	45.07	1572

资料来源：国家发展和改革委员会，2008年。

进入21世纪以来，农村改水受益人口已经突破90%，并有超过一半的村民饮用自来水。农村已改水受益人口自20世纪90年代到2000年这一阶段增长较为明显，2000年以后增长缓慢，而且近年来有较明显的波动和下降。饮用自来水的农村人口在2005年以前有明显的增长，近年来有细微的波动（图4－6）。

农村卫生厕所普及率自1999年以来逐年上升，但直至2005年，卫生厕所的普及率仍然只有55.3%。农村粪便无害处理率也是逐年递增的，而且在2001年超过了卫生厕所普及率，但比例仍然没有超过60%（图4－7）。

农村自来水受益村、通汽车村以及通电话村的绝对值和比重都有平稳

① 国家发展和改革委员会：《农村基础设施建设发展报告》，中国环境科学出版社2008年版，第75页。

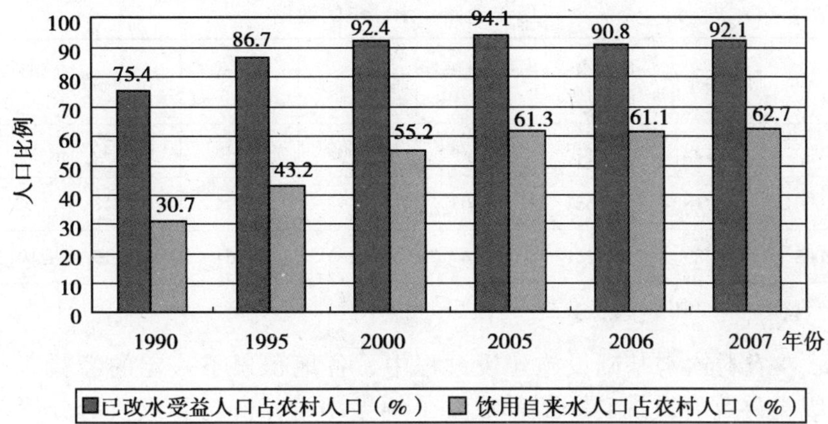

图4-6　历年农村改水情况

资料来源：《中国卫生统计年鉴2008》。

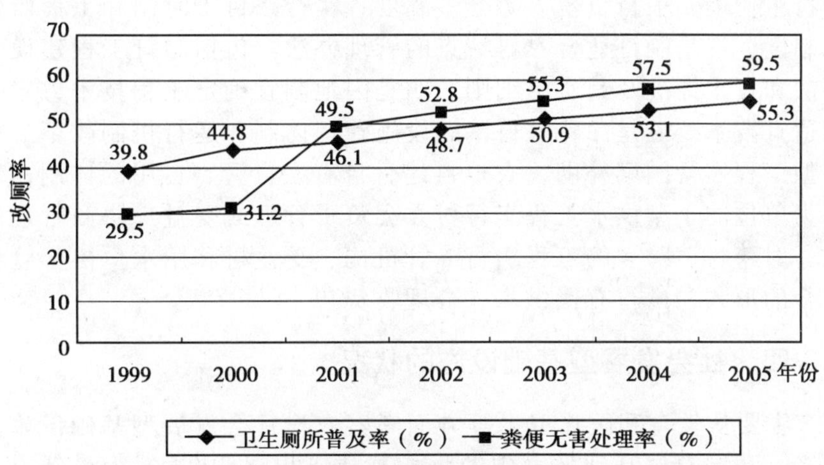

图4-7　历年农村改厕情况

资料来源：《中国卫生统计年鉴2006》。

上升。其中通汽车村的数量和比例最高，通电话村略少，自来水受益村比例占50%强（表4-4）。

表 4 – 4 历年通路、水、电的数据

年份	村委会个数	自来水受益村数	受益村率（%）	通汽车村数	通村率（%）	通电话村数	通村率（%）
2005	640139	356953	55.76	617609	96.48	606549	94.75
2004	652718	352681	54.03	626193	95.94	606818	92.97
2003	678589	349261	51.47	642193	94.64	619119	91.24

资料来源：《中国农业年鉴 2004—2006》。

在农村饮水基础设施建设过程中，各地积累了一定的经验。一是各级党委政府重视。一般都成立了领导小组，由党委或政府分管领导挂帅，相关部门参加，层层签订责任书，明确任务和要求，并且将其列为年度考核的重要内容。二是严格资金管理，专款专用。各地建立资金专户、试行报账制（有些叫以奖代补），分期报账。报账资金实行村组代表、项目负责人等会签制度、实行账目工时制和工程监督审计制度。三是制订适合农村特点的管理办法。包括制订工程建设管理办法和技术标准及其实施细则。四是因地制宜确定工程技术方案，采用适宜技术。五是深化农村基础设施管理体制和运行机制改革。如对微型工程实行国家补助、农户自建、自有、自管、自用的体制；对以村为单位的小型供水工程实行村委会负责管理或受益户协商管理的方式；对跨村、跨乡的工程实行专管机构、受益村和用水户协会管理相结合的形式，试行有偿供水、合理收费。①

四、社会发展型基础设施的状况

主要从教育和医疗卫生等方面考察农村社会发展型基础设施。近年来，我国农村基础教育中的生均基建支出以 2003 年为最低点，以后又有明显增长，大致呈“V”字形（图 4 – 8）。这种态势可以认为受到了 2000—2006 年的农村税费改革的影响。2000—2003 年，我国农村税费改革进入从启动到全面推进阶段，农村教育经费受到一定的影响，2004 年以后，进入全面取消农业税阶段，并补足了税费改革带

① 国家发展和改革委员会：《农村基础设施建设发展报告》，中国环境科学出版社 2008 年版，第 76—77 页。

来的经费缺口，使得 2004 年以后，农村教育经费以及其中的基建经费不降反升。

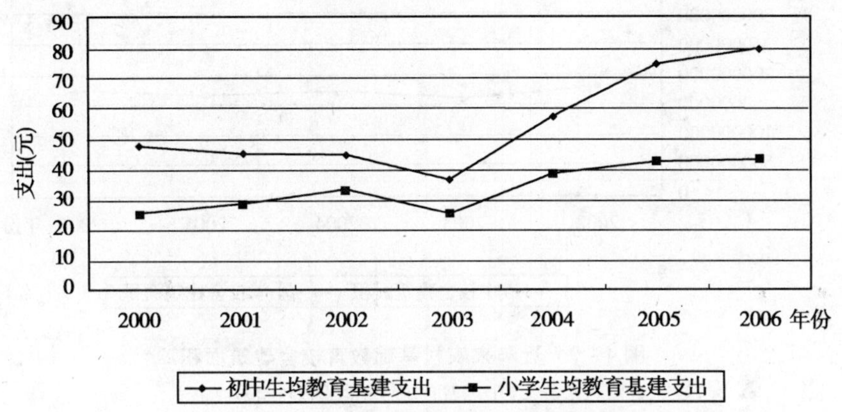

图 4－8　近年来农村基础教育中的生均基建支出

资料来源：《中国教育经费统计年鉴 2001—2007》。

农村普通初中和小学的校舍建筑面积 2002 年以来呈波动状态，说明基建支出主要在于校舍的修缮与维护，并没有明显地新增校舍面积（图 4－9）。这主要是因为我国基础教育较早实行九年义务教育，农村基础教育设施相对其他设施而言发展基础较好。同时，受计划生育政策的影响，农村人口出生率逐步下降和稳定，原先的教育基础设施规模在数量上已经足够应对现在的教育需求。现阶段的主要任务是在原先的基础上提升基础教育设施的质量，提升基础教育的水平层次。

我国乡镇卫生院的数量在 1966—1970 年间以及 1993—1994 年间有较明显的增加，1984—1985 年间有较明显的减少，其他时间都比较平稳。总体来说，如今乡镇卫生院的数量较 1970 年还少，自 1994 年以来，乡镇卫生院的数量更是稳步下滑（图 4－10）。

我国村卫生室数量在 1995 年时最高达到 804352 个，2003 年时降到最低点，为 514920 个，2007 年恢复到 613855 个，但是仍然没有达到 20 世纪 80 年代的水平（表 4－5）。

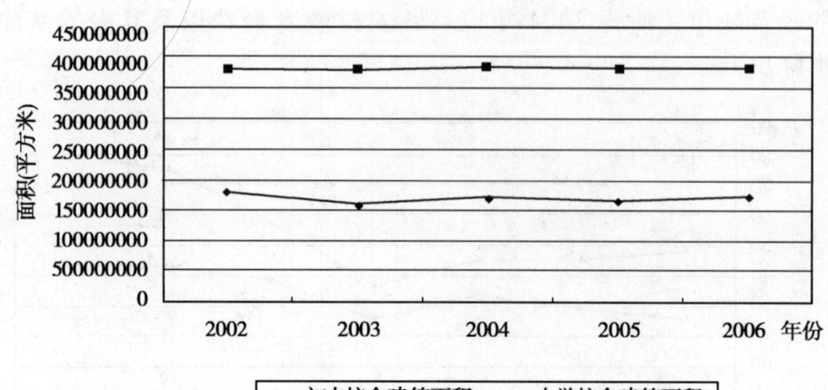

图 4－9　近年来农村基础教育校舍建筑面积

资料来源：《中国教育统计年鉴 2003—2007》。

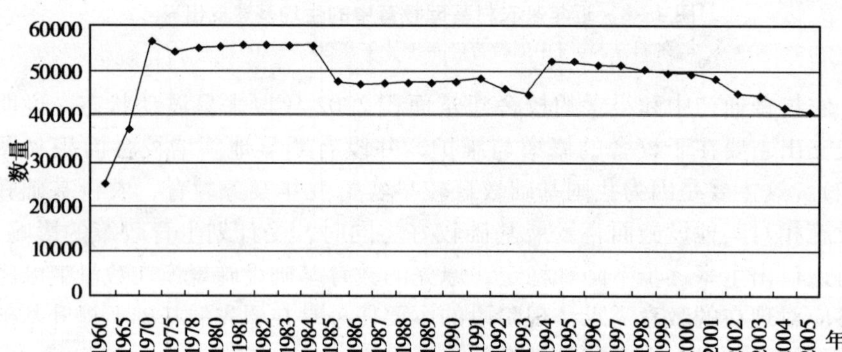

图 4－10　历年乡镇卫生院数量

资料来源：《中国卫生统计年鉴 2006》。

表 4－5　　　　　　　　历年村卫生室数量

	村卫生室合计（个）	其中：村办	乡卫生院设点	联合办	私人办	其他	行政村数（个）	设卫生室的村占比（%）
1985	777674	305537	29769	88803	323904	29661	940617	87.4
1990	803956	266137	29963	87149	381844	38863	743278	86.2

续表

	村卫生室合计（个）	其中：村办	乡卫生院设点	联合办	私人办	其他	行政村数（个）	设卫生室的村占比（%）
1995	804352	297462	36388	90681	354981	22876	740150	88.9
2000	709458	300864	47101	89828	255179	16486	734715	89.8
2003	514920	276590	26343	35998	157733	18256	678589	77.6
2004	551600	298418	26964	40231	166533	19454	652718	80.7
2005	583209	313633	32396	38561	180403	18216	629079	85.8
2006	609128	333790	34803	36805	186524	17206	624428	88.1
2007	613855	340082	33633	33649	186841	19650	612712	88.7

资料来源：《中国卫生统计年鉴2008》。

从比例上看，我国在1985年的时候，设卫生室的村数已经占行政村数量的87.4%，2000年达到89.8%，2003年的时候急剧下降到77.6%，此后逐年恢复，2007年的时候达到88.7%的水平（图4－11）。

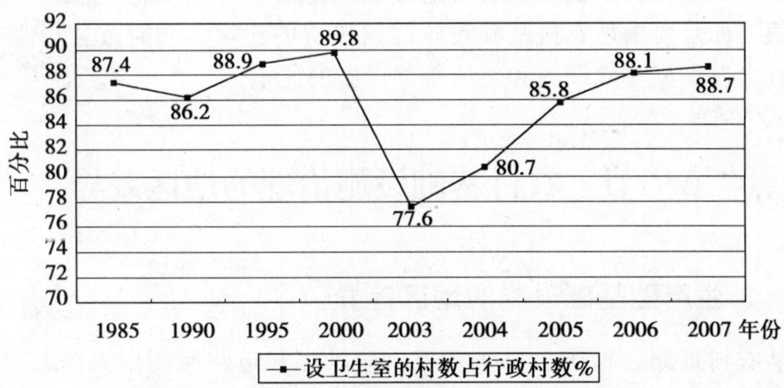

图4－11　设卫生室的村数占行政村数百分比

资料来源：《中国卫生统计年鉴2008》。

农村医疗卫生基础设施水平的下降，一方面是我国取缔农村不合格医疗卫生机构的同时没有能够提供较高水平的医疗卫生服务所致；另外一方面也与农民医疗卫生需求层次提高，较多农民在附近的城镇寻求医疗卫生服务有关。但是，无论如何，在农村社区就近提供适合当地经济社会发展需求的医疗卫生基础设施和医疗卫生服务是必要的，而且是当务之急。

总的来说，虽然中共中央强调了新农村建设中财政支农投入的增量、国家在农村固定资产投资的增量以及政府土地出让收入用于农村建设的增量，强调耕地占用税新增收入主要用于“三农”，重点加强农田水利、农业综合开发和农村基础设施建设，规定各地预算安排的城市维护建设支出要确定部分资金用于乡村规划、基础设施建设和维护。但是我国农业支出占财政支出的比重仍然不高，基本建设支出占农业支出的比重仍然不高，农村固定资产投资的比例仍在下滑，农村公共建设投资占农村总投资的比重也仍然不高。这些总量不多、比例不高的农村基础设施建设的投入主要在水利和道路桥梁等生产型基础设施方面，用于生活基础设施和社会发展型基础设施的资金相对较少。这使得农村生活基础设施相对落后于生产型基础设施，社会发展型基础设施最弱，而且有些领域（如农村卫生室）前几年甚至呈倒退趋势。基础设施建设偏向城镇的势头没有发生根本性的扭转。

基于以上分析，要改善农村基础设施建设不但要增加农业农村投入的绝对值，而且要增加农村基础设施建设投资的比重，同时改善投入比例，增加社会发展型基础设施和生活基础设施的比重。

第二节　农村基础设施治理的地区差异

一、生产型基础设施的地区差异

从农村道路、桥梁、排水管道、防洪堤和道路照明以及农村公交车通车等方面看，河南、山东、江苏、安徽、湖北、湖南、广东和浙江总体水平较高，其中安徽、湖南和湖北等省市的经济并不发达，但是基础设施建设总体水平较高；北京、上海、天津等直辖市因为农村面积小，所以在基础设施建设的绝对值上也最小；除此以外，宁夏、青海、海南、内蒙古和新疆总体水平较低（其中宁夏与海南面积也相对较小）（表4－6）。

表 4－6　2006 年各省村庄道路桥梁、防洪及排水设施建设的排名

	道路长度	道路面积	道路照明灯数	桥梁座数	防洪堤长度	排水管道长度	通有公交车或客运班车的行政村比例
排名前五名的省市	河南、山东、江苏、安徽、湖北	河南、山东、湖北、湖南、广东	山东、河北、广东、江西、浙江	河南、山东、江苏、安徽、浙江	山东、江苏、安徽、湖北、浙江	山东、江苏、广东、山西、浙江	河北、黑龙江、辽宁、山西、上海
排名后五名的省市	宁夏、青海、北京、上海、天津	海南、青海、北京、上海、天津	甘肃、内蒙古、新疆、宁夏、青海	内蒙古、海南、宁夏、青海、天津	重庆、海南、宁夏、青海、天津	内蒙古、新疆、宁夏、青海、黑龙江	广西、四川、云南、贵州、青海

资料来源：《中国城乡建设统计年鉴 2006》。

二、生活基础设施的地区差异

从 2005 年的数据看，我国农村通电比率相对较高，除了四川和青海之外，其他省市的乡通电率都达到了 100%；有将近一半省市的村通电率达到 100%，其中通村率最低的西藏也达到了 95.67%；户通电率最低的省市为西藏、云南、青海、贵州和甘肃，有五个省市的户通电率达到 100%（图 4－12）。影响通电率的主要是地理环境因素：山区和高原地区虽然有些地方发电量很高，但是农村通电率不高。

从农村发电量的角度看，各地区农村发电量与完成投资额有严格的正相关关系，四川、广东、福建、云南、湖南等地无论投资额还是发电量都较多，而北京、天津、河北、河南、安徽、内蒙古、黑龙江、宁夏、陕西、江苏和山东等地则普遍较少。农村发电量相对于用电量较为富余的有四川、云南、湖南、广西和贵州等地（图 4－13），主要因为山区和丘陵地区水利发电环境优越；用电量缺口较大的是江苏、广东、浙江、江苏和河北等地，主要是因为这些地方的农村经济相对发达，用电量大。

在各类生活设施中，地区差异最大而且通村率最低的基础设施是自来水设施；地区差异最小而且通村率最高的是公路汽车；居间的是通电和电话通村率。

从改善程度看，自来水受益村 2001 年到 2005 年改善程度最大的五个省市区是：西藏、宁夏、甘肃、江西和内蒙古；改善程度最小的省市区是：河北、吉林、北京、上海和天津；处于全国平均水平（118.71%）

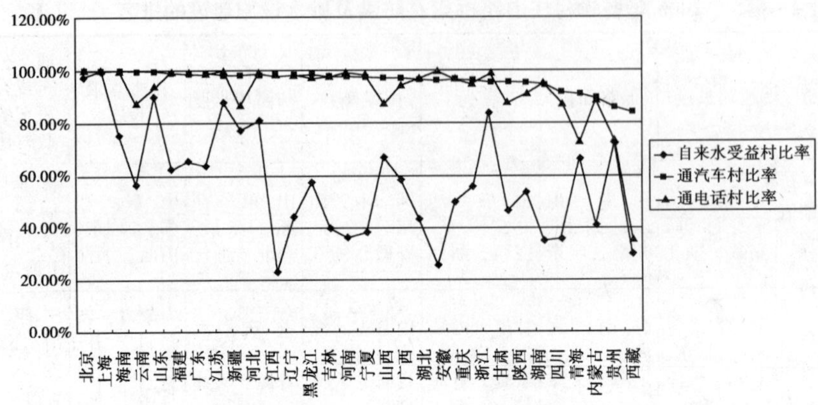

图 4-12　2005 年农村各地路、水、电情况

资料来源：《中国农业年鉴 2006》。

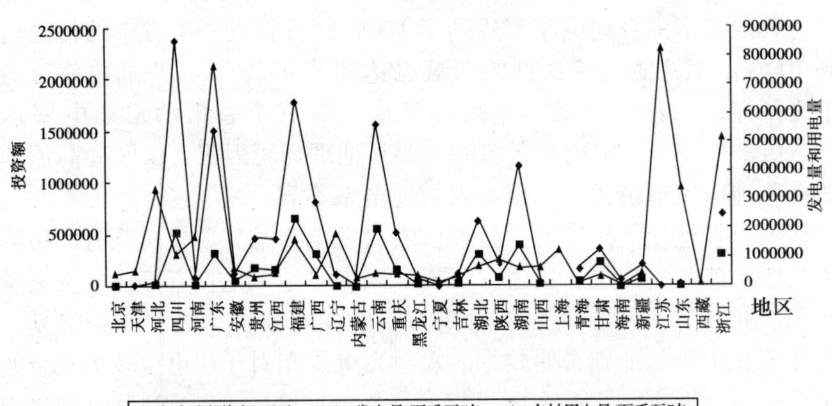

图 4-13　2005 年各地农村电力建设

资料来源：《中国统计年鉴 2006》。

左右的省市区为青海、新疆、山西和福建。就汽车通村率而言，2001 年到 2005 年改善程度最大的五个省市区是：重庆、内蒙古、西藏、湖南和陕西；改善程度最小的省市区是：海南、天津、上海、广东和青海；处于全国平均水平（103.57%）左右的省市区为河北、宁夏、吉林和黑龙江。就通电话村而言，2001 年到 2005 年改善程度最大的五个省市区是：西藏、青海、贵州、甘肃和内蒙古；改善程度最小的省市区是：北京、天津、江苏、上海和广东；处于全国平均水平（109.08%）左右的省市区为重庆、湖南、吉林和江西（图4－14）。由此可见，近年来路水电改善程度最大的往往是农村基础设施不太好的省市，发达地区基础设施建设较好的省市改善程度相对较低，这种态势有利于减少农村间基础设施建设的区域差距。

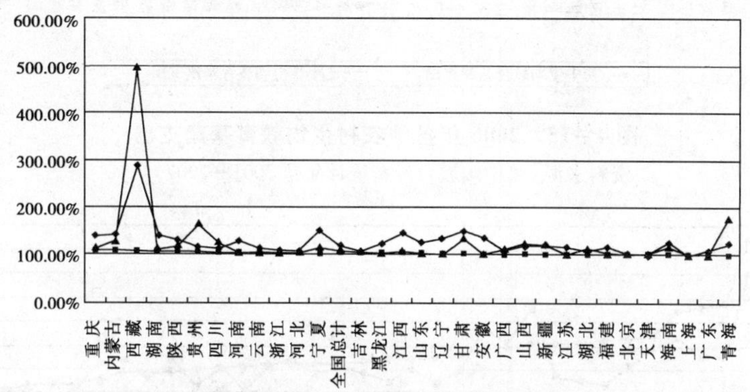

图4－14　2005年与2001年数据比照

资料来源：《中国农业年鉴2006》。

三、社会发展型基础设施的地区差异

虽然各年度生均教育基建支出起伏很大，但我们也可以从中大致了解各省市之间的差距。总的来看，上海、海南、宁夏、广东、青海和江苏等地2006年生均教育基建支出较大，河南、吉林、湖南和湖北等地支出较小；西藏、青海、浙江、海南、北京、江苏和广东等地小学生均基建支出较大，湖南、内蒙古、湖北、宁夏、吉林和河南等地较小（图4－15）。

农村基础教育设施中初中生均校舍建筑面积普遍比小学高。北京、浙江、西藏、内蒙古和广西等地初中生均校舍建筑面积最大，甘肃、新疆、贵州、安徽和陕西等地最小；北京、上海、福建、湖南、湖北和内蒙古等地小学生均校舍建筑面积最大，贵州、宁夏、甘肃、新疆、安徽与河南等地最小（图4－16）。

2007年我国只有近一半的省市区每个行政村都设置卫生室。东部地

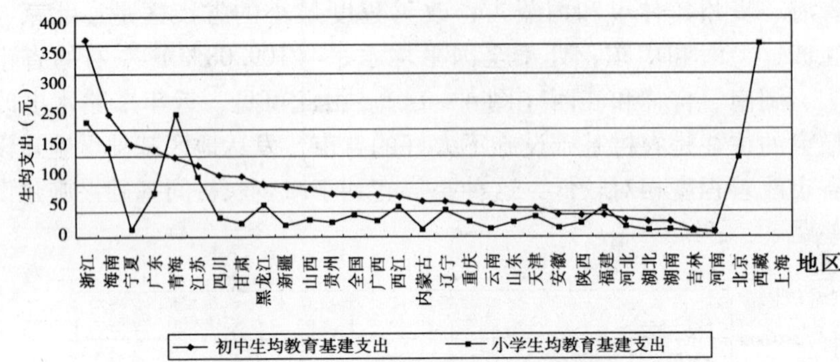

图 4－15　2006 年各地农村生均教育基建支出

资料来源：《中国教育经费统计年鉴 2001—2007》。

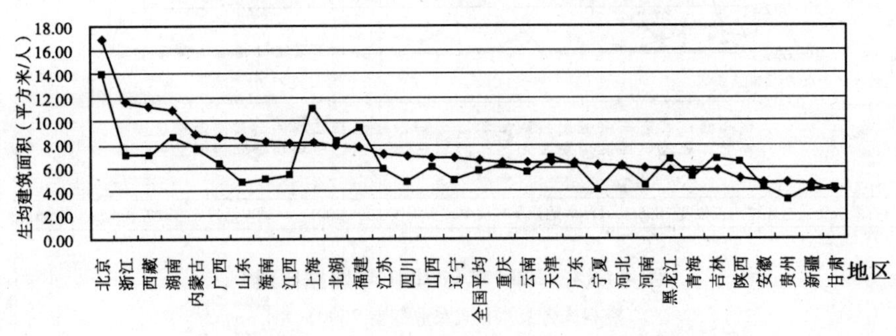

图 4－16　2006 年各地农村生均校舍建筑面积

资料来源：《中国教育统计年鉴 2003—2007》。

区设有卫生室的村占比为 79.6%，中部地区和西部地区的比例分别为 94.5%和 94.2%。设村卫生室达到 100%的地区，除了福建和广东外，主要是中西部地区和北部省市；设村卫生室比例最低的地区，除了西藏外，主要是浙江、天津、山东和江苏等发达地区（图 4－17）。也就是说，行政村设置卫生室的比例与地方经济社会发展程度没有必然的联系。卫生室设置率低可能因为居民卫生需求标准已经提高，普遍在乡镇甚至更高级别的医疗卫生部门需求服务，也有可能确实因为农村医疗卫生水平低。

从农村基础设施建设的地区差异来看，虽然当地经济发展状况和财政实力对农村基础设施的建设成就之间有紧密的联系，但是这种联系并不是

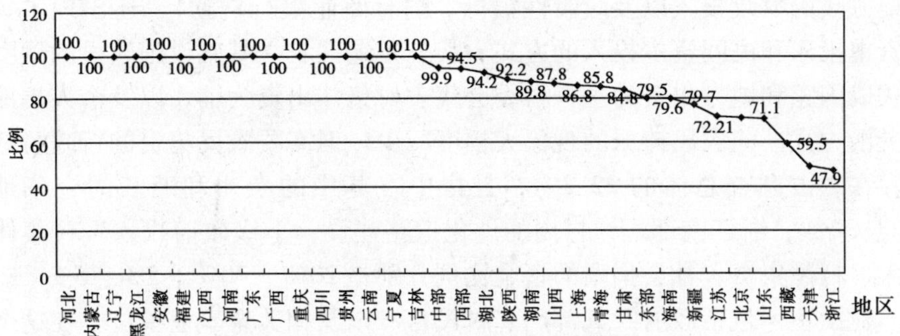

图 4-17　2007 年各地设卫生室村的比例

资料来源：《中国卫生统计年鉴 2008》。

绝对的。经济实力一般的安徽、湖南和湖北等省市，其农村基础设施建设仍然有较好的表现。可见虽然农村基础设施建设过程中政府的角色，尤其是政府财政投入的多少并不绝对造成农村基础设施的好坏。农村基础设施治理在政府建设重心尚未从城市扭转过来的背景下，只能依靠多元的社会力量共同参与。因此，新农村建设中要加强农村基础设施建设，政府除了要增加财政投入外，还必须出台政策和采取措施动员、吸收和引导各种社会力量加入其中。

第三节　农村基础设施的多中心治理

由于长期以来国家基础设施投入资金主要集中在城市，农村基础设施投资欠债太多，所以不可能在短期内缓解农村基础设施对资金需求的紧张状况，这就使得农村基础设施建设必须吸收多种资金来源、通过各种激励和引导措施吸引多种主体介入农村基础设施的建设与维护当中，形成农村基础设施的多中心治理局面。

农村基础设施治理主体包括筹资主体、建设主体和运营管理维护主体。其中筹资主体包括各级地方政府、村集体、村民和社会各界。我国农村基础设施修建除了国家资本的投入（其中包括中央政府财政投入、各级地方政府财政投入以及政策性银行、国有商业银行贷款），还出现了集体资本投入和民间资本投入的方式。长三角地区农村基础设施建设的融资方式以国家和地方出资为主，村委会代表村集体出资为辅，以及个人捐助等灵活方式，向农民摊派的现象大幅度减少。但需要农民集资的行政村依旧存在，占调查总体的22.2%，且集中在苏中的泰州和浙江的金华地区。[①] 又如，浙江南部壶镇村内的硬化道路建设，上级政府投入、村集体投入、村民集资、社会捐赠的资金比例分别是20%、70%、5%、5%。[②]

建设主体包括政府及其部门、村民自身以及相关企事业单位。在这个环节中，主要关注的是政府建设的效率，村民自身建设的质量以及相关企事业单位建设的资质要求和程序的正规性。需要加强对工程质量和工程财务的监督、审计与管理。

至于整体的运营管理过程，则包括“建设—运营—转移（BOT）模式”、“租赁—建设—运营（LBO）模式”、“建设—拥有—运营（BOO）模式”、“购买—建设—运营（BBO）模式”、“建设—转移—运营（BTO）模式”与服务承包模式将农村基础设施民营化与市场化。[③]

在农村基础设施建设中还形成了村企结对模式。村企结对模式在浙江、山东、广东、北京、重庆等地都有实施。有人将“村企结对”模式概括为以下四种类型：公益捐赠型、全面包办型、协作互惠型和龙头带动型。公益捐赠型就是由企业或企业家捐资捐物，由农民自己作主建设农村各类公益性基础设施和福利性社会事业项目。全面包办型就是一个村庄（或一片区域）的新农村建设，基本上由企业或企业家规划设计、具体承担和全面包办。协作互惠型就是依托历史、空间、人缘、经济上的联系，以各种各样的项目协作为纽带，农民为企业提供要素供给，企业为农村挖掘发展潜力，在村庄和企业之间形成一种互惠共赢的村企关系。龙头带动型就是由一个龙头企业通过基地创建或产业联动，带动当地农村劳动力转

---

① 徐婉如、韦晟：《长三角地区农村基础设施的修建效率研究：以道路为例》，《河北农业科学》2008年第10期。

② 卢亚珊：《乡镇基础设施建设存在问题及对策研究：以壶镇为例》，《科技情报开发与经济》2007年第17期。

③ 蔡乐渭：《放松管制背景下公共基础设施的市场化和民营化》，《行政法学研究》2005年第2期。

移就业、创业致富，带动一片新农村率先实现全面小康的社会。①

另外，还有部门联村，共同治理农村基础设施的模式。政府通过政府领导和各政府部门联系村、派驻专业指导员驻村等途径协助村庄进行基础设施治理。在这种形式的治理中，政府部门及其人员的职责一般是“帮助解决问题”，但前者一般会根据本单位的财力和人员的实力为农村基础设施治理提供资金帮助。

以下分别讨论各种基础设施建设中的多中心治理。因为缺乏全国性的典型数据，所以本节论述除了“社会发展型”基础设施外，均引用浙江省的数据和案例。

一、生产型基础设施的多中心治理

浙江省农村公路建设主要表现为新农村建设的“康庄工程”。从2007年的计划资金结构来看，浙江省康庄工程省拨补助资金占全部资金的38.74%，可以推论其余的资金来自省级以下的政府和其他渠道。而在省拨补助资金中，国债、部车购税、省专项补助财政转移和银行贷款所占的比例分别是0%、44.99%、50.19%和4.82%（表4－7）。

表4－7　康庄工程2007年计划资金结构

	总投资（万元）	其中：省拨补助资金				
		合计	国债	部车购税	省专项补助财政转移	银行贷款
数值	177848.1	68906.8	0	31000	34584	3322.8
比例（%）	100.00	38.74	0.00	17.43	19.45	1.87

资料来源：《浙江省2007年度农村公路工程建设项目计划汇总表》。

浙江省农村公路建设资金采取“以地方自筹为主，中央和省补为辅”的原则。各级政府建立通村公路改造资金投入机制，落实好配套资金，在与中央和省补助资金拼盘后，统一管理使用。农村公路改造资金主要用于工程建设，改造中发生的征地拆迁应主要由当地乡镇通过土地调整等办法解决。各县（市）政府、乡（镇）政府、建设单位在不增加农民负担的前提下，采取“一事一议”的办法，引导农民

① 陈红敏：《“村企结对”建设社会主义新农村》，《浙江经济》2006年第14期。

自愿出义务工，并积极动员社会、企业、个人以各种形式支持农村公路的改造。[①] 为监督考核工程进展与质量，浙江省还开展了乡村康庄工程建设项目绩效评价工作。按照《转发财政部关于印发中央经济建设部门项目绩效考评管理办法（试行）的通知》和《交通预算项目绩效考评管理办法（试行）》的要求，对康庄工程的实施内容、功能、资金管理、经济效益、公共效益五个方面进行绩效评价。在农村公路建成后，还面临运营与养护的问题。浙江省探索出了乡村道路养护生产运行机制三种模式。

模式一：由乡镇成立固定的专门养护队，负责乡村道的日常养护和大中修。养护队有固定的工作场所，并有少量的机具设备；养护资金由交通部门补助一部分，不足部分由乡镇财政解决。这种模式一般在经济较发达的乡镇采用较多。

模式二：乡镇政府按行政区域将乡村道公路的路面保洁、巡查、行道树维护等日常管养工作分段包给沿线村委会，再由村委会将乡村公路养护工作承包给村里的农户。大中修工程通过招投标，由专业队伍施工；养护资金由交通部门补助一部分，不足部分由乡镇财政和村委会解决。

模式三：由村委会组织，一年对行政区域内的乡村公路集中进行二三次季节性、不定期的突击养护（保洁和少量的维修）。这种模式在经济欠发达地区（特别山区）采用较多。养护资金由交通部门补助一部分，不足部分主要通过投工投劳解决。这种模式养护成本相对较低，但缺乏长效的管理手段，而且养护质量较差。[②]

农田水利建设的资金来源除了中央、省、市、县以及乡镇等各级政府外，还有群众、民营企业和其他来源（表4－8）。

---

① 浙江省交通厅乡村康庄工程办公室：《浙江交通乡村康庄工程实施意见》2003年12月1日。

② 省交通厅课题组：《我省农村公路养护管理模式的探讨与研究》2007年2月14日。课题组组长：薛振安；副组长：郑黎明；课题组成员：张德理、侯利国、寿华、马建青、汤红艳、李飞泉。

表 4－8　浙江省农田水利基本建设资金结构

（2006 年 9 月 1 日至 12 月 31 日）

栏目	完成投资（万元）						
	合计	中央	省	市县乡	群众	民营	其他
合计	585151.3	6422.6	53303.4	311974.3	105016.8	31940.1	76494.2
比例（%）	100.00	1.10	9.11	53.32	17.95	5.46	13.07

资料来源：浙江省水利厅农建办：《全省农田水利基本建设统计表（一）》。

注：宁波市为计划单列市，省投资一栏为市本级投资。

从比例来看，与康庄工程一样，农田水利工程的资金来源中，越往上级政府，资金比例越小，这与浙江省各级政府的财政实力是不成比例的。因为省级地方财政预算内收入、11 个地级市地方财政预算内收入总和与 90 个县市区地方财政预算内收入总和数量相当，省、地级市、县（市、区）地方财政预算内收入均值的比例为 83.33：7.58：1（表 4－9）。

表 4－9　浙江省 2005 年各级地方财政预算内收入总和

	省（1 个）	地级市（11 个）	县（市、区）（90 个）
各级地方财政预算内收入总和（万元）	10666000	9537110	9537200
各级地方财政预算内收入均值（万元）	10666000	969636.4	108377.2

资料来源：《浙江省统计年鉴 2006》。

水利工程投资最大的部分来自各级地方政府，国内贷款和其他投资也是其中的重要来源（表 4－10）。

表 4－10　2006 年水利工程完成投资结构

	本年完成资金	中央政府投资	地方政府投资	企业和私人投资	国内贷款	利用外资	其他投资
合计	718448	24235	289544	66765	169649	1474	166781
比例（%）	100.00	3.37	40.30	9.29	23.61	0.21	23.21

数据来源：浙江省水利厅农建办：《全省农田水利基本建设统计表（一）》，经整理。

在农田水利工程中，清水河道工程是其中的重要部分。浙江省政府决定投资300多亿完成清水河道工程。2003—2005年间，浙江省清水河道工程计划投资分别为52.2亿元、50.5亿元和50亿元。从2006年1—10月的建设资金结构来看，省级财政投资比例非常小，工程主要投资来自县市乡镇财政和其他渠道的筹资（表4－11）。

表4－11 浙江省万里清水河道工程2006年1—10月建设资金结构

市、县（市、区）	累计到位资金（万元）				
	政策处理	建设投资			
		省级财政	县以下财政	其他渠道	合计
数值	13067	1332	98941	67348	167622
比例（%）	7.80	0.79	59.03	40.18	100.00

资料来源：《浙江省万里清水河道工程建设月进度统计表》，经整理。

“万里清水河道”工程由水利管理部门牵头，按照《浙江省万里清水河道建设管理办法》和《浙江省万里清水河道建设考核办法》的要求，各级水利、财政和计划部门加强河道建设工作考核，通过县级自查、市级复查、省级抽查相结合的形式，重点对项目建设管理、资金筹措使用、工程建设成效等方面加强考核，通过考核总结经验、查找问题，不断规范和提高万里清水河道建设组织和管理水平。同时，各地积极探索和建立河道保洁长效管理机制。有些地方通过物业招标的办法，使河道保洁费由过去的每年200多万元降低到70万元，行政管理成本大幅下降。据统计，目前全省已有河道保洁队100多支，实施保洁长效管理的河道累计总长已超过6500公里。①

二、生活基础设施的多中心治理

在浙江省长兴县的区域供水工程的资金筹措中，资金来源最多的是社会投入（主要来自农户和供水企业），占比为68.41%；其次是各级政府和村集体（表4－12）。

① 浙江省水利厅农建办：《农田水利基本建设简报》（第9期）2007年2月28日。

表 4-12　长兴县区域供水项目资金实际投入结构表

资金来源	2002 年	2003 年	2004 年	2005 年	合计	比例（%）
省以上财政投入	0	0	110	0	110	0.78
县财政投入	49	30	804	990	1873	13.31
部门专项资金	3	3	5	0	11	0.08
主管部门借入资金	0	0	120	60	180	1.28
乡镇财政投入资金	22	121	450	236	829	5.89
乡镇政府负债投入	3		21	30	54	0.38
村集体投入	244	70	818	140	1272	9.04
村集体负债投入	36	18	52	10	116	0.82
其他社会投入	567	211	4943	3905	9626	68.41
合计（万元）	924	453	7323	5371	14071	100.00

资料来源：长兴县城乡一体化行动领导小组、村庄示范整治工程指挥部办公室：《城乡一体化建设投入机制统计调查表（区域供水项目）》。

饮水工程在筹资方式上表现出多样性。主要表现在各地遵守“政府引导，社会参与，建立多渠道筹资机制”的原则，吸引社会民间资本投入，建立多层次投资和建后良性运行机制。例如，有的地方采取竞标人部份投资建设饮水工程，项目投产后由业主管理和收费，投资者上交管理费的方式，减轻村集体经济负担，有利于项目村、投资业主、农户三方，有效解决农民饮用水建设资金及管理问题。有些地方采取企业出一点、受益乡镇负担一点、有关部门筹一点、财政补助一点、自来水厂赞助一点、水利部门争取一点、农民承担一点等“七个一点”的办法，筹集工程资金。还有些地方“以县财政投入为主，以村经济和农民自筹为辅”，水源工程包括管网建设的投入主要由县财政负担，通村管道建设资金由县、村按比例负担；积极引导民营企业、民间资本和社会各界参与工程投资。

在管理上，采取多元化的产权管理模式，逐步建立起产权明晰，职责明确的建管机制。偏远地区农户自用为主的微型饮水设施实行“自建、自有、自管、自用”方式，财政给予一定扶持，产权归个人所有；单村或联户供水工程，产权归集体所有，成立农民用水户协会或村委会管理；社会效益为主，兼有一定经济效益的水厂，参照“股份合作制”模式组建经济实体；有一定规模的乡镇供水工程按“谁投资、谁建设、谁经营、谁所有”，明晰产权，按现代企业制度进行经营管理。[①]

三、社会发展型基础设施的多中心治理

从村卫生室的举办形式看，有村办、乡卫生院设点、乡村联合举办、私人开设以及其他形式，以村办和私人办为主。从数量上看，私人开设的卫生室在20世纪80—90年代数量最多，1990年达到381844个，此后持续下降，到2003年时只有157733个，不到原来的一半，此后有缓慢的增长，但远远没有恢复到原先的水平。同时下降的还有乡村联合举办的卫生室，2000—2003年间下降的速度最快，此后总的趋势也是下降的。2000年前私人办的卫生室数量最多，此后由于私人办的卫生室数量急剧下降，第一名由村办卫生室取代。从比例上看，其中私人办的卫生室在1990年时比例最高，达到47.50%，2004年时的比例最低，只占30.19%。村办卫生室1990年以后，总体呈上升趋势，从1990年的33.10%上升到2007年的55.40%。村卫生室数量的下降主要是私人举办的卫生室下降带来的，联合举办的卫生室数量的减少则加重了这一趋势，而卫生室数量的恢复趋势则主要归功于村办卫生室的增加，当然私人设立的卫生室的恢复也起到了明显的作用（图4－18）。

从以上数据分析我们可以得出以下结论：由于农村基础设施多数均为准公共产品，所以多数农村基础设施建设的筹资、建设以及使用维护的主体都是多元的。同时，由于政府用于农村基础设施建设资金的不足，而且各地农村经济、村集体经济以及村民收入水平都有较大的差异，所以不同地区不同主体在农村基础设施治理中所扮演角色的重要程度也不尽相同。农村基础设施治理的原则既符合经济学中基于“物品属性”划分的治理方式，又不拘泥于此。

与人民公社时期相比，当前的农村基础设施建设中，公社和生产大队不再是主要的建设主体，乡镇政府和村级自治组织取代公社和生产大队继续发挥作用，但当前两者掌握的资金来源已经有很大差异（表4－13）。

---

① 浙江省水利厅农建办：《农田水利基本建设简报》（第5期）2006年12月19日。

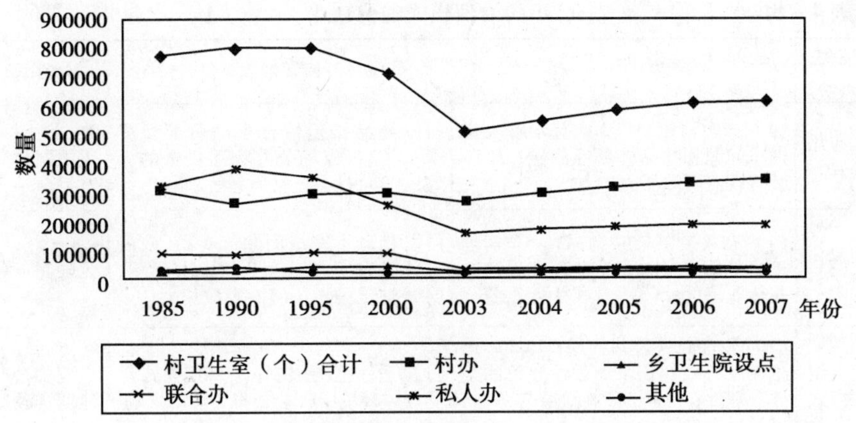

图 4－18　历年各种形式举办的卫生室数量

资料来源：《中国卫生统计年鉴 2008》。

表 4－13　　人民公社时期农村主要公共产品的筹资渠道

项　目	筹资渠道
社队兴办小型农田水利工程	原则上由社队自行承担，国家对困难社队给予必要补助
教育部门举办的农村中小学	国家预算支出为主，社区集体支出一部分，个人须承担少部分
农村社对集体办学	集体负担为主，国家财政给予必要补助，另由个人负担少量学杂费
公社卫生院	实行“社办公助”主要依靠公社集体经济力量
农村合作医疗	由大队统筹全体农民的医疗费用，基本医疗服务主要有社区集体承担；财政补助用于医务人员的培训和支持穷队办合作医疗
大队卫生所	几乎完全靠集体经济投资和维持
公社范围内农村事业单位	国家财政预算内经费及公社社有资金
公社文化和广播事业	公社社有资金为主，国家预算内支出中适当补助

资料来源：徐小青：《中国农村公共服务》，中国发展出版社 2002 年版，第 64 页，经整理。

与其他治理模式相比，农村基础设施多中心治理可以克服单一的私有化模式、国家化模式与自主组织模式带来的一些弊端，吸取三种治理模式的优点。但是如果处理不善，相应的配套制度和政策没有跟上，则有可能同时出现前三种模式的弊端（表 4－14）。

表 4－14 不同治理模式的优缺点

模式名称	模式优点	模式缺点	对象限制
私有化模式	(1) 产权清晰；(2) 有效解决搭便车问题和物品外部性问题；(3) 减轻政府财政压力	(1) 物品排他性技术的可能及成本；(2) 市场公共物品供给的无效；(3) 社会公平问题	无限制
国家化模式	(1) 有效提供公共物品；(2) 理论上外部力量纠正个体理性导致的集体非理性；(3) 重视社会公平	(1) 信息不完全问题；(2) 政府自身能力问题；(3) 成本问题；(4) 缺乏民主；(5) 财政压力	无限制
自主组织模式	(1) 有效提供公共物品；(2) 通过制度有效纠正个体理性导致的集体非理性；(3) 有效沟通与协商，重视民主参与	(1) 适用范围限制；(2) 模式易受具体环境中社会资本资源的影响	小范围公共池塘资源

资料来源：郭风旗：《我国农村公共物品治理的多元模式探析》，《上海行政学院学报》2005 年第 5 期。

第四节 农村基础设施多中心治理的影响因素

农村基础设施治理的主体包括各级政府、事业单位、各种所有制的企业、金融机构、村集体、农户以及其他单位和个人。

对于各级政府来说，政府提供农村基础设施建设是因为政府对公共物品供给负有责任。企业参与基础设施建设的一个重要动机是为了赢利。各种金融机构为农村基础设施建设融资的主要动机也是为了赢利。村集体参与农村基础设施建设是因为一些基础设施属于准公共产品，村集体的成员是受益对象，按照谁受益谁出资的原则，村集体应该承担部分基础设施建设的资金。农户除了建设自用的基础设施外，还应当通过一事一议的方式参加自身受益的部分准公共产品的建设。除此之外，各类单位和个人都会融入农村的社会资本而参与到农村的基础设施建设。

一、各级政府的财政能力

改革开放以来，我国经济实力得到了迅猛的增长，国家财政实力也大大增长。2006 年的国家财政收入是 1978 年的 34 倍多。此间国家财政用于农业的支出、支农支出和农业基本建设支出分别增长 21 倍、28 倍和 9

倍（图4－19）。也就是说国家财政用于农业基本建设支出的增长严重滞后于财政能力的增长，即使是国家财政用于农业的支出以及支农支出，也仍然需要增加。在统筹城乡发展、以工促农、以城带乡的背景下，国家用于农业农村的财政增长应该高于国家财政的增长速度。

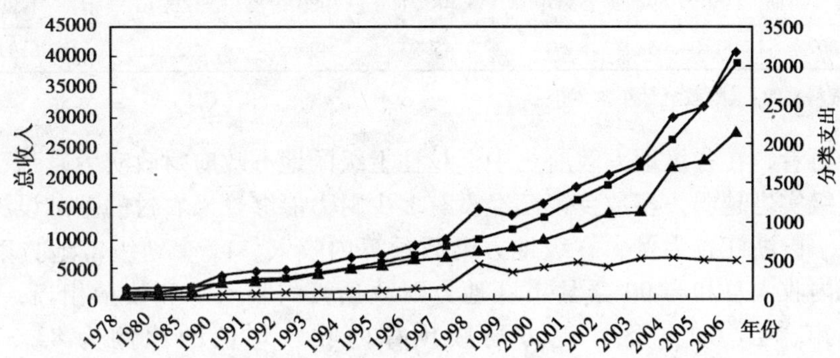

图4－19　国家财政用于农业的支出

资料来源：《中国投资年鉴2007》。

在国家财政对农业农村投入（包括农业基本建设支出）过程中，中央应该承担起比地方政府更为重要的作用。因为自1994年国家实行分税制以来，中央政府的财政收入一直超过50%（表4－15），而且中央并未承担起基础教育、医疗卫生和社会保障等重任。

表4－15　　中央与地方财政收支

年份	国家财政收入			国家财政支出		
	总值	中央占比（%）	地方占比（%）	总值	中央占比（%）	地方占比（%）
1978	1132.26	15.52	84.48	1122.09	47.42	52.58
“六五”时期	7402.75	34.89	65.11	7483.18	49.79	50.21
“七五”时期	12280.6	33.42	66.58	12865.67	34.36	65.64
“八五”时期	22442.1	40.27	59.73	24387.46	30.03	69.97
1993	4348.95	22.02	77.98	4642.3	28.26	71.74
1994	5218.1	55.70	44.30	5792.62	30.29	69.71
“九五”时期	50774.39	50.46	49.54	57043.46	30.65	69.35

续表

年份	国家财政收入			国家财政支出		
	总值	中央占比（%）	地方占比（%）	总值	中央占比（%）	地方占比（%）
“十五”时期	115050.69	53.79	46.21	128022.85	28.61	71.39
2007	51304.03	54.07	45.93	49565.4	23.09	76.91

资料来源：《财政统计年鉴2008》。

再者，在各级地方政府之中，越往上级的地方政府财政实力越强，越往下级实力越弱，多数乡镇已经没有多少财力能够投入农村的基础设施建设了。以浙江省为例，省级地方财政预算内收入、11个地级市地方财政预算内收入总和与90个县市区地方财政预算内收入总和数量相当，省、地级市、县（市、区）地方财政预算内收入均值的比例为83.33∶7.58∶1（表4-16）。所以，在地方政府对农业农村基础设施建设投资时，越往高层政府越应该承担多的财政开支责任。

表4-16　　浙江省三级地方政府预算内财政收入

	省（1个）	地级市（11个）	县（市、区）（90个）
各级地方财政预算内收入总和（万元）	10666000	9537110	9537200
各级地方财政预算内收入均值（万元）	10666000	969636.4	108377.2

资料来源：《浙江省统计年鉴2006》。

总的来说，我国的国家财政应该，也有实力较大幅度地增加对农村各类基础设施的投入，中央应该加大对落后地区农村基础设施建设的专项转移支付。

二、政府引导政策与措施的力度

政府在农村基础设施建设中承担着重要责任，在政府农村建设资金相对不足的背景下，政府除加大自身资金投入外，还需要引导和吸引社会其他方面的资金。政府需要通过出台政策，使参与农村基础设施建设的企业能够有利可图，使金融机构有动力为农村基础设施建设提供贷款，使农村集体能够发展村级集体经济为农村基础设施建设提供部分资金。

那么当前政府是如何激励企业参与到农村基础设施中来呢？政府是如何激励金融机构为农村基础设施提供贷款的？政府通过什么政策使村级集体经济能够发展壮大？农村社会资本在吸引社会力量参与农村基础设施建设中起了哪些作用？以下我们一并进行探讨。

中共中央主要通过财政投入的增量推进农村基础设施。主要强调了新农村建设中财政支农投入的增量、国家在农村固定资产投资的增量以及政府土地出让收入用于农村建设的增量。强调耕地占用税新增收入主要用于“三农”，重点加强农田水利、农业综合开发和农村基础设施建设。规定各地预算安排的城市维护建设支出要确定部分资金用于乡村规划、基础设施建设和维护。从 2008 年起，国家在国家扶贫开发工作重点县新安排的病险水库除险加固、生态建设等公益性强的基本建设项目，根据不同情况，逐步减少或取消县及县以下配套，加强农业投入管理，提高资金使用效益，同时加快农业投入立法。①

国家发展和改革委员会的政策措施则同时涉及了投入方式、产权制度改革、管护机制改革和鼓励多中心投入。对农村基础设施的多中心治理有多方面的规定：鼓励社会各界共同参与新农村建设，吸引更多的银行资金、企业资金和其他社会资金投入农村基础设施建设，建立多元化的新农村建设投入机制。通过以奖代补、项目补助等方式，发挥政府投资的导向作用，引导农民对直接受益的基础设施建设投工投劳。同时认为要加快农村小型基础设施产权制度改革，以明晰产权为核心，鼓励采取承包、租赁、拍卖、转让等多种形式，明确小型基础设施管护责任，充分调动广大农民投资建设和管好农村小型基础设施的积极性，建立长效管护机制。②

黑龙江省主要按照政府主导、分级负责、多元投入的原则扩大投入，把建设重心放在生产型基础设施上。措施是逐步扩大小型农田水利补助专项资金规模，加快农村公路建设，加强通乡通村公路建设。动员社会各方

① 中共中央国务院：《关于切实加强农业基础建设，进一步促进农业发展农民增收的若干意见》，中发［2008］1 号，2007 年 12 月 31 日。

② 国家发展改革委：《关于印发加强农村基础设施建设扎实推进社会主义新农村建设的意见的通知》，发改农经［2006］2325 号，2006 年 10 月 30 日。

面力量，加快农村供水、排水等设施建设。①

江苏省强调创新农村投融资体制，鼓励多元社会投资。主要内容包括：深化农村信用社改革，完善农村信用社组织体系，加大县级农村合作银行组建力度，创造条件组建江苏农村合作银行；大力培育由自然人、企业法人或社团法人发起的小额贷款组织；引导农户发展资金互助组织；规范民间借贷；进一步完善农村引资平台和信息服务体系，鼓励引导工商资本、民间资本、外商资本投入农业和农村。②

广东省通过金融支持、社会动员和基金支持等方式促进农村基础设施多元投入。内容包括：充分发挥金融部门支持社会主义新农村建设的作用；广泛动员和组织社会力量支持社会主义新农村建设；各级党委、政府要广泛发动党政机关、企事业单位、社会团体和社会各界人士支持社会主义新农村建设，形成全社会支持社会主义新农村建设的良好氛围，在全省掀起一场声势浩大又扎扎实实的建设社会主义新农村热潮。充分发挥共青团、妇联等群体组织在社会主义新农村建设中的骨干作用，广泛开展机关、企事业单位包村帮扶活动；省设立社会主义新农村建设基金，筹集社会资金，重点用于帮扶贫困地区农村发展社会事业和基础设施建设。③

安徽省也强调动员社会各界参与农村基础设施建设，增加对新农村建设的投入。认为要建立社会广泛参与的激励机制，引导党政机关、人民团体、企事业单位和社会知名人士、志愿者与示范村镇开展结对帮扶。④

湖南省更加注重农民的主体地位，地方政府主要通过各种形式补助农民以及引导社会资金建设基础设施。积极探索政府引导机制和奖励办法，鼓励农民兴办农村公益事业。对农民专业合作组织、村组集体组织农民或农民个人自愿开展农村小型基础设施建设、公益设施建设、生态建设以及农业科技推广的项目，实行民办公助，财政给予补助。有条件的地方对农民自愿投资投劳搞农村基本建设和公益事业的，可以实行以奖代补；也可

---

① 中共黑龙江省委、黑龙江省人民政府：《关于印发〈黑龙江省新农村建设规划（2006—2010年）〉的通知》，黑发［2006］3号，2006年2月13日。

② 中共江苏省委、江苏省人民政府：《关于积极推进城乡统筹发展加快建设社会主义新农村的若干意见》，苏发［2006］1号，2006年1月20日。

③ 中共广东省委、广东省人民政府：《关于加快社会主义新农村建设的决定》，中发［2006］1号，2006年4月14日。

④ 安徽省：《关于新农村建设千村百镇示范工程实施意见》2006年3月3日。

以采取提供钢材、水泥等物资的办法进行补助。鼓励社会资本积极投资农村基础设施建设。农户自建或自用为主的小型基本建设工程，产权归个人所有。对受益户较多工程，可组建合作组织管理，国家补助形式的资产由合作组织所有。对业主开发建设的农村基础设施，各级人民政府要给予扶持，并规范其收费标准和服务行为。①

江西省通过广泛发动群众，积极鼓励党政机关、人民团体、企事业单位和社会各界人士、志愿者以多种方式联系村庄和农户的形式加强农村基础设施建设。②

贵州省在新农村建设“百村试点”的资金投入以县级整合为主，县级可以以试点村建设为平台，按照“农民自助、政府补助、社会帮助”的原则，整合资源，集成力量，推进试点村建设。要将各职能部门掌握的各项支农资金按照“统一规划、统筹安排、渠道不乱、用途不变、互相配套、各负其责、各记其功、形成合力”的原则进行整合，安排落实到具体项目上。省地县财政要安排专项资金投入“百村试点”。财政资金主要采取实物补助和资金补贴等方式，重点用于公共设施和人居环境建设、规划编制和人员培训等项目。充分发挥农民在新农村建设中的主体作用，自力更生建设新家园。金融机构要积极探索金融产品和服务创新，拓宽金融服务领域，采取多种渠道支持新农村建设，发挥资金支持、信息咨询等作用。严禁举债搞公益性基础设施建设。③

甘肃省主要采取以奖代补、项目补助等办法，引导农民自愿出资出劳，开展农村小型基础设施建设，继续加大对农村基础设施建设的投入力度。④

海南省通过建立党政机关对乡村进行结对帮扶制度，积极引导人民团

① 中共湖南省委、湖南省人民政府：《关于推进社会主义新农村建设的意见》，湘发［2006］1号，2006年2月27日。

② 中共江西省委、江西省人民政府：《关于推进社会主义新农村建设的实施意见》，赣发［2006］1号，2006年1月17日。

③ 中共贵州省委贵州省人民政府：《社会主义新农村建设“百村试点”实施意见》，黔农领［2006］1号，2005年4月23日。

④ 中共甘肃省委、甘肃省人民政府：《关于积极发展现代农业扎实推进社会主义新农村建设的实施意见》，省委发［2007］1号，2007年2月13日。

体、企事业单位、农垦企业和社会知名人士、志愿者对乡村进行结对帮扶。①

一些地方政府还针对一些具体的多中心治理模式制定了相应的激励措施。比如为村企结对制定激励机制。浙江省宁波市结对的形式包括“一企一村”、“多企一村”、“一企多村”、“经济顾问”以及“募捐基金”等。采取政府倡导、自助自愿、互惠互利等原则，对村企结对给予鼓励和政策扶持，对作出突出成绩的企业和个人给予表彰奖励，参与结对村公益事业建设和发展生产经营，在税费上依照有关规定给予减免、优惠和补助。具体的激励机制包括：凡参与村企结对活动，并符合相关规定的企业，因生产发展需要，经认定后，可优先立项，优先安排建设用地；企业参与结对村村庄整治、土地整理、低丘缓坡综合开发利用、造田造地等，可按政府现有的土地造地政策与结对村实行利益共享，整治开发后所获得的土地指标，企业可按一定比例享受；企业在结对村投资建设农村文化站、老年活动中心、村民图书室、农村敬老院等教育、体育、文化、医疗等公益性社会事业项目或建立单项公益事业基金，经认定后，建设过程中地方财政可得部分的税费以适当形式予以补助，其投资或捐资部分可按有关规定在税前列支；企业参与结对村的供水、供电、垃圾收集处理等公益性项目建设，在所在村统一组织下由企业实施上述项目日常运行管理，上级政府或有关部门应加强规划引导并确定合理的收费政策和补助政策；鼓励企业租用结对村农户的土地、山林、水面等资源，或采取农户入股等方式，合作进行农业生产开发，建立农业产业基地、农产品加工基地基础设施和环保设施建设，可优先享受相关产业扶持政策，按规定享受一定的补助；鼓励企业充分挖掘农村旅游资源，参与结对村发展农家乐等旅游休闲项目建设，可优先享受有关优惠政策；对企业投资公益性基础设施或社会事业建设，企业捐资达到项目所需投资一定比例的，允许以企业或企业家个人冠名；政府部门定期对村企合作绩效进行评估，绩效明显的企业，予以表彰和奖励。②

---

① 中共海南省委、海南省人民政府：《关于推进社会主义新农村建设的实施意见》，琼发［2006］4号，2006年3月31日。

② 宁波市人民政府：《关于村企结对建设社会主义新农村的若干意见》，甬政发［2006］32号，2006年4月10日。

三、村集体的经济实力与组织能力

从农村基础设施投入的数据看来，村集体在其间担负着重要的角色。但是村集体实际发挥的作用，不但与其经济实力相关，而且与其组织能力也密切相关。前者主要通过村集体经济收益分配来显示，后者主要表现在村民自治的能力上。

从2006年平均每村村组集体经营收入的统计数据来看，上海、江苏、北京、天津和广东的村集体经济排名全国前五位，而新疆、青海、海南、内蒙古和广西等地排名后五位（西藏数据空缺）。各地村组集体经济经营收入差距悬殊。例如，村组集体经营收入最高的上海是收入最低的新疆的1290倍（图4－20）。这主要是受当地工业化和城市化水平以及经济发展阶段影响的。考虑到同一省市不同地理位置的农村之间的差距，我国实际上有不少省市的大量农村，其集体经济没有实力投资于农村基础设施建设。所以，对于全国来说，村集体经济参与农村基础设施建设只能加以引导和鼓励，并不能作为硬性规定。

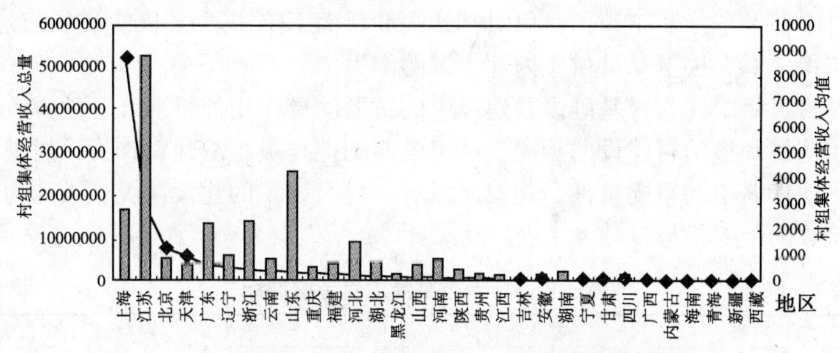

图4－20　2006年村组集体经营收入

资料来源：《中国农业年鉴2007》。

课题组在调研时发现：即使有些村的集体经济实力较强，但由于村级组织的组织能力不强或者不为村民所支持，也不能顺利地动员村集体的力量参与到农村基础设施建设中来。工程的不规范性常常会导致村干部合法性的流失。调查中我们发现，浙江省农村很大一部分基础设施建设是在

“千村示范、万村整治”工程中实现的。就基础设施建设投资来看，无论整治村还是示范村，相对于村集体年收入来说，其资金投入偏高，至少报表上显示如此。例如HUZ市CX县FY村每年的集体收入是18万元，但示范村建设的预算达到240多万；这个县的YF村集体每年收入为26万，但示范村建设预算达到340多万。两个村即使分别扣除政府补助的100多万，剩下的额度也相当于村集体10年以上的收入。HAZ市XS区SQ镇XLW村集体年收入30万—40万。2006年整治村建设共花费180万元，其中村里自有资金50万，政府按人头每人补助440元×1242人=54.6480万元，还有近80万的资金缺口。这里有两种解释：第一种，这些村确实是按照这些金额执行的，那么这些工程将给这些村留下数年甚至十几年的债务；第二种，这些村的实际执行金额远远小于账面金额，村干部在这里面存在较大的操作空间。在第二种情况下，村干部可以与工程承包商串通，把差额中的部分或者全部装入私人的腰包，把部分或全部债务留给村集体。所以，过多地超过村集体能力的工程一定会给村集体带来债务，同时，操作的不规范还将给村干部留下腐败的空间。这就可以解释为什么有些村干部做了一些工程，村民对其认同度反而下降了。村干部合法性的流失使得他们失去了动员村庄内部资源的能力。

村级组织在农村基础设施建设中的重要动员作用使得浙江等地方政府在示范村和整治村建设的相关文件里就明确把村级组织建设作为该村是否列入建设名单的重要条件，建设完成后，村级组织的建设情况也被列为工程验收的重要指标（表4-17）。

表4-17　浙江省村庄示范整治工程考核指标

考核内容	基本指标	单位	基准值	目标值	权重
物质文明建设 45	1. 人均集体可支配收入	元	180	240	5
	2. 人均纯收入	元	5500	7000	5
	3. 基础设施建设		具体要求略		15
	4. 村庄规划建设状况		具体要求略		10
	5. 土地利用		具体要求略		5
	6. 社会保障参保率	%	60	80	5
精神文明建设 15	7. 计划生育率	%		100	5
	8. 义务教育入学率	%		100	5
	9. 社会事业发展状况		具体要求略		5

续表

考核内容	基本指标	单位	基准值	目标值	权重
政治文明建设 15	10. 村务管理		具体要求略		5
	11. 村组织建设		具体要求略		5
	12. 社会风尚和治安状况		具体要求略		5
生态文明建设 25	13. 村庄绿化覆盖率	%	山区县 10 半山区 15 平原县 20	15 20 25	7
	14. 卫生厕所改造率	%	90	100	5
	15. 生产生活废弃物处理		具体要求略		10
	16. 清洁能源利用普及率	%	60	90	3

资料来源：浙江省“千村示范、万村整治”工作协调小组办公室：《浙江省“全面小康建设示范村”考核验收标准及办法》，2003 年 8 月 12 日。

有学者对全国农村抽样调查数据的分析表明，地处城郊或乡村、交通状况对村治的影响不显著；东部、中部与西部地区农村在村治方面无显著差异，但东部农村治理的民主程度略强些，更倾向于“海选”、财务公开周期短，不过村支书在其中多数村掌控财权。经济因素对村治有显著的影响，在经济发展程度较高的村，民主治理的程度较高，这在一定程度上印证了经济发展对民主发展的正相关理论。[①] 由此可见，由于经济发展程度较高的地方民主发展程度较好，经济发展程度较低的地方民主发展程度反而较低，所以经济越不发达的地方村组集体参与农村基础设施治理的难度越大，能力越低。

四、农户的经济实力与公共意识

在农村基础设施建设中，农民的参与一般是以户为基础的，所以农户的经济实力对于农村基础设施建设有重要影响。如果排除农户人口之间的差异，则可从农民人均纯收入衡量农户的经济实力。1980 年，农民人均纯收入为 191 元，2007 年上升至 4140 元，经历了 20 世纪 90 年代以及 2003 年以来的两个较快的增长期（图 4 - 21）。

各地农民经济实力有较大的差异，东部地区最好，以下依次是东北地区、中部地区和西部地区（图 4 - 22）。其原因在于东部地区工业化和城

① 肖唐镖、石海燕：《中国农村村民自治运行的区域特征与经济背景——基于一项全国性调查资料的综合分析》，《华中师范大学学报》（人文社会科学版）2007 年第 6 期。

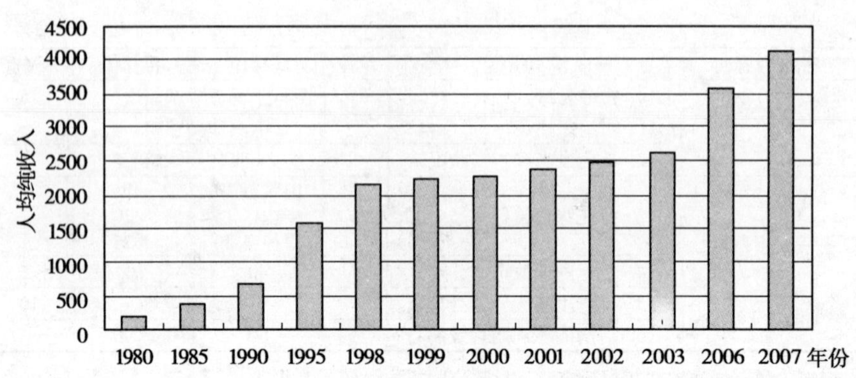

图 4－21 农村历年人均纯收入

资料来源：《中国农村统计年鉴 2000—2008》。

市化程度高，多数农民有或多或少的工资性收入，而且农产品的价值也相对高；东北地区人均耕地面积广，务农收入相对较多；中西部地区则一方面工业化和城市化程度不高，另一方面人均耕地也少，所以农户收入最少。同时东部地区基础设施基础较好，东北地区基础设施建设相对成本低，中西部地区则同时遭遇基础设施基础差和修建成本高的难题，所以在农村基础设施建设上，中西部地区比东部地区，甚至东北地区更为任重而道远。

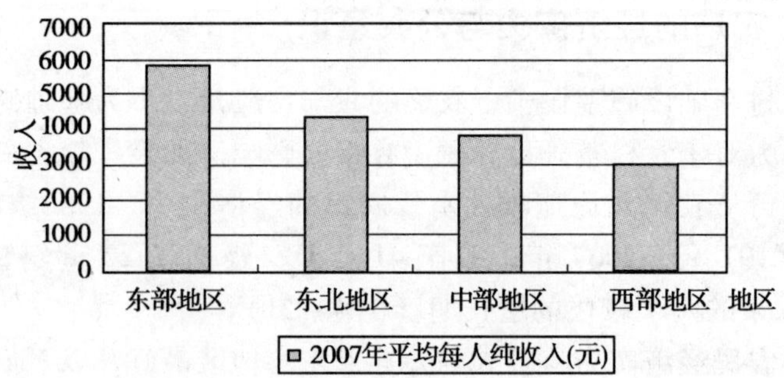

图 4－22 2007 年各地区农村人均纯收入

资料来源：《中国统计年鉴 2008》。

除了经济实力以外，另一个与农民相关的影响农村基础设施建设的重要因素是农民的公共意识，亦即农民对基础设施属性的认识以及由此带来的参与不同种类基础设施建设的积极性。据初步调查，东部地区由于地方政府财政实力相对较强，财政相对较多地投入到公共设施中，所以东部地区的农民对基础设施建设的认识与中西部地区有明显的差异。东部地区的农民对不同类别的农村基础设施属性区分比较明显。例如，他们一般认为村落通往乡镇的道路应当政府负责修建，村内的道路由村集体负责，门前屋后由农户自己负责；自来水总管应该政府或者自来水公司来铺设也由他们管理，进村的部分由村集体统一管理，进户的装备由农户自己购买和维护。村民不太能接受通往乡镇的公路也由自己出钱修建。但是中西部许多农村因为政府投资历来不多，基础设施建设又极为迫切，故而即使像乡村公路这样的设施也多数由不同村的集体共同出钱修建，甚至农户也要筹资一部分。所以相对而言，中西部农民在基础设施治理方面的公共意识要比东部发达地区更高。

五、农村的经济基础与社会资本

除了各级政府、村集体以及农户之外，村域内的企事业单位和其他个人，曾经在该村生活过但后来往外搬迁的人们甚至有宗族关系的外村外乡人口，都有可能参与到农村的某些基础设施建设中来。所以这些单位和个人的经济实力以及农村赖以动员这些资源的社会资本就成为影响基础设施建设的不可小视的因素。

农村的经济基础我们主要通过农村经济收入和其中的乡镇办企业收入两个指标来分析。江苏、浙江、山东、广东与河北等地的农村经济居全国前五位，江苏、浙江、上海、山东、广东等地的乡镇办企业的农村经济居全国前五位；青海、海南、宁夏、新疆、内蒙古五个省区的农村经济和乡镇办企业均在全国后五位（西藏数据缺乏）（图 4－23）。所以相对而言，江苏、浙江、山东、广东、河北与上海等地其他单位和个人参与农村基础设施建设的实力较强；海南、宁夏、新疆和内蒙古等地的实力较弱。

此外社会资本也对农村基础设施建设起着重要作用。活跃于我国农村的传统社会资本主要包括家族型社会资本、宗族型社会资本、亲族型社会资本以及乡土型社会资本。这是基于血缘、亲缘和地缘的社会资本，它们影响着农村基础设施治理中的参与网络与信任合作关系。也有基于现代性的市场化生产经营合作而形成的社会资本。这部分社会资本对于动员村级

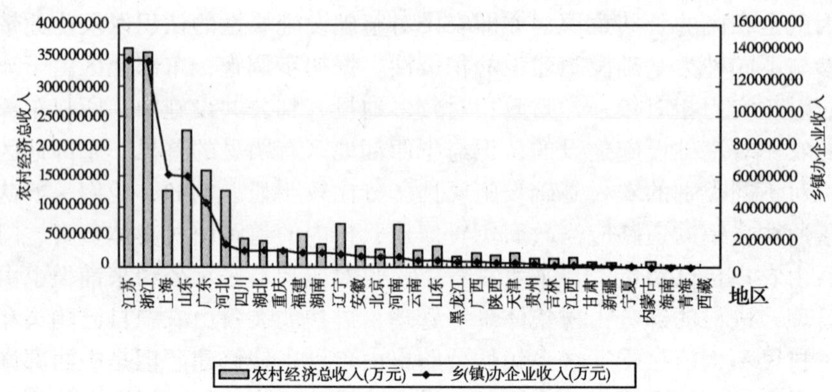

图 4－23　2006 年各地区农村经济收入

资料来源：《中国农业统计年鉴 2007》。

专业合作组织以及村域内的企事业单位参与农村基础设施建设具有重要意义。

第五节　结论与建议

一、基本结论

农村基础设施数据波动状况显示，国家发展战略是偏向于城市还是倾向于农村，对农村发展包括农村基础设施建设具有重大的影响。除了农村基础设施基础欠佳外，国家建设重心长期偏向农村、政府支农支出和农业农村基本建设支出比例不高也是我国农村基础设施建设水平相对滞后的重要原因。

在国家总体水平不高的基础设施建设投资中，有相当一部分用于水利和道路桥梁等方面的基础设施建设，所以使得生产型基础设施普遍好于生活基础设施，更优于社会发展型基础设施。这足以说明，截至目前为止农村基础设施建设仍然是生产导向而不是生活导向，更没有发展到以社会发展为主的阶段，农村基础设施建设的层次总体较低。

在生产型基础设施建设中，节水灌溉、除涝、水土流失治理和治碱等方面取得了较好的成绩，农村总体用电量增长幅度明显大于发电量增长幅度。生活基础设施方面，公路建设和通车率以及电线建设和通电率情况较好，改水工程和自来水受益率以及卫生厕所建设情况一般，农村垃圾处理和环境保护设施较差。在社会发展基建方面，教育基础设施的修缮与维护多于校舍的新增。乡镇卫生院和村卫生室建设方面表现不佳。

从区域间差异来看，西部地区尤其是宁夏、青海、甘肃、新疆、贵州等地农村的基础设施水平普遍较低。同时，中西部地区基础设施近年来的改善程度却超过基础设施建设程度较好的发达地区。这说明基础设施建设的区域差距有望缩小。当然也有一些例外，例如基础教育和医疗卫生方面，无论从生均基建支出还是从校舍建筑面积来看，程度好的与不好的地区分布都没有规律性：发达地区也有建设水平反而差的地方，有些落后地区的建设水平反而好。这也许是因为发达地区的村民对基础教育和医疗卫生的要求层次提升，更多的农村居民进城接受更好的教育与医疗服务，所以农村这两方面的基础设施建设反而有些萎缩。

从治理形式上看，农村基础设施已经开始形成多中心治理的局面，地方政府、村集体、村民和社会各界通过各种形式参与到其中，形成了“建设—运营—转移（BOT）模式”、“租赁—建设—运营（LBO）模式”、“建设—拥有—运营（BOO）模式”、“购买—建设—运营（BBO）模式”、“建设—转移—运营（BTO）模式”等多种基础设施治理模式。在农村基础设施建设中还形成了部门联村和村企结对等模式。

从浙江省的经验来看，生产性基础设施政府出资较多。例如，农村公路建设的近40%的资金由省财政支出；农田水利建设的资金一半以上来自市县和乡镇政府，群众集资18%左右，省政府出资9%，其他资金由民营企业、贷款等途径筹集；河道清理资金县以下政府占60%左右，其他大部分资金另外筹集，省级政府出资不到1%。生活基础设施则以社会出资为主，例如，农村区域供水工程社会投入近70%，村集体近10%，县乡财政20%左右。社会发展型基础设施中基础教育以政府出资为主；卫生设施有村办、乡卫生院设点、乡村联合举办、私人开设以及其他形式，以村办和私人办为主。这种出资结构与农村基础设施多元的公共性较为契合。村民在出资时也渐渐形成一种对不同性质的基础设施明显不同的对待。当然，浙江省只是一个案例，课题组考察的一些中西部地区农村，甚至生产性基础设施建设也由农村社会力量为主要出资者。因为政府的财政能力实在有限，村民不得不形成更多的公共意识。

在农村基础设施多中心治理的影响因素方面，各级政府的财政能力、政府对基础设施建设的激励和引导的政策与措施的力度、村集体的经济实力与组织能力、农户的经济实力与公共意识以及农村的经济基础与社会资本等都对农村基础设施产生重要的影响。因为各地区在这些因素方面的差异，导致各地农村基础设施治理的水平、治理模式等方面都有较明显的差异。

二、政策建议

既然目前农村基础设施建设需要多种主体共同参与，那么就必然要求在增强各种主体的经济实力的同时，通过不同的路径激励和引导各种主体更好更主动地参与其中。从这个角度看，改善农村基础设施治理至少应该从以上方面入手：加大政府对农业农村的投入，整合政府资金；增加和改善村集体经济发展的资源禀赋，加强村集体土地在基础设施治理中的重要作用；改革农村基础设施的产权设置以及建设、使用、管理和维护机制，为企业参与农村基础设施创造利润空间；支持多元的农村基础设施建设模式；为金融机构支持农村基础设施建设提供激励机制；创造有利于农村社会资本发展壮大的经济、社会与文化环境；培养和激发村民参与公共事务的责任感；建立需求导向的农村基础设施供给机制。以下逐一阐述。

第一，进一步加大政府对农业农村的投入，整合政府资金。在农村投资现有增量的基础上，继续增加政府对农村的资金投入。现有对农村投资的增加主要是在财政收入增量的基础上增加的，下一步需要从政府财政收入的存量里继续增加对农业基础设施的投资。同时，注意投资要适当地偏向社会发展型基础设施和生活基础设施，提升农村基础设施建设的层次；把农村基础设施投资从生产导向型向提升农民生活水平和发展农村社会文明转变。在总结试点地区经验的基础上，按照“统一规划、集中使用、各记其功”的原则，整合各级政府（尤其是县乡政府）以及各类政府部门投入农村的资金。在整合各部门资金的基础上，可以适当地统筹安排资金的使用方向，以强补弱。并在时机成熟的时候真正实现城乡基础设施建设统一规划、统筹安排。

第二，增加和改善村集体经济发展的资源禀赋，加强村集体土地在基础设施治理中的重要作用。由于现有法律对农村土地使用范围和产权方面的一些约束，不少农村的集体经济发展乏力，不能很好地支持农村基础设施的建设。中共十七届三中全会对农村土地的使用权利做出了突破性的规定。文件规定："在土地利用规划确定的城镇建设用地范围外，经批准占用农村集体土地建设非公益性项目，允许农民依法通过多种方式参与开发经营并保障农民合法权益。逐步建立城乡统一的建设用地市场，对依法取得的农村集体经营性建设用地，必须通过统一有形的土地市场、以公开规范的方式转让土地使用权，在符合规划的前提下与国有土地享有平等权益。抓紧完善相关法律法规和配套政策，规范推进农村土地管理制度改革。"在这种政策的支持下，通过修改现行法律，使村集体能够将集体土地的建设用地权转让给一些企业，以此换得企业对农村基础设施的资助，或者直接用集体土地的建设使用权换取农村基础设施建设的资金。

第三，为企业参与农村基础设施创造利润空间。由于农村基础设施的特殊性，所以除了部分水利设施和农村自来水之外，其他设施都较难吸引企业进行营利性投资。多数企业对农村基础设施投资是农村社会资本发挥作用的缘故。所以要改善农村基础设施，就需要改革部分农村基础设施的产权设置以及建设、使用、管理和维护机制，让参与农村基础设施的企业保障一定的盈利空间。同时，需要探索和支持多元的农村基础设施建设模式。

第四，为金融机构支持农村基础设施建设提供激励机制。金融机构尤其是商业性金融机构不愿支持农村基础设施建设，多数是因为无利可图或者因为没有担保机制而导致风险上升，所以要激励这些机构支持农村基础设施建设，除了政府出面要求国有商业金融机构增加支持力度之外，更重要的是创新金融产品、创新农村相关资产的产权结构、创新贷款的担保机制，使金融机构愿意主动为农村基础设施提供支持。

第五，创造有利于农村社会资本发展壮大的经济、社会与文化环境。加强农村家族型社会资本、宗族型社会资本、亲族型社会资本以及乡土型社会资本等传统型社会资本，培育现代社会资本。通过促进土地、劳动力、生产技术等生产要素的市场化配置，促进农业生产的市场化、专业化与产业化，促进农村融入现代社会分工与合作机制。农业生产的市场化、专业化与产业化能够促进对农村基础设施建设的需求、提升农村基础设施建设的能力；同时，农村现代分工与合作能够促进新型的信任与合作关系，促进农村社会资本的生长。

第六，培养和激发村民参与公共事务的责任感。要培养和激发村民参与公共事务的责任感，就必须提升村民自治的质量、保障村民的民主选举、民主参与、民主监督与民主管理的权利，通过村级党组织的作用，建立一个廉洁务实的村级管理与服务团队。村民只有信任政府、信任村民自治组织，才能对公共事务有更多的责任感和参与热情。

第七，建立需求导向的农村基础设施供给机制。农村基础设施的供给只有在与农民农村需求相契合的条件下才能更好地发挥作用，才能将紧缺的资源用在紧要的地方。所以，除了坚持与完善农村“一事一议”之外，政府在决策之前应该做更多的调研，了解农村基础设施的需求。如浙江省就在新农村建设期间对全省各乡村基础设施的现状与村民的需求作了普遍的问卷调查，这些调研结果就成为省政府决策的重要依据。

第五章　我国农村基础设施多中心治理的模式

根据农村基础设施的用途，我们可以把它分成生产型基础设施、生活型基础设施和社会发展型基础设施。生产型基础设施包括水电站、灌溉与排洪设施以及道路交通设施等。生活基础设施包括饮水设施、厕所、电线和电话线等。社会发展型基础设施包括科教文卫和社会福利方面的基础设施。

根据国家发改委的有关研究，农村基础设施建设估计需要资金 4 万亿元。如果以 2020 年全面建设小康社会目标实现的时间作为农村基础设施建设完成的时间，平均每年需要投入 2700 亿元。即使各级政府把基础设施建设投入重点转向农村，但这么大的需求单靠政府的财政投入仍然不够，需要多方筹资。[①] 同时，我国城乡公共产品和公共服务尚未达到一体化，农村基础设施的规划、设计、筹资、建设、管理与维护体制与城镇有明显的差异。农村基础设施不能单靠政府这一单一主体进行治理，而是需要借助各种资源、发挥各种相关主体的作用，创新各方面的政策体制，形成农村基础设施的多中心治理。

第一节　农村基础设施多中心治理的理论基础

一、物品性质理论

农村基础设施多中心治理不仅仅因为基础设施建设的公共财政相对不足，还因为农村基础设施建设物品属性的多样性：部分农村基础

---

① 肖海翔：《“公司部门伙伴关系”模式：新农村基础设施供给的新选择》，《财经理论与实践》2007 年第 3 期。

设施属于纯公共产品，有些属于准公共产品，还有些属于私人产品。其中纯公共产品中又有全国性的、地方性的和地方外溢性的公共产品；准公共产品中又有拥挤性和排他性的。另外，多数农村基础设施具有自然垄断性质，受益范围的区域性、有限性和使用上的相对低效性，较弱的可经营性，私人参与的意愿不高。[①] 所以，农村基础设施治理既不能单纯由政府提供，也不能单纯由市场机制和私人提供。其治理主体应该包括中央政府以及各级地方政府，包括各种企业等市场主体，各种社会主体，还包括农民集体及农户。他们形成了多层次的农村基础设施治理体系（表5－1）。[②]

表5－1　　多层次农村基础设施供给体系

<table>
<tr><th rowspan="2">种类</th><th rowspan="2">层次</th><th rowspan="2" colspan="2">项　目</th><th colspan="5">政府主体</th><th colspan="2">市场主体</th><th colspan="2">农民主体</th></tr>
<tr><th>中央政府</th><th>省级政府</th><th>市级政府</th><th>县级政府</th><th>乡镇政府</th><th>特许经营企业</th><th>投资自用企业</th><th>村社集体</th><th>农民个体</th></tr>
<tr><td rowspan="9">纯公共产品性质</td><td rowspan="2">全国性</td><td colspan="2">民兵训练设施</td><td>√</td><td></td><td></td><td></td><td></td><td></td><td></td><td></td><td></td></tr>
<tr><td colspan="2">跨省大型水利与农田基础设施</td><td>√</td><td></td><td></td><td></td><td></td><td></td><td></td><td></td><td></td></tr>
<tr><td rowspan="5">地方性</td><td rowspan="5">广播电视基础设施、小流域防洪防涝设施、公共卫生设施</td><td>跨市</td><td></td><td>√</td><td></td><td></td><td></td><td></td><td></td><td></td><td></td></tr>
<tr><td>跨县</td><td></td><td></td><td>√</td><td></td><td></td><td></td><td></td><td></td><td></td></tr>
<tr><td>跨乡镇</td><td></td><td></td><td></td><td>√</td><td></td><td></td><td></td><td></td><td></td></tr>
<tr><td>跨村</td><td></td><td></td><td></td><td></td><td>√</td><td></td><td></td><td></td><td></td></tr>
<tr><td>村内</td><td></td><td></td><td></td><td></td><td></td><td></td><td></td><td>√</td><td></td></tr>
<tr><td rowspan="2">地方外溢性</td><td colspan="2">义务教育设施</td><td>√</td><td>√</td><td>√</td><td>√</td><td>√</td><td></td><td></td><td>√</td><td></td></tr>
<tr><td colspan="2">农产品流通设施</td><td>√</td><td>√</td><td>√</td><td>√</td><td>√</td><td></td><td></td><td>√</td><td></td></tr>
</table>

① 贾康：《新农村基础设施建设需要新管理模式》，《改革》2006年第3期；贾康、孙洁：《社会主义新农村基础设施建设中应积极探索新管理模式——PPP》，《财政研究》2006年第7期。

② 杨国永等：《福建沿海地区农村基础设施供给方式创新研究》，《福建农林大学学报》（哲学社会科学版）2007年第6期。

续表

种类	层次	项　目	政府主体					市场主体		农民主体	
			中央政府	省级政府	市级政府	县级政府	乡镇政府	特许经营企业	投资自用企业	村社集体	农民个体
准公共产品性质	拥挤性	县高中职业教育设施				√		√			
		乡村水利灌溉设施				√		√	√		
		乡村道路					√		√		
		村中道路								√	
		乡村电网				√	√	√	√		
		医疗卫生排污设施						√	√	√	
		养老院孤儿院								√	
	价格排他性	农村电信电力设施						√			
		有线电视设施						√			
		自来水设施						√			
私人产品性质		中小型节水设备农业机械								√	√
		农民或农户家庭自用生产和生活设施								√	√

资料来源：杨国永等：《福建沿海地区农村基础设施供给方式创新研究》，《福建农林大学学报》（哲学社会科学版）2007 年第 6 期。

二、基础设施可销售性评估理论

除了物品性质理论外，基础设施可销售性评估理论对于基础设施治理也有重要影响。这一理论主要用于支持基础设施治理的 PPP 模式的可行性。世界银行在 1994 年的发展报告中对基础设施的性质进行了分类，并选取竞争潜力、商品或服务的特点、向用户收费补偿成本的可能性、公共服务的责任、环境外部性等五个因素作为基础设施可销售性的评估标准（表 5－2）。按照这一标准，得分越高，可销售性越强。公私合作的潜力可以参照基础设施的可销售性来判断。可销售性越强的基础设施和公用事业项目，私人进入的可能性就越大，那么采用公私合作管理模式的可能性就越大。相反，可销售性越弱的基础设施项目，私人提供的可能性就越小，采用公私合作管理模式的可能性就越小。需要注意的是，研究者已经指出，这种评估体系是针对城市基础设施设置的，用于农村基础设施评价时需要进行调整。①

表 5－2 基础设施可销售性评估体系

		竞争潜力	商品或服务的特点	向用户收费补偿的可能性	公共服务的责任	环境外部性	市场化指数
电信	地方性服务	中	私人产品	高	中	低	2.6
	长途、增值服务	高	私人产品	高	很少	低	3.0
电力和天然气	热力发电站	高	私人产品	高	很少	高	2.6
	电力输送	低	俱乐部产品	高	很少	低	2.4
	电力分配	中	私人产品	高	很多	低	2.4
	天然气生产、运输	高	私人产品	高	很少	低	3.0
运输	农村道路	低	公共产品	低	很多	高	1.0
	铁路货运和客运服务	高	私人产品	高	中	中	2.6
水	一级公路、二级公路	中	俱乐部产品	中	很少	低	2.4
	管道网络	中	私人产品	高	很多	高	2.0
排污	非管道系统	高	私人产品	高	中	高	2.4
	管道排污与处理	低	俱乐部产品	中	很少	高	1.8
	公寓污水处理	中	俱乐部产品	高	中	高	2.0
水	现场处理	高	私人产品	高	中	高	2.4
	收集	高	私人产品	中	很少	低	2.8
灌溉	净化处理	中	公共产品	中	很少	高	2.0
	一级与二级网络	低	俱乐部产品	低	中	高	1.4
	三级网络	中	私人产品	高	中	中	2.4

资料来源：*World Bank*，*World Development Report* 1994：*Infrustructure for Development*，pp. 115. New york，Oxford University Press.

① 贾康、孙洁：《社会主义新农村基础设施建设中应积极探索新管理模式——PPP》，《财政研究》2006 年第 7 期。

三、多中心治理理论

农村基础设施多中心治理的第三个重要理论基础是多中心治理理论。“多中心”一词首先在迈克尔·波兰尼的《自由的逻辑》一书中提出，在文森特·奥斯特罗姆的研究中形成系统的概念，埃莉诺·奥斯特罗姆进一步为多中心理论设置了七个理论假设。他们认为多中心的秩序是这样一种秩序，在其中许多因素的行为相互独立，但能够相互调适，以在一般的规则体系中规制其相互关系。在一组规则之内，个人决策者可以自由地追求其自己的利益，但其利益受实施这些决策规则所固有的约束，没有一组决策者能够单独控制所有决策结构。①

按照埃莉诺·奥斯特罗姆的说法，多中心体制意味着“把有局限的但独立的规则制定和规则执行权分配给无数的管辖单位，所有的公共当局具有有限但独立的官方地位，没有任何个人或群体作为最终的和全能的权威凌驾于法律之上”。② 形成多中心治理需要较强的社会资本和社会自组织能力作为前提条件，并有赖于相应的制度支撑。

多层次农村基础设施供给体系是根据农村基础设施产品不同程度的公共特性，以全面建设与改善农业生产的物质和社会条件为目的，以追求供给效率最大化为原则，将农村基础设施划分为若干个层次，并相应选择合适的供给主体，同时清楚界定各类主体在各层次基础设施供给上的功能作用和主要责任，全面促进新型投融资机制的创新。具体为，属全国性的农村基础设施，应由中央政府供给；属地方性纯公共产品性质的农村基础设施，应由地方政府供给；具有外溢性的地方性纯公共产品性质的农村基础设施则由中央政府和地方政府或各个受益的地方政府共同提供；属于地方性准公共产品性质的农村基础设施，既可以由地方政府供给，也可以由市场供给。

多中心理论在国外较多地被运用于水资源管理、小流域灌溉工程治理、公共池塘资源治理以及城市服务等，其中农村公共设施研究占了一定比例。

---

① 迈克尔·麦金尼斯主编：《多中心体制与地方公共经济》，毛寿龙译，上海三联书店2000年版，第95页。

② 埃莉诺·奥斯特罗姆：《公共事物的治理之道》，余逊达、陈旭东译，上海三联书店2000年版，第4页。

物品性质理论、基础设施可销售性理论和多中心治理理论为农村基础设施多中心治理的必要性、可能性以及具体实施提供了理论基础。需要指出的是，不同国家的政治经济和社会发展模式与制度文化都存在很大的差异，上述带有普遍性质的抽象理论不能直接用于指导我国农村基础设施建设。我国农村基础设施多中心治理模式的具体表现需要通过对具体的基础设施的治理方式进行考察才能得知。

第二节　各类农村基础设施的治理模式

不少研究将农村基础设施多中心治理模式归入“公私部门伙伴关系”(Public Private Partnerships）模式，即 PPP 模式。它由英国的 Reymont (1992）最先创立，是指公共部门通过与私营部门建立伙伴关系提供公共产品或服务的一种合作模式。[①] 该模式支持政府与私营部门建立长期合作伙伴关系，以“契约约束机制”督促私营部门按政府规定的质量标准进行公共品生产，政府则根据私营部门的供给质量分期支付服务费。私营部门根据公共项目的预期受益及政府的扶持力度进行融资和运营，而政府则依托私营部门的创业精神、民营资本及运作能力来提高公共物品的供给效率。

20 世纪 90 年代中期以来，城市基础设施建设投融资模式在传统的计划经济体制下的政府一揽子投资、建设、运营、管理和收费模式基础上日益市场化和多样化，目前国内外已有十多种模式：PPP 模式（源自英国的 Public Private Partnerships，即公私合营)，其中又包括政府购买产品或服务的 PPP、政府提供设施的 PPP、BOT（Build-Operate-Transfer，建设—运营—转让）或 BTO（Build-Transfer-Operate，建设—转让—运营)、BOO (Build-Own-Operate，建设—拥有—运营)、BBO（Buy-Build-Operate，购买—建设—运营)、DB（Design-Build，设计—建造)、DBM（Design-Build-Maintain，设计—建设—维护)、DBO（Design-Build-Operate，设计—建设—运营）以及 DF（Developer Finance，发展商融资等)、TOT (Transfer-Operate-Transfer，移交—经营—移交，即购买已建成项目的股

① E. S. 萨瓦斯：《民营化与公私部门的伙伴关系》，周志忍等译，中国人民大学出版社 2002 年版，第 104—105 页。

权，并承担维护、扩建责任)、BOOT (Build-Own-Operate-Transfer，建设—所有—运营—转移)、“四自”模式（自行贷款、自行建设、自行收费、自行还贷)、“地主型”港口模式（通过港口规划界定港口区域范围，土地交由港口管理机构或者政府主导组成的一个公共企业规划，港口管理机构收取岸线或土地出租费用)、开发性金融合作模式、产权交易模式、项目信托直接融资模式以及股权与债权结合模式等。这些模式各有适用性，有的在我国城市和较大的区域性基础设施建设中已经有所采用（如 BOT 模式、PPP 模式、开发性金融合作模式等)。①

萨瓦斯也对基础设施治理的 PPP 模式进行了分类（表 5－3)。

表 5－3　　基础设施 PPP 管理模式分类

基础设施类型	模　式	描　述
现有基础设施	出售	民营企业收购基础设施，在特许权下经营并向用户收取费用
	租赁	政府将基础设施出租给民营企业，民营企业在特许权下经营并向用户收取费用
	运营和维护的合同承包	民营企业经营和维护政府拥有的基础设施，政府向该民营企业支付一定的费用
扩建和改造现有基础设施	租赁—建设—经营 购买—建设—经营	民营企业从政府手中租用或收购基础设施，在特许权下改造、扩建并经营该基础设施，它可以根据特许权向用户收取费用，同时向政府交纳一定的特许费
	外围建设	民营企业扩建政府拥有的基础设施，仅对扩建部分拥有所有权，但可以经营整个基础设施，并向用户收取费用
新建基础设施	建设—转让—经营（BTO）	民营企业投资兴建新的基础设施，建成后把所有权移交给公共部门，然后可以经营该基础设施 20—40 年，在此期间向用户收取费用
	建设—拥有—经营—转让或者建设—经营—转让	与 BTO 类似，不同的是，基础设施的所有权在民营企业经营 20—40 年后才转移给公共部门
	建设—拥有—经营	民营部门在永久性的特许权下，投资兴建、拥有并经营基础设施

资料来源：E. S. 萨瓦斯：《民营化与公私部门的伙伴关系》，周志忍等译，中国人民大学出版社 2002 年版，第 259 页。

① 刘家伟：《我国农村基础设施投融资模式研究》，《中央财经大学学报》2006 年第 5 期。

一、农村基础设施治理中的公私部门伙伴关系

农村基础设施多中心治理模式也可以概括为公私部门伙伴关系(PPP)中的各种具体模式。除此之外，农村基础设施建设中还采用BT(Build Transfer，即建设—移交模式)模式。这种模式主要在非经营性项目中普遍使用。作为一种新型的投融资建设方式，其主要适用于非经营性的基础设施和公用事业项目，如不收费的公路、桥梁、隧道、港口设施及无法经营的防洪救灾、环境保护、学校、公园等基础设施。BT模式中由于投资人不存在经营期间的风险，具有低风险、投资建设周期短、有一定投资回报率等特点，在市场上受到投资商的肯定。但是，项目运营维护成本仍然需要政府承担。特别是对于经济不发达地区，容易出现基础设施建成后无人维护而最终导致基础设施使用寿命不长，造成浪费。[①]

在农村基础设施建设中推行PPP模式，其必要性在于政府在基础设施上投资不足；农村基础设施社会效益突出、经济效益不足，营利机构不愿单独进行投资。PPP模式中企业参与的一般条件是基础设施可收费，有较好的盈利能力和较强的现金流。其特征是具有双主体供给和双负责机制，也就是政府和企业等组织都作为提供主体和风险责任承担主体。其优势在于在风险分配方面减少了私营部门融资难度和风险，私营部门作为生产者，运作灵活，建设速度更快，资金使用更有效率。[②]

在我国农村基础设施建设中，具体形式包括吸引民间资金、借贷资金介入的多种形式，也包括国务院提出的引导农民自愿出资出劳，开展农村小型基础设施建设，有条件的地方可采取以奖代补、项目补助等办法给予支持等。政府与民间资金合作的主要途径可分为三个方面：一是已有基础设施。政府可以通过出售、租赁、运营和维护合同承包等形式与民营企业合作，由政府向民营企业发放特许经营权证，让民营企业进行经营和管理。民营企业可以直接向使用者收费，也可以通过政府向使用者收费。二是扩建和改造现有基础设施。这方面政府可以通过租赁—建设—经营、购买—建设—经营、外围建设等形式与民营企业合作。政府向民营企业发放

① 甘琳等:《中国农村基础设施融资模式研究》,《建筑经济》2008年第4期。

② 肖海翔:《“公司部门伙伴关系”模式:新农村基础设施供给的新选择》,《财经理论与实践》2007年第3期。

特许经营权证，由民营企业对原有的基础设施进行升级改造，并对升级改造后的基础设施经营管理。经营者在特许权下向使用者收费，并向政府交纳一定的特许费。三是新建基础设施。对于新建的基础设施，政府可以采用建设—转让—经营、建设—经营—转让、建设—拥有—经营等形式与民营企业合作。建设—转让—经营是指由民营企业对基础设施进行建设，建设完成后转交给政府部门，然后再由民营部门进行经营管理。建设—经营—转让是指由民营企业对基础设施进行建设，建成后由民营企业进行经营管理，按照特许经营的合约时间，经营到期后转交给政府。建设—拥有—经营是指由民营企业建设基础设施，建设完成后，民营企业获得基础设施的所有权，同时获得基础设施的“永久性”经营权。①

从另外一个角度，PPP 模式又可以分为合同承包、特许经营和私有化三大类。其中合同承包类由政府投资，私营部门承包整个项目中的一项或几项，并通过政府付费实现收益。特许经营类需要私人参与部分或全部投资，并通过一定的合作机制与公共部门分担项目风险、共享项目收益，公共部门根据项目实际收益向特许经营公司收取一定的特许经营费或给予一定的补偿，项目的资产最终归公共部门保留。私有化类则需要私营部门负责项目的全部投资，建设项目的所有权归私人所有，并在政府的监管下通过向用户收费收回投资实现利润。② 如果进一步细化，可以将 PPP 模式分解成图 5－1。③ 要在农村基础设施建设中成功使用 PPP 管理模式，必须着重注意以下几个关键问题：一是选择盈利能力较强、具有较好现金流量的项目，如果项目本身的盈利能力较弱，则应注意构造较好的盈利模式；对于一些具有较强的社会性、较高的间接经济效益和较弱的直接经济效益的基础设施，可以在构造盈利模式时合理加入垄断性。二是灵活的政策和有力度的激励措施。三是技术上的创新。四是重视财务经济分析。政府如何对项目公司作出承诺和担保，如何商定项目设施的收费标准及收费标准的调整幅度，如何合理形成具体的 PPP 操作方案（合同和专营管理办法），这些都需要财务经济分析作为依据。五是制定有效的专营管理办

① 贾康：《新农村基础设施建设需要新管理模式》，《改革》2006 年第 3 期；贾康、孙洁：《社会主义新农村基础设施建设中应积极探索新管理模式——PPP》，《财政研究》2006 年第 7 期。

② 王灏：《PPP 的定义与分类研究》，《都市快轨交通》2004 年第 5 期。

③ 江苏等部分省市联合课题组：《新农村基础设施建设中运用 PPP 模式的研究》，《中国财经信息资料》2008 年第 7 期。

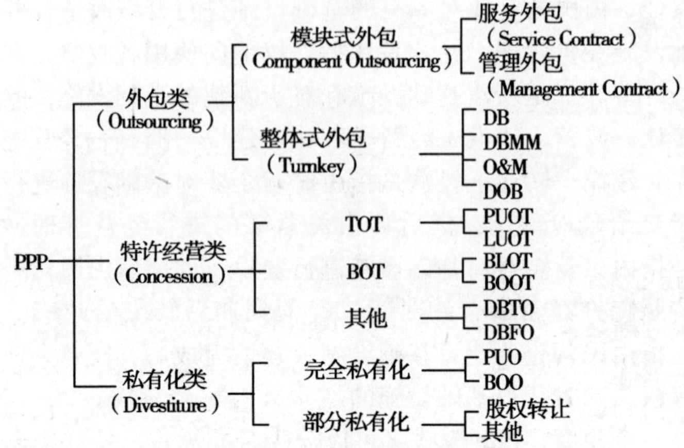

图5－1　PPP模式分类

资料来源：江苏等部分省市联合课题组，2008年。

法。一般应包括以下几方面的内容：首先是要界定项目的边界，其次是明确项目公司的职责，再次是明确政府的权力范围，最后是政府对项目公司的承诺。①

此外，推行PPP模式需要进行相应的政策工具创新，主要包括使用规制、用户收费、产权拍卖、补贴、信息与劝诫、家庭和社区、自愿性组织和市场等形式的政策工具。②

我国基础设施治理的PPP模式已经有较为成功的案例，例如沈阳市秸秆燃气站建设、③ 武汉市石榴红村新农村建设④和江苏凡川乡村道路建设⑤等。以下我们具体从农田水利、农村道路以及农村饮水设施等方面分类考察农村基础设施的多中心治理模式。

① 贾康：《新农村基础设施建设需要新管理模式》，《改革》2006年第3期；贾康、孙洁：《社会主义新农村基础设施建设中应积极探索新管理模式——PPP》，《财政研究》2006年第7期。

② 王春福：《农村基础设施治理PPP模式研究》，《农业经济问题》2008年第6期。

③ 董植葵：《新农村基础设施建设PPP典型案例调查：沈阳市秸秆燃气站建设情况的调查》，《中国财经信息资料》2007年第22期。

④ 《武汉市石榴红村新农村建设的PPP模式》，钟祥财政局网站，2007年11月26日。

⑤ 江苏等部分省市联合课题组：《新农村基础设施建设中运用PPP模式的研究》，《中国财经信息资料》2008年第7期。

二、农田水利设施的治理模式

农田水利设施的多中心治理具有相应的政策基础。如，财政部和水利部对小型农田水利工程建设采用“民办公助”方式，对农户、农民用水户协会、农民专业合作经济组织和村组集体等自愿开展小型农田水利工程建设的项目，财政给予补助。①

从国内外实践来看，农田水利设施主要有四种供给制度模式：政府集权供给制度模式、完全的市场供给制度模式、农民自愿合作供给制度模式、混合供给制度模式。② 也有人将其表达为私人治理模式、用水户参与式治理模式、集权治理模式和自主治理模式等。私人治理模式中，投资主体为设施所服务农田之上的土地所有者或经营者，除国家少量补助外一般由私人单独投资建造并由所有者经营使用，设施的建、管、护决策由所有者独立做出。参与式治理模式是指在政府政策的宏观调控和公共财政的扶持下，把原集体经济组织和水利主管部门对设施的经营管理权移交给水利工程服务区域内的用水农户，使他们以主人的身份担负设施的治理责任。集权治理模式是政府扶持、农民出工投劳共同兴建，建成的设施归集体所有，实行集体管理，治理决策由行政主管部门自上而下给出。自主治理的组织机构是农民用水户协会，设施灌溉区域内的用水户都可作为协会会员，每一家农户户主为当然的本户用水代表。用水户代表组成用水户代表大会，并由大会公开民主选举协会主席、副主席和执行委员会。执委会拟定协会章程和制度，章程和制度应向用水户公开并由用水户大会通过。③

多中心治理模式在我国农村大型灌溉基础设施中得到使用。我国大部分大型灌溉基础设施是在人民公社时期修建而成的。人民公社超强的政治动员能力，有利于降低灌溉基础设施供给中的协调成本与组织成本，但是在经济效益、适应性和维护责任等方面有明显的弊端。家庭联产承包责任

---

① 财政部、水利部：《中央财政小型农田水利工程建设补助专项资金管理办法（试行）》，财农［2006］124号，2006年8月21日。

② 陆昂、李郁芳：《从农田水利建设投入看当前农村公共品供给困境：广东省农田水利投入现状分析及思考》，《农村经济》2007年第11期。

③ 刘铁军：《产权理论与小型农田水利设施治理模式研究》，《节水灌溉》2007年第3期。

制实施后，分散的农户难以组织起来对灌溉基础设施进行管理，集体行动问题无法得到解决。此后，“参与式灌溉管理”和自主治理方式得到发展。①

我国农村小型水利工程也采用参与式管理形式。其主要模式有农民用水者协会、股份合作制、承包、租赁、拍卖、村集体管理等。其中的农民用水者协会是按水文边界（支渠或斗渠），由渠系内的用水户共同参与组成的一个有法人地位的社团组织。由于农民不仅参与工程的运行和维护，而且有权选举自己信得过的人组成执委，并直接参与到重大事务的决策，如支、斗渠维修计划的制定和协会收取的水费使用等，达到了民主管理和用水自主的目的。“股份合作制”是以合作办水利和“谁受益、谁负担”的原则，调动社会的一部分力量，多方投资入股，合作经营，共同管理，参与分红，得到合理投资回报所组建的一种管理实体。承包是在工程产权不变的情况下，由管理局（站）将一条支渠（包括支渠以下的斗渠）的管理权委托给承包人，以合同的形式明确双方权利、责任、义务，同时还需相应的任务指标，实行自主经营，使经营管理真正有人负责。承包人需要交付一定的风险抵押金（抵押金可在承包期结束后返还给承包人）。在所有权不变的前提下将渠道的经营管理权出租给个人或合伙人，由承租人负责渠道的更新和改造。租赁是承包经营管理的另一种形式，进一步分清所有权和经营权，使承包人在管理上有更多的自主权、经营管理权。承租人在交付一定的租赁费后，还要承担渠道改造的工程费，工程费要上交灌溉管理站，由其代管，管理站监督、指导承租人按工程计划使用工程费。承租人要承担更多的经济责任和风险，因此这种租赁形式的承包更偏重于自主经营，自负盈亏，适用于公益性不强，但工程条件较差，以经营为主的农村水利工程。拍卖是在所有权不变的前提下（所有权仍属于乡、村集体），用公开竞标的承包方式，将工程在一定年限内的不便于集体管理经营的支、斗渠或提灌站、灌溉机井等核定底价，将经营管理权公开竞价，确定业主，由其自主管理、改造、开发和经营，经有管理权限的价格主管部门核定水价，并允许继承和转让。村委集体管理就是水利工程设施的管理工作由村委负责承担。由村里通过选派、推荐或其他形式选出责任

① 蒋俊杰：《集权化模式的兴起与瓦解：一项对我国农村灌溉基础设施供给模式的制度分析》，《云南行政学院学报》2007 年第 6 期。

心强的、懂水利的村民对村里水利设施进行维护管理，主要管理人员有一定的补贴，主要职责就是实行水利设施日常的维护、保证灌溉供水、收取水费、解决纠纷等（表5－4）。[①]

国际上也有类似的治理模式。如，世界银行、国际灌溉管理委员会、国际粮农组织等对于先后提出推行“用水户参与灌溉管理”（Participation On Irrigation Management，简称PIM）、“把灌溉管理的责任和权力从政府转移到用水者身上”（Irrigation Management Transfer，简称IMT）和经济自立灌排区（Self-financing Irrigation and Drainage District，简称SIDD）等治理模式。PIM重在强调用水农户的参与，IMT则更强调管理权力的下放，SIDD则把市场机制引入灌区管理，强调灌区的经济自立和设施的可持续利用。[②]

表5－4　农田水利各种治理模式的特征

模　式	特　征	适用范围	局限性
私人治理模式	独立投资、独立管理、独自受益	服务范围小，外部性小的微型工程	农户个人投资力量单薄；外部性使得供给不足；不能供应大型设施
用水户参与式治理模式	经营者和受益者统一，易于实现公平；管理有效、具有长期性	多用户的设施	设施的所有权与经营权的分离抑制了农户投资的积极性
集权治理模式	集体投资、集体所有、集体管理；决策自上而下	比较大型的基础设施	产权不清晰、决策机制单一、责权利不统一，供给与需求的不对称，导致高交易成本、低效率和浪费
自主治理模式	成立用水户协会进行管理；用水户拥有使用权和所有权；决策由用水户通过民主形式作出	多用户的设施	

资料来源：作者制作。

三、农村道路的治理模式

一般公路的建设有BOT、TOT、ABS和PFI等几种模式。BOT模式适合项目投资额巨大、收益稳定、投资期长的基础设施项目。TOT模式适用

① 杨春、陆文聪：《新农村视角下农民参与式小型水利工程管理体制研究》，《中国农村水利水电》2007年第6期。

② 刘铁军：《产权理论与小型农田水利设施治理模式研究》，《节水灌溉》2007年第3期。

的项目与BOT近似，只是运行模式有所不同，变得更为简便并且降低了投资者的风险。ABS（Asset-Backed Securities，资产担保证券）模式，其发行基础是资产项目在当前和未来所产生的稳定的现金流，所以其成功与否的关键在于资产项目未来的收益能力，项目收益应能够足以还本付息。此外还有PFI（Private Finance Initiative）即民间主动融资，是对BOT项目融资的优化，其基础是政府具备偿付能力或项目稳定收益能力。

但农村公路建设融资并不适用于以上融资模式。因为从性质上看，农村公路是一种典型的公共物品，不存在收费的可能；从项目规模上看，农村公路的单项规模很小，投资比较分散；从投资能力看，在最近一段时期内中央政府和地方政府的财力难以独力承担全部的建设资金。基于此，现有的投资模式难以实现农村公路融资的功能：农村公路的单项投资不大，不适合债券融资；农村公路是不可能收费的，如果采用银行信贷方式进行融资，实际上最终还款还是靠财政资金，并未起到从其他渠道融通资金的作用。对于BOT、TOT、ABS、PFI等投融资模式，最基本的条件是政府具备偿付能力或项目自身具有稳定收益，而农村公路建设的现实是政府财力与投资需求存在一个客观的缺口，加之农村公路的免费性质，投资者必然会望而却步。同时，BOT、TOT、ABS融资具有一定的门槛，适于投资单体较大项目，这也与农村公路的特点相悖。所以，这些曾在以高速公路为代表的公路建设中发挥重要作用的投融资方式并不适合农村公路投融资。①

基于这种考虑，有学者提出，农村公路的投融资可以设计一种“外部型产权证券”（Externality Property-rights Securities，EPS）的融资模式。即通过农村公路外部性界定，将其中的部分外部性产权化，并将其转换成金融市场可以出售和流通的证券。其过程如下：政府首先把外部性税收增量证券化为“税收增量抵扣证券”，打包出售给SPV（Special Purpose Vehicle，特设机构），回收资金用于农村公路建设；SPV在农村公路外部性产权市场中可以将政权出售给投资者，也可以通过证券投资赢利，投资者通过购买承诺利率较高的“税收增量抵扣证券”获得回报。② 但是这种融

① 刘峰涛：《农村公路投融资：外部性与产权市场的视角》，《农业经济问题》2008年第2期。

② 同上。

资方式同样可能遭遇农村道路营利性弱的瓶颈，要树立投资者对“税收增量抵扣证券”预期收益的信心还有相当的难度。

各地农村公路建设采用了各自的具体模式。如，陕西省采取了市政债券的形式。它是指通过一定的审批手续，向社会发行约定在一定期限内还本付息的债券。这种债券以地方税收能力作为信用基础；以发行人（有关地方政府）的一种或几种方式的税收作为偿债资金，与各级政府的财政收入预算联系在一起。[①] 此外，浙江省农村公路建设资金采取“以地方自筹为主，中央和省补为辅”的原则。各级政府建立通村公路改造资金投入机制，落实好配套资金，在与中央和省补助资金拼盘后，统一管理使用。农村公路改造资金主要用于工程建设，改造中发生的征地拆迁应主要由当地乡镇通过土地调整等办法解决。各县（市）政府、乡（镇）政府、建设单位在不增加农民负担的前提下，采取“一事一议”的办法，引导农民自愿出义务工，并积极动员社会、企业、个人以各种形式支持农村公路的改造。[②] 为监督考核工程进展与质量，浙江省还开展了乡村康庄工程建设项目绩效评价工作。按照《转发财政部关于印发中央经济建设部门项目绩效考评管理办法（试行）的通知》和《交通预算项目绩效考评管理办法（试行）》的要求，对康庄工程的实施内容、功能、资金管理、经济效益、公共效益五个方面进行绩效评价。

四、农村饮水设施的治理模式

农村饮水设施的具体治理模式包括：城乡一体化供水模式、联村集中供水模式、单村集中供水模式和分散供水模式。同一省市农村饮水设施可能有多种模式。以福建省为例，农村集中式供水占51.29%；分散式供水占48.71%；集中式供水水源以水库为主，占38.06%；分散式供水以浅井为主，占49.49%；以地面水为水源占41.4%，以地下水为水源占58.6%。[③]

推行城乡一体化供水模式，一方面要推进原有供水企业的产权制度改

---

① 李玲玲、朱玉春：《陕西省农村公路基础设施融资方式研究》，《特区经济》2008年第3期。

② 浙江省交通厅乡村康庄工程办公室：《浙江交通乡村康庄工程实施意见》2003年12月1日。

③ 陈国忠等：《福建省农村饮用水现状调查》，《中国公共卫生》2008年第3期。

革，按照产权清晰、权责明确、政企分开的原则组建供水股份公司、有限责任公司等形式的法人企业，负责原有供水设施的建设、运行和管理，做到自主经营，自我发展。另一方面，对面向农村居民供水的新建（更新）供水设施可采用委托原供水企业（改制后的股份有限公司或有限责任公司）管理，或者组建用水合作组织自主管理。

联村集中供水模式中，政府部门逐步退出对工程的直接经营和管理，其职能转变为提供政策支持和服务，协调供水与用水户之间的关系，促进工程的良性运行。可以将全部资产（含政府补助资金形成的固定资产）移交有关各村村民代表大会所有；组建用水合作组织，理事由各村村民代表大会选举产生；建立用水户全过程参与机制；由用水户组织组建供水站，实行专业管理；县供水管理总站或乡镇水管站负责提供政策和技术支持；逐年提高工程大修、折旧费提取比例，并计入成本。联村集中供水工程也可采取委托管理方式，即由用水户协会委托乡镇水利管理站负责管理。或者采用分级管理，即村以上的骨干工程及附属设施由乡（镇）水利管理站负责管护，村级以下工程由受益村的用水合作组织管理。

单村集中供水模式可以成立用水户协会，并让用水户协会成为工程设施的所有者、使用者和管理者，成为完全意义上的主人，从而承担起管护责任和义务。为了保证工程产权的明晰，农村饮水工程竣工验收后，应由政府部门向受益村办理固定资产所有权、管理权移交手续。全部工程（含政府补助资金形成的固定资产）属于村民代表大会或用水户协会所有。可采取灵活多样的形式，根据地区实际和工程情况，由村民委员会决定采用指定专人、承包、租赁、股份合作、拍卖经营管理权等管理模式，并制定相关管理制度，落实工程运行管理和责任人。由私人投资或股份制修建的单村供水工程，由业主负责管理。

分散供水模式以一家一户和联户农民自用为主的微型饮水工程，实行“自建、自有、自管、自用”，其产权（包括国家补助或其他社会资助）归个人所有，应由政府部门颁发产权证书明确农户的所有权，可以继承和转让。分散供水工程的工程产权明晰，管理职责明确，受益主体明确。①

① 张汉松：《深化农村饮水工程管理体制改革促进工程良性运行》，《中国农村水利水电》2007年第2期。

第三节　农村基础设施多中心治理的过程考察

以上我们对农村基础设施多中心治理进行了横向分类考察，接下来我们对其进行纵向环节考察。农村基础设施的治理不仅仅包括筹资和建设，而且包括规划、设计、筹资、建设、使用、管理与维护等整个过程中的各个环节。下面我们主要从需求、融资、管理和维护这三个重要环节进行基础设施多中心治理的过程考察。

一、农村基础设施的需求

不同地区农村居民由于自身收入水平、文化理念、消费和生活习俗等方面原因，对基本公共服务的实际需求偏好会有差异。目前城乡公共服务供给主要是政府主导的，还缺乏农民对多样化公共服务的需求表达机制。因此，建立与完善城乡均等的基本公共服务体系，需要以农民的真实需求为导向，以公平、效率、效益为目标，考察分析农村基本公共服务的决策机制。在基本公共服务提供过程中，应该尽可能加强基本公共服务享受者的自主选择，减少计划经济色彩的“配给制”，同时要避免村委会少数人决定基础设施提供的种类。有研究认为，43.87%的村民认为村里修路、修水渠等事的方案是由村干部决定的，有22.97%的村民称不知道是怎样决定的。

村民的需求和融资意愿受多种因素的影响。一项基于安徽凤阳5536户农村居民的调查发现，由于农村基础设施薄弱的现状，村民对设施具有极其强烈的需求，而且需求意愿呈现出“生产型”设施优于“生活型”设施的特点。但是其融资意愿与需求强度相关度不高（除道路外），期望政府补贴一定比例的资金。从家庭特征来看，外出务工提升了村民对基础设施的需求强度和融资意愿，而家里有处于后义务教育阶段的孩子则会对融资意愿产生负的影响。[①] 也有研究发现较低的税负、较高的非农从业人员比例、较高的财政自给程度都会促进农村固定资产投资需求。农村固定

---

① 白南生等：《村民对基础设施的需求强度和融资意愿》，《农业经济问题》2007年第7期。

资产投入需求具有一定的惯性。农业省份相对落后，与发达地区相比，对基础设施的需求更强烈；固定资产价格的增长也会虚增一部分农村固定资产投资额。①

就农田水利设施而言，其需求受个人特征、家庭特征和村庄特征的影响。② 此外，有人调查了湖北省石首市农户对获得安全饮水的支付意愿。研究结果表明：该市农户对农村饮水安全的支付意愿较高，71.5%的农户表示愿意支付，平均支付金额为121.94元。③

二、农村基础设施多中心融资

农村基础设施的融资受到农村金融体制的影响。1978年以来农村金融体制改革的政策演进可分两大阶段：第一阶段（1978—1995年），农村金融体制改革的思路是“农业银行商业化，农村信用合作化和农村民间信用规范化”，形成以农业银行为主导，农村信用合作社为基础，其他金融机构和融资方式为补充的多元农村金融体系。第二阶段（1996—2005年），以农村信用社改革为重心，建立和完善以合作金融为基础，商业性金融和政策性金融分工协作的农村金融体系。民间金融受到压制。④ 目前，我国基本上形成了政策性金融和商业性金融并存的农村金融体系。其中政策性金融主要来自农业发展银行，商业性金融主要来自农村信用社、农业银行和邮政储蓄银行。农村金融服务水平虽有较大提高，但农村金融体系仍不适应新农村建设的需要。一是农村地区特别是中、西部地区信贷资金外流问题比较严重，信贷资金不足问题困扰着农业和农村经济发展。二是政策性金融和商业性金融都比较薄弱，金融机构对农村资金投入力度不够，农民贷款难问题没有得到缓解。三是农村金融机构和市场体系不健全，信贷产品和服务单一，信贷担保、农业保险等发展滞后。四是农村金融的结构和运作机制存在严重的缺陷：机构网点少，金融基础设施建设亟

① 王志刚：《中国农村基础设施需求的测算》，《财政研究》2007年第12期。

② 孔祥智、涂圣伟：《新农村建设中农户对公共物品的需求偏好及影响因素研究：以农田水利设施为例》，《农业经济问题》2006年第10期。

③ 李伯华等：《基于农户视角的江汉平原农村饮水安全支付意愿的实证分析：以石首市个案为例》，《中国农村观察》2008年第3期。

④ 匡家在：《1978年以来的农村金融体制改革：政策演变与路径分析》，《中国经济史研究》2007年第1期。

待加强，农村金融服务方式、服务手段落后。为此，需要进一步对农村金融组织进行改革和重新定位，加快构建符合农村金融需求特点、功能完善、分工合理、产权明晰、监管有力的农村金融体系。①

不同类别的农村基础设施，其特点不同，融资模式也不尽相同。② 例如，农村道路具有非竞争性和非排他性，对其收费的成本很高，受益范围有限，投资者从项目本身难以获得相应的收入，但是可以采取 PPP 模式，以资产置换的形式给予投资者回报；农村安全饮水具有自然垄断性，属于可收费的基础设施，但可经营性相对较低，可以采用 BOT 模式，在经营缓解政府提供优惠政策以及给予补贴；农村沼气具有纯公共品性质，也可以收费，但独户的沼气则具有私人物品性质，所以可以采用多种形式融资；农村用电具有自然垄断性质，属于可收费的基础设施，可以采用 BOT 模式，政府可为此提供优惠政策（表 5 – 5）。

表 5 – 5　　农村基础设施的融资特点

农村公路（A）	具有非竞争性和非排他性，对其收费是不可能的，受益范围具有明显的区域性和有限性	虽然从项目本身不能获得收益，但是可以采取 PPP 模式进行融资，考虑以资产置换的形式给予投资者回报
安全饮水（B）	具有自然垄断性质，属于可收费的基础设施，较低的可经营性	可以采用 BOT 模式，在经营环节政府提供优惠政策以及给予补贴
农村沼气（C）	农村户用沼气是清洁能源，具有纯公共品性质，政府免费供给为主	由政府投资建设，资金投入主要依靠省级和地方公共财政支出，可以采用 BT 模式以及财政融资缓解政府财政资金压力，也可以通过出售已建用电、用水等可经营性设施的部分产权或经营权获取建设资金
农村用电（D）	具有自然垄断性质，属于可收费的基础设施	采用 BOT 模式，政府提供优惠政策

资料来源：甘琳等：《中国农村基础设施融资模式研究》，《建筑经济》2008 年第 4 期。

我国基础设施的实际融资状况如下：农田水利投资具有投资总量呈阶段性增长之势，农业水利基建投资总量增长与国民经济总体发展水平密切相关，农业水利基建投资贡献显著但在 GDP、财政支出和基建投资总额

① 马勇：《构建新农村建设资金支持体系的路径思考》，《安徽农业科学》2008 年第 16 期。

② 甘琳、蒋日雄、傅鸿源、申立银：《中国农村基础设施融资模式研究》，《建筑经济》2008 年第 4 期。

中所占比重偏低。[①] 广东省的农田水利设施投资中，中央投资和省级其他部门投资比重很小，主要是省级水利、市、县与乡镇及群众自筹。县级的比重基本稳定在18%左右，乡镇及群众自筹基本稳定在22%左右。[②] 在饮水基础设施方面，江苏、甘肃、四川、山西、吉林和河北六省的数据表明，村一级组织和农民自己负担了他们生活用水投资的很大一部分。乡镇及以上政府的生活用水投资策略还是侧重于改善和提高不发达地区农民的饮用水设施（表5－6）。[③]

表5－6　1998—2003年部分省生活用水投资项目的资金来源

省份	总数（个）	政府投资项目		村自筹资金项目		两者共同投资项目		上级投资分额(%)	村自筹投资分额(%)
		数量（个）	比例（%）	数量（个）	比例（%）	数量（个）	比例（%）		
江苏	217	21	9.7	149	68.7	47	21.6	31.1	68.9
甘肃	136	76	55.9	24	17.6	36	26.5	87.4	12.6
四川	74	21	28.4	42	56.7	11	14.9	44.9	55.1
陕西	132	53	40.2	44	33.3	35	26.5	71.1	28.9
吉林	58	18	31.0	23	39.7	17	29.3	60.4	39.6
河北	161	35	21.7	103	64.0	23	14.3	34.8	65.2
合计/平均	778	224	28.8	385	49.5	169	21.7	49.4	50.6

资料来源：中国科学院农业政策研究中心“农村贫困与发展”课题组调查数据，转引自陈默等《中国农村生活用水投资情况及区域分布》,《农业现代化研究》2007年第3期。

三、农村基础设施多中心管理与维护

在农村基础设施管护过程中，可以从技术因素、收益问题及受益农户集中度等维度进行考量，选择不同的管护主体和方式。一般来说，技术因

① 杜威漩：《中国农业水利基建投资的实证研究》,《农业技术经济》2005年第3期。

② 陆昂、李郁芳：《从农田水利建设投入看当前农村公共品供给困境：广东省农田水利投入现状分析及思考》,《农村经济》2007年第11期。

③ 陈默等：《中国农村生活用水投资情况及区域分布》,《农业现代化研究》2007年第3期。

素难以解决的，通过招标的形式进行管护；村民可以解决技术问题，而且有一定收益的，可以通过拍卖的形式管护，如自来水设施、有线电视线路、提水泵站、水库和小型堰塘；技术问题可解决又无收益的，如果受益农户相对集中，可以采用协会管护的形式，如小型农田水利设施；否则采用分段管护的形式，如乡村公路。①

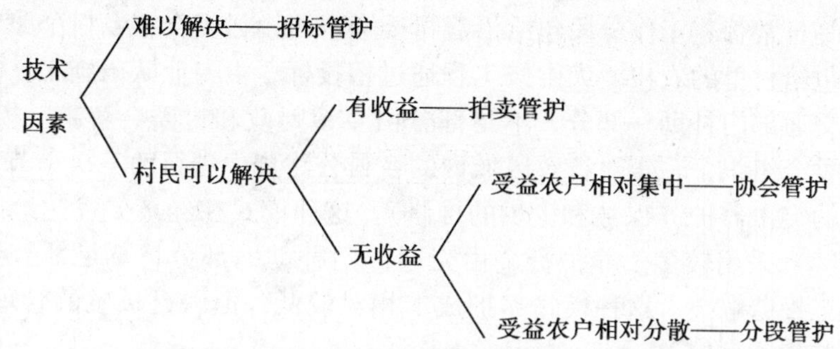

图 5－2　农村基础设施各类管护方式及其条件

资料来源：刘学甫：《着力构建农村公益设施长效管护机制》，《农村经营管理》2007 年第 9 期。

在公路养护中，浙江省东阳市积累了以下四种模式。一是以行政村为单位，落实乡村公路养护工作任务，明确村支书为责任人，由行政村推选养护人员，开展养护工作；二是以工作片为区域，副片长为责任人，每片区推选 2 名养护工，承包养护工作；三是由村镇推选养护工，镇政府以每月发放工资的形式承担养护工作；四是由街道确定 3 名养护组长，由养护组长根据工作量的大小聘用或雇请临时工，进行养护工作。其中第一种分工散，经济收入不均，上路时间保证困难，路况不稳；第三种以每月发放工资的形式，不能体现工作量的大小，业绩考核难度较大，有平均主义大锅饭现象，积极性不好调动，效果不明显；第四种因人员少，养护里程长，为了节省资金，难免会出现养护工作脱节，存在养护不平衡现象。第二种人员少但能体现定员、定岗、定时、定里程及多劳多得的效果，在片组和管理人员的监督下，上路率能够保证，效果比较明显。②

① 刘学甫：《着力构建农村公益设施长效管护机制》，《农村经营管理》2007 年第 9 期。

② 徐益丰、何六明：《农村公路养护与管理思考》，《公路企业管理》2008 年第 7 期。

浙江省交通厅整理出浙江省乡村道路养护的三种模式。模式一：由乡镇成立固定的专门养护队，负责乡村道路的日常养护和大中修。养护队有固定的工作场所，并有少量的机具设备；养护资金由交通部门补助一部分，不足部分由乡镇财政解决。这种模式一般在经济较发达的乡镇采用较多。模式二：乡镇政府按行政区域将乡村公路的路面保洁、巡查、行道树维护等日常管养工作分段包给沿线村委会，再由村委会将乡村公路养护工作承包给村里的农户。大中修工程通过招投标，由专业队伍施工；养护资金由交通部门补助一部分，不足部分由乡镇财政和村委会解决。模式三：由村委会组织，一年对行政区域内的乡村公路集中进行两三次季节性、不定期的突击养护（保洁和少量的维修）。这种模式在经济欠发达地区（特别山区）采用较多。养护资金由交通部门补助一部分，不足部分主要通过投工投劳解决。这种模式养护成本相对较低，但缺乏长效的管理手段，而且养护质量较差。①

公路养护中的资金来源主要有：地方财政投入、以工代赈、“一事一议”、车购税、小机养路费、汽车养路费、民车建勤、社会筹资和贷款等。其中的以工代赈资金源于中央财政，只适用于贫困县。“一事一议”主要是农村集体用来筹集公路养护资金的渠道，这种渠道筹资不稳定。车购税是中央政府每年在车购税支出预算中安排一定的资金，用于补助农村公路建设，引导地方资金投入农村公路。小机养路费是指拖拉机养路费、摩托车养路费、农用运输车养路费、畜力车养路费等。小机养路费是目前农村公路建设和养护最为明确、最为稳定的资金渠道，但其征收额度有限。此外，一定比例的汽车养路费用于农村公路的新机制正在形成。民工建勤和车辆建勤简称为民车建勤，是通过组织公路沿线农民群众义务投工投劳的一种建设和养护道路形式。随着农村税费改革的推进，这个渠道正在退出历史舞台。社会筹资也是各地发展农村公路普遍采用的方式，其具体形式各异，通常有：拍卖农村公路及大中型桥梁的冠名权、绿化权、路边资源的开发权，社会捐赠、企业捐赠和个人捐赠等。部分地区采用与高速公路等收费公路捆绑贷款、延长既有收费公路收费期限的方式，筹集农

---

① 浙江省交通厅课题组：《我省农村公路养护管理模式的探讨与研究》2007 年 2 月 14 日。课题组组长：薛振安；副组长：郑黎明；课题组成员：张德理、侯利国、寿华、马建青、汤红艳、李飞泉。

村公路建设资金，包括利用国际金融组织的贷款。①

在饮水设施管理中，有以下几种管理方式：对于规模供水工程，通过组建自来水公司来管理，能够做到工程可持续运行；小型村镇供水工程，由村委会牵头负责或租赁承包经营，只要有明确的管理制度和管理人员，基本上可维持工程正常运行。具体方法包括：一是由乡镇政府或村委会负责，指定几名专门人员，负责收费、维修、消毒等日常业务。经费不足通过乡镇财政或村集体补贴，或通过提高水价解决。有的地方实行一户一表制度，有具体的水价办法和管理制度，水质由县防疫站或大自来水公司检测。二是租赁承包经营。工程通过多种渠道资金建成，为集体性质，建成后采取租赁承包的经营方式。另外，还可以推行用水户协会和参与式管理比较适用于小型村镇饮水工程，尤其是单村的工程，因为这类工程受益范围小，关系比较简单，比较容易协调，工作量相对较小，前期动员成本较低。②

第四节　农村基础设施多中心治理的重要因素

在农村基础设施多中心治理的过程中，除了农村基础设施的性质、可销售性和各种治理主体的能力和意愿等因素外，还有一系列因素对其治理效果产生重要影响。这些因素主要包括农村基础设施的产权是否能够合理明确地界定、农村基础设施投资是否具有效率以及多中心治理中的招标和拍卖环节是否规范等方面。

一、产权改革

此中所指的产权不是指人与物之间的关系，而是指由物的存在及关于它们的使用所引起的人们之间相互认可的行为关系。当农村基础设施存在外部效果时，通过产权分配可以将外部效果内部化，从而促进基础设施的

---

① 杨文银、王太：《农村公路资金渠道配置评价的相对标度法》，《中国公路学报》2007 年第 6 期。

② 游雪现、曾瑞胜：《浙江省农村供水可持续运行管理体制调查研究》，《中国农村水利水电》2007 年第 2 期。

有效提供。

产权分配影响到多种基础设施的有效治理。有研究指出，小型农田水利设施建设滞后原因是多重的，既有产权制度的缺陷，又有经营管理制度的不足，[①] 但管护体制不顺的主要原因是农田水利设施集体产权比重过高，所有者缺位，经营权模糊等。因此，在农田水利设施的管理中，可以采取稳定集体所有权，放活经营权的方式改善管理。如，可以通过承包、租赁等方式实现集体农田水利设施经营权流转。同时，为防止承包人和承租人在承包期或承租期内掠夺式经营及集体资产流失，应充分发挥用水户协会内部的自我监督和日常养护作用。此外，也可以通过变集体产权为私人产权和法人产权的形式改变产权模糊、产权主体缺位的状况。如，可以通过拍卖直接将一部分中小型农田水利设施转让于自然人或者法人；也可以通过作价入股变更规模较大的农田水利设施的所有权，在合理估价的基础上，分配给农户应有的股份，农户可以保留自己拥有的股份，也可以通过一定的组织将其出售。还可以采用合作制的方式整合这些小型农田水利设施，即组织农户以其拥有的不同类型、不同功能的设施参与合作，农户拥有的不同设施通过重组，在合作组织内部形成一套功能齐全的农田水利设施。合作组织内部成员可以免费使用这些设施，合作组织外部的人员可有偿使用这些农田水利设施，并由合作组织内部成员筹集养护资金，主要由设备的所有人负责养护。[②]

二、投资效率改善

因为农村基础设施投资相对不足，所以特别需要对农村基础设施治理的绩效进行评价、管理与提升。但不同的基础设施，其投资效率的评价体系以及改善路径不尽相同。比如农村公路治理可以从规划与执行的一致性、资金管理、工程效果以及经济社会效益等方面进行评价、管理与改善。[③] 可以从建设规模一致程度、工程质量、资金管理的规范性、项目规

---

① 刘铁军：《产权理论与小型农田水利设施治理模式研究》，《节水灌溉》2007 年第 3 期。

② 刘成玉、孙小燕：《产权改革：理顺农田水利设施管护体制的突破口》，《农村经济》2006 年第 11 期。

③ 梁国华、马荣国：《对农村公路绩效评价的探讨》，《交通企业管理》2007 年第 9 期；梁国华、杨 琦、马荣国：《农村公路绩效评价指标体系的构建方法》，《中国公路学报》2007 年第 6 期。

划与执行的一致性、项目实际工期与计划的一致性以及实际实施程序与要求的一致性等角度对农村公路规划与执行绩效进行管理、监督与改善（表5－7）。①

表5－7　规划与执行绩效评价指标体系

一级指标	二级指标	三级指标
农村公路规划与执行一致性	建设规模一致性	里程完成比例
		公路通乡（村）比率
		等级公路通乡（村）比率
		通乡（村）比率硬化率
	工程质量	质量合格率
		质量优良率
	资金管理的规范性	资金超支率
		资金到位率
	项目规划与执行的一致性	项目数量变更率
		建设里程变更率
	项目实际工期与计划的一致性	提前（延期）完成时间
		工期延长项目比率
	实际实施程序与要求的一致性	项目实际实施程序

资料来源：马书红：《农村公路规划与执行绩效评价体系研究》，《重庆交通大学学报》（自然科学版）2008年第1期。

三、招标和拍卖的规范性

农村基础设施建设的PPP模式中，有不少治理模式在操作过程中都要涉及招标和拍卖的程序，甚至在政府或农民自身建设的较大规模或者具有较强专业性的建设工作中，也要进行相应的招标。所以，基础设施的招标和拍卖是其中的重要环节。这一环节除了要进行科学规范的专业管理，最重要的是确保平等竞争、信息公开和程序公正。

在农村基础设施经营权拍卖的过程中，需要注意以下问题：一是合理

---

① 马书红：《农村公路规划与执行绩效评价体系研究》，《重庆交通大学学报》（自然科学版）2008年第1期。

确定拍卖标的。由镇村组织专班，对公益设施的现状逐一进行调查摸底，准确界定资产价值额度，合理确定拍卖标的。二是民主议定拍卖方案。由村委会制定拍卖方案，组织召开村民代表会讨论，有半数以上的村民代表通过后由村委会组织实施。三是严格依法竞标投标。对拟拍卖管护的公益设施，由村委会在村务公开栏和人口集中地进行张榜公布，并依照《中华人民共和国招投标法》的有关规定统一时间、地点，依法进行公开竞投标，取最高额中标，由司法部门当场予以公证，并由竞拍成功者负责对公益设施进行管护，承担管护费用。① 在这方面，浙江省农村基础设施招标和拍卖的规范性做得较好。地方政府往往在设定项目的时候就规定了一定规格以上的基础设施，在实施过程中必须招标。

在农村基础设施的管护中，招标需要注意以下问题：一是分级确定项目。对跨乡镇的农村公益设施，由相关业务主管部门提出管护方案，报县级政府集体研究后，纳入全县农村公益服务项目范围面向有资格的服务人员进行发包：对跨村的农村公益设施，由乡镇纳入镇级项目面向有资格的服务人员发包。二是严格资格管理。由县级政府人事局牵头，行业主管部门参与，采用考试与考核相结合的方法，面向县内外所有具有专业管护技能的人员公开招考，考试合格者颁发资格证书，获得服务资格。三是实行公开发包。由县级直主管部门和乡镇政府牵头，对确定的管护项目进行统一汇总，纳入全县统一的农村公益服务《项目发包指南》，发放到每一个有资格的服务人员手中，统一时间与农村公益服务发包方一起召开服务供需见面会，由服务人员和主管部门及乡镇政府实行双向选择，签订服务合同。四是严格考核兑现。县乡财政分别筹集专项资金用于重要公益设施的管护，年底由乡镇政府和县直主管部门考核验收后按照得分情况兑现考核资金。②

第五节　农村基础设施多中心治理的改善途径

农村基础设施治理是一个综合性问题，应从决策机制—成本分担机

① 刘学甫：《着力构建农村公益设施长效管护机制》，《农村经营管理》2007 年第 9 期。
② 同上。

制—执行机制—激励约束机制—监督机制—绩效评估机制等方面建立与完善农村基础设施提供的机制。以多中心体制为依托，改善融资方式、提高建设质量以及加强农村基础设施管理等是农村基础设施多中心治理改善的重要路径。

一、改善融资

基于对农村金融体制的分析，研究者一般认为从融资角度看，改善农村多中心治理，需要从以下方面入手。

第一，把农村信用社办成产权清晰、管理科学、约束机制强、财务上可持续发展、坚持商业性原则、主要服务乡（镇）、村和农民的金融机构，充分发挥农村信用社的农村金融主力军和联系农民的金融纽带作用。农村信用社改革要在坚持服务“三农”方向，坚持市场化、商业化取向的原则下，建成符合现代金融企业要求的有特色的社区性农村金融机构。同时，鼓励和支持农村信用合作银行设立专营贷款的子公司，以更好地改进和加强农村金融服务。

第二，进一步发挥农业发展银行的政策性金融功能。以前，农业发展银行只负责农副产品收购资金供应，致使大型农业基础和高风险项目投资主体缺位。近日，随着国家批准农业发展银行将农、林、牧、副、渔领域的加工转化纳入业务范围，农业发展银行作为国家重新构建农业金融体系的核心地位得到明确。因此，应重新界定农业发展银行的职能，恢复其向农业基础设施和公共设施领域的投资功能。一是有效利用政策性金融资金，积极扶持农业产业化龙头企业建设。二是引导贷款投向，重点发展生态农业。三是将政策性贷款向农业科技推广领域延伸，包括加强对农业生产设备、农业科技推广应用等投入，不断提高农业生产的现代化水平。四是全面支持贫困地区人口脱贫解困，继续探索政策性扶贫的内容和形式。五是将贷款投向农田水利等基础设施建设。

第三，继续发挥农业银行支持农业和农村经济发展的作用。鉴于商业银行的趋利性和大量分流农村资金的现状，农业银行应在坚持商业化的前提下，使其经营决策和金融服务贴近农村，切实提高农业银行对农业产业化、农村基础设施和农村城镇化建设的信贷支持质量和效益，加强对县域经济的金融服务。银行业金融机构要在成本核算、风险可控的前提下，积极创新符合当地客户需求的金融创新产品和服务，完善金融服务价格形成机制，逐步将目前在城市地区开发、开办的标准化的保险、代理、租赁、保管、担保、个人理财、信息咨询、银行卡等产品与服务尽快推广到广大农村，满足农村多元化金融服务需求。引导、鼓励境内主要商业银行设立专营贷款的子公司，同农村信用社共同承担振兴县域经济的重任，通过竞争提高信贷市场效率，减少经济主体的融资成本。

第四，积极推进邮政储蓄改革，加快建立邮政储蓄银行。按照商业化原则，扩大邮政储蓄资金的自主运用范围，引导邮政储蓄资金支持“三农”，完善邮政储蓄机构在农村地区的储蓄、汇兑和支付服务功能，积极开展针对农户、农业经营组织的小额质押贷款业务。

第五，大力促进农村金融组织创新。在加强监管、防范风险、总结试点经验的基础上，鼓励适合农村需求特点的金融组织创新。2006 年 12 月 20 日，中国银监会发布《关于调整放宽农村地区银行业金融机构准入政策的若干意见》，并制定出台了《村镇银行管理暂行办法》、《贷款公司管理暂行办法》、《农村资金互助社管理暂行办法》。这些意见和办法降低了商业银行进入农村区域的门槛，允许商业银行设置村镇银行，允许社会资金参与现有金融机构重组和参股新设农村金融机构，允许农村地区的农民和农村小企业设立实行社员民主管理的社区性信用合作组织，在新农村金融组织形式的建设方面进行了有益的探索。

第六，其他措施。包括探索建立适应县域经济发展的信用担保体系，完善社会中介机构服务；减少商业银行的风险顾虑，提高金融机构对支持新农村建设的积极性；加快建立市场化的农村金融风险补偿机制和市场退出机制；加快建立存款保险制度，运用存款保险机制对有问题的农村金融机构采取及时监测和早期纠正措施，促进农村金融机构规范健康的发展。[①] 农村基础设施建设抵押贷款的便利也会促进农村基础设施建设。

温铁军在对农村做了大量比较研究后提出，解决农村金融服务的最好办法，莫过于让农民形成合作组织。只有不断提高农民的组织化程度，不断加强农民的合作能力，让农村有了组织载体，才能对接上国家的资金投入，对接上国家的政策投入，才能够让农村好起来，基础设施建设才能到位。因此，开展以农村基层的组织创新、制度创新为基础的改革，大力发展与农民的合作金融相适应的政策性金融工具，或许是未来农村金融发展

① 马勇：《构建新农村建设资金支持体系的路径思考》，《安徽农业科学》2008 年第 16 期。

的出路所在。村镇银行、贷款公司和农村互助合作组织等三类新机构中，资金互助组织是较好的选择。一方面，农户要按一定的杠杆率向资金互助合作社入股，增加互助资金，形成承担经营风险的责任。政府可以通过农户资金互助组织将财政和政策银行资金转贷给农户。另一方面，也可以由国家财政和政策银行安排一部分资金支持农户资金互助组织的建立。只有以此为基础，商业银行和保险才能按照企业方式，开展向农户资金互助组织批发贷款或保险的业务，实现规模经营。也只有以此为基础，才能由资金互助组织承担内部市场交易成本，实现信息对称和组织对称。①

二、提高建设质量

在农田水利设施的全过程系统控制过程中，应对影响工程项目实体质量的五大因素实施全面控制，即，人的因素：主要是施工操作人员的质量意识、技术能力和工艺水平，施工管理人员的经验和管理能力；环境因素：主要是指工程技术环境、工程管理环境和劳动环境；材料因素：包括原材料、半成品和构配件的品质和质量；机械因素：指设备的性能和效率；方法因素：包括施工方案、施工工艺技术和施工组织设计的合理性、可行性和先进性。② 所以要提高工程建设的质量，就必须从以上方面入手，加强管理。

在水利工程的建设中，要依据水利工程建设管理文件，结合工程建设实际，做好项目法人组建、招标投标、建设监理、合同管理、质量监督与质量评定、开工管理、验收管理等各项工作。③

此外，有研究者对5省101个村的道路、饮用水和灌溉等三类公共投资进行的研究分析表明，农村直接选举有助于提高农村公共投资的质量，但是村民参与对农村公共投资的质量没有显著影响。所以加强和改善村民自治与村级民主，会对农村基础设施质量产生积极影响。④ 这也许与村级

---

① 王炜：《合作金融是农村金融发展的出路：记中国人民大学农业与农村发展学院院长温铁军》，《银行家》2008年第6期。

② 姚刚：《农田水利工程施工过程中的质量控制》，《安徽农业科学》2007年第14期。

③ 邵志雄：《农村饮水安全工程建设期管理问题探讨》，《中国农村水利水电》2007年第10期。

④ 刘承芳：《我国农村公共品质量的影响因素分析：以道路、饮用水和灌溉项目为例》，《农业技术经济》2007年第2期。

信息公开不到位以及部分村民对村级事物比较冷漠相关。所以，加强和改善村民自治与村级民主，选举出对农村公共事物热心和负责的基层管理人员，会对农村基础设施质量产生积极影响。

三、加强管理

在加强农村基础设施管理方面，有人提出了农村基础设施建设的制度激励的维度问题，认为在农村基础设施的供给过程中，应该通过制度提供以下激励：防止搭便车、消费者表达真实偏好、平衡财政以及对供给方的问责；在农村基础设施的生产过程中，应该提供以下激励：获取具体时空信息、获取规模效益与合作生产等激励。并针对当前偏好表达机制扭曲、问责机制不健全、乡镇财权实权不对称以及建设经营机制不合理的困境，需要完善农民的偏好表达机制、健全问责机制、完善融资体制和改善建设经营机制等。[①] 总之，需求和偏好表达是加强管理、增强农村基础设施激励的基础和前提。

加强对 PPP 模式的管理也非常重要。具体而言，采取 PPP 模式还需要设计合理的农村基础设施风险分担机制，包括政策风险、财务风险、技术风险和利润风险等。还要建立合理的农村基础设施定价机制和政府价格补偿机制，兼顾私人投资方利益和农民的承受能力。提供具体政策支持，政府政策的支持将增强投资者的信心，进一步完善法律法规，降低 PPP 项目的风险和成本。已有的研究表明，PPP 政策支持的基本框架主要包括：关于 PPP 模式的具体适用范围、设立程序、招投标和评标程序、特许权协议、风险分担、权利与义务、合同规范、监督与管理以及争议解决方式和适用法律等方面。建立和培育 PPP 投资管理机构和中介服务机构，前者负责 PPP 项目设计、开发、监督和管理，后者负责策划发现有效的农村基础设施需求，设计投资融资方案、组织可行性研究、招标谈判、提供咨询服务和专业技术帮助、协调私营部门和政府的关系等。[②]

---

① 付永、曾菊：《农村基础设施建设的制度激励问题探析》，《新生产力研究》2007 年第 14 期。

② 肖海翔：《“公司部门伙伴关系”模式：新农村基础设施供给的新选择》，《财经理论与实践》2007 年第 3 期。

另外，还须做好农村基础设施的相关项目管理，[①] 使用全面质量管理、目标管理和项目管理等科学手段做好农村基础设施治理各个环节的管理工作。[②] 如，在农村饮水工程管理中需要注意解决水价问题、水费收缴问题以及设施管护问题。需要从以下方面入手加强管理：一是明晰产权，原国有、集体所有资产及国家省级投资、社会捐资和群众出资的资产，属本区域用水者共同所有；经营者投入的资产则归经营者所有。二是放活经营权，供水工程委托给投资者经营，实行企业化管理；通过租赁、转让、出售等方式确定经营者，出让相应的收益权，由经营者自主管理、自负盈亏。三是政府监管。整个合作过程实行合同化管理，经营者按合同履行职责，按合同实施监督管理，确保农民的用水权益。四是政府负责协调税务、工商、电力、卫生、环保以及国土等部门的关系，创造较好的投资环境。

① 侯军岐、任燕顺：《基于项目管理的农村基础设施建设与管理研究》，《农业经济问题》2006 年第 8 期。

② 湖北省财政厅课题组：《用市场机制改善农村公共服务的提供》，《中国财政》2007 年第 5 期。

第六章　我国农村基础设施治理的客观评价

农村基础设施客观评价分为效率评价、均等性评价和价值评价三部分。效率评价是对农村基础设施投入与产出之间的关系进行绩效考评，具体分为总体性评价，生产型和生活型基础设施评价。均等化是对农村基础设施在我国各省之间建设情况的比较评价，主要选取浙江、黑龙江、广西三地，作为我国东、中、西三地的代表进行比较。价值评价是在多中心治理模式的理论下，从公共性、社会性、市场性三个维度来对农村基础设施进行评价。客观性评价有利于更全面的了解我国农村基础设施的开展情况，通过评价和比较有助于建立起一套长期高效的农村基础设施的治理体制。

第一节　评价指标的选择

新农村建设和农村基础设施治理是一项长期的工作。政府不但要持续地投入和引导农村基础设施的治理，还要在这一过程中不断地改善工作，提高农村基础设施治理的效率以及公共性、市场性和社会性。因此对农村基础设施进行有效的评价就成为一个重要的课题。

农村基础设施是最重要的农村公共物品，它对农业生产、非农生产、农民人均收入以至农村消费和农村现代化进程均具有显著影响；基础设施发展在农业生产和非农生产增长中都存在规模经济效益，对于改变农村的落后和农民的贫穷境况以及农村可持续发展具有重要意义。我国国情决定了农村基础设施建设的紧迫性，也决定了这是一项耗资巨大、涉及面广、影响深远的庞大工程。随着政府对农村基础设施投入的增加，必然要确保农村基础设施建设的效率性、均等性和价值性。

一、评价指标体系的设计原则

绩效评价指标的概念来源于关键绩效指标（Key Performance Indicator，KPI），是指通过对组织内部流程的输入端、输出端的关键参数进行设置、取样、计算、分析，以衡量流程绩效的一种目标式量化管理指标，是把组织的战略目标分解为可操作的工作目标的工具，是组织绩效管理的基础。

确定 KPI 有一个重要的 SMART 原则：

——S 代表具体（Specific），指绩效考核要切中特定的工作指标，不能笼统。

——M 代表可度量（Measurable），指绩效指标是数量化或者行为化的，验证这些绩效指标的数据或者信息是可以获得的。

——A 代表可实现（Attainable），指绩效指标在付出努力的情况下可以实现，避免设立过高或过低的目标。

——R 代表现实性（Realistic），指绩效指标是实实在在的，可以证明和观察。

——T 代表有时限（Time bound），注重完成绩效指标的特定期限。

此外，农村基础设施建设的绩效评估指标体系还应该体现社会主义新农村建设的要求。党中央、国务院提出的建设社会主义新农村的要求就是“生产发展、生活宽裕、乡风文明、村容整洁、管理民主”。农村基础设施的建设要有力地促进新农村建设，解放和发展农村生产力，拓宽农民增收渠道，改善农民的生活质量，提高农民的思想、文化、道德水平，合理利用能源，合理规划村庄。一方面要依据当地实际情况来选择评估指标，另一方面要全面反映农村基础设施的进展与成就。定量指标增强可操作性，通过各类基础设施的比较，更全面地反映政府、社会、市场承担农村基础设施建设的状况。

二、农村基础设施的评价指标体系

绩效评估指标体系具有多层结构。一般来说可以分为三级指标体系：评估维度（一级指标）、基本指标（二级指标）和具体指标（三级指标）[①]（表 6－1）。

---

① 卓越：《政府绩效评估指标设计的类型和方法》，《中国行政管理》2007 年第 2 期。

效率评价是指对农村基础设施投入与产出之间的关系进行绩效考评，其评估的内容主要是判断经济活动是否经济有效，查明我国农村基础设施投资效率的情况。最终要评价农村基础设施管理的合理性，寻求提高效率的办法和措施。

均等化评价主要是针对我国幅员辽阔，各地的农村基础设施治理情况有比较大的差别，评价不同地区农村基础设施的治理情况，掌握各地治理的长处及其之间的差距，这对因地制宜开展农村基础设施治理有很大的帮助。本书选取浙江、黑龙江、广西三地，作为我国东、中、西三地的代表进行比较评价。

价值评价就是结合奥斯特罗姆夫妇提出的建立政府、市场和社会三维框架下的多中心治理模式，从公共性、社会性、市场性三个维度来对基础设施进行价值评价。针对不同基础设施的特征考察在治理的各个环节政府、社会和市场三方发挥的作用。农村基础设施是准公共物品，在把握其效率的同时对于基础设施的价值评价也具有重要的意义。

表 6－1　农村基础设施的指标体系

一级指标	二级指标	三级指标
效率评价	农村基础设施总体投入	农、林、牧、渔业（亿元）
		电力煤气及水的生产和供应业（亿元）
		交通运输仓储及邮电通信业（亿元）
		信息传输、计算机服务和软件业（亿元）
		科学研究、技术服务和地质勘察业（亿元）
		水利、环境和公共设施管理业（亿元）
		居民服务和其他服务业（亿元）
		教育（亿元）
		卫生、社会保障和社会福利业（亿元）
		文化、体育和娱乐业（亿元）
		公共管理和社会组织（亿元）
		农村基础设施固定资产投资总额近似值（亿元）

续表

一级指标	二级指标	三级指标
效率评价	农村基础设施的总体产出	自来水受益村率
		通汽车村率
		通电话村率
		村水库（座/村）
		村堤坝长度（公里/村）
		人均用电量（千瓦时/人）
		村文化站（个/百个）
		村老年收养机构（个/百个）
		村卫生所（个/村）
	农村基础设施效率	农村基础设施的总体效率
		水利设施的效率
		电力设施的效率
		自来水的效率
		交通电信的效率
		文化站的效率
		卫生室的效率
均等化评价	总体均等化情况	自来水受益村率的离散系数
		通汽车村率的离散系数
		通电话村率的离散系数
	黑龙江、浙江、广西三省的均等化情况	三省农村基础设施总体情况比较
		人均发电量（万千瓦时/万人）
		水库数（座）
		除涝面积（千公顷）
		道路通达、通畅率
		通汽车村数占行政村（%）
		通公交车或客运班车的行政村个数（个）
		用水普及率（%）
		集中供水的行政村比例（%）
		通电话村数占行政村（%）

续表

一级指标	二级指标	三级指标
均等化评价	总体均等化情况	广播电视村通率（%）
		设置卫生室的村占行政村数%
		文化机构数（个）
		老年福利机构个数（个）
价值评价	公共性	各级财政投入
		中央地方配套资金投入
		专项资金投入
		其他公共性投入
	社会性	自筹资金
		村集体投资
		联营投资
		农户投资
		事业单位投资
		农户投资
		其他社会性投入
	市场性	企业投入
		金融机构投入
		民营资本投入
		外资投入
		各类贷款投入
		其他市场性投入

资料来源：作者自行设计。

第二节　农村基础设施治理评价

一、农村基础设施的效率评价

1．农村基础设施的总体投入情况

农村固定资产投资情况能反映出对农村的整体投资情况，主要包括农、林、牧、渔业等20个方面。其中，农、林、牧、渔业；电力、燃气及水的生产和供应业；交通运输、仓储和邮政业；水利、环境和公共设施管理业；教育业；卫生、社会保障和社会福利业；文化、体育和娱乐业等7个项目与农村基础设施存在很强的相关性。信息传输、计算机服务和软件业；科学研究、技术服务和地质勘察业；居民服务和其他服务业；公共管理和社会组织业等4个项目与农村基础设施存在一定的相关性，其余的9个行业的农村固定资产投资与农村基础设施存在着可以忽略不计的相关性，那么，我们通过加总农、林、牧、渔业等11项的固定资产投资总额来近似地反映农村基础设施的资产投资情况。而且其加总出来的值可称为农村基础设施固定资产投资总额近似值，可以肯定地说，该数额大于农村基础设施固定资产的实际投资额，但为了研究需要，我们以农村基础设施相关行业固定资产投资总额来说明农村基础设施固定资产的投资情况。其数据如表6-2所示。

表6-2　农村基础设施固定资产投资总额近似值

	2003	2004	2005	2006
农村固定资产投资完成额	9754.9	11449.2	13678.5	16629.5
农、林、牧、渔业	1117.3	1245.6	1480.9	1631.8
采掘业	223.3	269.6	353.1	525.9
制造业	3945.6	4928.3	6169.4	7753.5
电力煤气及水的生产和供应业	158.5	270	267.9	325
建筑业	396.4	437.6	454.6	330.1
交通运输仓储及邮电通信业	620.3	554.7	753.7	913.6
信息传输、计算机服务和软件业	14.9	19.7	20.1	103.9
批发和零售业	131.4	155.8	184.3	368.9
住宿和餐饮业	101.7	122.7	132.8	157
金融业	4	38.4	3.8	2.7
房地产业	2038.1	2131.9	2407.1	2937.8
租赁和商务服务业	65.8	59.1	63.4	63
科学研究、技术服务和地质勘查业	4.1	21.4	10.6	30.2
水利、环境和公共设施管理业	145.7	180.9	176.4	646
居民服务和其他服务业	176.1	206.1	228	205.8
教育	197	221.8	242.3	141.4

续表

	2003	2004	2005	2006
卫生、社会保障和社会福利业	48.1	69.8	70	61
文化、体育和娱乐业	51.9	242.2	171.2	97.2
公共管理和社会组织	312.5	271.9	488.7	334.7
国际组织	2.2	0.2	0.2	0
农村基础设施固定资产投资总额近似值	2846.4	3304.1	3909.8	4490.6

资料来源：根据国研网整理得出。

2. 农村基础设施总体产出情况

近年来，随着农民收入的提高，国家对新农村建设投入的加大，农村吸附市场资金能力的强化，反映农村基础设施总体产出情况的各项指标值基本呈现上升趋势，如表6-3所示，其中反映农村基础设施建设水平的9个主要指标（自来水受益村率、通电话村率、通汽车村率、水库数、堤坝长度、人均用电量、文化站、老年收养机构、村卫生所）的值总体都有所提高，特别是自来水受益村率、通汽车村率和通电话村率三项增长比率较快，而水库、堤坝、文化站等有形的基础设施增长较慢，特别是文化站数量经历了2004年增长，2005年下降的一个过程。

表6-3　　2003—2005年农村基础设施的产出情况

	2003年	2004年	2005年
自来水受益村率	0.515	0.540	0.558
通汽车村率	0.946	0.959	0.965
通电话村率	0.912	0.93	0.948
村水库（座/村）	1.26	1.30	1.35
村堤坝长度（公里/村）	0.41	0.42	0.44
人均用电量（千瓦时/人）	446.70	519.52	587.00
村文化站（个/百个）	3.18	4.88	3.16
村老年收养机构（个/百个）	3.59	4.05	4.72
村卫生所（个/村）	0.76	0.85	0.93

资料来源：根据《中国农业统计年鉴》和《中国农村统计年鉴》，作者再整理所得。

再从公路方面来看，乡镇的公路通达率达到 93. 64%、通畅率达到 80. 4%，公路的基本情况都较好。从地区上来看，东部地区情况较好，通达率和通畅率几乎都达到 100%，其次是中部地区，通达率也较高为 96. 59%，通畅率则稍低一些为 83. 4%，而西部地区的情况较差，特别是通畅率只有 67. 41%。

表 6 – 4　2007 年全国农村公路乡镇、建制村通达、通畅情况

地区	乡镇数量			建制村数量			乡镇		建制村	
	（个）	通达	通畅	（个）	通达	通畅	通达率（%）	通畅率（%）	通达率（%）	通畅率（%）
全国总计	40469	37894	32537	663199	510035	350672	93. 64	80. 40	76. 91	52. 88
东部地区	11010	10939	10686	249783	240755	202773	99. 36	97. 06	96. 39	81. 18
中部地区	12460	12035	10392	219642	167709	94418	96. 59	83. 40	76. 36	42. 99
西部地区	16999	14920	11459	193774	101571	53481	87. 77	67. 41	52. 42	27. 60

资源来源：《2007 年全国农村公路通达情况专项调查主要数据公报》。

3. 农村基础设施总体效率分析

先看总体情况，我们把表 6 – 3 中 9 项基础设施的相对产出量之和，计算方法为：把每个数据都折算成 0—1 之间的数值进行加总，如 2003 年人均用电量为 446. 70（千瓦时/人）计算时计为 0. 446；2004 年村文化站数量为 4. 88（个/百个）计算时计为 0. 488，因此得出 2003 年的产出为 4. 792、2004 年为 5. 241、2005 年为 5. 351 和表 6 – 2 中农村基础设施固定资产投资总额近似值（计算方法把每个数据都折算成 0—1 之间的数值）相除，即产出/投入，来看 2003 年到 2005 年农村基础设施总体的效率情况。因此计算得出 2003 年的效率为 1. 684、2004 年为 1. 586，2005 年为 1. 369。

从图 6 – 1 可以看出，效率总体呈下降趋势，并且 2005 年的下降幅度比 2004 年的要大，这可能是同 2003 年效率增长较快有关。

再从生产性基础设施来看，选取水利设施和电力设施来分析。先分析

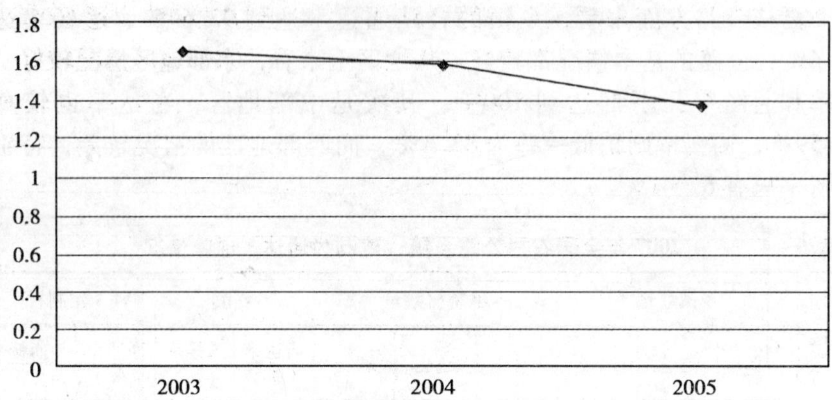

图 6-1　农村基础设施总体效率情况

资料来源：作者自行计算得出。

水利设施，用水利、环境和公共设施管理业的投入量和水库数进行比较。① 水利的效率先是下降之后缓慢上升，这可能同水利设施建设时间有关。

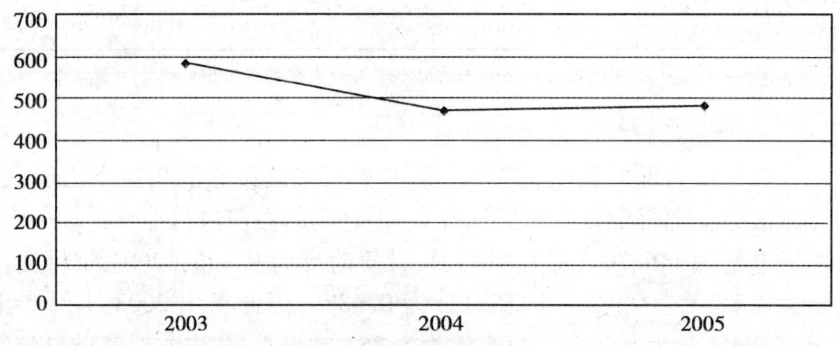

图 6-2　农村水利基础设施效率情况

资料来源：作者自行计算得出。

在用电效率方面，我们把人均发电量和电力煤气及水的生产和供应业数值相除，来计算其效率。如图 6-3 显示，电力设施的效率也呈现先下降后上升的趋势，这主要因为 2004 年投入增长较快，而产出增长较缓，

① 水库数字来源：《中国农村统计年鉴 2006》、《全国水库、除涝、治水、治碱、节水灌溉情况》。

而2005年因为2004年的投入滞后效应产出得到较大增长，因此效率也增长了。

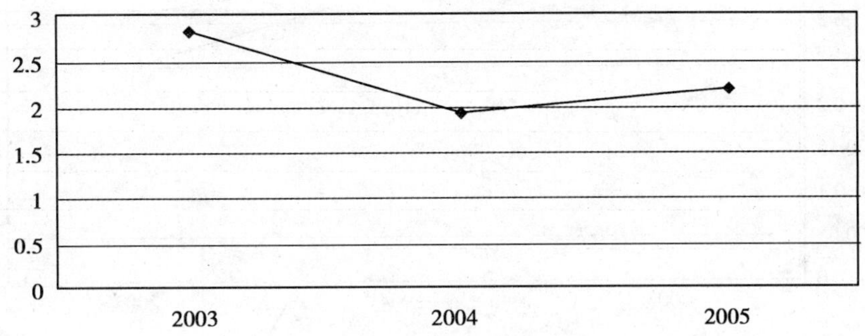

图6-3　农村电力基础设施效率情况

资料来源：作者自行计算得出。

在生活性基础设施方面，我们选取自来水和交通通信两项指标来分析。在自来水方面，我们把自来水受益村率和电力煤气及水的生产和供应业的数值相除，来计算其效率。如图6-4所示，自来水的投资效率也是2003—2004年下降，2004—2005年上升，而且2003—2004年下降较快。

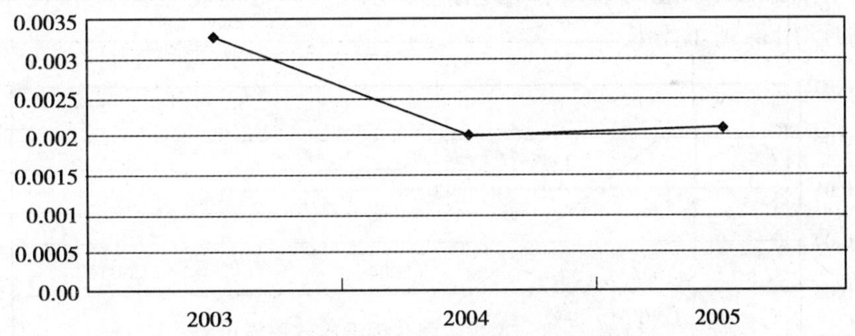

图6-4　农村自来水基础设施效率情况

资料来源：作者自行计算得出。

在交通和通信方面，把通汽车率与通电话率之和与交通运输仓储及邮电通信业相比，来计算其效率。交通、通信和其他以上几方面的情况不一样，2003—2004年效率上升，2004—2005年的效率却下降了，这可能是因为交通电信方面的投资较早，因此效率在2003年就体现出来了。

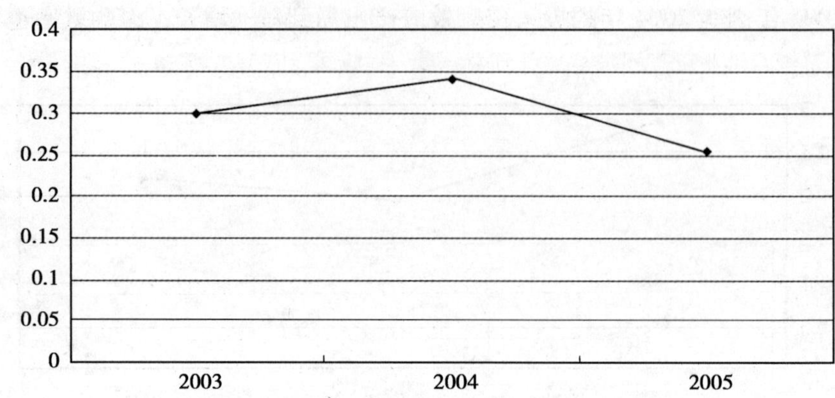

图 6-5　农村交通电信基础设施效率情况

资料来源：作者自行计算得出。

再看发展性基础实施的情况，在此选取文化站和卫生室两项指标来分析。在文化站方面，我们把每百个村文化站的个数除以文化、体育和娱乐业的数值，来看其效率。文化站建设的效率，逐年下降，这主要是2004 年的投入增长过大，而产出的增长没有投入大，当然文化、体育和娱乐业的数值，还包括其他两项，可能是在体育和娱乐方面的产出得到了增长。

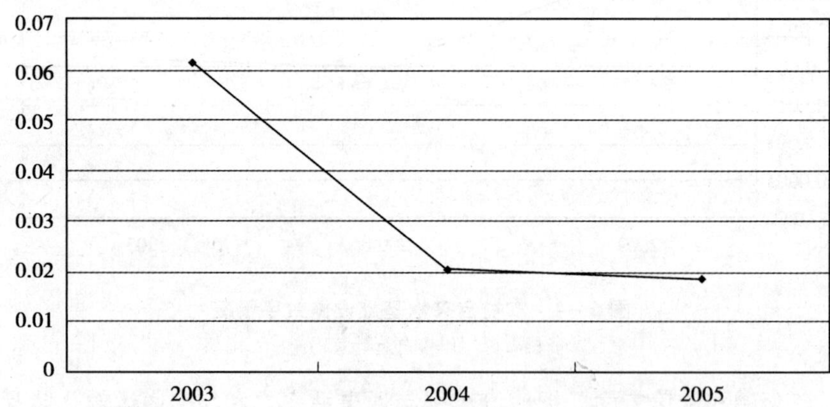

图 6-6　农村文化站基础设施效率情况

资料来源：作者自行计算得出。

在卫生室方面，选取每个村村卫生所的个数除以卫生、社会保障和社会福利业的数值来查看其效率。卫生室的投资效率也是呈现先下降后上升的趋势，2003—2004 年下降的趋势较大，2004—2005 年上升但幅度较小。从数值上来看，主要是 2004 年投入增长过快，产出没有跟上。

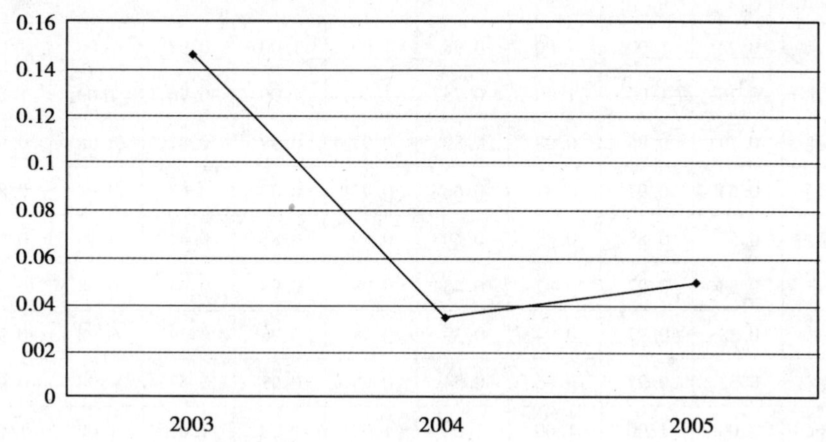

图 6－7　农村卫生室基础设施效率情况

资料来源：作者自行计算得出。

总的来说，我国农村基础设施的效率呈现波动的状态，这主要是因为近几年加大了对农村基础设施的投资，但投资的效率有滞后性，因此没能及时体现出来。

二、农村基础设施的均等化评价

从表 6－5 中可以得出：东部地区的农村基础建设的情况要好于中部地区，中部地区要好于西部地区，如上海市是农村基础设施建设情况最好的城市，比例均为 100%，其次是北京，北京除自来水外，其余通汽车和通电话均达到 100%。而西藏的情况则最差，三项比例分别为 30.21%、84.47% 和 35.63%。从各省的情况来看，在农村基础设施的这三项情况中，自来水的情况较差，有不少省份没有达到 50%；而通汽车村的情况最好，大多数省份都达到了 95% 以上。

表 6－5 2005 年全国各个省农村基础设施建设情况

省份	2003 年			2004 年			2005 年		
	自来水受益村率（%）	通汽车村率（%）	通电话村率（%）	自来水受益村率（%）	通汽车村率（%）	通电话村率（%）	自来水受益村率（%）	通汽车村率（%）	通电话村率（%）
各省的平均值	0.54	0.95	0.88	0.57	0.96	0.90	0.58	0.96	0.92
北京	0.98	1.00	1.00	0.98	1.00	1.00	0.98	1.00	1.00
天津	0.76	1.00	1.00	0.75	1.00	1.00	0.76	1.00	1.00
河北	0.79	0.96	0.98	0.80	0.97	0.98	0.81	0.98	0.99
山西	0.64	0.97	0.81	0.66	0.97	0.83	0.67	0.98	0.87
内蒙古	0.37	0.88	0.83	0.40	0.89	0.85	0.41	0.90	0.90
辽宁	0.38	0.97	0.97	0.43	0.98	0.98	0.44	0.98	0.98
吉林	0.38	0.97	0.94	0.39	0.98	0.96	0.39	0.98	0.98
黑龙江	0.52	0.97	0.96	0.54	0.98	0.97	0.58	0.98	0.98
上海	1.00	1.00	1.00	1.00	1.00	1.00	1.00	1.00	1.00
江苏	0.83	0.99	1.00	0.85	0.97	1.00	0.88	0.98	1.00
浙江	0.82	0.94	0.98	0.83	0.95	0.99	0.84	0.96	0.99
安徽	0.24	0.96	1.00	0.25	0.97	1.00	0.26	0.97	1.00
福建	0.60	0.98	0.99	0.62	0.99	1.00	0.66	0.99	1.00
江西	0.18	0.96	0.96	0.21	0.98	0.97	0.22	0.98	0.98
山东	0.56	0.98	1.00	0.60	0.99	1.00	0.63	0.99	1.00
河南	0.32	0.96	1.00	0.34	0.97	1.00	0.36	0.98	1.00
湖北	0.43	0.97	0.93	0.44	0.97	0.94	0.44	0.97	0.97
湖南	0.29	0.90	0.89	0.33	0.96	0.95	0.34	0.95	0.96
广东	0.63	0.99	0.99	0.64	0.99	0.99	0.64	0.99	0.99
广西	0.55	0.95	0.88	0.56	0.96	0.91	0.58	0.97	0.95
海南	0.49	1.00	0.85	0.53	1.00	0.87	0.57	1.00	0.88
重庆	0.47	0.94	0.92	0.50	0.96	0.97	0.50	0.97	0.97

续表

省份	2003年			2004年			2005年		
	自来水受益村率（%）	通汽车村率（%）	通电话村率（%）	自来水受益村率（%）	通汽车村率（%）	通电话村率（%）	自来水受益村率（%）	通汽车村率（%）	通电话村率（%）
四川	0.35	0.90	0.82	0.36	0.91	0.84	0.36	0.92	0.88
贵州	0.70	0.81	0.64	0.72	0.83	0.67	0.72	0.86	0.75
云南	0.86	0.96	0.91	0.88	0.97	0.91	0.91	1.00	0.94
西藏	0.22	0.79	0.16	0.29	0.82	0.29	0.30	0.84	0.36
陕西	0.46	0.93	0.85	0.51	0.96	0.88	0.53	0.95	0.91
甘肃	0.39	0.95	0.77	0.43	0.96	0.81	0.46	0.96	0.88
青海	0.62	0.88	0.61	0.66	0.91	0.67	0.67	0.91	0.72
宁夏	0.33	0.96	0.89	0.36	0.94	0.91	0.38	0.98	0.99
新疆	0.72	0.98	0.76	0.75	0.98	0.78	0.77	0.98	0.85

资料来源：《中国农业年鉴》（2003—2005）。

在比较2003—2005年间全国农村基础设施的均等化程度是否提高时，为了简化比较的难度，我们通过反映农村基础设施水平的指标（自来水受益村率、通汽车村率、通电话村率）值来比较，在中国农业年鉴中找到各省农村村委会的数量、自来水受益村数、通汽车村数、通电话村数后，计算出各省的自来水受益村率、通汽车村率、通电话村率，其值如表6－3、6－4、6－5所示，再计算出各省的三个指标值的变异程度，即离散系数，如果只是比较各年份间农村基础设施均等化程度的变化的话，那么，可以以离散系数来反映均等化的程度，离散系数越大，均等化程度越低。其值如表6－6所示。以该表数据为基础得出图6－8。

表6－6　　2003—2005年全国农村基础设施均等化程度表

年份	自来水受益村率的离散系数	通汽车村率的离散系数	通电话村率的离散系数
2005	0.367	0.040	0.136
2004	0.372	0.045	0.16
2003	0.409	0.053	0.19

资料来源：作者根据前列数据自行计算得出。

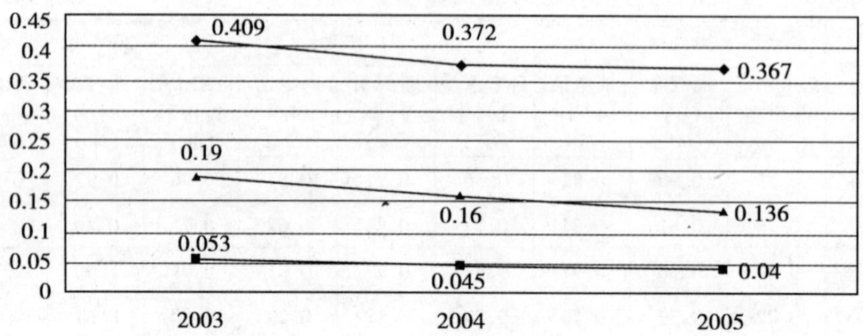

图6-8　全国农村基础设施均等化情况

资料来源：作者根据前列数据自行计算得出。

如图6-8所示，2003—2005年间反映农村基础设施水平的三个主要指标值的离散系数都呈现出逐年降低的趋势，其中通电话村率的离散系数降低的程度最大，其次是自来水受益村率，最后是通汽车率，所以，我们可以得出结论，如果仅以自来水受益村率、通汽车村率和通电话村率在各省间的均等化程度来衡量农村基础设施均等化程度的话，那么全国农村基础设施均等化程度是逐年提高的。

同时可以看出，自来水受益村率的离散系数值最大，其次是通电话率，最后是通汽车率，也就是说，与自来水相关的基础设施在各省间的均等化程度最低，通汽车的均等化程度最高。

为了进一步了解农村基础设施建设水平各省间的均等化程度，以更多的指标（如村卫生室数）来反映农村基础设施建设水平是必要的，但为了研究方便，只选取黑龙江（代表中部地区）、浙江（代表东部地区）、广西（代表西部地区）三省来展开研究。

1. 选取三省比较的原则

黑龙江、浙江和广西三省分别代表我国中部、东部、西部三个地区，三省在地区生产总值，第一产业占生产总值的比例；财政支出，农业支出占财政支出的比例等方面都有着很大的差异（见表6-7），因此选取三省作为比较，考察我国农村基础设施各省份之间的情况，并做绩效考评。

表 6－7　2000、2006 年三省产值和支出

年份	省份	地区生产总值（亿元）	第一产业生产总值（亿元）	财政支出（万元）	农业支出（万元）
2000	黑龙江	3253.00	357.00	3818736.00	66112.00
	浙江	6036.34	664.16	4312958.00	106999.00
	广西	2050.14	538.69	2584866.00	83874.00
2006	黑龙江	6188.90	737.59	9685255.00	366294.00
	浙江	15742.51	925.1	14718593.00	702724.00
	广西	4828.51	1032.47	7295172.00	269032.00
2000	黑龙江	3669.00	1665.00	6046.00	4912.88
	浙江	4365.97	3228.90	8478.30	9279.16
	广西	2147.38	1478.45	5276.79	5834.43
2006	黑龙江	5141.00	2552.00	7410.00	9182.31
	浙江	11161.00	6301.00	15877.00	18265.10
	广西	4330.00	2483.00	7894.00	9898.75
2000	黑龙江	3689.00	1787.69	1635.00	913.2
	浙江	4677.00	2400.00	2700.50	2108.40
	广西	4489.00	3225.35	2530.40	2145.40
2006	黑龙江	3824.00	1762.86	1659.86	949.41
	浙江	5060.00	2165.68	3615.38	2318.21
	广西	4768.00	3040.08	2759.61	2276.73

资料来源：《中国农村统计年鉴》，根据国研网再整理。

2. 三省基础设施总体治理情况比较

表 6－8 为 2007 年三省部分农村基础设施的产出情况，从表中可见浙江无论在自来水还是道路或者是对生活垃圾的处理方面，都处于三省的前列，而广西则在三省中排在最后。从类型上来看，对于污水和垃圾的处理

广西和黑龙江都比较差，同浙江的差别较大，而在供水和通路方面三省的差别不大。

表 6－8　　2007 年三省部分农村基础设施统计

	年生活用水量（万立方米）	用水人口（万人）	用水普及率（%）	人均生活用水量（升）	本年新增供水管道长度（公里）	本年新增排水管道长度（公里）
黑龙江	16833	878.35	47.73	52.5	1785	219
浙江	99177	1765.74	67.51	153.9	7075	6269
广西	44164	1353.12	34.98	89.4	2661	970
	本年新增排水暗渠长度（公里）	集中供水的行政村个数（个）	集中供水的行政村比例（%）	本年新增铺装道路长度（公里）	通公交车或客运班车的行政村个数（个）	通公交车或客运班车的行政村比例（%）
黑龙江	329	5779	59.9	3329	7292	75.6
浙江	1002	14117	57.1	5832	15554	62.9
广西	709	4491	30.9	4944	5561	38.2
	对生活污水进行处理的行政村个数（个）	对生活污水进行处理的行政村比例（%）	有生活垃圾收集点的行政村个数（个）	有生活垃圾收集点的行政村比例（%）	对生活垃圾进行处理的行政村个数（个）	对生活垃圾进行处理的行政村比例（%）
黑龙江	74	0.8	4290	44.5	98	1
浙江	2512	10.2	16262	65.8	11012	44.5
广西	112	0.8	3095	21.3	883	6.1

资料来源：《中国村庄公共设施统计 2007》。

总的来说，三省的投入和产出基本成正比，其中浙江的投入较大，成果也比较显著，而黑龙江的投入没有广西大，但效果比较显著，而广西的投资效率则不高。从投资效益来看，浙江排第一、黑龙江第二、广西第三。

3. 生产型基础设施治理情况比较

第一，农电水利设施。从全国各省水利情况来看，每个省份拥有的水库数量不同，如像湖南、江西、四川等水资源较丰富的省份，水库的数量较多；但如上海、西藏、北京、天津等水资源较少的内陆省份，水库的数量自然较少。因此用水库总库容量与水库数的比例来说明各省份绝对量，通过此数据发现，青海比较高，其次是北京、辽宁、内蒙古、甘肃等省份。

表 6－9　**2006 年全国各省水利设施统计**

省　份	水库数（座）	水库总库容量（亿立方米）	省　份	水库数（座）	水库总库容量（亿立方米）
北京	98	93.8	湖北	5802	558.2
天津	143	27.5	湖南	13325	391.9
河北	1089	159.7	广东	6621	416.6
山西	730	54	广西	4386	309
内蒙古	488	168.6	海南	995	95.3
辽宁	918	359.3	重庆	2801	53.7
吉林	1315	310.3	四川	6685	173.8
黑龙江	679	95.9	贵州	1967	81.5
上海			云南	5401	111.6
江苏	906	189.4	西藏	58	11.6
浙江	4105	391.6	陕西	995	70.2
安徽	4816	196.2	甘肃	273	88.4
福建	2812	142.6	青海	154	299.6
江西	9697	286.2	宁夏	202	22.8
山东	5558	198.4	新疆	490	85.2
河南	2340	398.9			

资料来源：《中国区域经济统计年鉴 2007》。

再看黑龙江、浙江和广西三省的情况，广西不论是在发电设备容量、发电量、水库数量上都处于领先的位置，但是在水库总库容量上却不及浙江，这说明广西的水库容量没有浙江好，设备没有浙江的先进。另外在除涝面积和治理水土面积方面黑龙江则处于领先，接着是浙江和广西。因此在农电、水库方面，广西第一、浙江第二、黑龙江第三。但从人均发电量来看，浙江为最高，广西第二，黑龙江则远远低于浙江和广西（见表 6－10 和图 6－9、6－10）。

表 6－10　**黑龙江、浙江、广西三省 2005—2007 年人均发电量情况**

年　份	黑龙江人均发电量（万千瓦时/万人）	浙江人均发电量（万千瓦时/万人）	广西人均发电量（万千瓦时/万人）
2005	30.43	322.21	261.51
2006	32.33	311.99	304.35
2007	22.56	309.51	318.8

资料来源：《中国农村统计年鉴》，根据国研网再整理。

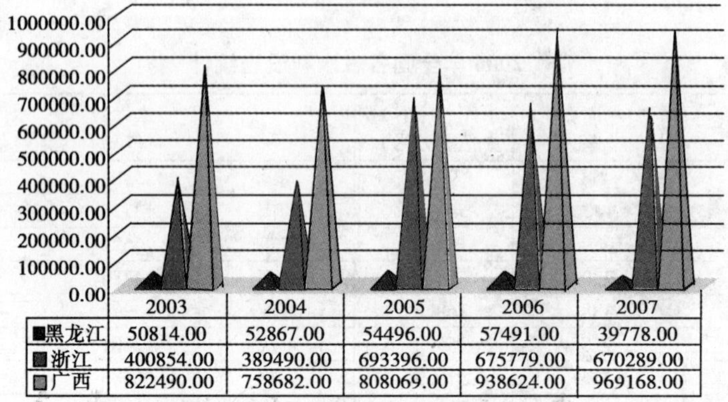

	2003	2004	2005	2006	2007
■黑龙江	50814.00	52867.00	54496.00	57491.00	39778.00
■浙江	400854.00	389490.00	693396.00	675779.00	670289.00
■广西	822490.00	758682.00	808069.00	938624.00	969168.00

图 6-9　三省 2003—2007 年发电量情况

资料来源:《中国农村统计年鉴 2004—2008》。

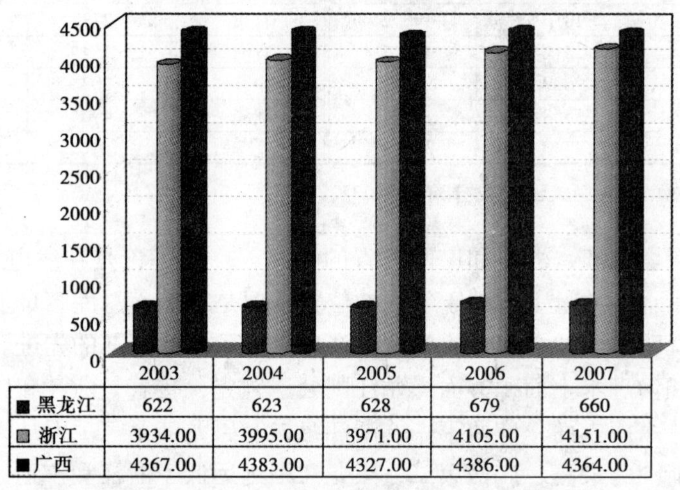

	2003	2004	2005	2006	2007
■黑龙江	622	623	628	679	660
■浙江	3934.00	3995.00	3971.00	4105.00	4151.00
■广西	4367.00	4383.00	4327.00	4386.00	4364.00

图 6-10　三省 2003—2007 年水库数量情况

资料来源:《中国农村统计年鉴 2004—2008》。

第二，农村道路通达、通畅情况。根据国家综合规划部门于 2005 年 9 月至 2006 年 12 月组织实施的全国农村公路通达情况专项调查工作显示，全国各乡镇的道路通达率除内蒙古、四川、西藏、陕西、青海外均达到 90% 以上，相比较而言，通畅率则要低很多，如西藏只有 34.39%。通达率和通畅率均达到 100% 的省份为天津和河北，另外上海和北京的情况也较好。另外，通达率和通畅率差别较大的省份为内蒙古、河南、重庆、四川、贵州、云南、青海等省份，这些省份多为西部地区，山路比较多，对通畅率影响比较大（见表6－11）。

表6－11　2006年全国农村公路通达情况专项调查乡镇通达、通畅情况

地区	乡　镇		地区	乡　镇	
	通达率（%）	通畅率（%）		通达率（%）	通畅率（%）
北京	99.34	99.34	湖北	98.51	91.81
天津	100	100	湖南	97.26	71.68
河北	100	100	广东	99.39	94.78
山西	97.87	91.65	广西	95.58	82.15
内蒙古	88.98	62.09	海南	100	87.04
辽宁	99.74	96.21	重庆	93.7	69.16
吉林	93.79	87.59	四川	83.22	63.79
黑龙江	95.4	68.36	贵州	94.85	59.16
上海	100	99.14	云南	92.26	77.11
江苏	98.77	97.68	西藏	57.66	34.39
浙江	99.3	98.12	陕西	84.35	70.01
安徽	95.9	85.3	甘肃	93.39	64.44
福建	98.31	92.01	青海	87.62	67.38
江西	95.54	82.65	宁夏	100	96.26
山东	99.27	98.94	新疆	90.49	81.81
河南	96.77	92.73			

资料来源：《2007年全国农村公路通达情况专项调查主要数据公报》

就黑龙江、浙江、广西三省的农村道路来看，黑龙江的公路通达里程最多，主要是在乡道和专用道路上比较多，而浙江在县道上比较多，广西的总道路最少。浙江和广西在专用公路上的里程都比较少（见表6－12）。

表 6－12　　2007 年全国农村公路通达情况专项调查公路里程

地区	总计	县道	乡道	专用公路	村道
黑龙江	125028	8515	54201	3055	59257
浙江	85115	23538	16466	821	44290
广西	75439	20563	27173	785	26919

资料来源：《2007 年全国农村公路通达情况专项调查主要数据公报》。

从三省的通达率和通畅率来看，三省的乡镇通达、通畅率都要好于建制村的通达、通畅率，而且通达率都要高于通畅率。其中浙江无论是在乡镇还是建制村，它的通达、通畅率都是最高，其次是广西，再次是黑龙江。因此在农村道路的通达、通畅率里，浙江排第一、广西第二、黑龙江第三（见表 6－13）。

表 6－13　三省 2007 年农村公路通达情况专项调查乡镇、建制村通达、通畅情况

地区	乡镇数量			建制村数量			乡镇		建制村	
	（个）	通达	通畅	（个）	通达	通畅	通达率（%）	通畅率（%）	通达率（%）	通畅率（%）
黑龙江	1217	1161	832	12361	7423	2724	95.4	68.36	60.05	22.04
浙江	1434	1424	1407	34341	32036	28971	99.3	98.12	93.29	84.36
广西	1154	1103	948	14408	10705	4426	95.58	82.15	74.3	30.72

资料来源：《2007 年全国农村公路通达情况专项调查主要数据公报》。

第三，通汽车和公交车的情况。三省通汽车的比例黑龙江最高，广西第二、浙江第三，但是浙江和广西相差不大；而在通公交车的比例中，黑龙江也是最高的，其次是浙江，然后是广西，广西通公交车的比例非常的低，因此广西需加强对公交车或客运车进村方面的工作，改善民生。因此在通汽车、公交车方面，黑龙江第一、浙江第二、广西最后（见表 6－14）。

表 6－14　　三省 2006 年通汽车和公交车的情况

地区	通汽车村数	通汽车村数占行政村（%）	通公交车或客运班车的行政村个数（个）	通公交车或客运班车占行政村比例（%）
黑龙江	8793	98.22	7292	75.6
浙江	33152	96.05	15554	62.9
广西	14017	96.98	5561	38.2

资料来源：《中国农业年鉴 2006》。

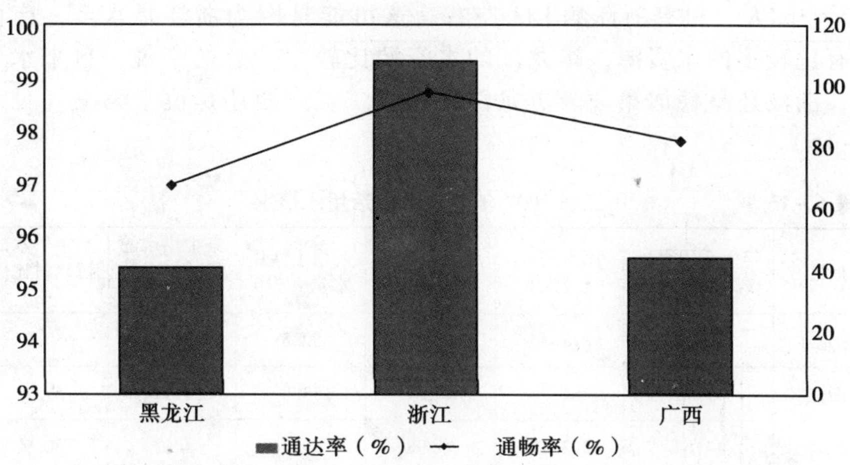

图 6－11　三省 2007 年农村公路通达情况专项调查乡镇通达、通畅情况

资料来源：《2007 年全国农村公路通达情况专项调查主要数据公报》。

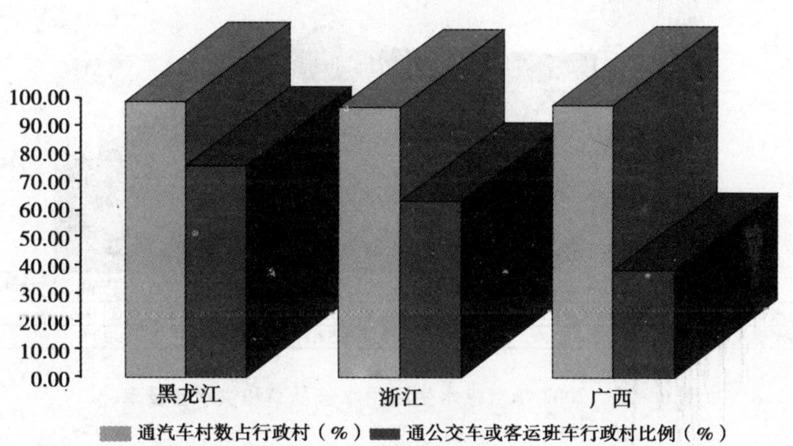

图 6－12　三省 2006 年通汽车和公交车的情况

资料来源：《中国农村统计年鉴 2007》。

4. 生活型基础设施治理情况比较

第一，自来水供给方面。在自来水供给方面，浙江的用水普及率达到 67.51%，而广西只有 34.98%，在供水普及率中黑龙江最高达到 59.9%，而广西只有 30.9%。但是在人均用水量上黑龙江只有

52.5 升/人，只有浙江的 1/3 左右。这可能是因为浙江是水乡，广西也有比较多的水资源，黑龙江的水资源比较少。总的来说，自来水方面，浙江还是稳居第一、黑龙江屈居第二、广西还是位于第三（见表 6－15）。

表 6－15　三省 2007 年自来水生活用水情况

地区	年生活用水量（万立方米）	用水人口（万人）	用水普及率（%）	人均生活用水量（升）	集中供水的行政村个数（个）	集中供水的行政村比例（%）
黑龙江	16833	878.35	47.73	52.5	5779	59.9
浙江	99177	1765.74	67.51	153.9	14117	57.1
广西	44164	1353.12	34.98	89.4	4491	30.9

资料来源：《中国统计年鉴》，国研网整理。

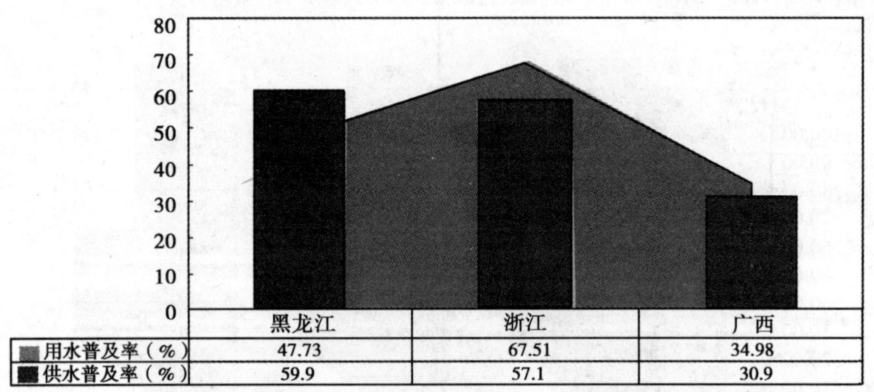

图 6－13　2007 年自来水生活用水普及率和供水普及率

资料来源：《中国统计年鉴 2008》，国研网整理。

第二，通电话情况。从三省 2006 年通电话情况来看，黑龙江、浙江、广西的村通电话数都比较高，而这个指标全国的水平也都比较高。这充分说明随着科技的发展和国家的重视，电信在全国都发展得较好。排名浙江第一、黑龙江第二、广西第三（见表 6－16）。

表 6-16　三省 2006 年通电话情况

地　区	村委会个数（个）	通电话村数（个）	通电话村数占行政村（%）
黑龙江	8952	8733	97.55
浙江	34515	34220	99.15
广西	14453	13669	94.58

资料来源：《中国农业年鉴 2007》。

第三，通广播和电视情况。在广播电视方面，截至 2005 年，全国各省份农村通广播和电视的情况都较好，特别是天津、河北、上海、浙江、安徽、湖北、西藏等 7 个省份，广播电视的乡通率和村通率都达到 100%。尤其是西藏，在其他基础设施方面如自来水、公路都处于全国落后阶段，但在广播电视方面却处于全国前列。从全国来看，广播电视的村通率要低于广播电视的乡通率（见表 6-17）。

表 6-17　2005 年全国农村广播电视乡通率、村通率统计

省　份	广播电视乡通率（%）	广播电视村通率（%）	省　份	广播电视乡通率（%）	广播电视村通率（%）
北京	99.46	99.27	湖北	100	100
天津	100	100	湖南	97.52	86.35
河北	100	100	广东	98.35	96.56
山西	99.61	92.93	广西	99.62	88.76
内蒙古	100	96.12	海南	87.85	89
辽宁	99.71	96.57	重庆	98.08	78.64
吉林	100	99.97	四川	99.01	95.98
黑龙江	100	99.62	贵州	100	94.83
上海	100	100	云南	98.78	94.68
江苏	100	99.99	西藏	100	100
浙江	100	100	陕西	100	99.86
安徽	100	100	甘肃	99.53	96.52
福建	100	99.89	青海	88.44	88.46
江西	100	97.64	宁夏	92.75	65.83
山东	99.94	97.82	新疆	95.01	92.78
河南	99.9	98.37			

资料来源：《中国社会统计年鉴 2006》。

从黑龙江、浙江、广西三省来看，通广播、电视情况与通电话情况差不多，都比较好。其中黑龙江和浙江的广播和电视的通达情况基本都达到100%，而广西的广播电视乡通率也达到99.62%，只是在通村率方面略低。排名浙江第一、黑龙江第二、广西第三（见表6－18）。

表6－18　　三省2005年农村广播电视乡通率、村通率统计

省　份	广播电视乡通率（%）	广播电视村通率（%）
黑龙江	100	99.62
浙江	100	100
广西	99.62	88.76

资料来源：《中国社会统计年鉴2006》。

第四，卫生室情况。三省的村卫生室都随着行政村的减少而在逐年减少，不过黑龙江和广西的覆盖率都在增长，唯独浙江的覆盖率从2000年的63.9%减少到2007年的47.9%，减少了近20个百分点。这可能是由于村卫生室合并造成的。黑龙江和广西设置卫生室的行政村数都几乎达到100%，覆盖率很高。在卫生室方面广西排第一、黑龙江第二、浙江第三（见图6－14）。

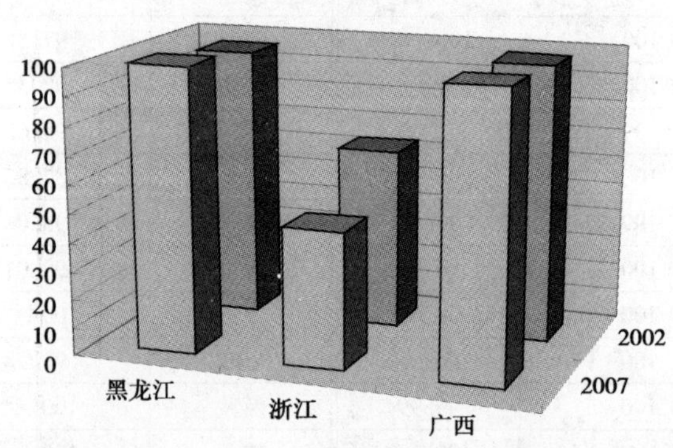

	黑龙江	浙江	广西
2007	100	47.9	100
2002	96.3	63.9	98

图6－14　三省2002—2007年卫生室占行政村比例

资料来源：《中国统计年鉴》，国研网整理。

第五，文化机构情况。从三省文化机构的数量来看，浙江和广西的文化机构比较多，而黑龙江则比较少，从构成来看，乡镇文化站要多于集镇文化站。而且从1995年到2004年，各省文化站的数量也有所增加，说明国家在重视生产建设的同时也重视农民的文化建设工作。排名浙江第一、广西第二、黑龙江第三（见图6－15）。

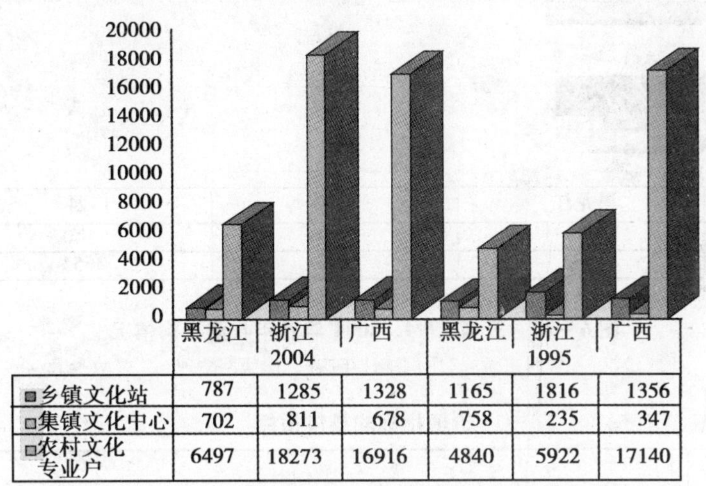

	黑龙江	浙江 2004	广西	黑龙江	浙江 1995	广西
乡镇文化站	787	1285	1328	1165	1816	1356
集镇文化中心	702	811	678	758	235	347
农村文化专业户	6497	18273	16916	4840	5922	17140

图6－15　三省1995、2004年农村文化机构情况

资料来源：《中国统计年鉴》，国研网整理。

第六，老年福利机构。在老年福利机构方面，广西的成绩也非常突出，从1994年的140个增加到2004年的3653个，增长了近20倍，浙江从401个增长到2004年的848个，增加了一倍，而黑龙江反而减少了。因此在老年福利性机构方面，广西遥遥领先，浙江和黑龙江差不多，但从增长趋势来看，浙江排第二，黑龙江第三（见图6－16）。

三、农村基础设施的价值评价

农村基础设施的价值评价可分为公共性、社会性、市场性三项指标。这三项价值指标又通过不同的具体指标来体现（见表6－19）。分别分析公共性、社会性、市场性在农村基础设施治理中发挥的作用，可以了解目前我国农村基础设施多中心治理各主体之间的地位和相互关系，是农村基础设施的客观评价的重要部分。

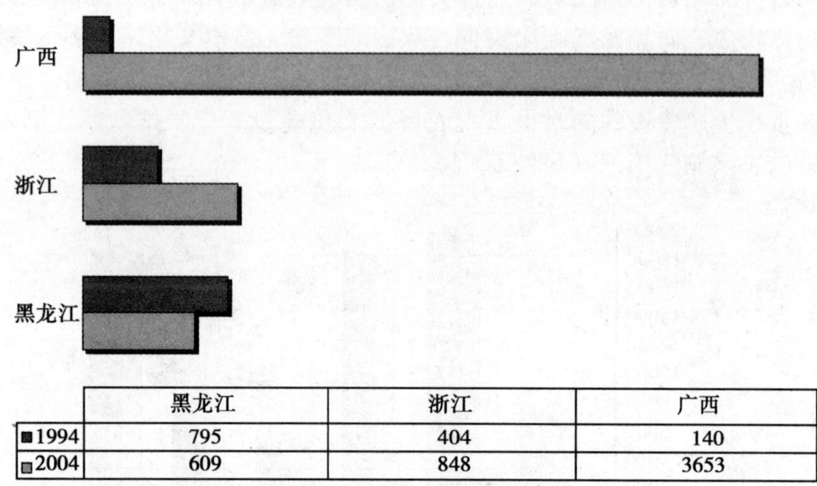

图 6－16　三省 1994、2004 年老年收养机构情况

资料来源：《中国统计年鉴》，国研网整理。

表 6－19　价值指标的具体指标

价值指标	具体指标
公共性	各级财政、中央地方配套资金、专项资金等公共性投入
社会性	自筹资金、村集体、联营、农户、事业单位等其他社会性投入
市场性	企业、金融机构、民营、外资、各类贷款等市场性投入

资料来源：作者自行设计。

1. 公共化程度评价

公共化程度评价是指，对政府在农村基础设施治理过程中的各个环节所体现出来的作用作出评价，评估其在多中心治理环节中的影响和位置。我国农村基础设施治理中公共化程度较高，这主要是由基础设施的公共性决定的。

从全国农业资产投入情况来看，中央财政资金和地方财政配套资金属于公共性范畴，银行贷款属于市场性范畴，而自筹资金属于社会性范畴。分析结果说明在农业投资方面，公共性投资占到主导地位。特别是 2000 年开始，公共性的比例得到明显提高，而市场性的比例在减少。从总体来说在农业投资方面，公共性要强于社会性和市场性，特别是中央财政的投资是整个农业投资的主要力量（见表6－20、图6－17）。

表6－20　　1990—2005年全国农业投资情况

年　份	中央财政资金	地方财政配套资金	银行贷款	自筹资金
1990	140563.9	113782.37	96663.42	144548.44
1991	152508.3	139653.07	111549.48	163199.4
1992	157720.9	139149.17	109288.29	216749.16
1993	182138.9	153749.4	129552.33	255267.95
1994	182136.8	167871.77	111807.79	220898.44
1995	235224	226903	122120.57	287441.83
1996	305263	258913	197321.55	437022.95
1997	293129	302841	199825.54	495912
1998	421135	409431.7	191805.3	620125.92
1999	472563.81	468367.8	210188.94	736624.82
2000	676790.91	572010.2	120612.84	602908.37
2001	708629.6	594679.9	182712.12	579055.6
2002	761896.82	615948.4	255688.6	740484.41
2003	867132.39	625027.81	203686.3	684070.28
2004	856504.12	582983.51	213373.26	914130.3
2005	1018301.48	627123.01	261254.31	1161101.82

资料来源：《中国财政年鉴2006》。

再从农村卫生室的投资方面来看公共性问题。在80年代中期到90年代初期，我国农村卫生室投资公共性和市场性所占比例大致相仿，特别是1990年到1995年，市场性甚至要超过公共性，但是从21世纪开始，市场性则明显减少，近几年公共性投入已经是市场性投入的一倍左右。这一方面可能是因为近年来国家对生活型基础设施的重视，通过财政的力量来发展卫生室，另一方面也可能是因为私人投资卫生室后发现收益不大而逐渐退出对卫生室的建设。作为基础设施的农村卫生室可以由私人来提供，但是政府应在相应的政策上给予扶持，支持社会和市场力量对基础设施的投资。总的来说在卫生室方面，公共性投入还是占主导地位的（见图6－18）。

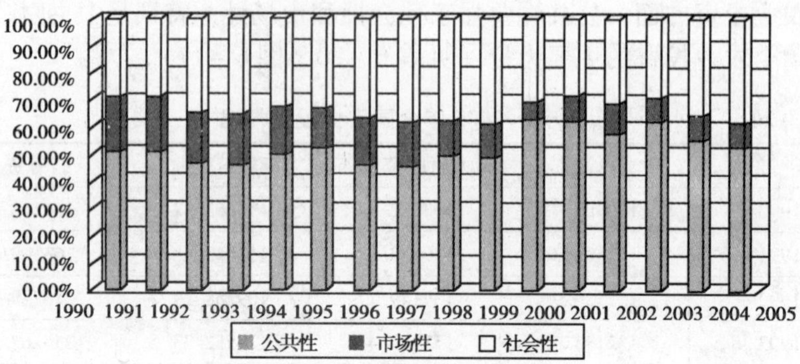

图 6－17 农业投资的价值评价

资料来源：作者自行计算得出。

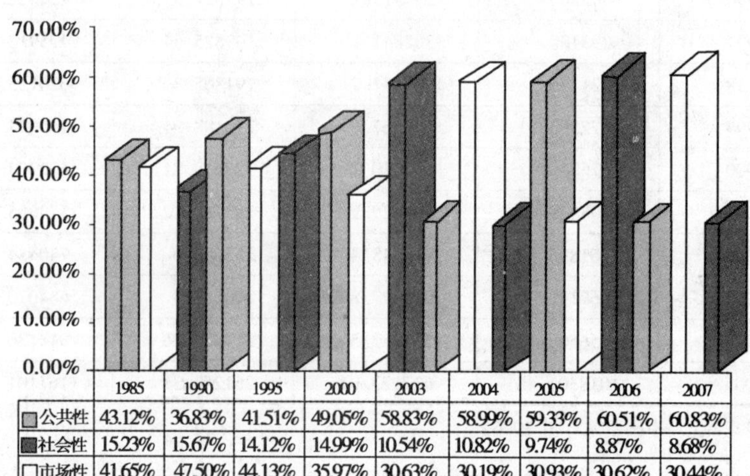

	1985	1990	1995	2000	2003	2004	2005	2006	2007
公共性	43.12%	36.83%	41.51%	49.05%	58.83%	58.99%	59.33%	60.51%	60.83%
社会性	15.23%	15.67%	14.12%	14.99%	10.54%	10.82%	9.74%	8.87%	8.68%
市场性	41.65%	47.50%	44.13%	35.97%	30.63%	30.19%	30.93%	30.62%	30.44%

图 6－18 卫生室的价值评价

资料来源：《中国农村统计年鉴》；笔者自行计算得出。

另外从农村改水改厕情况来看，国家投资还是占了相当大的比重，公共性较强。在农村改水工程中，国家占总比重的45%，改厕方面国家占30%。自来水和厕所是民生工程，国家的大力投入可以较快提高这两方面的建设水平，但也可以从社会和市场方面多挖掘资金，特别是自来水，在政府投入建设后，也可以由市场和社会来管理和运行，增加社会和市场投资的比例，同时也要保证其收益（见表6－21）。

表 6－21　**2006 年全国农村改水改厕投资情况**

年份	农村改水			农村改厕		
	农村改水投资（万元）	国家投资（万元）	国家投资占总投资比重	农村改厕投资（万元）	国家投资（万元）	国家投资占总投资比重
2006	1280126.4	576265.4	45%	695013.2	208486.3	30%

资料来源：《中国环境统计年鉴 2007》。

2. 社会化评价

社会化程度评价是指对社会在农村基础设施治理过程中的各个环节所体现出来的作用作出评价，评估其在多中心治理环节中的影响和位置。社会化程度在农村基础设施方面主要体现在村集体和个人在基础设施治理方面发挥的作用。

从全社会固定资产投资总额来看，农村集体单位固定资产投资和农村居民个人固定资产属于社会性部分，从“六五”到“十五”时期，社会性呈现一个先上升再下降的过程。其中“六五”到“七五”时期上升，“七五”到“十五”时期下降，特别是“七五”到“八五”时期下降的比率较快。另外，从单项上来看，居民个人的投资总体呈现下降的趋势，而集体单位的投资呈现上升的趋势，有个人投资远远超过集体投资，到集体投资远远超过个人投资。可见农村基础设施的社会性方面越来越发挥作用的还是农村集体单位，这一方面和近年来农村发展，村集体的财政增收有关；另一方面也和村集体对农村投资重视有关（见表 6－22、图 6－19）。

表 6－22　**“六五”到“十五”时期农村集体单位和农村居民个人固定资产投资额**

时　期	全社会固定资产投资总额				
	总量（亿元）	农村集体单位固定资产投资（亿元）	占全社会固定资产投资比重	农村居民个人固定资产投资（亿元）	占全社会固定资产投资比重
“六五”	7997.6	699.8	8.8	1527.4	19.1
“七五”	19744	1818.3	9.2	3909.9	19.8
“八五”	62211.3	7476.4	12	6712.9	10.8
“九五”	138734.5	16225.9	11.7	13596.6	9.8
“十五”	294956.7	33501.9	11.38	16604.1	6.04

资料来源：《中国农村统计年鉴 2007》。

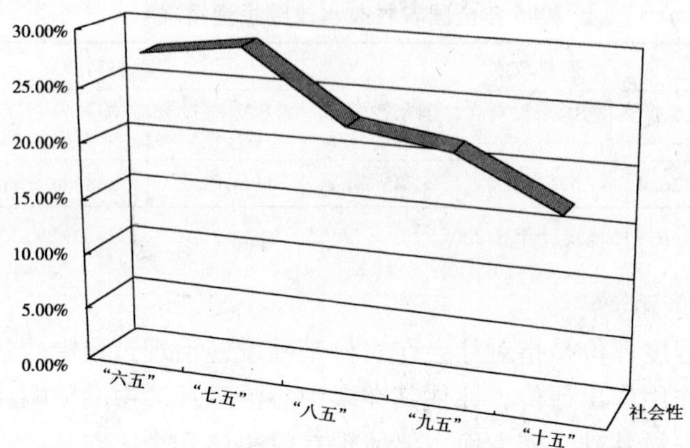

图 6－19　全社会固定资产投资的社会性评价

资料来源：作者自行计算得出。

再从黑龙江、浙江和广西三省的情况来看。三省的农村固定资产投资情况如下，黑龙江的农户投资占的比例一直很高，均达到 80% 以上，而且近年来有增加的趋势，广西的农户投资比例仅次于黑龙江，但是近年来比例在减少，说明社会性在增加，浙江作为沿海的发达城市，农村基础设施投资的社会性和市场性都比较高（见表 6－20）。

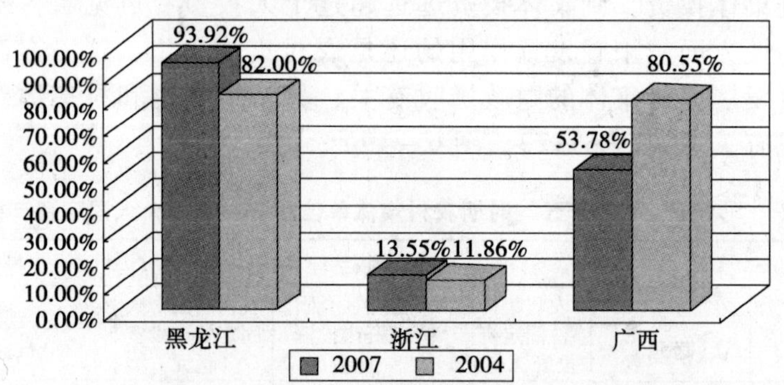

图 6－20　2004、2007 年农户投资占农村投资比

资料来源：《中国农村统计年鉴 2004—2008》。

再具体看农户投资和非农户投资的组成部分。在农户投资方面，自筹资金占大多数，三省的所占比例均超过 90%，而市场性，国内贷款和其他资金所占的比例则比较小，相对而言，浙江农户固定资产投资的社会性最高，黑龙江农户固定资产投资的市场性相对其他两省高一些（见表6-23、图6-21）。

表6-23　**2003年三省农户固定资产投资资金来源**　（单位：亿元）

地　区	农户固定资产投资资金来源 合　计	国内贷款	自筹资金	其他资金
黑龙江	78.98	6.47	70.89	1.62
浙江	211.39	4.19	199.16	8.04
广西	101.24	2.87	94.07	4.3

资料来源：《中国固定资产投资统计年鉴》。

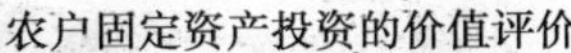

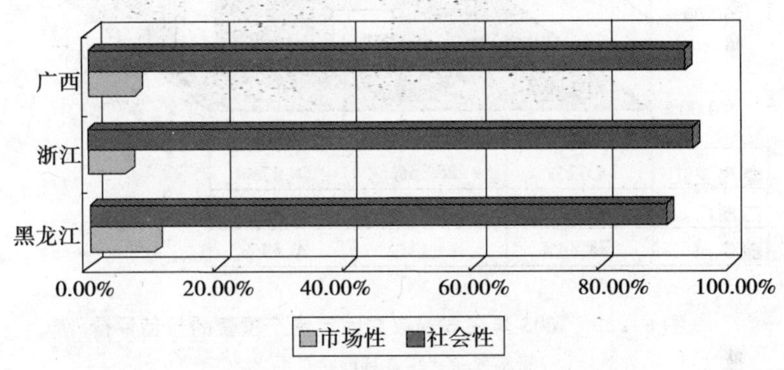

图6-21　2003年农户固定资产投资的价值评价

资料来源：作者自行计算得出。

从三省非农户固定资产投资资金来源来看，自筹资金也就是社会性投资占多数比例，其次黑龙江和浙江是公共性，广西是市场性，这和三省市场经济发展水平有关。其中，浙江在非农户固定资产投资方面社会性特别高，而公共性特别低，广西三者相差不大（见表6-24、图6-22）。

表6-24　**2003年非农户固定资产投资资金来源**　（单位：亿元）

地区	非农户固定资产投资资金来源 合计	国家预算内资金	国内贷款	利用外资	自筹资金	其他资金
黑龙江	17.72	2.59	2.38	0.66	10.44	1.63

续表

非农户固定资产投资资金来源						
地区	合计	国家预算内资金	国内贷款	利用外资	自筹资金	其他资金
浙江	1330.37	20.69	274.97	44.72	950.12	39.87
广西	28.81	11.19	0.74	2.05	13.51	1.31

资料来源：《中国固定资产投资统计年鉴》。

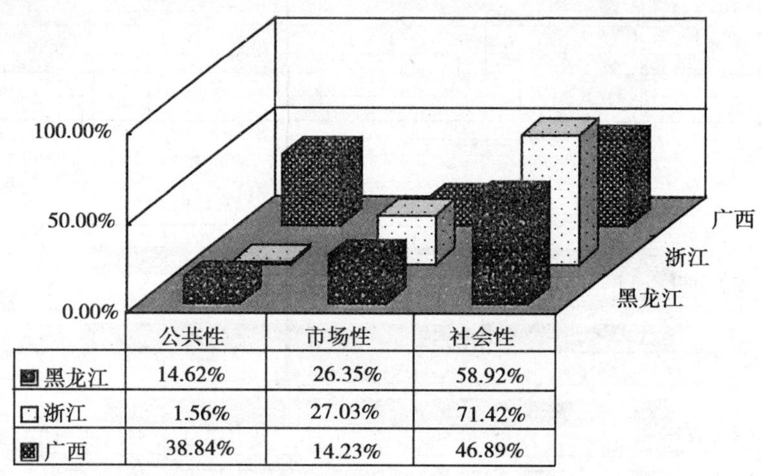

	公共性	市场性	社会性
黑龙江	14.62%	26.35%	58.92%
浙江	1.56%	27.03%	71.42%
广西	38.84%	14.23%	46.89%

图 6－22　2003 年三省非农户固定资产投资的价值评价

资料来源：作者自行计算得出。

3. 市场化程度评价

市场化程度评价是指对市场在农村基础设施治理过程中的各个环节所体现出来的作用作出评价，评估其在多中心治理环节中的影响和位置。市场化程度主要体现在企业、自筹资金、外资对农村基础设施的投资、管理和运营等方面，在我国的统计资料上主要反映在自筹资金方面。

我国农村固定资产投资中分为农户投资和非农户投资，农户与非农户投资的比例逐年下降，从 1999 年的 83.14% 下降到 2005 年的 38.38%，这充分说明农户投资的相对比例在减少而非农户投资的相对比例在增加。从非农户投资的比例来看，主要有企业单位和事业单位，其中企业单位投资的比例在增加，从 68.67% 增加到 83.27%，而事业单位的比例反而从 1999 年的 31.33% 下降到 2005 年的 16.73%。在农村固定资产投资的增加主要是非农户投资在增加，而非农户投资的增加又主要是由于企业单位投资的增加。这说明农村固定资产投资的市场化程度在提高（见表 6－25）。

表 6－25　1999—2005 年全国农村农户与非农户投资情况比　（单位：亿元）

年　份	农户	非农户		
	总量	总量	企业单位	事业单位
1999	2779.6	3343.1	2295.8	1047.3
2000	2904.3	3791.6	2633.5	1158.1
2001	2976.6	4235.7	3159.4	1076.3
2002	3123.2	4887.9	3389.1	1498.8
2003	3201	6553.9	5108.4	1445.5
2004	3362.7	8086.5	6462.2	1624.3
2005	3940.6	9737.9	8108.8	1629.1

资料来源：《中国农村统计年鉴》（1999—2007）。

从价值评价来看，市场性逐步在加强，从 1999 年的 68.67% 上升到 2005 年的 83.27%，其中 2001 年到 2003 年呈现出一次 V 型反转，最终又缓慢上升。在非农户投资中，主要是企业单位的投资在增加，而事业单位的投资在减少，这也和事业单位数量减少，企业单位数量增加有关。总体而言，在全国的非农户投资中，市场性要明显强于社会性（见图 6－23）。

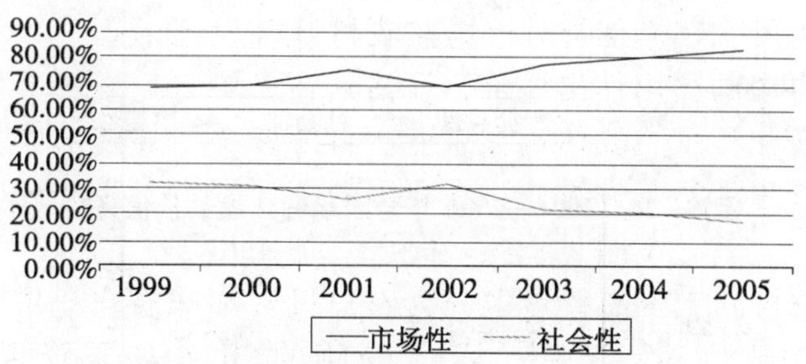

图 6－23　1999—2005 年非农户投资的价值评价

资料来源：作者自行计算得出。

再从单个的农村基础设施来看。水利设施的资金来源主要有七项，其中前三项属于公共性，自筹资金属于社会性，国内贷款和其他投资属于市场性，从2004年到2006年，水利建设的市场性逐步得到提高，说明在水利设施的建设中，市场力量在逐渐发挥作用。农村一些小型的水利设施完全可以由市场来运行，这样一方面确保了村民的生产和生活，另一方面，企业也在经营中得到收益（见表6-26、图6-24）。

表6-26　2004—2006年全国水利建设投入来源统计

年份 来源（亿元）	2004	2005	2006
预算内拨款	125.9	133.1	193.2
预算内专项	192.2	179.4	184.7
水利建设基金	28.8	30.3	36.1
国内贷款	102.6	94.2	80.7
利用外资	12.2	19.3	14.3
自筹资金	296.3	242.2	212.3
其他投资	25.5	48.5	72.5
总计	628.8	747	573

资料来源：《中国水利年鉴2007》。

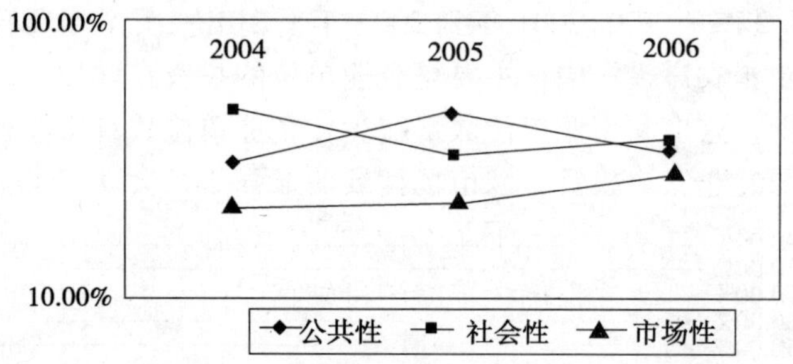

图6-24　2004—2006年全国水利建设的价值评价

资料来源：作者自行计算得出。

从浙江卫生室的资金来源来看（见表6-27），公共性比较强，市场性也有一定的表现（见图6-25），但是却在逐年减少，这一方面可能是因为国家对村卫生室的重视，加大了国家财政的投资；另一方面也说明卫生室这样的基础设施对私人的收益有限，不能引起私人投资的兴趣。

表 6－27　2003—2006 年浙江省卫生室主办单位分类

年份	村办（个）	乡卫生院设点（个）	联合（个）	私人（个）	其他（个）
2003	11000	791	308	4118	168
2004	11023	768	326	3915	217
2005	10794	620	460	4272	209
2006	12304	779	266	2838	251

资料来源：《中国农村统计年鉴》。

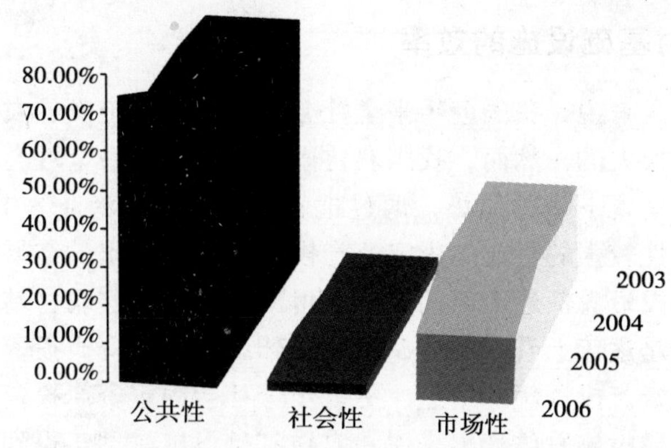

图 6－25　浙江卫生室的价值评价

资料来源：作者自行计算得出。

总的来说，我国农村基础设施的公共化、社会化、市场化都已逐步建立起来，而公共化还是占主导位置。但是在国家财政不足、而实际需求不能满足的情况下，社会化和市场化的作用则显得越发重要。从地域上来看，东部地区的社会化和市场化程度相对较高，而中部和西部地区则比较弱一些。

第三节　总结

做好农村基础设施评价对于实现农村基础设施的长效治理具有十分重要的意义，农村基础设施建设是否公平和具有效率是体现农村基础设施建设水平的两个关键维度，也是评估农村基础设施绩效的标准。在研究中，选择了农村基础设施的效率、均等化和价值性三个方面进行了评价，评价农村基础设施的效率主要在于明确农村投入和产出的关系，均等化的评价则反映了全国农村基础设施建设的差异程度，以及这种差异程度是否逐年得到改善，这对因地制宜地开展农村基础设施治理有重要意义。结合奥斯特罗姆夫妇提出的多中心治理模式和我国进行基础设施市场化改革的实际，在考察政府、社会、市场近年来在农村基础设施治理上所扮演的角色的基础上，进一步展开了对农村基础设施的价值评价，理清了近年来各类农村基础设施治理的公共性、市场性和社会性的程度。

一、农村基础设施的效率

从国家投入来说，我国近年来全社会固定资产投资额、农村固定资产投资额是逐年加大的，然而，我国农村固定资产投资占全社会固定资产投资的比重总体呈现下降的趋势，通过把农、林、牧、渔业等 10 个与农村基础设施相关性较强的行业的固定资产投资额相加得出的结果为农村基础设施固定资产投资总额近似值的方法，得出如下结论：农村基础设施固定资产投资总额是逐年上升，然而，农村基础设施固定资产投资总额的增速不及农村固定资产投资额的增速，更低于全社会固定资产投资额的增速。

从农村基础设施总体产出来说，农村基础设施是逐年得到完善的，其中，农村生产型基础设施发展得较快，农村生活型基础设施发展得较慢，如通汽车村率将近达到 100%，自来水受益村率却只有不到 56%。而且农村基础设施的质量也有所提高，最明显的是农村水电站数量在减少，但农村总发电量在提高，水库数增加不多，水库总容量却增加了 20%。

我国农村基础设施数量基数的增大使得投入到基础设施运营和维护方面的资金相对于建设资金的比例也在提高，而且由于资金产出效益的滞后性，使得在做 2003—2005 年农村基础设施效率分析时就需要经验性和主观性的判断。总地说来，我国农村基础设施的总体效率是逐年提高的，数据分析显示出量方面的效率的提高虽然有所波动，但考虑到基础设施质的提高，应该说农村基础设施总体效率在逐步提高。

二、农村基础设施的均等化程度

以全国各个省份为样本来分析，首先，从自来水受益村率、通汽车村率和通电话村率这三个代表农村基础设施建设水平的指标来分析，2003—2005 年我国的农村基础设施的均等化程度总体上是逐年提高的。但自来水受益村率的均等化程度还比较低。其次，我国东、中、西部的农村基础设施建设水平存在着明显的区域差异，其中，东部地区的农村基础设施建设水平较高，中部一般，西部较低。而且，农村基础设施建设的均等化程度与区域发展的程度存在着正相关关系，即农村基础设施建设水平高的地区，其均等化程度也高。所以可以通过分析东、中、西部之间的农村基础设施建设水平的差异来分析全国农村基础设施建设均等化程度的差异。东部地区选择了浙江，中部为黑龙江，西部为广西，分析的结果如下：浙江省的主要农村基础设施的建设水平最高，虽然，数据上反映出浙江省卫生室绝对数量没有黑龙江和广西多，但这是由于浙江省大力合并村卫生室，村卫生室的高标准建设及乡镇卫生院的快速发展造成的，所以，浙江省农村居民得到的卫生服务还是相当好的，均等化程度也最高。广西的农村基础设施建设水平比较落后，如浙江和黑龙江的农村广播村通率基本上为100%，而广西只有88.76%且均等化程度也最低。从浙江、黑龙江、广西三省的各类农村基础设施建设水平的比较中，进一步地了解到农村基础设施建设水平在各省的差异以及均等化程度的差异。

三 、农村基础设施治理的公共化、市场化以及社会化

农村基础设施的价值评价可分为公共性、社会性、市场性三项指标。分别分析公共性、社会性、市场性在农村基础设施治理中发挥的作用，可以了解目前我国农村基础设施多中心治理各主体之间的地位和相互关系，是农村基础设施客观评价的重要组成部分。

从公共化程度来看，通过对全国农业综合开发的数据分析，公共投资是占主导地位的，中央财政的投资是整个农业投资的主要力量，这和农业综合开发的全国性、资金投入多且回收资金时间长及投资风险性大等特性是密不可分的。它需要通过中央政府强有力地推动。农村基础设施的公共化程度的提高还在村卫生室建设上得到体现，虽然在21世纪初，村卫生室的市场化程度有所提高，但在近年来，随着行政手段的干预、村卫生室的大量合并等原因，村卫生室的公共化程度显现出很大的提高。此外，由于相关行业的准入限制的政策，如自来水公司的国有化，涉及此类行业的农村基础设施的公共化程度也是相当高的。

从对社会化的分析中可以看出，首先，农村基础设施的社会化程度主要指的是村集体和村民参与农村基础设施治理的程度，从全社会固定资产

投资总额来看，相对村民而言，村集体单位在农村基础设施社会化治理中发挥的作用占很大的比重。其次，从黑龙江、浙江和广西三省情况来看，经济发达的浙江的农村基础设施的社会化治理程度相对较高。

从市场化程度评价来看，农村基础设施的市场化治理水平总体来说是提高的，但从国家实行计划经济到市场经济的宏观背景上来看，其提高的幅度相对于公共化程度而言还存在很大差距，而且不同种类的农村基础设施的市场化治理程度的差异性较大，相对而言，以农田水利设施为代表的小型农村生产基础设施的市场化治理程度提高得较多。而且从浙江、黑龙江和广西的比较中可以看出，经济发达的浙江市场化程度远高于其他两个地区。总体来说，我国农村基础设施的公共化、社会化、市场化都已逐步显现，公共化占主导位置。但是在国家财政不足、而实际需求不能满足的情况下，社会化和市场化的作用则显得越发重要。从地域上来看，沿海地区的社会化和市场化程度相对较高，而中部和西部地区则比较弱一些。

综上所述，我国农村基础设施建设的市场化、公共化、社会化的程度与发达国家相比存在着很大差距。毕竟我国目前的基本国情是：我国还处于社会主义初级阶段，城乡区域间的经济文化差距很大，存在典型的城乡二元结构，第三方组织还处于发展的起步期，整个国家迈入小康社会不久，甚至许多农村居民还处于小康水平以下，部分农民温饱还刚刚得到满足。而且，我国人民公民意识还比较弱，没有形成公民社会，对于基础设施等公共产品的建设热心不足。城乡之间的统筹发展机制还在探索建立期间，城市对于农村的带动力不大。国家也缺乏明确的鼓励农村基础设施投资的政策和法律，造成农村基础设施的产权不明晰，难以保证“谁投资、谁受益”原则的实施，进而影响了市场和社会力量参与农村基础设施建设的积极性。当然，上述情况在东、中、西部的表现是不相同的，所以，根据我国的国情和各区域的情况，农村基础设施建设的公共化、市场化、社会化程度的提升应该因地制宜，顺势而为。

从我国全局出发，首先，我国正处于计划经济向市场经济转轨时期，改革开放以来的成就也充分验证了市场在资源配置方面的巨大作用。从基础设施建设的投入要素看，近年来，基础设施相关的原材料市场逐步建立，劳动力市场、技术市场、信息市场逐步形成；产品、生产要素的价格绝大多数也由市场形成。市场经济的法律体系已基本建立，依照这些法律进行自由交易的机制正在形成，市场的管理和监督也在不断改善和加强。

所以，增强农村基础设施建设的市场化程度已经具有了较为充分的条件。通过市场化建设农村基础设施也能达到降低能耗、节约资源的目的，这是符合我国建设资源节约型社会的总体目标的。其次，我国要加强农村基础设施建设的社会化程度。我国的民主法制建设不断健全，人民参与社会建设的热情不断提高。农村基层政权建设也不断取得新成就，农民参与农村基础设施建设的意愿也随之提高。农业建设也正在逐步产业化、规模化，农村基础设施完善的程度与农民收入的关系相关性逐步增强，而且随着社会主义新农村建设的推进，农民物质生活水平正不断提高，农民也有经济基础参与农村基础设施建设了。所以，加强农村基础设施建设的社会化程度是理所当然的。最后，我国也应该加强农村基础设施建设的公共化程度，近年来，中央已经发布了六个关于"三农"建设的一号文件，其重点在于加强新农村建设，而新农村建设的关键点之一就在于农村基础设施建设。特别2009年的一号文件更明确强调要大力加强农村基础设施建设，具体要求建好水利，提升地力，推动农业发展的可持续性，搞好水，建好池，通好信息，把实惠送进农家门，加强规划，改善环境，稳步推进村庄治理等。何况，目前，正处于城市反哺农村的时期，因此，从短期看，加大农村基础设施建设的公共化程度是势所必然的。但是，由于农村三提五统、农业税的取消，以及政府直接提供公共产品会导致效率不高、形象工程频出、供给不符合需求等现象的出现，短期内农村基础设施建设的公共化程度提高应该不会太大。

从东、中、西部的情况看，各区域的政治、经济、文化发展是不均衡的。如2005年东、中、西部地区农村居民人均纯收入分别为4417元、2999元和2300元，农民人均纯收入之比为1.92∶1.30∶1。东、中、西部地区农村居民人均生活消费支出分别为3257元、2314元和1933元，人均生活消费的比率为1.67∶1.20∶1。基础设施的存量差距也很大，就信息基础设施而言，2005年底乡村固定电话用户11122.3万户，东部为4928.2万户，中部为4050万户，西部为2120万户，西部地区不到东部地区固定电话用户的50%；在涉农网站建设中，虽然全国已经增至6000多个，但主要集中在北京和主要沿海省份，西部地区农业网站数量较少，山东、北京、浙江、江苏、广东为前五位，其综合占全国总数的50.38%。基础设施建设所需要投入的要素在各区域也存在很大差距，如劳动力的素质、财政的实力等。此外，与东部及沿海地区相比，中西部地区仍有一部分干部抱着传统的生活方式、生产方式不放，思想观念守旧，易产生低层次满足感，价值观念比较落后。根据东、中、西部的实际情况，农村基础设施建设的市场化、社会化、公共化的结构应该是，东部地区要继续保持较高的市场化、社会化、公共化水平，重点提高市场化和社会化水平。利用沿海开发开放的优势，引进外资投入农村基础设施建设，放开民间资本投资，出台相应的地方性法律法规，制定优惠政策，创新投资方式吸引社会资本投资农村基础设施，大力发展非营利组织参与农村基础设施建设，特别要注重发挥企业在农村基础设施建设中的杠杆作用。规范农村基础设施建设所需的要素市场，逐步降低政府财政资金投入农村基础设施建设的比例。中西部地区要继续提高农村基础设施建设中的公共化水平。利用西部大开发和中部崛起的时机，加大中央财政对中西部转移支付力度和东部地区的对口支援建设力度，以实现区域协调统筹发展的目标，逐步提高农村基础设施建设的市场化和社会化水平，完善市场机制吸引东部地区的资金参与农村基础设施建设。逐步完善农村基础设施建设所需的要素市场，利用中部人口多、西部资源多的优势，合理布局。利用本地人才和本地资源建设好农村基础设施，提高区域内人员的公共意识和发展意识，以农村基础设施的发展带动农民收入的提高。激发农村居民参与农村基础设施建设的热情，利用好国外非营利组织和国际援助组织的资金、技术和人才，探索符合本区域发展实际的农村基础设施建设模式。

第七章　我国农村基础设施治理的主观评价

党的十六届五中全会做出了加快社会主义新农村建设的重大决定。建设社会主义新农村是我国现代化进程中的重大历史任务，是统筹城乡发展和以工促农、以城带乡的重要途径，是缩小城乡差距、扩大农村市场需求的根本出路，是解决“三农”问题、全面建设小康社会的重大战略举措。农村基础设施治理的两大重要主体包括村民、村干部及地方政府。而其中村民在农村基础设施建设方面的贡献，成为农村基础设施建设能够顺利进行的重要保障。

村民对农村基础设施治理的相关态度，影响其对政府的认同，影响相关政策的支持度和顺利执行，也是相关政策效果和建设效果的重要评价依据，它关乎民心，某种程度上也是衡量我国当前的新农村建设是否成功的一个重要标志。因此，非常有必要对村民对当前的农村基础设施治理的主观认识加以考察和分析。

为此，依据对农村基础设施治理的重要性、敏感性、条件性三个标准，抽出了四个一级评价指标，分别是：农村基础设施政策的了解程度；农村基础设施建设的满意度评价；农村基础设施建设的资金评价；农村基础设施治理中责任主体的判断。其中，“农村基础设施政策的了解程度”是条件，因为如果没有村民的知情权，就没有有效的评价。“农村基础设施建设的满意度评价”和“农村基础设施治理中责任主体的判断”是重要内容，能够反映政策认同度和角色认同度。“农村基础设施建设的资金评价”是敏感性指标，它直接刺激村民的反应方式和程度。

农村基础设施种类很多，同样的评价指标对不同种类的基础设施的适用性不同，为了加强评价的可比性和有效性，将农村基础设施进行了分类处理，在此基础上设置了二级指标，并进一步根据具体的基础设施设置了三级评价指标，从而形成了本研究的完整评价指标体系，结合黑龙江、浙江、广西与河南等四省的调查结果进行深入分析。

第一节 农村基础设施建设评价指标的选择原则

一、设计评估指标体系的原则

村民对农村基础设施建设的主观评价数据来源于本次课题组成员对浙江、黑龙江、河南、广西等四省的实地调查，通过四省对比总结出村民对农村基础设施建设的了解程度以及存在的不足。

结合新农村建设的要求和农村基础设施建设的现状，我们认为设计村民对农村基础设施建设主观评价的体系应遵循如下原则。

1. 政策性原则

要体现社会主义新农村建设的要求。党中央、国务院提出的建设社会主义新农村的要求就是“生产发展、生活宽裕、乡风文明、村容整洁、管理民主”。农村基础设施的建设要有力地促进新农村建设，解放和发展农村生产力，拓宽农民增收渠道，改善农民的生活质量，提高农民的思想、文化、道德水平，合理利用能源，合理规划村庄。

2. 层次性原则

指标体系需要同时便于微观分析，满足可操作性，又要便于宏观概括，形成一定抽象层次上的政策制定依据。一方面要了解村民对农村基础设施现状的了解，另一方面要全面反映村民对未来农村基础设施建设的期望和构想。定量指标增强可操作性，通过各类基础设施的比较，更全面地反映村民对农村基础设施建设的了解状况。主观评价是一项操作性很强的工作，设计的各项指标都要有调查数据来源。收集信息要方便，或者通过查阅统计资料获取信息，或者采取问卷调查和访谈的方式获取信息。

3. 科学性原则

指标设计应该能够涵盖农村基础设施的主要方面，抓住敏感性因素，且对其运作的有效条件给予评估和限定。为此，应首先对指标进行重要性、敏感性、条件性评价，筛选出有效的指标要素。

二、村民对农村基础设施治理的主观评价指标体系

此次主观评价体系具有三层结构：评估维度（一级指标）、基本指标

(二级指标）和具体指标（三级指标）(见表7－1)。

对农村基础设施建设政策的了解程度：自从党中央国务院提出新农村建设后，在加强农村基础设施建设方面国家出台了大量的政策，而现阶段村民对各类政策了解多少，对政策的实施状况了解多少，成为农村基础设施建设能否可持续发展的一个关键因素。

对农村基础设施建设的满意度评价：村民作为农村基础设施建设的主体建设者和直接受益者，他们是否对现阶段农村基础设施建设表示满意可以直接说明我国农村基础设施建设的目标是否达到。

对农村基础设施建设的资金评价：农村基础设施建设的资金来源是未来我国制定农村基础设施建设规划的重要保障，通过村民的意见和建议，可以了解到农村基础设施建设资金来源和分配情况，使农村基础设施建设资金使用率更高，更加透明。

对农村基础设施治理中责任主体的判断：村民是农村基础设施建设的直接建设者，村级组织是农村基础设施建设的直接领导者，乡镇政府是农村基础设施建设的指导者。三者通过合作，构建农村基础设施建设“多中心治理”的机制，保证新农村建设顺利进行。

表7－1　村民对农村基础设施建设的主观评价体系

<table>
<tr><th>一级指标</th><th>二级指标</th><th>三级指标</th></tr>
<tr><td rowspan="19">对农村基础设施建设政策的了解程度</td><td rowspan="5">对生产型基础设施政策的了解</td><td>村通乡镇（外界）道路建设</td></tr>
<tr><td>村内道路建设</td></tr>
<tr><td>农田水利设施（水库和水渠）</td></tr>
<tr><td>村内河道整治</td></tr>
<tr><td>干净的自来水</td></tr>
<tr><td rowspan="9">对生活型基础设施政策的了解</td><td>村通乡镇公交车（班车）</td></tr>
<tr><td>生活用电</td></tr>
<tr><td>通电话（固定电话和移动电话）</td></tr>
<tr><td>有线广播建设</td></tr>
<tr><td>电视节目接收</td></tr>
<tr><td>电脑宽带上网</td></tr>
<tr><td>垃圾集中收集统一处理</td></tr>
<tr><td>公共卫生厕所改造</td></tr>
<tr><td>村内路灯亮化</td></tr>
<tr><td rowspan="5">对发展型基础设施政策的了解</td><td>村办公楼建设</td></tr>
<tr><td>老人活动场所建设</td></tr>
<tr><td>村内卫生室建设</td></tr>
<tr><td>村内文化（图书）室建设</td></tr>
<tr><td>村庄建设整体规划</td></tr>
</table>

续表

<table>
<tr><th>一级指标</th><th>二级指标</th><th>三级指标</th></tr>
<tr><td rowspan="15">对农村基础设施满意度评价</td><td rowspan="5">对生产型基础设施满意度评价</td><td>村通乡镇（外界）道路建设</td></tr>
<tr><td>村内道路建设</td></tr>
<tr><td>农田水利设施（水库和水渠）</td></tr>
<tr><td>村内河道整治</td></tr>
<tr><td>干净的自来水</td></tr>
<tr><td rowspan="9">对生活型基础设施满意度评价</td><td>村通乡镇公交车（班车）</td></tr>
<tr><td>生活用电</td></tr>
<tr><td>通电话（固定电话和移动电话）</td></tr>
<tr><td>有线广播建设</td></tr>
<tr><td>电视节目接收</td></tr>
<tr><td>电脑宽带上网</td></tr>
<tr><td>垃圾集中收集统一处理</td></tr>
<tr><td>公共卫生厕所改造</td></tr>
<tr><td>村内路灯亮化</td></tr>
<tr><td rowspan="5">对发展型基础设施满意度评价</td><td>村办公楼建设</td></tr>
<tr><td rowspan="4">对农村基础设施满意度评价</td><td>老人活动场所建设</td></tr>
<tr><td>村内卫生室建设</td></tr>
<tr><td>村内文化（图书）室建设</td></tr>
<tr><td>村庄建设整体规划</td></tr>
<tr><td rowspan="18">对农村基础设施建设资金使用评价</td><td rowspan="4">对生产型基础设施资金使用评价</td><td>村通乡镇（外界）道路建设</td></tr>
<tr><td>村内道路建设</td></tr>
<tr><td>农田水利设施（水库和水渠）</td></tr>
<tr><td>村内河道整治</td></tr>
<tr><td rowspan="9">对生活型基础设施资金使用的评价</td><td>村通乡镇公交车（班车）</td></tr>
<tr><td>生活用电</td></tr>
<tr><td>通电话（固定电话和移动电话）</td></tr>
<tr><td>有线广播建设</td></tr>
<tr><td>电视节目接收</td></tr>
<tr><td>电脑宽带上网</td></tr>
<tr><td>垃圾集中收集统一处理</td></tr>
<tr><td>公共卫生厕所改造</td></tr>
<tr><td>村内路灯亮化</td></tr>
<tr><td rowspan="5">对发展型基础设施资金使用评价</td><td>村办公楼建设</td></tr>
<tr><td>老人活动场所建设</td></tr>
<tr><td>村内卫生室建设</td></tr>
<tr><td>村内文化（图书）室建设</td></tr>
<tr><td>村庄建设整体规划</td></tr>
<tr><td rowspan="5">对农村基础设施治理中责任主体的判断</td><td rowspan="2">对治理参与组织的职能与角色认知</td><td>对村委会职能的了解程度</td></tr>
<tr><td>对村小组职能的了解程度</td></tr>
<tr><td>对治理参与组织所发挥的功效判断</td><td>对乡镇政府职能的了解程度</td></tr>
<tr><td rowspan="2">对治理参与人的职责、角色认知</td><td>对村民角色的认知</td></tr>
<tr><td>对村干部职责与角色的认知</td></tr>
<tr><td></td><td>对治理参与人所发挥的功效判断</td><td>对乡镇干部的了解程度</td></tr>
</table>

资料来源：作者自行设计。

第二节　村民对农村基础设施治理的主观评价

一、对各类基础设施建设政策的了解程度

1. 生产型基础设施建设的政策

第一，关于公路（道路）建设的政策。改革开放以来，特别是“十五”以来，国家投入大量车购税、国债、以工代赈等资金，先后实施了贫困县出口路、通县油路、县际和农村公路改造工程、通达工程等，使农村公路落后面貌发生了显著改变。农村公路总里程迅速增长，截至2004年底，全国农村公路（包括县道、乡道、村道）总里程达到近290万公里（其中村道147万多公里），其中，县乡公路由1978年的59万公里增至2004年的142.4万公里，技术等级迅速提升，等级路由1978年的26万公里增至2004年的110.7万公里；路面状况明显改善，截至2004年底，高级、次高级路面里程占县乡公路总里程的39%；通达深度逐年提高，99.6%的乡镇和92.9%的建制村实现了通公路，基本形成了县与乡、乡与乡、乡与村之间的农村公路网络。尽管我国农村公路的面貌发生了较大改观，但总体上水平不高，不适应农村经济社会发展和提高农民生活质量的要求，加快农村公路建设不仅是交通发展的客观需要，而且对农村经济社会发展乃至国家现代化建设都具有重要意义。为此，国家于2005年发布全国农村公路规划建设，提出全面实现小康社会宏伟目标的关键在于农村，没有农村的小康就没有全国的小康，没有农村的现代化就没有全国的现代化，而农村公路是农村实现小康的基础。从交通体系看，构成我国公路交通的基础是农村公路，占公路总里程75%的农村公路仍然是交通体系中最薄弱的环节，道路质量差，晴天扬尘，雨天泥泞，阻碍了农业和农村经济社会的发展；干线和农村公路互为依托，农村公路对干线公路网起着重要的支撑和集散作用，需协调均衡发展，以发挥公路网的整体效益。21世纪前20年，农村公路建设的总体目标是：具备条件的乡（镇）和建制村通沥青（水泥）路，基本形成较高服务水平的农村公路网络，使农民群众出行更便捷、更安全、更舒适，适应全面建设小康社会的总体要求。

第二，关于农田水利建设的政策。党的十四届五中全会对“九五”期间和到2010年的农业、农村工作提出了明确的战略目标。实现这一目标，最根本的措施是大力推进农田水利基本建设，改善农业生产条件。

早在1996年国务院就发布了《国务院关于进一步加强农田水利基本建设的通知》，规定了农田水利基本建设的根本任务，就是要坚持不懈地大干5年到10年，使我国的农业生产条件和生态环境有一个大的改善。当前，在对现有工程进行除险加固、清淤除障、水毁修复、更新改造、挖潜配套的同时，要积极兴建一批蓄、引、堤、灌、排等小型水利工程，扩大灌溉面积；大力普及节水灌溉技术，积极推广旱作农业技术，建设一批节水、旱作增产重点县；组织好中小河流综合治理和水土保持工程的建设；大力植树造林，加强重点防护林体系建设；进一步解决好乡镇供水和人畜饮水问题。各地都要从实际出发，统筹规划，明确重点，确定目标、任务，制订具体措施，并真正落到实处。进一步加强农田水利基本建设，必须发扬艰苦奋斗的精神，坚持自力更生为主、国家补助为辅的方针，按照“巩固提高，积极发展，加强管理，注重实效”的原则，实行山、水、田、林、路统一规划，综合治理。要把农田水利基本建设同农业综合开发、山区开发建设、商品粮基地建设、高产优质高效农业建设、扶贫开发等很好地结合起来，形成合力，提高整体效益。

2. 生活型基础设施建设的政策

第一，关于通信设施建设的政策。近年来，移动通信网络已经覆盖全国大部分县市乡镇。在此基础上，国家重视面向广大农村移动通信网络建设。据统计，中国移动两年来累计投入资金近90亿元，为26个省（区、市）的2.6万多个未通电话的行政村开通了移动通信服务，占全国“村村通电话”工程实际完成量的一半以上，超额34%完成了任务，直接使我国行政村通电话的比例提高了3.8个百分点。移动通信的开通解决了当地通信难问题，使信息闭塞的偏僻农村与外界建立起便利的联系渠道，在改变农村生产状况和农民生活方式方面发挥了重要作用。改善农村通信相对落后的状况，移动通信网络覆盖只是基础性工作，真正把移动电话使用起来才是关键。移动通信作为先导和基础性产业，在提高农业科技创新和转化能力、加强农村现代流通体系建设、稳定发展粮食生产、积极推进农业结构调整、发展农业产业化经营、加快发展循环农业、拓宽农民增收渠道等方面，有着极为重要的作用。在有线电视方面，国务院指出要大力推

进广播电视进村入户。以提高中央台和省台广播电视节目入户率为重点，采取多种技术手段，加大实施广播电视村村通工程的力度，争取到2010年基本实现20户以上的已通电自然村全部通广播电视。重视完善和发挥现有无线转播台站的作用，利用无线、有线和卫星等多种技术手段，力争使农民群众收听收看到套数更多、质量更好的广播电视节目。

第二，关于环境改善的政策。据国家环境保护部网站消息，在2009年4月3日召开的农村环境综合整治“以奖促治”和自然生态保护工作研讨会上，环境保护部有关负责人指出，环境保护部把加强农村环境保护和自然生态保护工作作为当前重点工作之一，周密部署，大力推进，取得了积极进展。目前，中国农村环境保护形势严峻，环境问题日益突出。对此，党中央、国务院明确提出要实施“以奖促治”政策，积极推进农村环境综合整治。环境保护部联合财政部积极推进“以奖促治”政策的实施，在拟定实施方案、建立长效机制、制定规章制度、编制总体规划、安排项目资金、加强监督检查等方面扎实开展工作，确保此项政策取得实效。当前和今后一段时期，环境保护部将以实行“以奖促治、以奖代补”政策和强化监管为主线，以建立健全农村环境综合整治目标责任制为保障，以加强农村环保监管能力建设为基础，以完善农村环保经济政策和推广农村环保适用技术为支撑，针对重点流域、区域和问题突出地区开展集中整治，着力解决危害群众身体健康、威胁城乡居民食品安全、影响农村可持续发展的突出环境问题，改善农村环境质量，积极探索农村环保新道路。重点抓好以下工作：一要全面落实“以奖促治”政策，扎实推进村镇环境综合整治；二要健全农村环保法规政策体系，建立完善目标考核机制；三要强化农村环保能力建设，建立城乡一体化环境监管体系；四要深化农村生态示范建设；五要加强农村环保科技支撑体系建设，大力推广农村环保实用技术；六要加大农村环保宣传教育力度，建立公众参与和监督机制。

第三，关于生活用电的政策。电力是经济和社会发展的重要基础，也是现代文明和小康生活的重要标志。虽然近年来我国电力发展很快，基本满足了经济和社会发展的需要，但我国幅员辽阔，经济社会发展不平衡，由于受历史和自然条件的制约，在我国偏远山区、牧区和岛屿等地，仍有2000多万人没有解决用电问题，严重制约着这些地区经济社会发展和人民生活水平的提高，解决无电地区用电问题已经成为促进地区经济协调发展、改善当地生产生活条件、脱贫致富、实现全面建设小康社会目标的重要内容。党中央、国务院对解决无电地区用电问题高度重视，除结合农村电网建设与改造工程实施，通过扩大电网覆盖面解决无电地区用电问题外，还安排资金开展了“送电到乡”工程，重点解决了偏远无电地区乡政府所在地的用电问题。为了进一步解决偏远无电地区的用电问题，今后国家将逐年安排资金，支持偏远无电地区电力建设。各级政府及有关部门都要进一步提高对解决无电地区用电问题重要性的认识，把解决无电地区用电问题作为一项重要政治任务来抓，采取有效措施，大力支持无电地区的电力建设工作，加快无电地区电力建设步伐。

3. 发展型基础设施的政策

第一，关于农村文化建设的政策。国家在2005年颁布了《中共中央国务院关于进一步加强农村文化建设的意见》，意见指出，近年来，党和政府高度重视农村文化建设，采取一系列政策措施，着力推进重点文化工程建设，组织开展形式多样的农村文化活动，积极培育农村文化市场，广泛开展文化科技卫生“三下乡”，农民群众精神文化生活得到改善，农村文化建设呈现较好的发展局面。同时也要看到，农村文化建设与全面建设小康社会的目标要求还不相适应，与经济社会的协调发展还不相适应，与农民群众的精神文化需求还不相适应，主要问题是文化基础设施落后，现有资源尚未得到有效利用，文化体制不顺、机制不活，文化产品、文化服务供给不足，文化活动相对贫乏，城乡文化发展水平差距较大。这种状况必须引起高度重视，迫切需要采取有效措施，切实加以改变。同时，意见还指出农村文化建设的目标任务是，按照建设社会主义新农村的要求，经过5年的努力，基本形成适应社会主义市场经济体制、符合社会主义精神文明建设规律的农村文化建设新格局。县、乡、村文化基础设施相对完备，公共文化服务切实加强。农村文化工作体制机制逐步理顺，现有文化资源得到有效利用。文化队伍不断壮大，农民自办文化更加活跃。文化产业较快发展，看书难、看戏难、看电影难、收听收看广播电视难的问题基本解决。农村文明程度和农民整体素质有所提高，文化在促进农村生产发展、生活宽裕、乡风文明、村容整洁、管理民主等方面发挥重要作用。在加强文化设施方面要坚持以政府为主导，以乡镇为依托，以村为重点，以农户为对象，发展县、乡镇、村文化设施和文化活动场所，构建农村公共文化服务网络。到2010年，实现县有文化馆、图书馆，乡镇有综合文化站，行政村有文化活动室。县文化馆要具备综合性功能，图书馆要加强数字化建设。乡镇可结合乡镇机构改革和站（所）整合，组建集图书阅读、广播影视、宣传教育、文艺演出、科技推广、科普培训、体育和青少年校外活动等于一体的综合性文化站，配备专职人员管理。村文化活动室可"一室多用"，明确由一名村干部具体负责。在学校布点整顿中腾出的闲置校舍，可改造为村文化活动基地。充分发挥农村中小学在开展农村文化活动方面的作用，提倡中小学图书室、电子阅览室定时就近向农民群众开放，把中小学校建成宣传、文化、信息中心。对西部及其他老少边穷等地广人稀适宜开展流动服务的地区，由政府给乡文化站配备多功能流动文化车，开展灵活、多样、方便的文化服务。

第二，关于农村合作医疗的政策。新型农村合作医疗是指由政府组织、引导、支持，个人、集体和政府多方筹资，以大病统筹为主的农民互助共济医疗保障制度。新型农村合作医疗与以往医疗相比，主要在筹资渠道、管理主体、补偿能力、统筹范围等方面有着根本的区别。与原来医疗合作制度相比，此次新型医疗合作制度有了很大的改善：一是在筹资渠道上，以往的合作医疗只是农民之间的互助共济，政府没有投入，实力不强，基金缺乏保障。新型农村合作医疗是由个人缴费、集体扶持和政府资助相结合的一种筹资机制，其中政府资助占了大头。政府为新型农村合作医疗注入大量资金，增强了新型农村合作医疗的实力和参合农民医疗保障能力。二是管理主体上，以往的合作医疗是由集体组织和农民自己管理。新型农村合作医疗是由政府主导来组织推动，强调公开透明，群众监督。新型农村合作医疗在政府的组织领导下，管理机构和工作制度更加健全，基金管理和使用更加规范，医药费报销比例更为科学，参合农民就医和医药费报销更为便捷，能够充分发挥新型农村合作医疗基金的作用，更好地为参合农民提供医疗保障。三是在补偿能力上，以往的合作医疗由于资金来源单一，资金总量少，对农民大病补偿的能力较低。新型农村合作医疗以大病统筹为主，兼顾受益面，重点解决参合农民患大病住院医药费用的补偿问题，最多可获 3 万元的补偿，解决大病治疗的能力提高了，能够较好地解决农民因病致贫、因病返贫的问题。四是在统筹范围上，以往的合作医疗是以村或乡镇为单位统筹管理。新型农村合作医疗是以县（市）为单位统筹管理。新型农村合作统筹范围的扩大，体现了"大数法则"，大大增强了保障能力和抗险能力。

4. 村民对各类基础设施建设政策的了解程度

“生产发展、生活宽裕、乡风文明、村容整洁、管理民主”的20字方针是新农村建设的主要目标，也是社会对新农村的基本要求，新农村建设不仅涉及农村经济的发展，还涉及了农村的政治、文化、社会管理等方方面面的完善。“生产发展”是新农村建设的首要任务，只有不断发展生产力，才能保证新农村建设的物质基础。但是“发展生产”并不是新农村建设的唯一内容。按照社会主义新农村建设的要求，要以布局优化、道路硬化、村庄绿化、住宅美化、过道净化、路灯亮化、环境洁化、服务强化为主要内容，统筹规划村庄布局。因此，在发展农村经济的同时，要突出村庄的整体规划，注重农民的文化教育和娱乐体育方面的要求，强调农村的基础设施建设，致力于为农民的生产生活提供方便。

调研涉及了浙江省的六个地级市，调研结果表明，不同地区的村民对于新农村建设的主要内容的界定有着一定的差别；并且对于同一地方的村民对新农村建设内容的了解，我们在问卷和访谈中分别从短期和长期两个方面对被调查者进行了调研，也发现了明显的差异。

第一，不同地区的村民对新农村建设主要内容的界定不同（以安吉县杭垓村和临安东山村为例）。如图7－1所示，对于临安东山村的村民来说，在短期内，该村新农村建设的最重要内容是加强农村基础设施建设，让农村更漂亮，农民生活更方便，选这一内容的村民占了32.65%，而同一内容对于安吉县杭垓村的村民来说则只排第三位，相比于东山村，村民对该内容的支持率降低了14.28%。杭垓村的村民将改善农村孩子的教育问题，减轻农民孩子的教育负担问题作为该村新农村建设的最主要内容，占村民投票率的28.57%，而在东山村，此内容占30.61%，排第二位。另外的一个显著差异存在于两村村民对通过培训方式把农村的剩余劳动力转移到城镇，增加农民收入的态度上，杭垓村村民投票率为14.29%，东山村村民投票率仅为2.04%，可见杭垓村村民对通过转移劳动力增加农民收入的方式的接受度高于东山村村民。不同地区的农民对于新农村建设的内容的界定可能会由于地理位置、自然条件、经济基础、村庄规模、村民理念等的不同而不同，因此在新农村建设过程中应因地制宜，从实际出发，注重实效。

第二，同一地区的村民对于新农村建设的主要内容的界定在短期和长期上有差别（以临安东山村为例）。如图7－2所示，从短期来看，东山

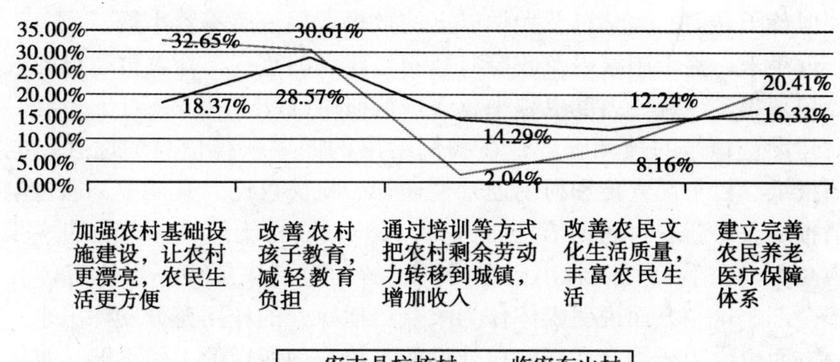

图 7－1　村民对短期内新农村建设的内容的看法

资料来源：问卷调研数据。

村村民新农村建设的最主要内容是加强农村基础设施建设，占 32. 65%，其次是减轻农村孩子的教育负担，占 30. 61%。但在长期中，孩子的教育问题上升到与基础设施建设并列第一的位置上，分别占 26. 53%。此外，农村城市化在短期目标中占 2. 04%，而在长期目标中则占 20. 41%，这说明通过不断的努力，将农村推向城市化发展更多地被看作是要经过长时间努力才能实现的长远目标。

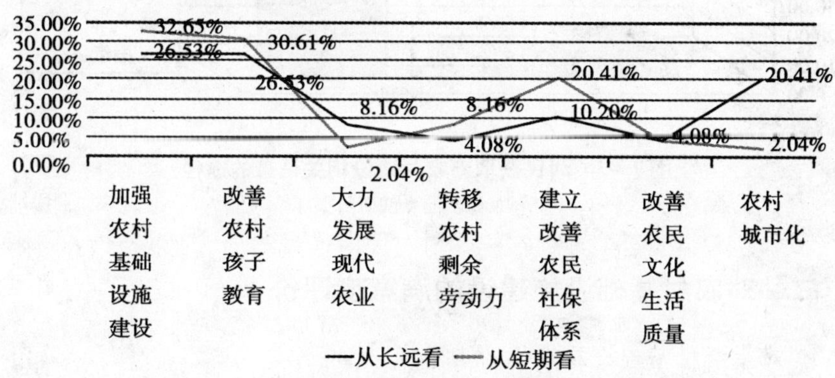

图 7－2　新农村建设长期和短期任务比较

资料来源：问卷调研数据。

接受教育，走出农村是大多数农民对孩子的较高期望，因此农村孩子的教育问题仍是农民们关心的主要问题，虽然现在已经普及九年制义务教育，但孩子高中、大学以及大学以上的教育费用依然不容小觑。

近年来，鉴于国家以及政府对新农村建设的重视，新农村建设的宣传途径越来越多，宣传力度也越来越大。调研中（图7－3），对于知道“新农村建设”口号的被调查者，在我们给出的四项获得信息的途径：电视广播报纸、村干部宣传和村内通知栏通知、村民议论、其他中，通过电视广播报纸获得新农村建设信息的占83.56%，而村干部宣传、通知栏张贴仅占8.44%。我们可以看出，在村民了解信息的渠道中，媒体宣传几乎占了全部，这一方面说明媒体作为大众传播媒介的作用充分发挥出来，但另一方面也说明村委会在新农村建设的宣传方面所做的工作不够，媒体的宣传力量和宣传范围是有限的，村干部应充分做好补充工作，让村民真正地了解新农村建设，真正地投入到新农村建设中来。

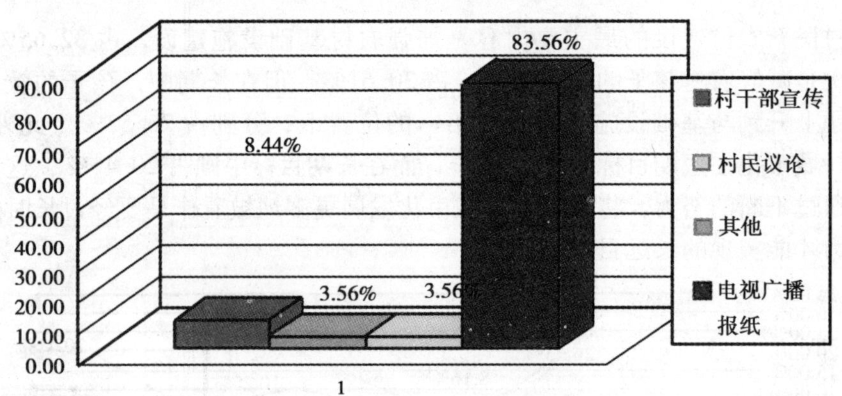

图7－3 村民获取新农村建设相关信息的途径

资料来源：问卷调研数据。

二、对农村基础设施建设的满意度评价

1. 对生产型基础设施建设的满意度

生产型基础设施对于村民来说在日常生活中起着最为重要的作用，因此村民也最为关注。

生产型基础设施建设的状况，通过调查，我们发现在浙江和河南两省超过半数的村民对生产型基础设施建设表示非常满意或满意（见表7－2、表7－3），而在黑龙江和广西两省表示满意的村民较少（见表7－4、

表7－5）。

表7－2　　浙江省村民对生产型基础设施建设的满意度　　（%）

基础设施	非常满意	满意	一般	不满意	非常不满意
1. 村通乡镇（外界）道路建设	59.3	30.6	3.7	1.9	4.6
2. 村内道路建设	49.5	24.8	8.9	13.9	3
3. 农田水利设施	25	13.2	16.2	26.5	19.1
4. 村内河道整治	19.4	38.9	27.8	5.6	8.3
5. 干净的自来水	41.7	44.4	4.2	2.8	6.9

资料来源：问卷调研数据。

表7－3　　黑龙江省村民对生产型基础设施建设的满意度　　（%）

基础设施	非常满意	满意	一般	不满意	非常不满意
1. 村通乡镇（外界）道路建设	10.2	22.8	39.4	22	5.5
2. 村内道路建设	9	17.1	43.2	21.6	9
3. 农田水利设施	4.2	17.6	37.8	35.3	5
4. 村内河道整治	4.7	16.8	45.8	27.1	5.6
5. 干净的自来水	2.5	32	47.5	15.6	2.5

资料来源：问卷调研数据。

表7－4　　河南省村民对生产型基础设施建设的满意度　　（%）

基础设施	非常满意	满意	一般	不满意	非常不满意
1. 村通乡镇（外界）道路建设	14	48.8	14	20.9	2.3
2. 村内道路建设	20.5	25	27.3	20.5	6.8
3. 农田水利设施	5	20	30	37.5	7.5
4. 村内河道整治	10	15	32.5	35	7.5
5. 干净的自来水	4.7	23.3	23.3	27.9	20.9

资料来源：问卷调研数据。

表 7－5　广西壮族自治区村民对生产型基础设施建设的满意度　（%）

基础设施	非常满意	满意	一般	不满意	非常不满意
1. 村通乡镇（外界）道路建设	16.1	45.5	33	3.6%	1.8
2. 村内道路建设	15.1	32.3	40.9	9.7	2.2
3. 农田水利设施	5.9	47.5	38.6	7.9	0
4. 村内河道整治	9.2	35.8	45.9	8.3	0.9
5. 干净的自来水	18.3	45.2	20.4	12.9	3.2

资料来源：问卷调研数据。

从上述四个表的内容可以看出，大部分的村民对村内道路建设和通往乡镇道路建设比较满意。在我国公路方面乡镇的公路通达率达到93.64%、通畅率达到80.4%，公路的基本情况都较好。从地区上来看，东部地区情况较好，通达率和通畅率几乎都达到100%，其次是中部地区，通达率也较高为96.59%，通畅率则稍低一些为83.4%，而西部地区的情况较差，特别是通畅率只有67.41%。相对而言，对于农田水利设施和河道整治，更多的村民表示一般或者不满意，这是由于近年来由于严重的污染，河道水渠堵塞较多，这一方面影响了农民对农田的适时灌溉；另一方面还可能会引起旱涝灾害，后果不堪设想。在自来水方面，北方的村民对本地区的水质较满意（黑龙江86.1%的村民对自来水水质表示满意），而南方的村民却对本地区的水质表示不满（广西有62.1%的村民表示不满），这说明南方省份应当在净化自来水方面继续加大力度。

2. 对生活型基础设施建设的满意度

生活型基础设施与村民的日常生活息息相关，生活型基础设施建设的好坏关乎我国农民生活质量能否提高。生活型基础设施主要分为通信设施、环境治理等方面。

第一，通信设施。对于电脑宽带上网问题，据中国信息产业部信息，2008年中国95%以上的乡镇开通宽带，而东部和中部省份将实现所有乡镇开通宽带。按照第十一个五年计划，中国农村通信的发展目标为“村村通电话，乡乡能上网”。据统计，到2007年底，中国通电话的行政村比例达到99.5%，92%的乡镇开通宽带。中国大陆有网民约2.1亿人，截至2007年12月，宽带接入网民数达到1.63亿。但是中国农村的宽带渗透率不足5%。

从满意度来看，有10.50%的人非常满意（图7－4），从中国信息产业部发出的消息看，我国农村的宽带网络问题很不乐观，因此10.50%的比率让我们有些吃惊，随着农村的全面建设，网络也有了飞速的发展。

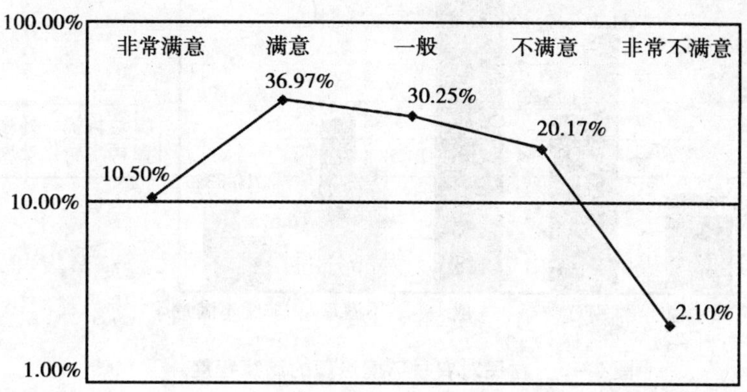

图7-4　村民对电脑宽带上网的满意程度

资料来源：问卷调研数据。

第二，环境治理。从调研结果可以看出，农民对于村内垃圾处理和污水净化的满意程度基本上呈正态分布，较多的人的态度是一般，占35%以上，较少的人选择非常满意和非常不满意，比率低于12%。图7-5表明，农村垃圾处理的情况要比污水净化情况好一点，因为从一般往右延伸到非常满意，前者的比率平均高于后者；而从一般往左延伸到非常不满意，后者的比率则比前者分别高出5.88%、4.16%。当然，环境污染并不局限于生产生活用水污染，还包括农药、化肥等农业污染，随着新农村建设口号的提出，农村的村容整洁、环境美化以及生活污染问题都得到了一定的改善，但仍然没有达到大多数村民的满意程度。

3. 对发展型基础设施建设的满意程度

对于发展基础设施建设，村民最关心的是农村文化建设方面的内容。问卷调查表明，63%的农民对文化的需求很强烈或较强烈，45%的农民认为平时的娱乐活动单调，51%的农民表示目前离满足自己的文化需要还差得远，79%的农民希望改变这种现状。

从需求趋势看，农民对精神文化生活有内在的渴求，求知、求美、求乐、求健康、求参与成为广大农民的共同要求，农民办文化、参与文化活动的热情很高。问卷显示，63%的农民表示对文化的需求很强烈或较强

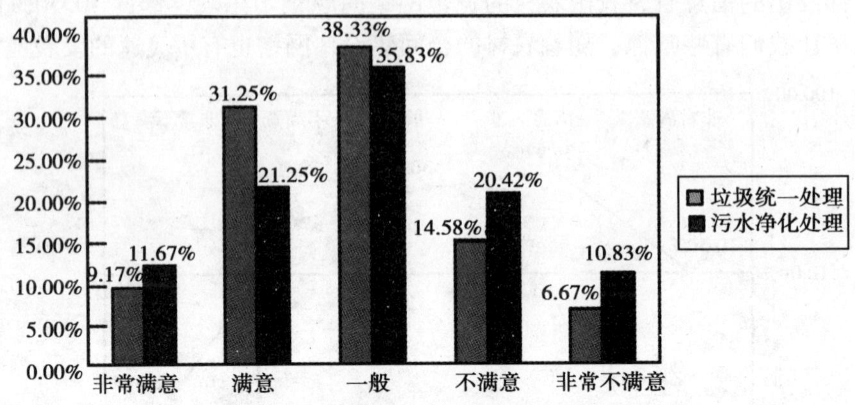

图 7－5　村民对农村环境治理的满意程度

资料来源：问卷调研数据。

烈，42% 的农民希望以村组或乡镇为单位组织自己的业余团队，如腰鼓队、舞龙队、乐队等，活跃农村文化生活。因此，浙江金清镇的 56 个文化俱乐部各建立了 1—3 支文体队伍，有腰鼓队、鼓号队、舞龙队、健身操队等，丰富了农民群众的业余文化生活。

如今，农民的文化需求不再满足于“看看电影听听戏，天天守台电视机”的低水平、单一的层次上。但受客观条件的制约，农民精神文化生活仍然单调而贫乏，活动少、渠道窄、形式旧，他们渴望健康、丰富的精神文化享受。问卷显示，45% 的农民认为平时的娱乐活动“单调”，51% 的农民表示目前离满足自己的文化需要还“差得远”，79% 的农民希望改变这种现状。

在走访过程中，对于农民的文化需求尚未得到满足这一状况，一些村居干部和文化专干表示，目前，农民文化消费群体结构、消费观念都在发生变化，但有关部门对农民文化需求的研究却显得滞后，大部分地方只是在年节期间开展一些活动，完成上级布置下来的任务。有关部门应该制定优惠政策，如对在农村进行演出的团体或以农民为服务对象的文艺作品生产在税收方面给予减免。同时，通过奖项设定等调控手段，如评选“当代农民最喜爱的歌曲、小品、文体题材”等，鼓励农村题材文艺作品的创作。

总体而言，根据对村民的调查，村民对村通乡镇（外界）道路建设、村内道路建设、干净的自来水、生活用电、通电话、有线广播建设、电视节目接收、村庄建设整体规划比较满意，对村通乡镇公交车、农田水利设施评价一般，其余则为不满意。

三、对农村基础设施建设资金使用的评价

1. 对生产型基础设施建设的资金使用评价

虽然在农村发展的过程中，非农业产业在农村如雨后春笋般旺盛，但农业是国家的基础，因此农村始终要以农业的发展为主，农业的发展离不开农田水利和灌溉设施的建设，而且这些设施的建设费用在农民的财务开支中也占了一定的比重。在浙江省，对于这一费用，45%的被调查村民认为国家一直在倡导保护农业，因此应该由政府出资支付，以示支持；29.58%的村民认为村集体有义务担负这一费用，毕竟发展好农业的最大受益人是村民自己；另有5.42%的村民认为在这一项目上，村内企业也应该插上一脚，虽然村内的企业家靠非农产业致富，但生活中却离不开农产品，因此他们有义务作出贡献（图7－6）。

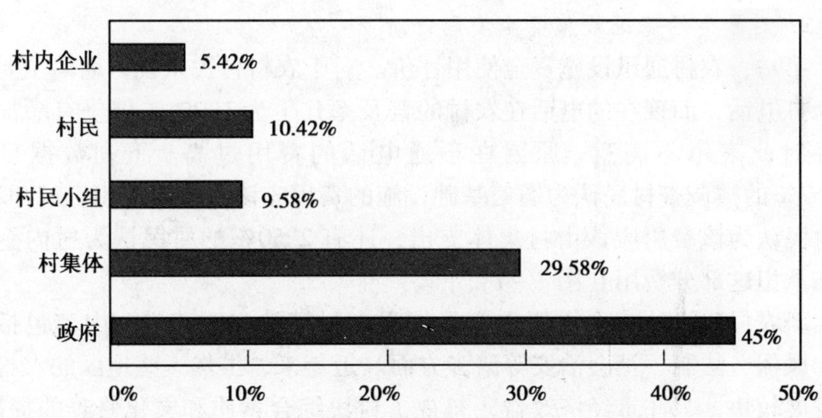

图7－6　村民对生产型基础设施出资主体的期望

资料来源：问卷调研数据。

表 7－6　村民认为农村基础设施资金来源的途径　（%）

基础设施	政府	村集体	村民小组	村民	村内的企业
村通乡镇（外界）道路建设	76.3	9.9	0.8	12.2	0.8
村内道路建设	70.5	15.2	1.5	10.6	2.3
农田水利设施	71.7	9.8	2.2	15.2	1.1
干净的自来水	57	18.7	0.9	21.5	1.9

资料来源：问卷调研数据。

在黑龙江，对于这一费用，高达 70% 以上的被调查村民认为国家一直在倡导保护农业，因此应该由政府出资支付，以示支持；15% 的村民认为村集体有义务担负这一费用，毕竟发展好农业的最大受益人是村民自己；另有 5.42% 的村民认为在这一项目上，村内企业也应该插上一脚，虽然村内的企业家靠非农产业致富，但生活中却离不开农产品，因此他们有义务作出贡献。

由此可见，村民认为农村基础设施资金来源是政府，其次是村集体和村民，而村内的企业和村民小组则几乎没有提供过基础设施建设的资金。南北方省份对此问题的看法基本上一致。

2. 对于生活基础设施资金使用评价

第一，农村通讯设施资金使用评价。对于农村村民来说，通信主要表现为打电话，而现在的电话在农村的普及率几乎为 100%，但仍有一部分村民对此表示不满意，原因在于通电话的费用过高。下列数据显示 51.67% 的被调查村民认为通信基础设施的费用应该由政府支出，22.92% 的村民认为该费用应该由村集体支出，还有 2.50% 的村民认为村内企业应该承担这部分费用（图 7－7）。

新农村建设的一个重要内容是加强农村精神文明建设，内容包括文化、风俗、法制、社会治安等诸多方面。近年来，虽然一些地区的农村经济发展较快，只注重经济效益，忽视了村民综合素质和文化修养的提高，文化生活单调乏味，同时一些不良文化也陆续出现。农村文化建设与经济社会的协调发展还不适应，与农民群众的精神文化需求还不适应。落后的文化建设对经济的发展起到阻碍作用，因此农村必须采取措施完善文化基础设施，有效利用现有资源，完善文化体制。

同时，应该丰富农民的娱乐生活，鼓励村民积极开展和参与文体活

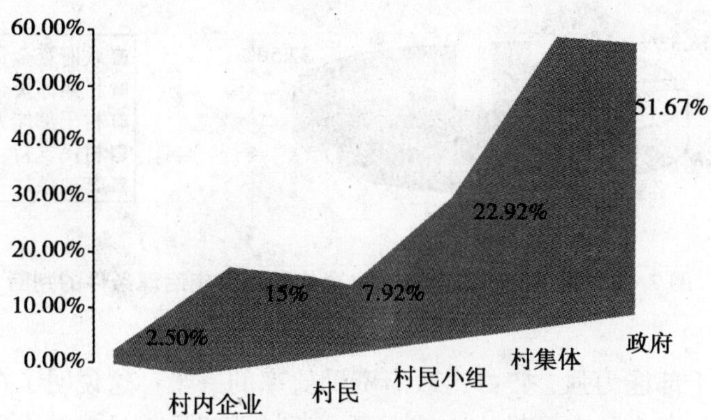

图 7－7　村民对通信基础设施资金来源的期望

资料来源：问卷调研数据。

动，在增强自身体质的同时，开拓视野，以充实的精神生活迎接现实的诸多挑战。这就要求村内建有休闲健身场所、情感交流场所、图书阅览室、文化活动室等公共文化设施，经常开展健康向上的群众性的文化体育活动。

第二，农民居住环境保护设施建设资金使用。农村的环境保护主要包括生产污水治理和垃圾的统一处理，长期以来，大部分农村地区的居住环境不能令人满意。由于缺少硬件设施，加上农民的不良生活习惯，生产生活污水的排放以及垃圾的堆积现象日趋严重。另外，随着农民生活水平的不断提高以及村级企业的不断发展，工业污染问题凸显，亟待改变，而部分村民思想认识不到位，长期遗留的生活陋习难以改变，往往只片面地追求生活水平的提高，而忽视生活质量的提高，对环境的保护更是事不关己、高高挂起。由于卫生习惯差，农村大部分家庭都是将生活垃圾直接采取“就近原则”往小河或路边倒，造成农村街道的脏乱差。另外，村级企业为降低成本，拒绝使用污水净化设施，将高度污染的水排放到厂外，这种不负责任的行为直接导致了村内水道河流以及村民生活用水的污染，给村庄的治理和村民的健康生活带来危害。

从图 7－8 中可以看出，农村的生产生活污水净化水平较低，在给出的政府资金资助、村集体资金雄厚、村干部能力强、村民支持四项提高该水平的条件中，选择政府资金资助的村民占 32. 50%，排在第一位，其次是村集体资金雄厚，占 29. 17%，再次是村民支持，占 18. 33%，比例最

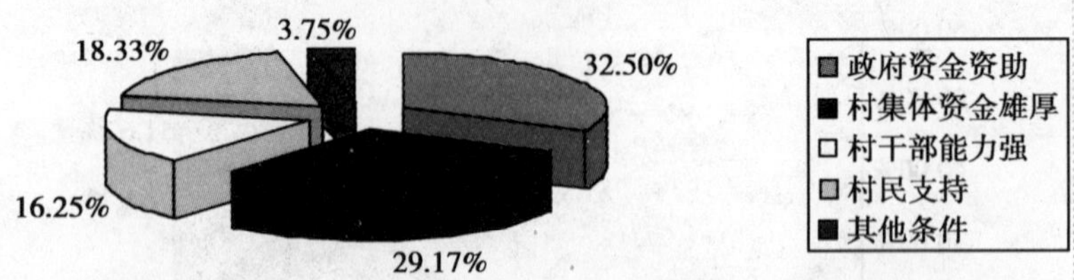

图 7-8 村民对农村生活污水净化基础设施治理条件的判断

资料来源：问卷调研数据。

低的是村干部能力强，正好占政府资助比率的一半。这说明了在污水净化这一方面，资金的充足供给比较重要，而村干部是否具有较强的能力则成为次要条件。

既然在环境治理中充足的资金资助是基础条件，那么用于该项目的资金该由谁出呢？认为该由村集体出资的村民占37.92%（图7-9），比例最大，这一点较好理解，毕竟农村堆积的大多数固体垃圾是生活废物，是由村民在日常生活中夹带的，处理垃圾的费用由村集体负担也是合情合理的。另外，要求村内企业负担垃圾处理费用的居民仅占8.75%，这一点很让人费解，一般的企业在生产中附带的废物是很多的，因此让污染企业出资治理污染也是一个合理的途径，唯一的解释就是村级企业生产中产生的垃圾较少，或是对垃圾的消除工作做得很好。

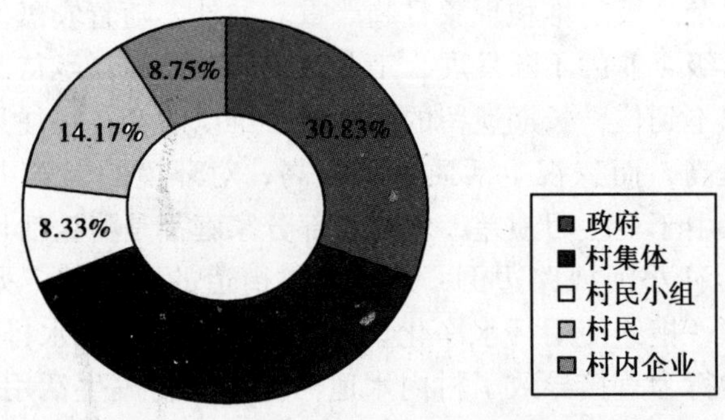

图 7-9 村民对垃圾集中处理出资者的期望

资料来源：问卷调研数据。

3. 对发展型基础设施建设资金使用评价

第一，文化教育、娱乐、体育设施建设资金使用。在我们的访谈中，我们发现大多数被调研的村庄是没有文化室的，同时村民对建设文化室的要求也并不是很强烈，原因可能是大多数村民还处在极力致富阶段，他们对思想素质层次的需求不是很高。当我们提及筹资建设此项目时，42.08%的村民认为既然文化室从长远来看是有利于本村村民的，那么就应该由村集体出资；27.08%的人则认为他们现在的物质生活质量还不能保证他们达到提升素质的水平，因此要进行文化室建设，就应该由政府资金资助；另有5.42%的人认为村内企业也是村庄的一部分（图7－10），而且依靠村庄获取利润，所以村内企业家有义务为村庄做点事情，如果要建文化室，由他们出资也很合理。

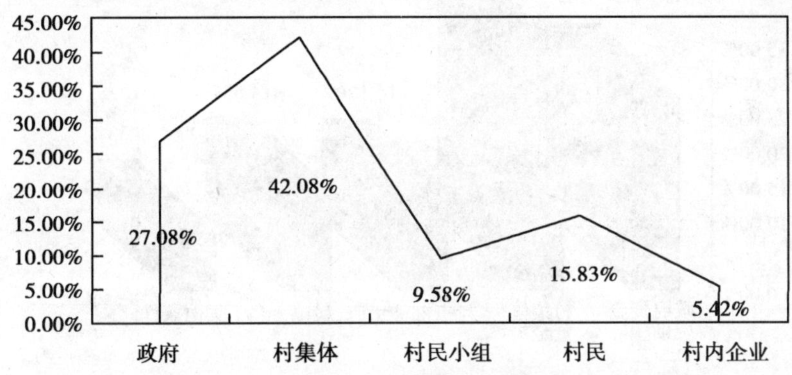

图7－10　村民对村内文化室建设出资主体的期望

资料来源：问卷调研数据。

第二，医疗卫生设施建设基本状况及资金使用。农村看病难、看病贵的问题依然存在，一旦家庭成员生病，将给家庭带来很大的经济支出。因此，很多农民在遇到生病时，最多只会到村医那去买药，还有一些农民认为自己能扛过去，不用花钱去治，几乎没有人会到乡镇卫生院或县里去看这些“小病”。而许多农民的重大疾病就是由于对一些“小毛病”不重视积累而成，使得一些重大疾病在初期难于被发现，而且由于没有得到及时处理导致病期严重。这些疾病只要早发现、早治疗是可以控制的，等到严重了才去重视时，花费的金钱可能更多，而且不一定能治好。另外，一些村民在生病后专买一些便宜的药吃，而这些“价格合理”的药，往往有很强的毒副作用，给农民的身体健康和生命安全带来严重的威胁。

对建设医疗保健设施的条件的调查显示，27.92%的被调查村民认为政府的资金支持是建设好农村医疗体系的主要保证，35%的人认为建设资金可以由村集体筹得，村干部的能力占得比重较小。数据表明农村的医保政策主要还是缺乏相应的资金投入，尤其是中央政府的财政投入（图7-11）。农民有限的收入决定了农民不能承担所有的医疗保健设施建设的责任，因此农村的医疗保障政策缺少相应的财力支持，中央政府应该在给予充分支持的前提下，组织领导村民自主筹资，并且通过各种方式的宣传教育，提高农民自我保健和互助共济意识，动员农民积极参加。

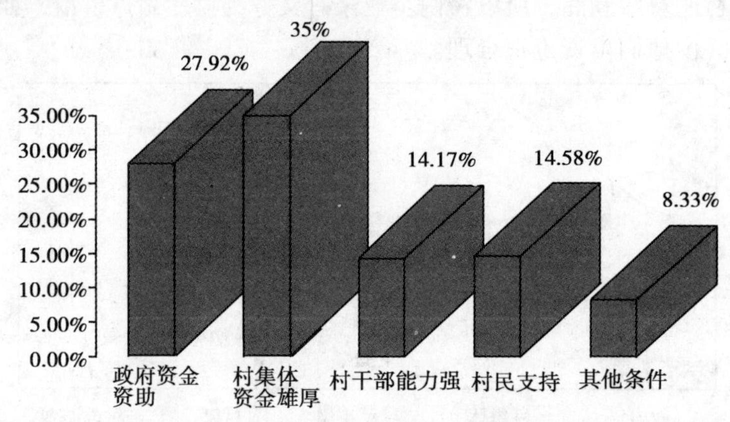

图7-11 村民对建设医疗保健设施的条件的判断

资料来源：问卷调研数据。

四、对农村基础设施治理中责任主体的判断

1. 对村级组织的了解程度

村委会是上级政府与村民沟通的纽带，是统辖村庄的基层政府，也是管理村庄的直接机构，村委会行使权利和义务的出发点就是为民服务，因此村委会采取的每一项措施都应该与村民最关心的问题密切相关，急民之所急，想民之所想，既然如此，村民对村委会的日常行为应该是时刻关注的。调查中发现有64.58%的村民不知道本村村干部为本村所做的事情，也就是说大部分的村民不了解村干部在过去的一年中到底干了些什么，以及取得了什么样的效益。

对此原因可能有三点，一是村委会和村民之间缺少沟通，村委会在完成村民意愿之后并没有及时通知村民，导致村民不了解村委会的行为。二

是村委会的行为不合乎村民的要求，即村委会的贡献并没有恰到好处地引起村民的注意。三是该村村委会无作为或是少作为，这是最坏的分析，该村村委会可能根本就是装饰机构，从未帮村民做过实事，这样下来要想让村民知道村委会的贡献就更不可能了。如果原因是第一条或是第二条，还有补救的措施，可以通过加强村民与村干部之间的沟通进一步让村民了解村干部的努力，让村干部弄清村民的需求；如果原因是第三条，问题就很大了，它说明已经到了彻底改革村委会的时候了。

另外，对于村级机构，年度的财务状况是关系到本村利益的重要事项，是联系基层政府和村民的一条重要纽带，财务收支是否平衡关系到村庄未来的规划和发展，也关系到村庄的长期稳定和繁荣，因此平衡财务收支是村委会的一项重要职责，也是村民比较关心的问题。

调研中发现，不到10%的人了解村庄的财务收支状况，其中只有2.92%的人表示他们对村里的财务收支状况是非常了解的，另有52.92%的人能表示他们对村里的财务收支一无所知（图7－12）。原因也可归纳为三点，一是村委会可能没有重视起来，忽略了向本村村民及时通报财务状况，导致村民不了解村里的财政支出；二是村委会定期向村民做了通报，但没有引起村民的足够重视，因此村民仍处在一知半解状态；三是由于村委会内部原因，导致村内收支失衡，村委会不敢公开财政收支。

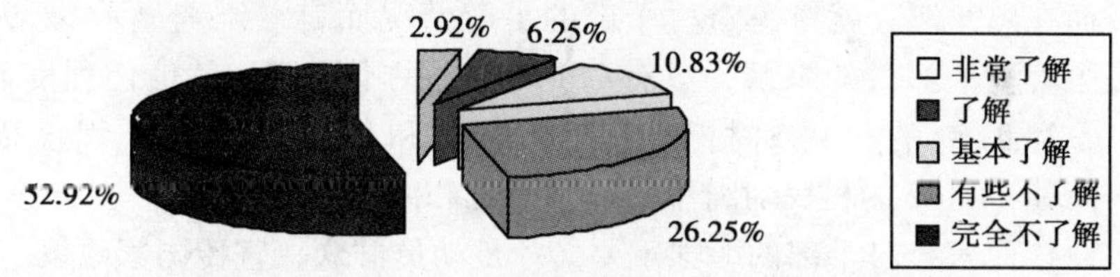

图7－12　村民对本村财务收支的了解情况

资料来源：问卷调研数据。

2. 对工作人员的了解程度

在浙江省，根据调查显示，70.3%的村民了解村干部做的事情，只有29.7%的村民不了解；另外28.1%和30.5%的村民对村干部非常信任和信任；22.7%和40.6%的村民对村干部非常满意和满意（图7－13），这说明浙江的村民对村干部认知程度较高，评价较好，一定程度上说明了政府的形象和政府的执政能力。

信任是以往工作的总结，也是今后工作开展的源泉，村民对村干部的信任程度足以说明这些农村村民和村干部代表的村集体和谐的关系。基础设施建设需要政府、村集体、村民多方的努力，建立在良好信任基础上的村内关系，将有助于村内各项工作的开展，增加互动性和交流性，

总的来说，村民对村干部的满意程度较高，满意和非常满意的人数超过了50%，而不满意和非常不满意的几乎为零，说明村干部在村民心目中的形象较好，这有助于村内工作的开展，同样也有助于农村基础设施的建设工作。

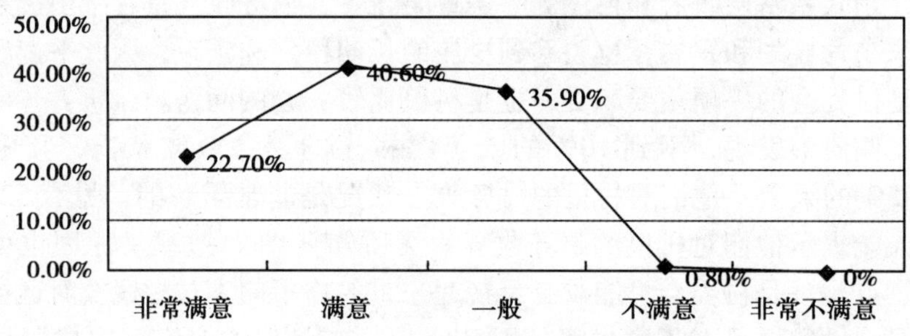

图7－13　浙江省村民对村干部的总体评价

资料来源：问卷调研数据。

而在黑龙江，就村民对村干部的了解情况而言，调查显示92.9%的村民了解村干部做的事情，只有7.1%的村民不了解。就信任程度而言，54.1%和41%的村民对村干部非常信任和信任。就满意程度而言，50.4%和44.6%的村民对村干部非常满意和满意。

总体而言，村干部的一项重要义务是动员群众、宣传国家政策、与村民交流，因此即使村民不信任村干部，村干部也可以向村民解释。干群之间良好沟通是建设好村庄的前提条件，而且只要干部真正落实了中央政府的政策，融入到村民中去，密切同村民的联系，增强服务意识、提高工作效率，牢记“实现人民的愿望、满足人民的需要、维护人民的利益”是对干部的根本要求，在决策上，把人民群众拥护不拥护、赞成不赞成、高兴不高兴、答应不答应作为衡量利弊得失的根本标准，树立为民、亲民、务实、清廉的干部新形象，切实把广大人民群众的根本利益维护好、实现好、发展好，真正做到“权为民所用，情为民所系，利为民所谋”，干群关系必将升温；当然在这一过程中也离不开村民的努力，村民应该信任村

干部的行为，积极响应配合村干部的工作，只有这样，才能顺利地完成新农村建设的重大任务。

第三节　总结

对农村基础设施评价的主观指标设计应遵循政策性原则、层次性原则和科学性原则。这是农村基础设施治理的方向要求、微观分析要求和操作性要求。依据对农村基础设施治理的重要性、敏感性、条件性三个标准，设置了四个一级评价指标；十三个二级指标；六十二个三级指标。选择了浙江、黑龙江、河南、广西等地进行调研，获得了相应的数据并通过对数据的处理和分析获得如下认识。

通过政策了解程度的分析，发现：（1）不同地区的村民对新农村建设主要内容的界定不同。不同地区的农民对于新农村建设内容的界定可能会由于地理位置、自然条件、经济基础、村庄规模、村民理念等的不同而不同，因此在新农村建设过程中应因地制宜，从实际出发，注重实效。（2）同一地区的村民对于新农村建设的主要内容的界定在短期和长期上有差别。（3）在村民了解信息的渠道中，媒体宣传占据主导地位。这一方面说明媒体作为大众传播媒介的作用充分发挥出来；但另一方面也说明村委会在新农村建设的宣传方面所做的工作不够，媒体的宣传力量和宣传范围是有限的，村干部应充分做好补充工作，让村民真正地了解新农村建设，真正地投入到新农村建设中来。

通过对农村基础设施建设的满意度测评，发现：总体而言，村民对村通乡镇（外界）道路建设、村内道路建设、干净的自来水、生活用电、通电话、有线广播建设、电视节目接收、村庄建设整体规划比较满意，对村通乡镇公交车、农田水利设施评价一般，其余则为不满意。（1）生产型基础设施对于村民来说在日常生活中起着最为重要的作用，因此村民也最为关注。在浙江和黑龙江两省超过半数的村民对生产型基础设施建设表示非常满意或满意，而在河南和广西两省表示满意的村民较少。（2）在生活型基础设施方面，村民对于电脑宽带上网的满意程度较低，仅有10.50%的人满意。农民对于村内垃圾处理和污水净化的满意程度基本上呈正态分布，较多的人的态度是一般。（3）对于发展基础设施建设，村民最关心的是农村文化建设方面的内容，通过调查表明，63%的农民对文化的需求很强烈或较强烈，45%的农民认为平时的娱乐活动单调，51%的农民表示目前离满足自己的文化需要还差得很远，79%的农民希望改变这种现状。

通过对基础设施资金使用情况的测评，发现：（1）对于生产型基础设施建设的资金，村民认为其来源应主要是政府，其次是村集体和村民，而村内的企业和村民小组则几乎没有提供过基础设施建设的资金。（2）对于生活型基础设施建设的资金，电话设施方面，51.67%的被调查村民认为应该由政府支出，22.92%的村民认为该费用应该由村集体支出，还有2.50%的村民认为村内企业应该承担这部分费用。认为环境保护设施该由村集体出资的村民占37.92%，比例最大。要求村内企业负担垃圾处理费用的居民占8.75%。（3）对发展型基础设施建设资金，文娱方面，42.08%的村民认为既然文化室从长远来看是有利于本村村民的，那么就应该由村集体出资；27.08%的人则认为他们现在的物质生活质量还不能保证他们达到提升素质的水平，因此要进行文化室建设，就应该由政府资金资助；另有5.42%的人认为村内企业也是村庄的一部分，而且依靠村庄获取利润，所以村内企业家有义务为村庄做点事情，如果要建文化室，由他们出资也很合理。医疗保健设施方面，27.92%的被调查村民认为政府的资金支持是主要保证，35%的人认为由村集体筹得，村干部的能力占得比重较小。数据表明农村的医保政策主要还是缺乏相应的资金投入，尤其是中央政府的财政投入。

通过对农村基础设施治理中责任主体的判断测评，发现：(1)对于村级组织的了解程度，事务方面，64.58%的村民不知道本村村干部为本村所做的事情。其原因有三个，一是村委会和村民之间缺少沟通，村委会在完成村民意愿之后并没有及时通知村民，导致村民不了解村委会的行为；二是村委会的行为不合乎村民的要求，即村委会的贡献并没有恰到好处地引起村民的注意。三是该村村委会无作为或是少作为。财务方面，不到10%的人了解村庄的财务收支状况，其中只有2.92%的人表示他们对村里的财务收支状况是非常了解的，另有52.92%的人表示他们对村里的财务收支一无所知，原因也有三点，一是村委会可能没有重视起来，忽略了向本村村民及时通报财务状况，导致村民不了解村里的财政支出；二是村委会定期向村民做了通报，但没有引起村民的足够重视，因此村民仍处在一知半解状态；三是由于村委会内部原因，导致村内收支失衡，村委会不敢公开财政收支。（2）对于工作人员的了解程度，总的来说，村民对村干部的满意程度较高，满意和非常满意的人数超过了50%，而不满意和非常不满意的几乎为零，说明村干部在村民心目中的形象较好，这有助于村内工作的开展，同样也有助于农村基础设施的建设工作。

第八章　农村基础设施多中心治理及其优化：政策供给与制度设计

在前面的章节里，已经提出了农村基础设施多中心治理的问题，并初步梳理了相关的理论资源与研究成果，并在此基础上考察了我国农村基础设施治理的历史以及欧美和亚洲五个国家农村基础设施治理的举措，总结了我国农村基础设施多中心治理的现状，分析了农村基础设施多中心治理的模式，并在此基础上从多个角度对农村基础设施多中心治理进行了客观和主观的评价。

作为整个研究的总结，有必要在上述研究的基础上对农村基础设施多中心治理的理论和实践进行提升，并归纳梳理出相应的对策建议。

第一节　农村基础设施多中心治理的基本逻辑

一、农村基础设施的特殊规模效应

农村基础设施就其归类而言，属于地方性的或区域性的公共产品。农村基础设施自身又可以分为三类，即生产型基础设施、生活型基础设施和社会发展型基础设施。生产型基础设施主要包括水电站、灌溉与排洪、道路交通等；生活型基础设施主要包括饮水设施、厕所、电力设施（通电）、通讯设施（通电话）等；社会发展型基础设施包括教育、卫生和社会福利。不同的基础设施，其规模效益和最佳规模是不同的。

一般来讲，规模经济效益是生产过程中，随着生产规模的扩大，单位产品的成本下降。规模经济效果的出现起主要的原因在于产品生产中的一部分成本是固定的，比如，在一定的产量范围内，厂房机器设备并不因产量的变化而变化，管理成本也不变，因此，随着产出规模的扩大，单位产出分摊的成本下降。但是，另一方面，随着规模的增大，另一些成本却增加了，比如组织内部协调的难度增加，可获得的原材料等价格上升，从而导致单位成本上升，于是，生产组织的成本曲线就呈现先降后升的“U”字型，如图 8－1。在“U”的底部，就是平均成本的最低点，这一点对应的产出水平就是最佳规模。

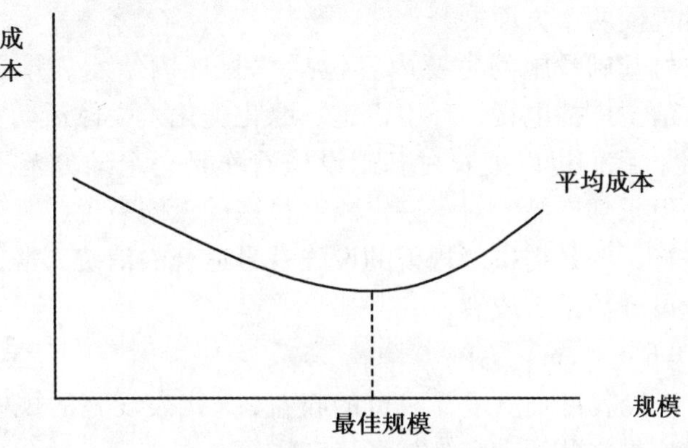

图 8－1　规模经济和最佳规模

不同的产品，其生产的技术条件不同，因而规模经济效益的表现和最佳规模的数量也不相同。一般而言，固定成本在总成本中所占比例越高，规模经济效果越大，最佳规模对应的产量越高，反之，规模经济效果越差。

在私人产品领域，由于消费者是竞争性地消费产品，即，某一个人的消费自动挤占了另一个人的消费，消费者消费的数量直接等于生产组织销售的数量。因此，所谓最佳规模的决定问题，就只是生产组织一方的最佳规模决策问题。然而，公共产品与私人产品的最大不同就在于其消费上的共享性。这使得在考虑规模问题时，不仅要考虑生产中的最佳规模，还要考虑消费上的最优群体数量。

公共产品分为纯公共产品和非纯公共产品或准公共产品。纯公共产品的特征在于边际提供成本等于零，即多一个人消费的成本等于零。显然，对这样的产品而言，消费的最优规模是无穷大，因此，问题的焦点就简化为生产中的效率如何达到以及尽可能多的人分摊成本的问题。但是，对于准公共产品而言，问题就复杂了。从农村基础设施的特点来看，属于准公共产品，进一步说，属于一定区域范围的公共产品。这类产品在一个局部的范围内，其边际分配成本，也就是多一个人消费的成本等于零，但是，一旦超过了这个范围，就会出现拥挤，以至于当达到一定规模以后，收益反而下降。由于农村基础设施的这个“范围”既有人数上的边界，又有地理上的边界，因而，我们的分析将从农村基础设施的最优共享人数和最优设施数量规模两个方面展开。

我国农村基础设施的主要内容包括“村庄内给水、排水、水塘、道路、电力电信、广播电视、环卫设施、绿化美化、文体活动室和室外场地等”。[①] 因此，我们可以把农村基础设施看作是一个地方范围内的人共同享用的一种俱乐部产品。对于一定的农村基础设施来说，其效率的评判从两个方面进行，一是提供的规模的设施有最适合的消费人群，二是给定人数下的最优设施数量。或者，

$$B = b(s, m) \qquad (8-1)$$

式中，B 代表每个俱乐部成员的收益，s 代表设施的规模，m 代表成员的人数，比如文体活动室，球场，广场等。

首先，我们分析成员人数已定的情况。显然，较大的规模意味着成员在消费的时候具有时间、地点等方面的便利，也就是说，设施数量少，就可能要排队、预约、在不方便的时候使用，或者，干脆难以得到消费，反之，设施规模很大，就可以容易获得使用。但是，这种规模的扩大带来的效用的增加并不是线性的。当设施的规模很小时，设施规模的增大能够带来成员收益的较大的提高，而随着设施规模的不断扩大，这种效益的增加的效果就不那么显著。布坎南（James Buchannan）的俱乐部（Club）理论已经证明，随着规模的扩大，与每单位增加的规模相联系的收益的增加量是下降的。[②] 这意味着，农村基础设施在给定人数的情况下，存在着一个最优的规模。

如图 8-2，给定了一定区域范围的人数——我们可以设想为一个村子或者一个乡的常住人口，那么，其成员在设施上的收益随着规模的扩大而增加，但是，边际收益——额外增加一单位设施导致的成员收益的增加

① 方明、劭爱云：《新农村建设村庄治理研究》，中国建筑工业出版社 2006 年版，第 30 页。

② Buchanan, J. M., *An Economic Theory of Clubs*, Economica, Vol. 23(1965), pp. 1—14.

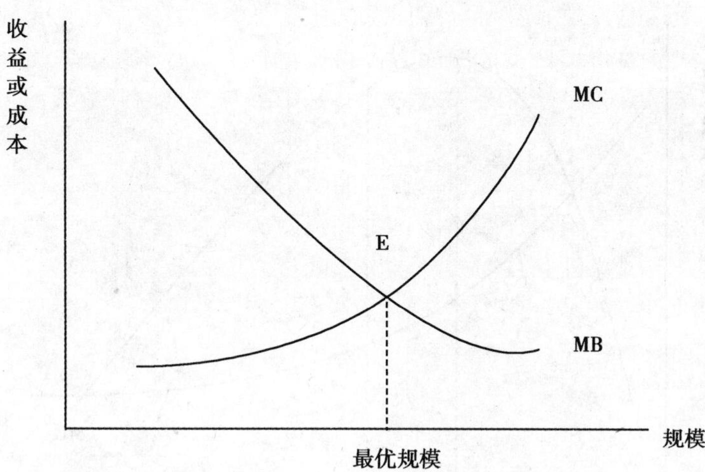

图8－2　给定人数条件下的最优设施规模

量却下降，也就是图中的边际收益 MB 曲线呈现递减趋势。另一方面，随着设施规模的扩大，通常，边际成本，也就是额外增加一单位设施的成本是递增的，这样，随着设施规模的扩大，边际净收益减少，在 E 点，边际成本等于边际收益，此时的边际净收益等于 0，如果再扩大设施规模，则净收益小于 0，从社会（群体）来看，就是非效率的，因此，图中的 E 点便是给定人数条件下的最优设施规模。

其次，我们还要考虑问题的另一方面，给定了设施的规模，最佳的人数是多少呢？在给定设施规模的条件下，成员的收益变动是很有趣味的。在使用者很少的时候，成员的收益一方面由于设施的可获得性高而有较高的效用，但另一方面，像文体活动设施，往往需要伙伴才能发挥效益，因此，最初，随着分享设施的人数的增加，每个成员的收益增加，其后，随着人数的不断增加，就会出现拥挤。如图 8－3 所示，m 代表给定设施条件下的共享人数，MB 代表随着人数变动的边际收益，当人数到达 m_1 时，边际收益达到最大，之后，随着规模的扩大，边际收益反而下降。

另一方面，设施是有成本的，给定设施的规模，那么，随着分享者的数量的增加，每个成员分摊的成本 C 下降，而当达到 m_2 时，增加一个成员导致的净收益（MB－C）最大，之后，净收益减少。这表明，在某个规模，m_2 对于社会而言，达到了净收益的最大，因而这一点就是最优点。

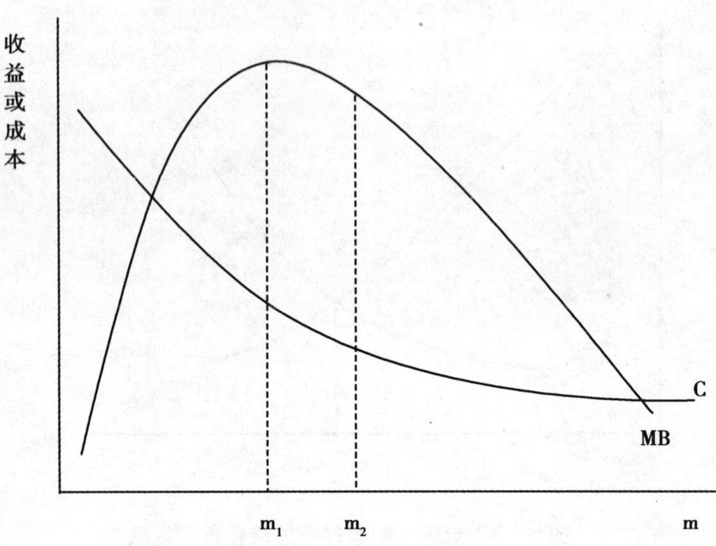

图 8-3　给定农村基础设施规模的最优共享人数

这样，我们已经在三个不同的意义上谈到了“最优规模”。完全不考虑消费方的效用的最优生产规模，给定消费者人数的最优设施规模和给定设施规模的最优共享人数规模。多中心治理正是这不同角度最优规模实现在运行机制上的必然要求。

二、农村基础设施在空间上的最优

农村基础设施的另一个考察维度是基础设施共享的空间范围。这一分析以蒂布特的地方公共产品①为代表。

蒂布特认为，地方政府的支出和中央政府的支出的适用原则是不同的。对于地方公共产品来讲，不同地方的公共产品之间如同私人产品一样是存在竞争性的，因为在同一个国家的居民是可以选择自己喜欢的居住地的，实际上就如同在市场上选择私人产品一样。在公共产品选择中，也可以通过类似市场的选择来进行，因为消费

① Tiebout, C. M., *A Pure Theory of Local Expenditure*, Journal of Public Economy, Vol. 64, No. 5 (1956), pp. 416—424. 参见费雪《州的地方财政学》第 5 章（中国人民大学出版社 2000 年版），以及张馨等《当代财政与财政学主流》第 3 章（东北财经大学出版社 2000 年版）。

者是否选择一个地区作为自己的居住地，就是通过比较居住在该地所能获得的居住环境与为此而支付的税收的大小。即当地政府提供的消防、医疗、绿化、交通等公共产品的效用，是否能够补偿居住在该地区而支付的税收所造成的效用损失，如果是，那么，消费者就会选择该地。通过这种“用脚投票”的方式，消费者可以选择他们认为最好的地区。

因为消费者能够完全按照自己的偏好来进行社区的选择，因此，居住在同一社区的人应该有相同的公共产品需求曲线或边际收益曲线。如图8－4所示，MB_i 线代表任一消费者的边际收益线，$\sum MB_i$ 为总需求线，等于所有个人的需求曲线的垂直相加，由于每一个消费者的需求曲线都相同，所以，$\sum MB_i = nMB_i$，n 为消费者的人数。

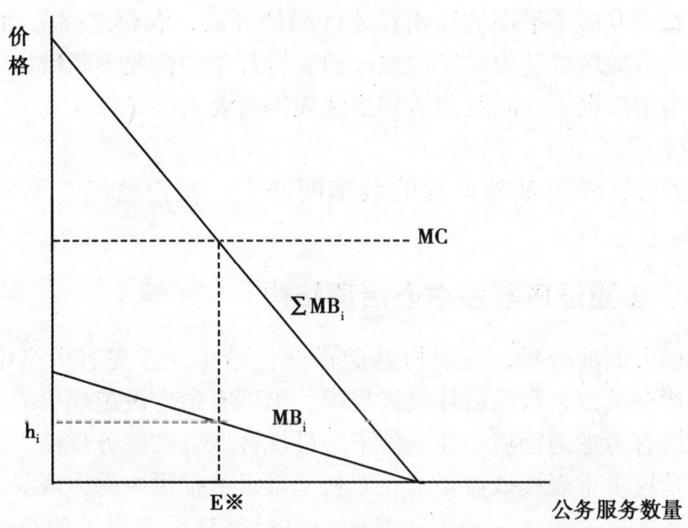

图8－4　蒂布特模型的图解

图8－4中，MC 为边际成本，h_i 为任一消费者分摊的成本。在完全竞争的条件下，边际收益与边际成本相交处的公共服务数量 E＊就是公共产品的最适数量。

蒂布特模型中，偏好相似的人聚居在一起，每个社区的消费者对公共产品的消费是相同的，而付出的成本也是相同的为总支出成本的1/n。消费者对公共产品完全满意，社区达到公共服务数量的最优规模，是一种理想化的社区模型。

这一理想社区模型均衡的达到要求具备以下的条件：

第一，消费者在各社区间的流动不受任何限制；

第二，各社区的税收—服务组合的信息是充分的；

第三，可供选择的社区的数量是很多的；

第四，社区选择不影响就业机会；

第五，公共产品或服务在社区间没有外部性；

第六，任一类型的社区都有一个最优规模；

第七，低于最低规模的社区会寻找新居民以降低平均成本。

虽然，这一模型最初提出的背景是联邦制，也即人员在各个地区的自由流动，中国在某种程度上依然没有摆脱户籍制对流动的限制。但是，随着各地经济发展不平衡的加剧和地区间的开放，农村之间劳动力的流动，比如不发达地区劳动力在发达地区的农村打工的情况不断增加，地方公共产品模型中所揭示的问题和达到最优规模所要求的条件在现实中也越来越显得重要。

这样，在农村基础设施的效率问题上，我们已经有了四个角度的“最优”。

三、多重适应与多中心治理结构

根据上面的分析，在农村基础设施供给中，首先有生产中的最佳规模，其次有给定人数的最佳设施规模，第三有给定设施规模的最佳共享人数，最后有考虑地区流动性条件下的最优社区公共服务规模。多中心治理结构正是这多重规模效益要求在农村基础设施提供中的体现。农村基础设施的上述多重“最优”并不天然地与农村基础设施供给的行政区划相一致，要尽可能实现多重“最优”，就必须突破按照行政体制单纯由地方政府供给的模式，同时在收益的分享和成本的分摊上寻求单纯税收以外的方式。

我们可以依据上述多重“最优”，分析其对农村基础设施在供给、使用和成本分摊等方面的影响。

就一个具体的产品或服务而言，生产和消费的循环如图 8 – 5 所示。图中，消费者一方从生产者一方获得农村基础设施，如道路、桥梁、自来水、学校、供水系统、电力系统等；另一方面，生产者一方必须从消费者

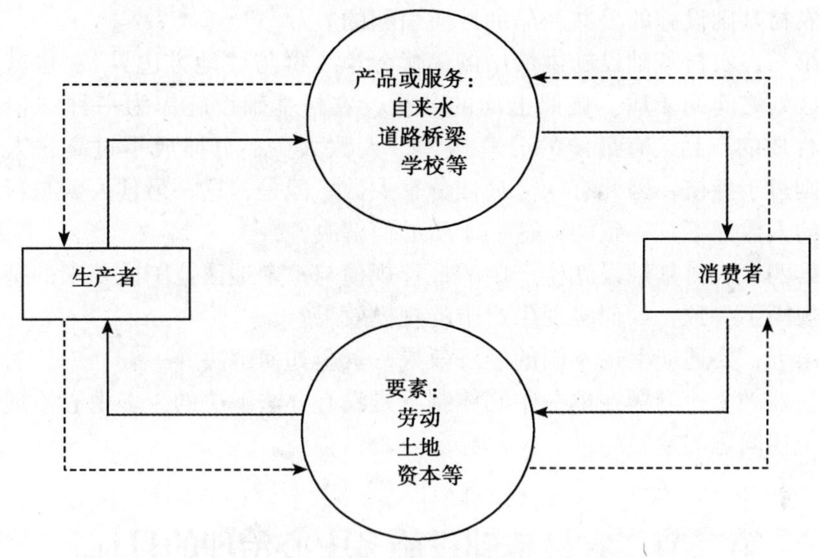

图8－5　产品和服务的实物循环与货币循环

一方获得提供这些设施所需要的生产要素，如劳动、土地和资本等，这样便形成了一个实物循环。与这一实物循环相对应的，是货币循环，在现实经济中，实物的循环借助于货币的循环得以实现。所以，这两个循环方向相反，但完全对应。

在私人产品市场上，生产者提供的是可分割的产品，通常，生产者直接面对消费者，因此，在产品市场和要素市场上，生产者和消费者完成实物和货币的交换，实现两个循环，消费者的意愿和生产者的决策通过这两个市场得以连接，生产者生产什么，生产多少，如何生产以及为谁生产的问题通过市场得到解决，从而保证了经济效率。

然而，农村基础设施在消费中一般是不可分割的，这样，在生产和消费的链接上，就多出了许多的问题。根据上面我们的分析，其问题主要有：

首先，不同农村经济社会发展水平不同，农村基础设施按照统一标准还是不同标准提供？

其次，农村基础设施消费中不同人群对基础设施的要求不同，在产品是不可分割的情况下，基础设施的供给与消费者的需求之间的矛盾如何解决？也就是说，农村基础设施如何能够满足多样化的需求。这一矛盾主要是由农村基础设施的公共产品的性质引起的。

第三，农村基础设施供给中的最优分享人群与“地方边界”，也就是行政区划之间的矛盾。按照上面的分析，农村基础设施作为一种“俱乐部”性质的产品，有最佳的分享规模，人数太少，分摊成本过高，人数太多则过于拥挤，因此有一个最佳分享人数。但是，这一最佳人数与行政区划的人数并不是一致的，这一矛盾如何解决？

第四，农村基础设施生产中的最佳规模与一个地区范围内要求的基础设施规模不一致，如何实现生产中的规模效果？

第五，要适应上述不同的经济效果，资金如何解决？

显然，上述问题在单一中心体制下是没有办法解决的。多中心治理是解决上述问题的途径。

第二节　农村基础设施多中心治理的目标体系和基本内容

“多中心”一词首先是由迈克尔·波兰尼使用的，“多中心政治体制重要的定义性特征是许多官员和决策结构分享着有限的且相对自主的专有权，来决定、实施和变更法律关系。在多中心的政治体制中，没有一个机关或者决策结构对强力的合法使用拥有终极的垄断。‘治人者’与‘治于人者’在权威上的不平等是有意受到约束和限制的，这样‘治人者’也能够接受法律的‘统治’，并被要求服务于‘治于人者’”。①

一、农村基础设施多中心治理的目标体系

农村基础设施多中心治理主要就是为了解决单一中心体制下农村基础设施供给中存在的上述矛盾，也就是多重适应的问题。而多重适应的核心便是如何更好地满足不同的消费者对基础设施的要求。因此，多中心治理最本质的目标是消费者的满意。根据上面的分析，消费者的满意主要表现在多样化需求的满足和效率这两个方面。

---

① 迈克尔·麦金尼斯：《多中心体制与地方公共经济》，毛寿龙译，上海三联书店2000年版，第73页。

多样化需求的满足是农村基础设施多中心治理的基本目标，“在任何特定的时间限度内，任何给定的政治体制都比引起现状的先行组别的政策方案更适合于大范围的替代政策方案。实际上，多中心体制应该比单中心体制更适合于多样化的政策方针”。①

就私人产品市场而言，每个人都会选择自己偏好的东西，因而不存在需求的多样化的满足问题。但是，就基础设施而言，往往是很多人一起消费的。因此，个人需求的多样化与基础设施共同消费之间就会出现一定的矛盾。要解决这个矛盾，就首先要分析导致需求多样化的因素是什么。一般而言，导致需求差异的主要因素可以分为价格因素和非价格因素。就价格因素而言，是指价格高低影响需求，通常的情况是价格越高，在其他条件相同的情况下，需求数量越少。就基础设施而言，这往往是指同样质量的基础设施，由于分摊成本的不同造成的对基础设施需求的影响。就非价格因素而言，主要有收入水平、相关产品的价格和可得性等，其中最主要的是收入水平。这种收入上的差异可以反映在富人和穷人在公共产品需求的差异上，也反映在国家或地区不同发展阶段上对公共产品的不同需求上。

从微观层面看，不同个体对基础设施的需求因收入不同而有不同。

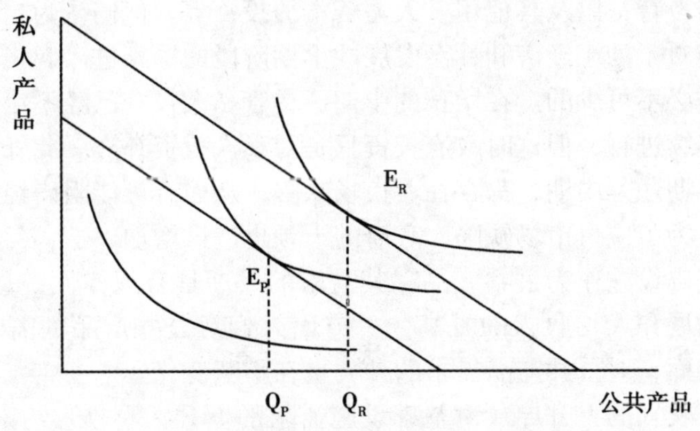

图 8－6　富人与穷人对公共产品需求的差异

① 迈克尔·麦金尼斯：《多中心体制与地方公共经济》，毛寿龙译，上海三联书店 2000 年版，第 72 页。

我们知道，作为消费者，在决定购买私人产品和公共产品时，所依据的一是自己的偏好，二是自己的收入水平。也就是说，消费者根据自己的预算约束，找到满足最大化的均衡点。根据经济学原理，消费者最大满足的均衡应该在无差异曲线与预算线的切点。我们首先假定不同的消费者对公共产品和私人产品的偏好是相似的，不同的是收入，也就是预算约束。如图 8 -6，横轴和纵轴分别代表私人产品和公共产品的数量，消费者偏好相同，因此，无差异曲线一致。但收入水平不同，富人的收入为 MR，穷人的收入为 MP，假定价格无歧视，则预算线分别为 BR 和 BP，均衡点分别为 ER 和 EP。显然，对应的公共产品数量：富人 QR ，穷人 QP，显然 QR > QP，富人对公共产品的需求比穷人多。

从宏观上看，20 世纪以来，发达国家的财政支出水平扶摇直上，绝对数与占国民生产总值的比重均以较快的速度上升。对此，R. A. 马斯格雷夫与 W. W. 罗斯托用经济发展的阶段理论来解释。根据这个理论，经济的发展一般应经历五个阶段：传统阶段、为起飞创造条件阶段、起飞阶段、成熟阶段、大众高额消费阶段。后来又增加了生活质量阶段。在经济发展的起飞阶段，政府投资在总投资中占有较大的比重，公共部门为经济发展提供社会基础设施，如道路、运输系统，环境卫生系统、法律与秩序、健康与教育，以及其他用于人力资本的投资等。他们认为，公共部门的这些投资对于处于经济和社会发展的早期阶段的国家进入起飞和发展阶段来说，是必不可少的。在增长的中期，尽管私人投资已经不小了，政府投资还应继续进行，但这时政府投资只是对私人投资补充。此外，无论是在发展的早期还是中期，都存在着市场缺陷，从而有可能阻碍经济趋于成熟。因此，为了应付市场缺陷，政府的干预也应该增加。

农村基础设施作为公共产品，其需求的发展具有规律性，总体上看，随着经济发展和人均收入的提高，一方面人们对公共产品的需求不断增加，另一方面，对公共产品需求的种类也在不断变化。

首先，收入的上升导致对基础设施需求的上升。受收入约束的限制，富人对基础设施的需求平均大于穷人的需求，因而，当人均收入提高时，从约束条件看，约束放宽，均衡点上移，导致对基础设施需求增加。

其次，收入的上升导致对高档商品的需求的快速增加，从而导致了与高档私人产品成为互补品的基础设施需求的增加。当收入上升时，并不是所有的产品都同比例增加，必需品的增长慢于收入的增长，而高档产品、奢侈品的需求增长快于收入的增长。仔细分析不难发现，越是低档的必需品，越是可以离开公共产品而消费，比如简单的食品和服装，而高档的商品往往需要借助于基础设施才能够消费，比如私人轿车的使用对公路的依赖，家电使用对电力供给的依赖，电视收看对信号的依赖，电脑对网络的依赖等，当收入提高后，这类私人产品消费的更快增加，导致了对与这类私人产品互补的基础设施需求的加速上升。

总之，由于收入水平不同或者发展阶段不同，对基础设施的需求的种类和数量都是不同的，因而，基础设施的供给需要能够满足不同需求的机制。这正是多中心治理追求的目标。

效率，几乎是所有体制都要追求的目标，多中心体制也不例外。但是，与单一中心体制相比，多中心体制更加注重的是经济效率，单一中心体制相对而言更加注重行政的效率。因此，多中心治理的效率一方面要体现上述多重经济效果，另一方面要体现竞争的效率。

二、农村基础设施多中心治理的基本内容

根据多中心治理的目标体系，多中心治理的基本内容包括以下几方面。

1. 多层次的农村基础设施供给体系和多元化的农村基础设施提供主体

按照传统理论，公共产品由于其非竞争性和非排他性的特点，市场机制不能很好发挥作用，其中最关键的问题是由于非排他性导致的搭便车问题使得提供者无法补偿成本获得利润。市场不能提供令人满意的公共产品的数量归根到底是因为排他的困难，或收费的困难，从而产生搭便车问题。政府之所以能够解决搭便车等问题，仅仅在于政府能够动员对于公共经济的运作来说是必要的强制性的手段。政府作为经济行为的主体，与其他的经济组织相比，其明显的区别表现在政府的决策建立在权力的普遍性和强制性的基础上，由此，与私人组织相比，具有以下优势：课税优势、允许或禁止的优势、节约市场交易费用优势以及遏制搭便车的优势。[①] 但

① 参见毛寿龙《中国政府功能的经济分析》，中国广播电视出版社 1996 年版，第 19—21 页。

是，利用强制性的制裁措施和政府组织提供公共产品也带来了代价，社会为此要付出成本。强制性产生的问题首先是强制性可以导致强制搭便车问题，也就是在解决搭便车的同时产生了强制乘车和另一种搭便车，即在消费者的偏好并不完全相同的情况下，提供一种类型的公共产品实际上是强制性的让一部分人为另一部分人付费。虽然公共产品的总体供给水平比在私人供给的情况下要多，但是由于个人偏好的不一致，导致了相同税收负担下的不同收益。当某些人支配一个社会的物品之分配并有害于他人时，政府也可能会变成为一部分人谋取利益的工具。

要解决强制性供给和多样化需求满足之间的矛盾，多层次的农村基础设施供给体系就成为一个必然的选择。相应的，供给主体也必然是多元的。根据农村基础设施最佳共享人数和最佳共享空间规模，农村基础设施的规模可以从最大的全国范围到最小的村庄范围不等，因而，其供给也就应该在不同的层面上进行。最佳空间规模和最佳共享人数多的基础设施，比较适合由中央政府提供，中间状态的比较适合由省政府和市政府提供，而共享范围小的，则适合由乡镇政府提供。不仅如此，在农村基础设施中，还有一些基础设施的使用范围很小，只是局限于一个乡镇甚至一个村，而村和村之间又有一定的差异，这样，在政府之外，村集体和农民个人也就成了供给的主体。

2. 多样化的生产供给模式

从多重经济效果的实现的角度看，即便是多层次的供给体系和多元的供给主体，也不能完全实现基础设施在共享规模和生产规模上的双重最优效果。其关键点在于服务提供者选择在最有效的生产规模上运作的生产者的能力。这一问题的解决依赖于供给模式的创造性转化，政府供给并不意味着政府直接生产。生产和供给的分离使得通过强制性手段征集基础设施建设费用的优势和私人企业追求效率的竞争性优势得以发挥。

现代社会的产品生产已经演化成复杂的分工体系，不同的功能可以由不同的个体或组织完成，对农村基础设施来说，政府可以是供给的主体，或最终的责任人，但却可以将不同的环节分配给非政府的私人或组织去完成。这表明，政府的供给可以分为直接生产和间接生产两类。常见的政府间接生产的形式有：授予私营企业经营权，与私营企业签订合同，政府参股，经济资助等。民营化倡导者萨瓦斯结合了产品供给的安排和生产的不同情况，列出了10种制度安排（表8－1）。[①] 我们可以看出，生产者与安排者（供给者）可以是同一个主体，也可以是不同的主体。就多中心治理体制而言，生产者和提供者的分离为各种效率的同时实现提供了可能。具体的运行，可以通过“建设—运营—转移（BOT）模式”、“租赁—建设—运营（LBO）模式”、“建设—拥有—运营（BOO）模式”、“购买—建设—运营（BBO）模式”、“建设—转移—运营（BTO）模式”与服务承包模式等。

表8－1　　公共服务提供的制度安排

生产者	安排者	
	公共部门	私人部门
公共部门	政府服务 政府间协议	政府出售
私人部门	合同承包 特许经营 补助	自由市场 志愿服务 自我服务 凭单制

3. 生产者与消费者之间的协作

市场制度无法提供质量和数量令人满意的公共产品。但是，这一问题的根源在于私人利益与公共产品的矛盾，作为私人对立面的，是集体，政府只是代表集体的一种形式。就农村基础设施而言，有必要求助于一定形式的集体行动，而集体行动的方式是多样的。由于基础设施的消费是众多的消费者参与的，公共产品供给的核心问题是共同消费要求联合资助。同时，基础设施享用的满意程度来源于消费者之间以及消费者与生产者之间的互动。在中国原来高度集中的计划经济体制下，农村水利设施、灌溉设施在高效的行政组织和强大的意识形态的作用下，在经济基础十分薄弱的基础上得以建立。这不得不说是集中供给的效率。但是，这一供给模式在联产承包责任制实行以后，并不再拥有原来的效力，并且，原来已经建成的基础设施在使用中也出现了问题，不能很好地为不同的需求服务。农民的自主治理模式在一定程度上填补了生产和消费之间的脱节，例如20世

① E. S. 萨瓦斯：《民营化与公私部门的伙伴关系》，周志忍等译，中国人民大学出版社2002年版，第69—70页。

纪90年代中期开始的“参与式灌溉管理”就改变了生产者和消费者的二分法，使生产更好地适应消费。此外，在乡村安全、基础教育、公共体育设施、公共卫生设施等领域，其服务质量的好坏也往往取决于消费者一方的参与程度。因此，不同于私人产品市场上质量完全由生产者一方控制，农村基础设施的服务质量取决于提供一方与消费一方的协作。

三、基础设施规划与工业化、城市化过程的一致性

以上，我们从静态角度考察了农村基础设施多中心治理的目标和基本内容。但是，当前我国农村基础设施建设中面临的一个突出问题是经济发展正处于城市化的过程中，在这一过程中，农村经济水平、人口分布等都会发生很大的变化，因此，农村基础设施建设的上述效应就需要与变动的环境相适应。根据经济发展的一般规律，在三次产业中，第二产业的比重上升，第一产业比重下降，之后，第三产业比重和第二产业比重都上升，而第一产业比重继续下降。伴随着这一过程，是城市规模的扩大和城市人口的扩张。于是，人口在地理上的自然分布进一步分化，也就是原本人口相对稀疏的农村，其人口进一步减少，并且，这一过程并没有结束。在这样一个动态的过程中，农村基础设施建设的规划必须兼顾眼前和未来的双重需求。

工业化的概念是广泛的，通常，我们理解为工业产值和人口比重的上升和农业产值和人口比重的下降，但是，另外，它还意味着“农业及工业两方面生产的现代化和机械化”。①

传统农业是“完全以农民世代使用的各种生产要素为基础的农业”，②传统农业基于“天不变，道亦不变”的世界观，采用低水平的超稳定耕作方式和生产技术，其经营方式是粗放型的，地区之间交往差，自给自足，因此，对基础设施的依赖低，或者说，基本上依赖的是自然的地理环境，其增长主要来源于劳动和土地的增长。

相反，现代农业增长的主要特征表现为农业生产率的不断提高。由此，现代农业增长的源泉与传统农业不同，在传统农业中，所有的投入都是从农业部门和自然界获得的，与此相对照，现代农业中，大部分投入来

① 张培刚主编：《新发展经济学》，河南人民出版社1999年版，第55页。

② 舒尔茨：《改造传统农业》，梁小民译，商务印书馆1987年版，第4页。

自非农部门。农业生产所需的工具和设备大多由机械工业部门提供，农业排灌机械和设备主要来自机械和电力部门，化肥、农药等主要由农用化学工业部门提供，农业投入的资金主要来自商业贷款。[①] 可见，与传统农业相比，其对工业的依赖，对市场的依赖大大增强，从自给自足的经济变成与外部有交互作用的经济，成为整个经济循环系统更加紧密的部分。随着技术路径、生产方式以及经营方式的转变，现代农业对道路、桥梁、灌溉系统、基础教育、通讯以及制度规则的需求凸显并形成对这些基础设施的依赖。总之，伴随工业化，农业本身对基础设施的需求和依赖上升。这种上升并不随着工业化的深入而衰退。因此，如果农村基础设施建设滞后，则一定会对现代农业的发展造成不利的影响。

随着工业化的深入，工业生产本身的集中度日益提高，城市化过程与工业化相伴发生。工业在地缘上与农业日益分离，并相应地拉动基础设施内容和布局的变动。由于基础设施自身的规模经济要求，工业的集中很好地节约了基础设施，使其得到充分的利用。城市化从经济角度看正是适应了支撑工业发展的基础设施对成本最低的要求。它不仅给工业的发展集中提供了道路、通讯等基础设施，而且还集中提供了工业化所需的劳动力的生存和发展所需要的交往场所、娱乐场所、教育培训基地等生活服务和发展的设施。这一过程却有可能对资源配置产生影响，也就是说，相比于城市工业集中使用基础设施的高效率，农村基础设施的兴建确实存在使用效率问题，由此，无论从市场配置资源的角度还是政府财政支出的角度，都会发生资源配置远离农村基础设施的情况，除非政府有特别的考虑。

综上所述，工业化和城市化的过程中，一方面，农业的发展对基础设施的依赖加大，而另一方面，从资源配置效率的角度，基础设施在农村的分布与城市化过程中城市基础设施建设处于对资源的争夺之中。

在我国，改革开放以后，乡镇企业异军突起，成为本土工业的一个亮点，并且，离乡不离土的工业化方式最大限度地利用了新中国成立后由于国民经济布局以及战略需要而进行的农村基础设施，在某种程度上缓解了工业化发展对基础设施发展的要求之间的矛盾。但是，乡镇工业发展的结果恰恰显示了城市化工业建设的必要性。即，城市化以最大限度发挥基础设施的作用，城市化成为最终不可逃脱的选择。而上述工业化和城市化的

① 郭熙保：《农业发展论》，武汉大学出版社 1997 年版，第 198 页。

发展产生的基础设施本身的配置矛盾也必然凸显，当前农村基础设施建设的不足也是这一矛盾的体现。

在这样的背景下，农村基础设施建设应该考虑这样一些原则：

1. 顺势而为

在我国，工业化和城市化是必然而且正在发生的事件，是历史的潮流，基础设施建设必须顺应这一过程，不能逆历史潮流而动。因此，首要的就是把握城市化过程中基础设施布局变化的一般规律，提前规划，避免浪费。比如，原来的乡村小学，分散并且水平低，如果简单地追求数量分布，则不仅会造成浪费，而且不能满足农村家庭孩子基础教育的要求，对这一类基础设施，采用逐步集中的方式并辅之以其他设施，如交通设施、公共宿舍以及通讯设施等，或许能更好地发挥基础设施的作用。

2. 城乡通盘考虑

农村基础设施和城市基础设施是统一的整体，在城市化进程中，一些基础设施，尤其是生活基础设施和发展基础设施，会从农村自然而然地转移到城市，或者从分散的乡村集中到乡镇。比如图书馆、博物馆、体育运动场馆、学校等，因此，需要制定相应的政策来保障农村人口使用集中分布的基础设施。

3. 农村依然要进行的基础设施需要中央、地方政府和其他主体共同提供

尤其是政府，在多中心治理的语境中，往往淡化了政府在基础设施上的职责，但是，如上所述，基础设施在农村的配置效率随着工业化和城市化的进行是会下降的，完全由地方和村民进行投资会出现得不偿失的结果，政府的财政支出，尤其是对那些在城乡一体化中起到基础作用的邮电、通讯、道路、水电等大型基础设施上，是必不可少的。否则，就会严重阻碍现代农业的发展。

4. 一些软基础设施，比如养老保险，原来不存在于农村的失业保险，随着工业化和城市化的进行，也会提上议事日程

尤其是，当农村在空间上缩小的时候，农民原来利用土地进行的保障会突然消失，因而，原本只有城市居民才享有的养老保险和失业保险等，要提前进入农村基础设施的规划，逐步与城市接轨。

第三节　农村基础设施多中心治理的基本经验与评价

农村基础设施治理水平是一个国家或地区经济发展程度和观念发展程度的一个指示器。一般而言，一个国家或地区的经济越发展，其农村基础设施的状况也越好。但是，也有相反的，比如对基础设施进行掠夺性使用而不投资，在使得经济指标上升的同时却发生了基础设施的"公地悲剧"。这样的国家或地区在以后的经济和社会发展中，一定会受制于基础设施的短缺，长期的、可持续的发展就会面临威胁。因此，经济和农村基础设施的同步发展体现了一种先进的发展观念，是长期经济社会发展的保障。

那么，在现实的层面，也就是说在经济发展的不同时期和不同的国家或地区，农村基础设施怎样才能得到建设保障呢。应该根据我国农村基础设施供给过程中的历史经验和现实经验，以及国外的成功经验，总结归纳出基础设施供给的规律，为政策建议提供现实经验依据。

一、历史经验的启示

根据前面的分析，我国的农村基础设施在历史上有成功提供的经验，也有很长时期得不到发展的教训，还不失新中国成立以后的种种神话。那么，这些看似不同的东西是否能给我们在今后农村基础设施的治理上提供一些规律性的启示呢?

回顾历史，可以得到以下的结论：

首先，经济发展水平的高低只是农村基础设施供给的经济基础，农村基础设施的现实供给更主要的取决于制度保障。

一般而言，任何商品和服务的提供都需要金钱的支持，农村基础设施也不例外。但是，对基础设施的需要也是随着经济社会的发展而发展的。因此，从这个意义上说，基础设施的提供永远不会随着经济的发展得到自动的解决。基础设施的稀缺不仅体现为其绝对的数量少，而且更体现为相比于经济社会发展的需要而言的相对不足。因此，虽然经济发展可以在一般意义上给基础设施的建设提供财力，但是，如果没有一种机制，这一经济基础也不可能促成现实的基础设施供给。

如前所述，民国时期的农村基础设施建设，是与当时的乡村建设运动联系在一起的。由于有晏阳初、梁漱溟、卢作孚等一批杰出人物，才在中国农村开展了大量的调查和实验，从而把教育和乡村机构建设等开展起来。其中，卢作孚的“将来的三峡”规划是最为完整的农村建设规划，包括了在峡区修建铁路公路、疏浚河道、开发矿业、兴建工厂、开办银行、建设电站、开通邮电、建立农场、发展贸易、组织科技服务等等。同时还重视文化、教育、卫生、市容市貌建设。并且先后建立了学校、图书馆、博物馆、科学院、医院、运动场、公园，扩宽街道、规划城区。可以说，这是当时农村基础设施建设的典范。只是，当时，除了这一典型案例，少有其他成功的案例。其主要原因在于当时的经济和政治状况。经济总体水平的低下和国家强权控制下的乡土生活中的“自然生长”的特点。国家实际上没有把农村基础设施建设制度性的纳入到政府体系中。成功与否取决于一些仁人志士是否得到了施展才华的机会。这样，就可以理解为什么成功的案例没有很好地得到推广。

由此，我们可以得出结论，如果没有常规性的制度，没有国家的强制力作后盾，即便有杰出人士和热心人士的捐助和规划，农村基础设施也不可能普遍建设起来。

其次，传统计划体制用特殊的财政手段和行政手段形成了较为雄厚的农村基础设施，为农村的经济文化社会的宏观发展提供了强大的支撑。并且，大范围的基础设施建设很好地实现了公共产品的规模经济效果。因此，财政手段对于公共产品性质的农村基础设施建设是非常重要的，它过去承担了主要的职能，今后也依然要承担主要的职能，这是由公共产品的公共性和规模经济效果决定的。多中心体制与财政支出并不是矛盾的，而是包容的。

新中国成立后到改革开放以前，虽然可以细分成几个不同的阶段，其中不同时期中央和地方的分权结构略有不同，或者，有名义上的差别，但基本的体制是高度集中的计划经济体制。在基础设施方面，无论城市还是农村，都由政府包揽，基础设施的投资主体是政府，投资决策靠政府，资金来源是财政，而具体的运行依靠的是行政系统。这一高度集中的计划经济体制在资源配置上的低效率已毋庸置疑，但是应该指出的是，人们在批评这一制度时是从其总体资源配置效率而言的，尤其是那些私人产品领域上。在公共产品领域，这一体制虽然也存在忽视具体的需求，盲目投资的普遍缺陷，以及夸大事实等问题，但却在当时经济基础十分薄弱的情况下，基本构建了相对完整的农村基础设施体系。其中农村合作医疗，农村基础教育，包括扫盲运动、农村水利设施、农村灌溉设施和交通设施、农村信用合作社、农业技术推广站等普遍建立，切实为广大农民和农村经济发展服务，取得了较好的效果。

以教育为例，新中国成立前我国农村地区学龄儿童入学率只有20%左右，[①] 新中国成立后，通过接管公立学校、整顿私立学校、接办教会学校、减免学杂费、给予生活困难补助等，到1965年，全国学龄儿童入学率达到84.7%。[②] 还颁布了《高教六十条》、《中学五十条》、《小学四十条》等文件，规范教育管理。“文化大革命”以后，虽然教育从知识的传授转向政治挂帅，但各类知识分子的下放却使得农民较好地实现了扫盲的目标。“通过政府和集体共同分担方式，用最少的钱，办成了世界上规模最大的农村教育事业”。[③]

就农村社会保障和医疗卫生设施而言，新中国成立初期，我国农村的社会保障体系的主要内容是社会救助与“五保”制度、社会福利与合作医疗和社会优抚。同时，政府致力于农村卫生保健网的建立和完善，1965年初步形成了以集体经济为依托的农村初级医疗卫生保健网，县设医院，公社设卫生院，大队（村）设卫生室。到1978年，全国有“赤脚医生”4777469人，卫生员1666107人，合作医疗覆盖率达到90%以上，农村居民健康状况得到很大改善（见本书第二章）。“合作医疗”与农村“保健站”及数量巨大的“赤脚医生”一起，成为解决我国广大农村缺医少药的三件法宝，被世界银行和世界卫生组织誉为发展中国家解决卫生经费的唯一范例。

新中国成立以后的农田水利建设也成就斐然。这一成就可以从整个水利设施的层次结构上体现。从新中国成立初期开始，中国修建了许多近代灌溉工程，但田间工程配套不全。1965年以后，国家加大了兴修水利、农田基本建设、发展农村电力和推广农业机械化等方面的投入。到20世

---

① 中华人民共和国教育部计划财务司：《中国教育成就统计资料：1949—1983》，人民教育出版社1984年版，第1页。

② 李水山主编：《农村教育史》，广西教育出版社2007年版，第33页。

③ 张磊主编：《中国扶贫开发历程（1949—2005）》，中国财政经济出版社2007年版，第25页。

纪70年代后期基本完成了海河治理、淮河治理、黄河治理、辽河治理等众多大江大河的治理工程。

从以上三个方面可以得出结论，在经济相对不发达的时代我们完成了举世瞩目的农村基础设施方面的创举，依靠的正是当时强有力的计划体制和政治化的行政方式。这一成就与计划经济下经济水平，尤其是表现在个人收入和消费品种类数量上的落后形成鲜明的对比。这一模式虽然有种种弊端，但在当时的历史条件下，无疑创造了奇迹。这一历史经验不仅说明了财政支出与公共产品的性质的相容性，而且也进一步证明了第一个结论，即，经济水平是基础设施的基础，但制度或体制才是基础设施供给的现实保障机制。

第三，传统计划体制下形成的基础设施在经济不断发展变化下具有总体要求和多样化的要求。农村基础设施对农村经济和社会的发展出现两个不适应，即，总体建设规模和水平不足以支撑现在农村经济社会发展的要求，多样化的需要不能很好地得到满足。

改革开放以后，经济迅猛发展。作为经济发展的先行地区，正是农村。利用原有的水利设施和道路设施等，在家庭联产承包责任制的制度下，农村经济迅速发展。但与此同时，农村各级集体组织也逐步失去了原来的组织职能。作为农村公共产品的基础设施的建设出现了一定程度的体制"真空"，即，农民个人不管，原来的地方政府和各级集体也不管，或者，多头管理，协调困难。这一时期农村基础设施在总体投入上一方面表现为财政支出数量上的增长，另一方面表现出比例上的波动和相对下降的趋势。同时，作为经济发展的微观主体——农民，却很难在基础设施上进行投资。即使是先富裕起来的乡镇企业和乡镇企业家个人，也很难在较大范围内投资可以让许多人分享的基础设施。随着经济的发展，不仅对已有的基础设施有更高的要求，还诞生了以前从未想到的要求，比如通讯、电视信号，可以通车的乡村道路等。这样，与农村经济的快速发展相对比，农村基础设施显然落后于发展的需要。因此，从计划经济体制沿袭下来的财政支出的投资模式，在新的经济发展面前，就显得捉襟见肘了。

第四，转型时期的多种体制转换和并存提供了农村基础设施治理机制创新的机会，但还没有完全达到完美均衡的状态。

改革开放以后，不仅经济水平在不断提高，更重要的是，政府的权力结构和行政体制也一直处于改革和变动之中。统收统支首先被财政包干制取代，之后又进行了“费改税”改革。增加在农村基础设施上的投入。但总体趋势是，中央政府在农村基础设施建设中的责任逐步减少，地方政府，基层政府的责任逐步加大。筹资责任明确到基层政府，以乡统筹费和村集体提留的形式参与农户收入的分配，由此形成统筹资金，并用于乡村教育，道路建设和其他公益事业。投融资结构已经由计划经济时期的国家财政和集体投资为主转变为以国家财政为主导，金融贷款支持，集体和农民个人共同承担的多元化结构。这对于尽快满足不同地区或不同人群的多样化需求有着不可替代的作用，但同时，中央政府和地方政府在这一建设中的作用有所淡化。多中心治理的核心主体出现了一定程度的缺位。

总之，根据我国的历史经验，中央政府和地方政府（或者官员）在农村基础设施供给中扮演着举足轻重的角色。政府的观念决定了对农村基础设施的投入，政府的权力是农村基础设施建设的保证。凡是政府重视并进行投入和监督的地区或时期，农村基础设施建设就会取得很大的成效，而且其覆盖的范围大，受益群体规模大，对整个国家的经济社会发展的作用强。尤其是由中央政府统筹规划的，往往能够在全国范围内形成较为均衡的基础设施供给，从而使得各个地区密切联系在一起，能够形成交流和交易。只是这一成果在计划经济时代因为当时体制上的条块分割，没有发挥出本来应该发挥出的效果。在改革开放以后，我国的个体经济能够发展，无疑深深受益于计划经济时代铺设的道路、建筑的水库、发电站、水渠、扫盲、农村合作医疗等。

这一历史经验进一步说明农村基础设施作为公共产品，政府在其中具有不可推卸的责任和不可比拟的优势。作为公共产品，由于其非排他的特点，使其通过市场的供给和自愿捐赠都会出现供给不足。尤其是对于规模庞大，受益范围很大的基础设施就尤其如此。多中心治理并不是与财政支出相背离或冲突的方式，恰恰相反，多中心治理中本身就包含了政府这一供给主体。

二、国外经验的借鉴

根据前面对五个国家农村基础设施治理的考察，可以发现一些共同的规律和启示。

第一，政府都在农村基础设施的治理中扮演重要的角色。我们考察了韩国、日本、印度、美国和德国这样经济发展程度不同，经济政治体制不同，人口规模不同，地理位置不同的五个国家。但是，在农村基础设施的治理上，政府无一例外地在其中扮演着重要的角色。以韩国为例，在大部分时间，是政府主导的；而在日本，政府是发起者，三次农村建设中的两次是政府主导的，并且政府在资金方面给予较高比例的支持，比如在2002年达到30%，不仅如此，日本政府还成立各种机构指导农村建设，制定法律法规，如《农业法》等以提供保障；在印度，政府也直接干预到基础设施的具体项目选择和投资；就连市场经济高度发达的美国，政府也依然成为农村基础设施的主要投资者，并制定相应的法律法规来保障，美国的农业部、交通运输部、小企业局、环保局、房屋和城镇发展局、卫生与人类服务部、国土安全部、劳工部和商业部等部门都制定有乡村发展项目计划，为乡村发展提供技术和资金的支持；德国虽然是自下而上的一种模式，但政府对基础设施进行补贴，并且通过建立社会保障体系的方式为农村发展提供保障。这说明，在基础设施的治理上，政府具有不可推卸的责任。

第二，政府的具体职能和做法在经济发展的不同时期和国家会有所不同。韩国在“新村运动”的初始，政府是整个新村运动的主导，并且无偿提供水泥、钢筋等物资，用于修建桥梁、公共浴池、洗衣场所、河堤、房屋和村级道路等，而在此后的第二阶段，政府有淡出的迹象，到第三阶段，政府又重新担负起主要角色；美国政府主要提供为工业化社会和生活质量提高所需的基础设施；印度政府承担了农村饮用水、用电、教育等最基本的生存生活必需的基础设施；日本政府比较愿意担当信息提供服务等功能。

第三，多元主体的加入是农村基础设施持续支持经济社会发展的基本做法。虽然政府在基础设施治理中发挥着重要作用，但农村基础设施的受益群体主要是农民，因此，受益群体的意志能否在基础设施治理决策中体现，是基础设施最终发挥功效的关键。为了提高满意程度，在治理过程中以多种方式吸收各方意见和获得各方支持就成为必需。

多元主体的加入可以有两种方式，一种就是政府主导过程中听取村民的意见或者给予村民选择权，例如韩国，每个村的基础设施项目选择，都由农民自己作出，项目确定后，也主要依靠农民自己劳动进行项目建设。另一种方式是直接由民间主导。比如韩国“新村运动”的第二阶段，一些基础性的设施已经建立，新村运动开始追求质量，重点转向改善文化福利环境等方面，其模式由政府主导转向民间主导。

第四，多渠道融资，多形式运行。政府的财政支出虽然在基础设施建设中担当主角，但是为了提供更多的基础设施，各国普遍采取了扩大资金来源的做法，多方融资，多形式运行。

在融资渠道上，除了政府的投资，还有补贴，此外，主要是建立一些专门的金融机构提供贷款，以及民间融资。比如，印度储备银行和 RIDF 为农业生产提供贷款。

从运作方式看，除了政府作为直接管理主体之外，主要有市场化运作方式和非政府、非市场的协作组织方式。日本的基础设施的运作是市场化的，同时还建立了“农业协同组合”，这种综合社区组织，由政府推动，农民自愿结合而形成。有 99% 以上的农户属于该组织。其在基础设施的建设协调和服务提供上，发挥了很好的作用。

第五，基础设施项目的选择受制于一个国家的经济发展水平和产业特色。无论是哪一级政府或者组织或者个人进行基础设施建设，首先都有基础设施项目的选择问题。一般而言，基础设施项目的选择应该与一个国家或地区的发展要求相适应。比如韩国在开始“新村运动”时，农村经济十分落后，政府主要是扶持农民兴建小型堤坝、桥梁、灌溉沟渠、上下水管网、农地整治、农田道路和购置农业机械设备等，这些项目基本上属于发展农业生产最基本的设施；而到了 1998 年以后，韩国整个国家的经济在亚洲地区已经属于发达地区经济，此时的“新村运动”重点转向提高农民综合素质和农业竞争力、推进农村信息化和农村社保与福利事业上；日本二战后在农业基本实现机械化、市场化和信息化后，特别利用日本农民首选的电视等媒体作为农业行情报道、农业技术专题讲座、农业新品种介绍的手段；印度依据自己国家在网络和电子技术上的地位，提出了较高的农村通讯设施目标，并且重视计算机网络在农业生产中的运用；美国农村基础设施的主要内容包括：交通运输、通讯系统、电力设施、水利工程、江河治理和污染治理、水土保持、农村教育建设投入和卫生机构建设等，显然，与美国作为一个高度工业化、城市化、市场化，并且已经进入环境保护和生活质量发展阶段有关。

第六，各级政府和组织在农村基础设施治理中的分工有一定的规律。在美国，联邦政府向农村进行投资，主要用于道路、桥梁、水利设施等生产型基础性设施，改善投资环境，以让私人在一个较好的环境下创业，从范围上看，联邦和州政府投资规模大的基础设施项目，地方政府投资中等规模的项目，农场主个人投资小型基础设施，并自行管理。在德国，联邦政府主要负责涉及各项社会事业、基础设施补贴政策；地方政府主要负责农业科技推广、农民培训、结构调整、救灾、环保等政策。这与基础设施规模效应的要求是相一致的。

三、现实经验的总结

多中心治理理论在国外较多运用于水资源管理、小流域灌溉工程治理、公共池塘资源治理以及城市服务等。而在我国的农村基础设施治理实践中，各地区不断创新，在吸收国外经验的同时，根据我国的行政管理特点和文化传统，也创造性地运用多中心理论以解决实际问题。这方面的尝试非常多，如果按照国外的理论分类，则大致可以归纳为 PPP 模式，其中包括 BOT 模式；另一个引人注目的模式是“四自”模式，即自行贷款、自行建设、自行收费、自行还贷模式，该模式在我国曾经成为一种主导的模式，尤其是在私营经济比较发达的地区，此外还有开发性金融合作模式等。

具体的，如前所述，我们再从三个方面总结一下：（1）农田水利设施的治理模式。财政部和水利部对小型农田水利工程建设采用“民办公助”方式，改革开放以后逐步形成的参与式治理模式，即指在政府政策的宏观调控和公共财政的扶持下，把原集体经济组织和水利主管部门对设施的经营管理权移交给水利工程服务区域内的用水农户，使他们以主人的身份担负设施的治理责任。这一模式称为水利设施治理的典范，较好地适应了用户的需求，是对原来计划体制下基础设施形成的一种改良。同时，各种协调方式出现，也就是在基础设施的分享和分担上，民间协调出现。（2）农村道路的治理模式。农村公路建设出现了多种具体模式。如，陕西的市政债券形式，浙江的“以地方自筹为主，中央和省补为辅”的筹资模式等。（3）农村饮水设施的治理模式。农村饮水设施的具体治理模式包括：城乡一体化供水模式、联村集中供水模式、单村集中供水模式和分散供水模式。

现实的农村基础设施治理形式多样，不仅主体不同，而且运作方式也处在不断探索之中，由于多中心治理的探索过程正好与我国的行政体制改革，经济体制改革同步，多中心治理的经验总结就特别困难。其因素的独立性很难保证，加上各地区的差异，所以一个地区的成功模式也未必能够推广，这意味着多中心治理方式更多地还处在起步探索阶段，其完善还需要许多的配套改革和制度保障。

综上，农村基础设施作为一种公共产品，其治理的方式很多，但又总是和一定时期总的经济体制和政治体制有关。我国新中国成立后至今的经济体制大体上经历了计划经济和市场经济两种完全不同的体制，因此其基础设施的总体供给模式也发生了比较大的变化。从国外的情况看，各个国家或地区都有一些局部的经验，看似做法各不相同，但仔细分析，依然与其国家的体制或政策取向密切相关。这意味着，多种多样的治理模式，其实背后还是有其隐含的规律，其需要的政策手段和制度也有相似之处。

第四节　改善农村基础设施多中心治理的制度安排和政策供给

农村基础设施多中心治理在我国农村的不同地区已经进行了不同程度的尝试并取得了一定的经验，但是，多中心治理与传统的行政体制以及由此形成的运行逻辑之间是有冲突的，虽然多中心治理能够较好地适应不同人群对基础设施的多样化的需求，并达到生产中的规模经济，消费中的共享规模等效率，但是如果没有相应的制度，那么，多中心治理也可能演变为“混乱”的低效率的模式。就如同批评多中心治理的学者指出的那样，多中心并不是天然具有超过单一中心体制的效率，相反，多中心意味着更加复杂的体制形式和运行方式，其中的协调成本或许更高。“任何特定多中心体制的效率取决于操作关系与有效表现的理论上明确条件相一致的程度。这些有效表现的必要条件，一是不同政府单位与不同公益物品效应的规模相一致，二是在政府单位之间发展合作性的安排采取互利的共同行动，三是有另外的决策安排来处理和解决政府单位之间的冲突”。①

① 迈克尔·麦金尼斯：《多中心体制与地方公共经济》，毛寿龙译，上海三联书店 2000 年版，第 70 页。

一、根据分享性范围确定多元供给主体的权利义务

农村基础设施多中心治理的一个特点就是供给主体的多元化。虽然供给主体多元化了，但类型大体可以分为三类：政府、企业和非盈利机构或组织。如上所述，在多中心体制下，农村基础设施提供的主体多元化了，政府不再是唯一的提供者，但由此也引发了推卸责任的问题。对此，我们可以根据上述基础设施的不同规模效应和分享性的范围，确定责任的归属。因为分享性的范围决定了受益的范围，这意味着农村基础设施提供以后相关人群的权利，既然如此，受益者承担供给的义务也就符合权利义务对等原则。对于大型并且分享性特别高的基础设施，如通讯设施、道路等，以及一些投资后收益流动性较强不能局限在地方范围的基础设施，如基础教育等，可主要由政府，尤其是中央政府承担，相应的，政府有征税的权利。对于分享性局限在较小范围内的基础设施，比如水利设施、村内道路、饮用水等，可以主要由村集体和个人承担。

二、多层级的管理协调体系

根据上述农村基础设施多中心治理的目标和内容，多中心体制最关键的就是不同政府单位与不同基础设施的规模相一致，因此，在多中心体制下，中央政府、省政府、市政府、乡镇政府均提供基础设施，并且，各种企事业单位和村集体以及村民个人都参与提供基础设施。在这样的格局下，传统的行政体制就需要进行改革和创新。1998 年以来的农村税费改革和乡镇管理体制创新以及“一事一议”的办事方式都是对传统体制的一种改革。

首先，传统的上下级关系需要改变。由于农村基础设施的规模层级不同，由不同级别的政府提供更能够实现其规模经济效果。这样，依据基础设施规模决定的供给主体应该被赋予自主提供地方基础设施的权力。如同给予消费者选择权一样，供给者的自主决定权也是实现资源最有配置的重要条件。这意味着各级政府有相应的“事权”，这一权力是其承担提供基础设施职能的保障。同时，为了将“事权”落实，还必须有相应的“财权”，即，财权和事权统一。在多中心体制下，尤其要保证地方政府的财权和事权。

其次，传统的平级政府之间相互分割的状态需要打破。由于一些基础

设施的最优规模突破了某个行政区划，但又没有达到由上一级政府提供的规模，最佳的规模就是几个行政区块联合提供，这样，原来各自为政的行政管辖体制就不能适应多中心治理的要求。为了达到多中心治理的效率目标，需要分割的平级政府达成某种合作。也就是联合事权和财权，共同承担责任。由此，或许需要政府间的合约以及相应的法规。

第三，政府和其他机构之间的关系需要寻找新的途径。在多中心治理体制中，不仅政府可以是农村基础设施的提供者，而且村集体和村民个人以及特定的企事业单位也可以成为供给主体，但是，当这些主体提供作为地方公共产品的基础设施时，有可能与该地区其他基础设施或规划形成冲突或者造成影响，单凭这些非政府的供给主体很难完成避免冲突或协调规划的工作，因此，地方政府在多中心治理的过程中会有更多的协调任务，与提供基础设施的其他主体有更多的协商。

三、多渠道的资金筹措机制

无论是多中心还是单一中心，为基础设施建设提供资金始终是困扰各方的严重问题。资金的基础是经济发展的水平，资金来源的途径则依赖于经济发展的结构状况。一个地区的经济总体水平、农民的货币收入、城市化程度、非农就业比例都会制约资金来源的总量。另外，农村集体经济的发展程度、乡镇企业的收益高低等，也影响资金的总量和获得的渠道。

经济发展水平越高，资金来源相对就越多。因为经济发展水平越高，财政收入就越多，能够用于基础设施建设的支出就多；经济发展水平越高，可以通过现代筹资方式获得的资金也越多；经济发展水平高，愿意捐赠出资的也越多。

由于多中心治理中的提供主体包含了多级政府，所以财政渠道依然是不可或缺的，只是财政渠道不能仅仅停留在征税和政府直接支出上。在财政的层级关系上，不能将所有的资金压力都加在乡镇一级，上级政府不一定作为基础设施的提供者，但仍然可以提供财政补贴。

同时，由于基础设施的供给主体还包括非政府的其他机构和个人，因此，还需要进行制度外的筹资。转移支付、政府补贴、政府债券、土地出让金，以及政策性银行和其他金融机构和民间融资都可以成为农村基础设施提供中的渠道。在经济发达的农村地区，可以较多地采用民间融资的方式，在有海外关系的地区，还可以利用华侨这一资源来筹措资金。

在多中心体制中，尤其要注意的是政府的缺位，也就是说将多中心当作是单一中心的对立物，好像政府从此可以退出基础设施供给领域，卸掉承担提供和协调、规划农村基础设施的职责，将负担转移到农民的身上，并影响基础设施的“公共性”。

四、多方位的利益表达机制

农村基础设施的多中心治理，根本上是为了更好地满足农村地区生产和生活的需要。因此，农村地区消费者的满意才是多中心治理的最终目的。为此，农村地区消费者的利益表达机制就显得十分重要。

农村地区消费者对基础设施的需求是什么？生产者如何得到消费者的需求信息？在私人产品市场，人们通过货币投票来显示自己的需求，也就是说，在自己感到满意的商品面前投上以货币形式表现的选票——支付价格以获得商品——来显示自己对这一商品的需求，反之，如果不满意，则不购买，相当于不投票支持该商品的生产。但是，在基础设施的消费上，一旦已经提供了某种基础设施，则无论你是否喜欢，都要消费，而且，由于基础设施往往在空间上具有“占领性排他”的特点，也就是说，一旦建立一种基础设施，就很难同时在同一个地区建立相似的基础设施，比如同时建两所质量不同的小学等。这样，基础设施建设中如果没有很好地征求农村居民的意见，就可能出现花了钱却无人满意的情况。

需求表达的机制很多，主要可以从两个方面来实现。

一个方面是通过政治体制改革来实现。就农村基础设施来讲，属于地方性公共产品，因而其供给决策也就是地方性的“公共选择”问题，或基层民主制度的建设问题。基本内容包括：赋予并维护农民民主的权利；改善村民代表大会与乡镇人民代表大会制度；改善村级自治组织的决策机制，推进政务公开，实行农村基层组织的直选等。通过这些改革，能够让农村居民有表达他们对基础设施偏好的途径，或者说，与购买私人产品一样，他们应该清楚，要付出的是什么，而得到的又是什么，他们有权利知道政府准备做什么，怎样做，做的成本是什么，做了以后能达到什么目标等，然后作出自己的选择。

另一方面是模拟市场经济“用脚投票”的方式，来表达消费者对某种基础设施的喜欢或者不喜欢。在我们前面分析的地方公共产品的蒂布特模型中，地方公共产品达到效率的条件之一便是消费者的自由选择权，而这一选择权有别于私人产品的选择权的地方就是这一选择权体现在“用脚投票”上。即消费者可以没有限制地、无成本地从一个社区转移到另一个社区。现实中，影响这一目标实现的因素主要有两个方面，一是法律方面的，二是经济方面的。前者包括诸如户籍制度、就业制度、社会保障制度等对迁徙的影响。在我国目前的户籍制度下，劳动力的跨地区迁徙显然困难重重，而目前劳动力就业上对非城市户口或非本地户口的歧视也限制了劳动力在不同社区的自由选择，社会保障制度的不统一也使得搬迁具有很大的成本。另外，即便在制度上给予自由流动的保障，人口的流动依然有“运输成本”。尽管绝对消除流动成本是不可能的，但我们至少在法律制度上进行改革，为消费者的自由选择创造条件。

五、兼容性的激励机制

就农村基础设施供给的激励而言，主要包括两个方面，提供的激励和搭便车的避免。前者包括消费者偏好表达的激励和生产者提供产品的激励，提供基础设施中的合作和协调的激励，后者主要是避免消费者隐瞒自己对共享性的基础设施的偏好，政府将责任推卸给农村居民。在多中心治理的背景下，这种激励更主要的是各方协作的激励。主要体现在两大方面：

首先，与单一中心的兼容性。“多中心体制能够存在的可能性并不妨碍单中心政治体制能够存在的可能性。……而且主要是单中心的政治体制不一定妨碍这一可能性，即在这样的组织体制中可能存在着一些多中心的因素。相反，主要是多中心的政治体制存在也不妨碍单中心的因素在这种体制中存在”。[①] 实际上，在现实操作中，多中心治理面临的最大的挑战就是与单一中心体制的兼容性以及兼容性的激励机制。单一中心要求的自上而下的行政方式与多中心治理显然有较大的差异。当利用多中心治理体制时，最容易引起冲突的就是单一中心体制下的财政不再能够对多中心提供资金上的支持。因此，在多中心的绩效考核体系中，设计激励兼容的机制来引导财政对多中心下农村基础设施建设的投入是兼容性激励机制的关键问题。

① 迈克尔·麦金尼斯：《多中心体制与地方公共经济》，毛寿龙译，上海三联书店 2000 年版，第 72 页。

其次，多个供给主体的激励兼容性。不可否认，多中心治理体制下，一方的供给及其得到的肯定在一定程度上对潜在的供给者是一种打击，并且，在合作提供的领域，也普遍存在分享与分担的分配问题。只有将分享和分担的分配解决好，才能提供相互兼容的激励，否则，多中心的供给就可能变为没有中心的供给。

综上，农村基础设施的多中心治理需要全面的制度创新，其中，多层级的管理协调体系，多渠道的资金筹措，多方位的利益表达机制，以及兼容性的激励机制是多中心治理优化的必然选择。

附录一　调查问卷

农村基础设施建设调查问卷

（村民版）

村民朋友：

农村基础设施建设是关系到农村生产、生活的重要方面，为了研究农村基础设施建设的情况，辅助政府改善工作，我们设计了这一问卷。请您帮助填写！

填写方法：单选题只选一个选项，多选题可以选一个或多个选项；请您在相应选项前的方框里打“✓”，如选“其他”项，请在括号内填写具体内容。谢谢！

一、一般情况

1. 您知道我们国家正在进行“新农村建设”吗？（单选）

□1. 知道（请继续答 1.1 题）　　□2. 不知道（请继续答第 2 题）

⇨1.1 您获得国家“新农村建设”相关信息的最重要的途径是什么？（单选）

□1. 电视、广播、报纸　　□2. 村干部传达、村里通知栏

□3. 村民议论　　□4. 其他（　　　　）

2. 您认为这三五年内，本村“新农村建设”最重要的内容应该是什么？（单选）

□1. 加强农村基础设施建设，让农村更漂亮，农民生活更方便

□2. 改善农村孩子的教育，减轻农民孩子的教育负担

□3. 大力发展现代农业，增加农民的农业收入

□4. 通过培训等方式把农村的剩余劳动力转移到城镇，增加农民收入

□5. 建立和改善农民的养老、医疗等社会保障体系

□6. 改善农民的文化生活质量

3. 您认为从长远来看，本村“新农村建设”最重要的内容应该是什么？（单选）

□1. 加强农村基础设施建设　□2. 改善农村孩子的教育
□3. 大力发展现代农业　□4. 转移农村的剩余劳动力
□5. 建立和改善农民社会保障体系　□6. 改善农民的文化生活质量
□7. 农村城市化　□8. 其他（　　）

4. 您知道2006年本村的村干部主要为村民做了哪些事情吗？（单选）

□1. 知道　□2. 不知道

5. 您对村委会和党支部（党总支）成员的工作表示信任吗？（单选）

□1. 非常信任　□2. 信任　□3. 一般
□4. 不信任　□5. 非常不信任

6. 您对这一届村委会和党支部工作的总体评价是什么？（单选）

□1. 非常满意　□2. 满意　□3. 一般
□4. 不满意　□5. 非常不满意

7. 你了解你们村2006年的财政收支结构吗？（单选）

□1. 非常了解　□2. 了解　□3. 基本了解
□4. 有些不了解　□5. 完全不了解

二、基础设施建设

8. 您认为下列项目中，本村最紧要的是（选3项）

□1. 村通乡镇（外界）道路建设　□2. 村通乡镇公交车（班车）
□3. 村内道路建设　□4. 农田水利设施（水库和水渠）
□5. 村内河道整治　□6. 干净的自来水
□7. 生活用电　□8. 通电话（固定电话和移动电话）
□9. 有线广播建设　□10. 电视节目接收
□11. 电脑宽带上网　□12. 垃圾集中收集统一处理
□13. 生产生活污水净化处理　□14. 公共卫生厕所改造
□15. 村内路灯亮化　□16. 村办公楼建设
□17. 老人活动场所建设　□18. 村内卫生室建设
□19. 村内文化（图书）室建设　□20. 村庄建设整体规划

8. 您认为下列项目中，本村最紧要的是（选3项）	9. 您对本村左列项目现状的满意程度（单选）	10. 您认为对本村而言，做好左列项目最重要的条件（单选）	11. 您认为对本村而言，谁该出钱建设左列项目（多选）
□1. 村通乡镇（外界）道路建设	1. 非常满意 2. 满意 3. 一般 4. 不满意 5. 非常不满意	□1. 政府资金资助 □2. 村集体资金雄厚 □3. 村干部的能力强 □4. 村民支持 □5. 其他条件	□1. 政府 □2. 村集体 □3. 村民小组 □4. 村民 □5. 村内的企业
□2. 村通乡镇公交车（班车）	1. 非常满意 2. 满意 3. 一般 4. 不满意 5. 非常不满意	□1. 政府资金资助 □2. 村集体资金雄厚 □3. 村干部的能力强 □4. 村民支持 □5. 其他条件	□1. 政府 □2. 村集体 □3. 村民小组 □4. 村民 □5. 村内的企业
□3. 村内道路建设	1. 非常满意 2. 满意 3. 一般 4. 不满意 5. 非常不满意	□1. 政府资金资助 □2. 村集体资金雄厚 □3. 村干部的能力强 □4. 村民支持 □5. 其他条件	□1. 政府 □2. 村集体 □3. 村民小组 □4. 村民 □5. 村内的企业
□4. 农田水利设施（水库和水渠）	1. 非常满意 2. 满意 3. 一般 4. 不满意 5. 非常不满意	□1. 政府资金资助 □2. 村集体资金雄厚 □3. 村干部的能力强 □4. 村民支持 □5. 其他条件	□1. 政府 □2. 村集体 □3. 村民小组 □4. 村民 □5. 村内的企业
□5. 村内河道整治	1. 非常满意 2. 满意 3. 一般 4. 不满意 5. 非常不满意	□1. 政府资金资助 □2. 村集体资金雄厚 □3. 村干部的能力强 □4. 村民支持 □5. 其他条件	□1. 政府 □2. 村集体 □3. 村民小组 □4. 村民 □5. 村内的企业
□6. 干净的自来水	1. 非常满意 2. 满意 3. 一般 4. 不满意 5. 非常不满意	□1. 政府资金资助 □2. 村集体资金雄厚 □3. 村干部的能力强 □4. 村民支持 □5. 其他条件	□1. 政府 □2. 村集体 □3. 村民小组 □4. 村民 □5. 村内的企业
□7. 生活用电	1. 非常满意 2. 满意 3. 一般 4. 不满意 5. 非常不满意	□1. 政府资金资助 □2. 村集体资金雄厚 □3. 村干部的能力强 □4. 村民支持 □5. 其他条件	□1. 政府 □2. 村集体 □3. 村民小组 □4. 村民 □5. 村内的企业
□8. 通电话（固定电话和移动电话）	1. 非常满意 2. 满意 3. 一般 4. 不满意 5. 非常不满意	□1. 政府资金资助 □2. 村集体资金雄厚 □3. 村干部的能力强 □4. 村民支持 □5. 其他条件	□1. 政府 □2. 村集体 □3. 村民小组 □4. 村民 □5. 村内的企业

续表

8. 您认为下列项目中，本村最紧要的是（选3项）	9. 您对本村左列项目现状的满意程度（单选）	10. 您认为对本村而言，做好左列项目最重要的条件（单选）	11. 您认为对本村而言，谁该出钱建设左列项目（多选）
□9. 有线广播建设	1. 非常满意 2. 满意 3. 一般 4. 不满意 5. 非常不满意	□1. 政府资金资助 □2. 村集体资金雄厚 □3. 村干部的能力强 □4. 村民支持 □5. 其他条件	□1. 政府 □2. 村集体 □3. 村民小组 □4. 村民 □5. 村内的企业
□10. 电视节目接收	1. 非常满意 2. 满意 3. 一般 4. 不满意 5. 非常不满意	□1. 政府资金资助 □2. 村集体资金雄厚 □3. 村干部的能力强 □4. 村民支持 □5. 其他条件	□1. 政府 □2. 村集体 □3. 村民小组 □4. 村民 □5. 村内的企业
□11. 电脑宽带上网	1. 非常满意 2. 满意 3. 一般 4. 不满意 5. 非常不满意	□1. 政府资金资助 □2. 村集体资金雄厚 □3. 村干部的能力强 □4. 村民支持 □5. 其他条件	□1. 政府 □2. 村集体 □3. 村民小组 □4. 村民 □5. 村内的企业
□12. 垃圾集中收集统一处理	1. 非常满意 2. 满意 3. 一般 4. 不满意 5. 非常不满意	□1. 政府资金资助 □2. 村集体资金雄厚 □3. 村干部的能力强 □4. 村民支持 □5. 其他条件	□1. 政府 □2. 村集体 □3. 村民小组 □4. 村民 □5. 村内的企业
□13. 生产生活污水净化处理	1. 非常满意 2. 满意 3. 一般 4. 不满意 5. 非常不满意	□1. 政府资金资助 □2. 村集体资金雄厚 □3. 村干部的能力强 □4. 村民支持 □5. 其他条件	□1. 政府 □2. 村集体 □3. 村民小组 □4. 村民 □5. 村内的企业
□14. 公共卫生厕所改造	1. 非常满意 2. 满意 3. 一般 4. 不满意 5. 非常不满意	□1. 政府资金资助 □2. 村集体资金雄厚 □3. 村干部的能力强 □4. 村民支持 □5. 其他条件	□1. 政府 □2. 村集体 □3. 村民小组 □4. 村民 □5. 村内的企业
□15. 村内路灯亮化	1. 非常满意 2. 满意 3. 一般 4. 不满意 5. 非常不满意	□1. 政府资金资助 □2. 村集体资金雄厚 □3. 村干部的能力强 □4. 村民支持 □5. 其他条件	□1. 政府 □2. 村集体 □3. 村民小组 □4. 村民 □5. 村内的企业
□16. 村办公楼建设	1. 非常满意 2. 满意 3. 一般 4. 不满意 5. 非常不满意	□1. 政府资金资助 □2. 村集体资金雄厚 □3. 村干部的能力强 □4. 村民支持 □5. 其他条件	□1. 政府 □2. 村集体 □3. 村民小组 □4. 村民 □5. 村内的企业

续表

8. 您认为下列项目中，本村最紧要的是（选3项）	9. 您对本村左列项目现状的满意程度（单选）	10. 您认为对本村而言，做好左列项目最重要的条件（单选）	11. 您认为对本村而言，谁该出钱建设左列项目（多选）
□17. 老人活动场所建设	1. 非常满意 2. 满意 3. 一般 4. 不满意 5. 非常不满意	□1. 政府资金资助 □2. 村集体资金雄厚 □3. 村干部的能力强 □4. 村民支持 □5. 其他条件	□1. 政府 □2. 村集体 □3. 村民小组 □4. 村民 □5. 村内的企业
□18. 村内卫生室建设	1. 非常满意 2. 满意 3. 一般 4. 不满意 5. 非常不满意	□1. 政府资金资助 □2. 村集体资金雄厚 □3. 村干部的能力强 □4. 村民支持 □5. 其他条件	□1. 政府 □2. 村集体 □3. 村民小组 □4. 村民 □5. 村内的企业
□19. 村内文化（图书）室建设	1. 非常满意 2. 满意 3. 一般 4. 不满意 5. 非常不满意	□1. 政府资金资助 □2. 村集体资金雄厚 □3. 村干部的能力强 □4. 村民支持 □5. 其他条件	□1. 政府 □2. 村集体 □3. 村民小组 □4. 村民 □5. 村内的企业
□20. 村庄建设整体规划	1. 非常满意 2. 满意 3. 一般 4. 不满意 5. 非常不满意	□1. 政府资金资助 □2. 村集体资金雄厚 □3. 村干部的能力强 □4. 村民支持 □5. 其他条件	□1. 政府 □2. 村集体 □3. 村民小组 □4. 村民 □5. 村内的企业

三、个人资料

12. 您的身份为：□1. 村两委工作人员　□2. 村民代表　□3. 一般村民

13. 您从事的工作：□1. 农业（种植和养殖等）　□2. 工业（生产和制造）　□3. 服务业（运输、娱乐、餐饮等）　□4. 没有工作

14. 您一年当中的大部分时间都在村里住吗：□1. 是的　□2. 不是

15. 您家里去年扣除成本的纯收入为：

□1. 1万以下　□2. 1万—2万

□3. 2万—3万　□4. 3万—4万

□5. 4万—5万　□6. 5万以上

农村基础设施建设调查问卷

（村干部版）

填写方法：单选题只选一个选项，多选题可以选一个或多个选项；请您在相应选项前的方框里打“✓”，如选“其他”项，请在括号内填写具体内容。谢谢！

一、一般情况

1. 您知道我们国家正在进行“新农村建设”吗？（单选）

□1. 知道（请继续答 1.1 题） □2. 不知道（请继续答第 2 题）

⇨1.1 您获得国家“新农村建设”相关信息的最重要的途径是什么？（单选）

□1. 电视、广播、报纸 □2. 政府相关文件与会议

□3. 村民议论 □4. 其他（ ）

2. 2003 年以来，村里有没有向政府申报过基础设施建设项目？（单选）

□1. 有 □2. 没有

3. 向政府申报基础设施建设资金能否成功，最主要的影响因素是什么？（单选）

□1. 资金投入的效果是否明显 □2. 村干部与政府官员的关系好坏

□3. 政府领导自己的意愿 □4. 村干部是否团结．有力

□5. 其他（ ）

4. 本村以往进行的基础设施建设，有哪些资金来源？（多选）

□1. 政府及其部门 □2. 村集体 □3. 村民小组

□4. 村民 □5. 村内的企业 □6. 其他（ ）

5. 以下哪些基础设施，本村有，且有人管理和维护（专职或兼职）？（多选）

□1. 道路 □2. 自来水 □3. 电

□4. 水利设施 □5. 卫生打扫或和垃圾处理 □6. 公厕

6. 本村基础设施建设的施工，会进行公开招标吗？（单选）

□1. 大部分会（请答6.1）　□2. 小部分会（请答6.1）

□3. 不会

⇨6.1. 招不招标，由什么因素决定？

□1. 项目金额　□2. 政府决定　□3. 村委会决定　□4. 其他

7. 政府资助的基础设施建设项目，有详细的验收与考核标准吗？（单选）

□1. 有　□2. 没有

8. 在本村基础设施建设中，最大的困难是什么？（单选）

□1. 向政府申请资金　□2. 向村民筹集资金

□3. 调解和处理基础设施建设中的占地和拆迁纠纷

□4. 监督基础设施施工质量　□5. 其他（　　　）

二、基础设施建设

9. 您认为下列项目中，本村最紧要的是（选3项）	10. 您对本村左列项目现状的满意程度（单选）	11. 您认为对本村而言，做好左列项目最重要的条件（单选）	12. 您认为对本村而言，谁该出钱建设左列项目（多选）
□1. 村通乡镇（外界）道路建设	1. 非常满意 2. 满意 3. 一般 4. 不满意 5. 非常不满意	□1. 政府资金资助 □2. 村集体资金雄厚 □3. 村干部的能力强 □4. 村民支持 □5. 其他条件	□1. 政府 □2. 村集体 □3. 村民小组 □4. 村民 □5. 村内的企业
□2. 村通乡镇公交车（班车）	1. 非常满意 2. 满意 3. 一般 4. 不满意 5. 非常不满意	□1. 政府资金资助 □2. 村集体资金雄厚 □3. 村干部的能力强 □4. 村民支持 □5. 其他条件	□1. 政府 □2. 村集体 □3. 村民小组 □4. 村民 □5. 村内的企业
□3. 村内道路建设	1. 非常满意 2. 满意 3. 一般 4. 不满意 5. 非常不满意	□1. 政府资金资助 □2. 村集体资金雄厚 □3. 村干部的能力强 □4. 村民支持 □5. 其他条件	□1. 政府 □2. 村集体 □3. 村民小组 □4. 村民 □5. 村内的企业
□4. 农田水利设施（水库和水渠）	1. 非常满意 2. 满意 3. 一般 4. 不满意 5. 非常不满意	□1. 政府资金资助 □2. 村集体资金雄厚 □3. 村干部的能力强 □4. 村民支持 □5. 其他条件	□1. 政府 □2. 村集体 □3. 村民小组 □4. 村民 □5. 村内的企业

续表

9. 您认为下列项目中，本村最紧要的是（选3项）	10. 您对本村左列项目现状的满意程度（单选）	11. 您认为对本村而言，做好左列项目最重要的条件（单选）	12. 您认为对本村而言，谁该出钱建设左列项目（多选）
□5. 村内河道整治	1. 非常满意 2. 满意 3. 一般 4. 不满意 5. 非常不满意	□1. 政府资金资助 □2. 村集体资金雄厚 □3. 村干部的能力强 □4. 村民支持 □5. 其他条件	□1. 政府 □2. 村集体 □3. 村民小组 □4. 村民 □5. 村内的企业
□6. 干净的自来水	1. 非常满意 2. 满意 3. 一般 4. 不满意 5. 非常不满意	□1. 政府资金资助 □2. 村集体资金雄厚 □3. 村干部的能力强 □4. 村民支持 □5. 其他条件	□1. 政府 □2. 村集体 □3. 村民小组 □4. 村民 □5. 村内的企业
□7. 生活用电	1. 非常满意 2. 满意 3. 一般 4. 不满意 5. 非常不满意	□1. 政府资金资助 □2. 村集体资金雄厚 □3. 村干部的能力强 □4. 村民支持 □5. 其他条件	□1. 政府 □2. 村集体 □3. 村民小组 □4. 村民 □5. 村内的企业
□8. 通电话（固定电话和移动电话）	1. 非常满意 2. 满意 3. 一般 4. 不满意 5. 非常不满意	□1. 政府资金资助 □2. 村集体资金雄厚 □3. 村干部的能力强 □4. 村民支持 □5. 其他条件	□1. 政府 □2. 村集体 □3. 村民小组 □4. 村民 □5. 村内的企业
□9. 有线广播建设	1. 非常满意 2. 满意 3. 一般 4. 不满意 5. 非常不满意	□1. 政府资金资助 □2. 村集体资金雄厚 □3. 村干部的能力强 □4. 村民支持 □5. 其他条件	□1. 政府 □2. 村集体 □3. 村民小组 □4. 村民 □5. 村内的企业
□10. 电视节目接收	1. 非常满意 2. 满意 3. 一般 4. 不满意 5. 非常不满意	□1. 政府资金资助 □2. 村集体资金雄厚 □3. 村干部的能力强 □4. 村民支持 □5. 其他条件	□1. 政府 □2. 村集体 □3. 村民小组 □4. 村民 □5. 村内的企业
□11. 电脑宽带上网	1. 非常满意 2. 满意 3. 一般 4. 不满意 5. 非常不满意	□1. 政府资金资助 □2. 村集体资金雄厚 □3. 村干部的能力强 □4. 村民支持 □5. 其他条件	□1. 政府 □2. 村集体 □3. 村民小组 □4. 村民 □5. 村内的企业
□12. 垃圾集中收集统一处理	1. 非常满意 2. 满意 3. 一般 4. 不满意 5. 非常不满意	□1. 政府资金资助 □2. 村集体资金雄厚 □3. 村干部的能力强 □4. 村民支持 □5. 其他条件	□1. 政府 □2. 村集体 □3. 村民小组 □4. 村民 □5. 村内的企业

续表

9. 您认为下列项目中，本村最紧要的是（选3项）	10. 您对本村左列项目现状的满意程度（单选）	11. 您认为对本村而言，做好左列项目最重要的条件（单选）	12. 您认为对本村而言，谁该出钱建设左列项目（多选）
□13. 生产生活污水净化处理	1. 非常满意 2. 满意 3. 一般 4. 不满意 5. 非常不满意	□1. 政府资金资助 □2. 村集体资金雄厚 □3. 村干部的能力强 □4. 村民支持 □5. 其他条件	□1. 政府 □2. 村集体 □3. 村民小组 □4. 村民 □5. 村内的企业
□14. 公共卫生厕所改造	1. 非常满意 2. 满意 3. 一般 4. 不满意 5. 非常不满意	□1. 政府资金资助 □2. 村集体资金雄厚 □3. 村干部的能力强 □4. 村民支持 □5. 其他条件	□1. 政府 □2. 村集体 □3. 村民小组 □4. 村民 □5. 村内的企业
□15. 村内路灯亮化	1. 非常满意 2. 满意 3. 一般 4. 不满意 5. 非常不满意	□1. 政府资金资助 □2. 村集体资金雄厚 □3. 村干部的能力强 □4. 村民支持 □5. 其他条件	□1. 政府 □2. 村集体 □3. 村民小组 □4. 村民 □5. 村内的企业
□16. 村办公楼建设	1. 非常满意 2. 满意 3. 一般 4. 不满意 5. 非常不满意	□1. 政府资金资助 □2. 村集体资金雄厚 □3. 村干部的能力强 □4. 村民支持 □5. 其他条件	□1. 政府 □2. 村集体 □3. 村民小组 □4. 村民 □5. 村内的企业
□17. 老人活动场所建设	1. 非常满意 2. 满意 3. 一般 4. 不满意 5. 非常不满意	□1. 政府资金资助 □2. 村集体资金雄厚 □3. 村干部的能力强 □4. 村民支持 □5. 其他条件	□1. 政府 □2. 村集体 □3. 村民小组 □4. 村民 □5. 村内的企业
□18. 村内卫生室建设	1. 非常满意 2. 满意 3. 一般 4. 不满意 5. 非常不满意	□1. 政府资金资助 □2. 村集体资金雄厚 □3. 村干部的能力强 □4. 村民支持 □5. 其他条件	□1. 政府 □2. 村集体 □3. 村民小组 □4. 村民 □5. 村内的企业
□19. 村内文化（图书）室建设	1. 非常满意 2. 满意 3. 一般 4. 不满意 5. 非常不满意	□1. 政府资金资助 □2. 村集体资金雄厚 □3. 村干部的能力强 □4. 村民支持 □5. 其他条件	□1. 政府 □2. 村集体 □3. 村民小组 □4. 村民 □5. 村内的企业
□20. 村庄建设整体规划	1. 非常满意 2. 满意 3. 一般 4. 不满意 5. 非常不满意	□1. 政府资金资助 □2. 村集体资金雄厚 □3. 村干部的能力强 □4. 村民支持 □5. 其他条件	□1. 政府 □2. 村集体 □3. 村民小组 □4. 村民 □5. 村内的企业

三、本村资料（2006 年数据）

总人口数	常住人口	第一产业劳动力数量		第二产业劳动力数量	第三产业劳动力数量
耕地面积（亩）	山林面积（亩）	村民人均年收入（万元）			集体收入（万元）

四、填表人身份

□1. 党支部成员　□2. 村委会成员　□3. 村民代表　□4. 村里其他工作人员

农村基础设施建设调查问卷

（农村外出务工人员填写）

农民朋友：

农村基础设施建设是关系到农村生产、生活的重要方面，为了研究农村基础设施建设的情况，辅助政府改善工作，我们设计了这一问卷。请帮助填写！

填写方法：单选题只选一个选项，多选题可以选一个或多个选项；请在相应选项前的方框里打“✓”，如选“其他”项，请在括号内填写具体内容。谢谢！

一、一般情况

1. 你知道我们国家正在进行“新农村建设”吗？（单选）

□1. 知道（请继续答1.1题）　　□2. 不知道（请继续答第2题）

⇨1.1 你获得国家“新农村建设”相关信息的最重要的途径是什么？（单选）

□1. 电视、广播、报纸　　□2. 村干部传达、村里通知栏

□3. 村民议论　　□4. 其他（　　）

2. 你认为这三五年内，本村“新农村建设”最重要的内容应该是什么？（单选）

□1. 加强农村基础设施建设，让农村更漂亮，农民生活更方便

□2. 改善农村孩子的教育，减轻农民孩子的教育负担

□3. 大力发展现代农业，增加农民的农业收入

□4. 通过培训等方式把农村的剩余劳动力转移到城镇，增加农民收入

□5. 建立和改善农民的养老、医疗等社会保障体系

□6. 改善农民的文化生活质量

3. 你认为从长远来看，本村“新农村建设”最重要的内容应该是什么？（单选）

□1. 加强农村基础设施建设 □2. 改善农村孩子的教育
□3. 大力发展现代农业 □4. 转移农村的剩余劳动力
□5. 建立和改善农民社会保障体系 □6. 改善农民的文化生活质量
□7. 农村城市化 □8. 其他（ ）

4. 你知道2008年本村的村干部主要为村民做了哪些事情吗？（单选）
□1. 知道 □2. 不知道

5. 你对村委会和党支部（党总支）成员的工作表示信任吗？（单选）
□1. 非常信任 □2. 信任 □3. 一般
□4. 不信任 □5. 非常不信任

6. 你对这一届村委会和党支部工作的总体评价是什么？（单选）
□1. 非常满意 □2. 满意 □3. 一般
□4. 不满意 □5. 非常不满意

7. 你了解你们村2008年的财政收支结构吗？（单选）
□1. 非常了解 □2. 了解 □3. 基本了解
□4. 有些不了解 □5. 完全不了解

二、基础设施建设

8. 你认为下列项目中，本村最需要建设的是（选3项）
□1. 村通乡镇（外界）道路建设 □2. 村通乡镇公交车（班车）
□3. 村内道路建设 □4. 农田水利设施（水库和水渠）
□5. 村内河道整治 □6. 干净的自来水
□7. 生活用电 □8. 通电话（固定电话和移动电话）
□9. 有线广播建设 □10. 电视节目接收
□11. 电脑宽带上网 □12. 垃圾集中收集统一处理
□13. 生产生活污水净化处理 □14. 公共卫生厕所改造
□15. 村内路灯亮化 □16. 村办公楼建设
□17. 老人活动场所建设 □18. 村内卫生室建设
□19. 村内文化（图书）室建设 □20. 村庄建设整体规划

	你对本村下列基础设施现状的满意吗？（单选）	你认为建好这些基础设施最重要的条件是什么？（单选）	你认为谁该出钱建设这些基础设施？（多选）
9. 村通乡镇(外界）道路建设	1. 非常满意 2. 满意 3. 一般 4. 不满意 5. 非常不满意	□1. 政府资金资助 □2. 村集体资金雄厚 □3. 村干部的能力强 □4. 村民支持 □5. 其他条件	□1. 政府 □2. 村集体 □3. 村民小组 □4. 村民 □5. 村内的企业
10. 村通乡镇公交车（班车）	1. 非常满意 2. 满意 3. 一般 4. 不满意 5. 非常不满意	□1. 政府资金资助 □2. 村集体资金雄厚 □3. 村干部的能力强 □4. 村民支持 □5. 其他条件	□1. 政府 □2. 村集体 □3. 村民小组 □4. 村民 □5. 村内的企业
11. 村内道路建设	1. 非常满意 2. 满意 3. 一般 4. 不满意 5. 非常不满意	□1. 政府资金资助 □2. 村集体资金雄厚 □3. 村干部的能力强 □4. 村民支持 □5. 其他条件	□1. 政府 □2. 村集体 □3. 村民小组 □4. 村民 □5. 村内的企业
12. 农田水利设施（水库和水渠）	1. 非常满意 2. 满意 3. 一般 4. 不满意 5. 非常不满意	□1. 政府资金资助 □2. 村集体资金雄厚 □3. 村干部的能力强 □4. 村民支持 □5. 其他条件	□1. 政府 □2. 村集体 □3. 村民小组 □4. 村民 □5. 村内的企业
13. 村内河道整治	1. 非常满意 2. 满意 3. 一般 4. 不满意 5. 非常不满意	□1. 政府资金资助 □2. 村集体资金雄厚 □3. 村干部的能力强 □4. 村民支持 □5. 其他条件	□1. 政府 □2. 村集体 □3. 村民小组 □4. 村民 □5. 村内的企业
14. 干净的自来水	1. 非常满意 2. 满意 3. 一般 4. 不满意 5. 非常不满意	□1. 政府资金资助 □2. 村集体资金雄厚 □3. 村干部的能力强 □4. 村民支持 □5. 其他条件	□1. 政府 □2. 村集体 □3. 村民小组 □4. 村民 □5. 村内的企业
15. 生活用电	1. 非常满意 2. 满意 3. 一般 4. 不满意 5. 非常不满意	□1. 政府资金资助 □2. 村集体资金雄厚 □3. 村干部的能力强 □4. 村民支持 □5. 其他条件	□1. 政府 □2. 村集体 □3. 村民小组 □4. 村民 □5. 村内的企业
16. 通电话(固定电话和移动电话)	1. 非常满意 2. 满意 3. 一般 4. 不满意 5. 非常不满意	□1. 政府资金资助 □2. 村集体资金雄厚 □3. 村干部的能力强 □4. 村民支持 □5. 其他条件	□1. 政府 □2. 村集体 □3. 村民小组 □4. 村民 □5. 村内的企业

续表

	你对本村下列基础设施现状的满意吗？（单选）	你认为建好这些基础设施最重要的条件是什么？（单选）	你认为谁该出钱建设这些基础设施？（多选）
17. 有线广播建设	1. 非常满意 2. 满意 3. 一般 4. 不满意 5. 非常不满意	□1. 政府资金资助 □2. 村集体资金雄厚 □3. 村干部的能力强 □4. 村民支持 □5. 其他条件	□1. 政府 □2. 村集体 □3. 村民小组 □4. 村民 □5. 村内的企业
18. 电视节目接收	1. 非常满意 2. 满意 3. 一般 4. 不满意 5. 非常不满意	□1. 政府资金资助 □2. 村集体资金雄厚 □3. 村干部的能力强 □4. 村民支持 □5. 其他条件	□1. 政府 □2. 村集体 □3. 村民小组 □4. 村民 □5. 村内的企业
19. 电脑宽带上网	1. 非常满意 2. 满意 3. 一般 4. 不满意 5. 非常不满意	□1. 政府资金资助 □2. 村集体资金雄厚 □3. 村干部的能力强 □4. 村民支持 □5. 其他条件	□1. 政府 □2. 村集体 □3. 村民小组 □4. 村民 □5. 村内的企业
20. 垃圾集中收集统一处理	1. 非常满意 2. 满意 3. 一般 4. 不满意 5. 非常不满意	□1. 政府资金资助 □2. 村集体资金雄厚 □3. 村干部的能力强 □4. 村民支持 □5. 其他条件	□1. 政府 □2. 村集体 □3. 村民小组 □4. 村民 □5. 村内的企业
21. 生产生活污水净化处理	1. 非常满意 2. 满意 3. 一般 4. 不满意 5. 非常不满意	□1. 政府资金资助 □2. 村集体资金雄厚 □3. 村干部的能力强 □4. 村民支持 □5. 其他条件	□1. 政府 □2. 村集体 □3. 村民小组 □4. 村民 □5. 村内的企业
22. 公共卫生厕所改造	1. 非常满意 2. 满意 3. 一般 4. 不满意 5. 非常不满意	□1. 政府资金资助 □2. 村集体资金雄厚 □3. 村干部的能力强 □4. 村民支持 □5. 其他条件	□1. 政府 □2. 村集体 □3. 村民小组 □4. 村民 □5. 村内的企业
23. 村内路灯亮化	1. 非常满意 2. 满意 3. 一般 4. 不满意 5. 非常不满意	□1. 政府资金资助 □2. 村集体资金雄厚 □3. 村干部的能力强 □4. 村民支持 □5. 其他条件	□1. 政府 □2. 村集体 □3. 村民小组 □4. 村民 □5. 村内的企业
24. 村办公楼建设	1. 非常满意 2. 满意 3. 一般 4. 不满意 5. 非常不满意	□1. 政府资金资助 □2. 村集体资金雄厚 □3. 村干部的能力强 □4. 村民支持 □5. 其他条件	□1. 政府 □2. 村集体 □3. 村民小组 □4. 村民 □5. 村内的企业

续表

	你对本村下列基础设施现状的满意吗？（单选）	你认为建好这些基础设施最重要的条件是什么？（单选）	你认为谁该出钱建设这些基础设施？（多选）
25. 老人活动场所建设	1. 非常满意 2. 满意 3. 一般 4. 不满意 5. 非常不满意	□1. 政府资金资助 □2. 村集体资金雄厚 □3. 村干部的能力强 □4. 村民支持 □5. 其他条件	□1. 政府 □2. 村集体 □3. 村民小组 □4. 村民 □5. 村内的企业
26. 村内卫生室建设	1. 非常满意 2. 满意 3. 一般 4. 不满意 5. 非常不满意	□1. 政府资金资助 □2. 村集体资金雄厚 □3. 村干部的能力强 □4. 村民支持 □5. 其他条件	□1. 政府 □2. 村集体 □3. 村民小组 □4. 村民 □5. 村内的企业
27. 村内文化（图书）室建设	1. 非常满意 2. 满意 3. 一般 4. 不满意 5. 非常不满意	□1. 政府资金资助 □2. 村集体资金雄厚 □3. 村干部的能力强 □4. 村民支持 □5. 其他条件	□1. 政府 □2. 村集体 □3. 村民小组 □4. 村民 □5. 村内的企业
28. 村庄建设整体规划	1. 非常满意 2. 满意 3. 一般 4. 不满意 5. 非常不满意	□1. 政府资金资助 □2. 村集体资金雄厚 □3. 村干部的能力强 □4. 村民支持 □5. 其他条件	□1. 政府 □2. 村集体 □3. 村民小组 □4. 村民 □5. 村内的企业

三、个人资料

29. 你的家乡在______省______乡（镇/街道）______村（屯）

30. 你的身份为：

□1. 村两委工作人员

□2. 村民代表

□3. 一般村民

31. 你从事的工作：

□1. 农业（种植和养殖等）

□2. 工业（生产和制造）

□3. 服务业（运输、娱乐、餐饮等）

□4. 没有工作

32. 最近 5 年，你大部分时间都在村里住吗？

□1. 是的　　□2. 不是

33. 你家 2008 年扣除生产成本的纯收入为：

□1. 1 万以下　　□2. 1 万—2 万　　□3. 2 万—3 万

□4. 3 万—4 万　　□5. 4 万—5 万　　□6. 5 万以上

附录二　数据频数统计

1. 在浙外来民工问卷调查数据频数统计(部分)

Frequencies

Statistics					
电脑宽带上网		电视节目接收	（其他问项）		
N	Valid	238	238	240	
	Missing	2	2	0	

Frequency Table

您认为在下列项目中，本村最要紧的是什么（三个选项中的第一个选项）					
		Frequency	Percent	Valid Percent	Cumulative Percent
Valid	通往乡镇的道路建设	66	27.5	27.5	27.5
	村通乡镇公交车	20	8.3	8.3	35.8
	村内道路建设	36	15.0	15.0	50.8
	农田水利设施	3	1.3	1.3	52.1
	村内河道建设	23	9.6	9.6	61.7
	干净的自来水	13	5.4	5.4	67.1
	生活用电	5	2.1	2.1	69.2
	通电话	6	2.5	2.5	71.7
	有线广播建设	5	2.1	2.1	73.8
	电脑宽带上网	15	6.3	6.3	80.0
	垃圾集中统一处理	24	10.0	10.0	90.0
	生产生活净化处理	11	4.6	4.6	94.6
	公共卫生厕所改造	3	1.3	1.3	95.8
	村内路灯亮化	2	.8	.8	96.7
	村老人活动场所	6	2.5	2.5	99.2
	村内医疗卫生设施建设	2	.8	.8	100.0
	Total	240	100.0	100.0	

您认为在下列项目中，本村最要紧的是什么（三个选项中的第二个选项）

		Frequency	Percent	Valid Percent	Cumulative Percent
Valid	村通乡镇公交车	5	2. 1	2. 1	2. 1
	村内道路建设	10	4. 2	4. 2	6. 3
	农田水利设施	15	6. 3	6. 3	12. 5
	村内河道建设	17	7. 1	7. 1	19. 6
	干净的自来水	22	9. 2	9. 2	28. 8
	生活用电	9	3. 8	3. 8	32. 5
	通电话	3	1. 3	1. 3	33. 8
	有线广播建设	4	1. 7	1. 7	35. 4
	电视节目接收	2	. 8	. 8	36. 3
	电脑宽带上网	14	5. 8	5. 8	42. 1
	垃圾集中统一处理	35	14. 6	14. 6	56. 7
	生产生活净化处理	23	9. 6	9. 6	66. 3
	公共卫生厕所改造	17	7. 1	7. 1	73. 3
	村内路灯亮化	12	5. 0	5. 0	78. 3
	村老人活动场所	23	9. 6	9. 6	87. 9
	村内医疗卫生设施建设	12	5. 0	5. 0	92. 9
	村内文化室建设	17	7. 1	7. 1	100. 0
	Total	240	100. 0	100. 0	

您认为在下列项目中，本村最要紧的是什么（三个选项中的第二个选项）

		Frequency	Percent	Valid Percent	Cumulative Percent
Valid	通往乡镇的道路建设	1	. 4	. 4	. 4
	村通乡镇公交车	2	. 8	. 8	1. 3
	村内道路建设	1	. 4	. 4	1. 7
	农田水利设施	6	2. 5	2. 5	4. 2
	村内河道建设	2	. 8	. 8	5. 0
	干净的自来水	7	2. 9	2. 9	7. 9
	生活用电	13	5. 4	5. 4	13. 3

续表

您认为在下列项目中，本村最要紧的是什么（三个选项中的第三个选项）					
Valid	通电话	2	.8	.8	14.2
	有线广播建设	4	1.7	1.7	15.8
	电视节目接收	4	1.7	1.7	17.5
	电脑宽带上网	2	.8	.8	18.3
	垃圾集中统一处理	13	5.4	5.4	23.8
	生产生活净化处理	19	7.9	7.9	31.7
	公共卫生厕所改造	5	2.1	2.1	33.8
	村内路灯亮化	4	1.7	1.7	35.4
	村老人活动场所	36	15.0	15.0	50.4
	村内医疗卫生设施建设	27	11.3	11.3	61.7
	村内文化室建设	33	13.8	13.8	75.4
	村庄建设整体规划	59	24.6	24.6	100.0
	Total	240	100.0	100.0	

您对通往乡镇的道路建设现状的满意程度					
		Frequency	Percent	Valid Percent	Cumulative Percent
Valid	非常满意	36	15.0	15.0	15.0
	满意	98	40.8	40.8	55.8
	一般	94	39.2	39.2	95.0
	不满意	10	4.2	4.2	99.2
	非常不满	2	.8	.8	100.0
	Total	240	100.0	100.0	

您对村通乡镇公交车现状的满意程度					
		Frequency	Percent	Valid Percent	Cumulative Percent
Valid	非常满意	26	10.8	10.8	10.8
	满意	102	42.5	42.5	53.3
	一般	87	36.3	36.3	89.6
	不满意	20	8.3	8.3	97.9
	非常不满	5	2.1	2.1	100.0
	Total	240	100.0	100.0	

您对村内道路建设现状的满意程度

		Frequency	Percent	Valid Percent	Cumulative Percent
Valid	非常满意	37	15.4	15.4	15.4
	满意	106	44.2	44.2	59.6
	一般	75	31.3	31.3	90.8
	不满意	13	5.4	5.4	96.3
	非常不满	9	3.8	3.8	100.0
	Total	240	100.0	100.0	

您对农田水利设施现状的满意程度

		Frequency	Percent	Valid Percent	Cumulative Percent
Valid	非常满意	26	10.8	10.8	10.8
	满意	86	35.8	35.8	46.7
	一般	104	43.3	43.3	90.0
	不满意	21	8.8	8.8	98.8
	非常不满	3	1.3	1.3	100.0
	Total	240	100.0	100.0	

您对村内河道整治现状的满意程度

		Frequency	Percent	Valid Percent	Cumulative Percent
Valid	非常满意	16	6.7	6.7	6.7
	满意	68	28.3	28.3	35.0
	一般	83	34.6	34.6	69.6
	不满意	53	22.1	22.1	91.7
	非常不满	20	8.3	8.3	100.0
	Total	240	100.0	100.0	

您对干净的自来水建设现状的满意程度

		Frequency	Percent	Valid Percent	Cumulative Percent
Valid	非常满意	62	25. 8	25. 8	25. 8
	满意	94	39. 2	39. 2	65. 0
	一般	53	22. 1	22. 1	87. 1
	不满意	22	9. 2	9. 2	96. 3
	非常不满	9	3. 8	3. 8	100. 0
	Total	240	100. 0	100. 0	

您对生活用电现状的满意程度

		Frequency	Percent	Valid Percent	Cumulative Percent
Valid	非常满意	61	25. 4	25. 4	25. 4
	满意	125	52. 1	52. 1	77. 5
	一般	48	20. 0	20. 0	97. 5
	不满意	4	1. 7	1. 7	99. 2
	非常不满	2	. 8	. 8	100. 0
	Total	240	100. 0	100. 0	

您对通电话现状的满意程度

		Frequency	Percent	Valid Percent	Cumulative Percent
Valid	非常满意	48	20. 0	20. 0	20. 0
	满意	138	57. 5	57. 5	77. 5
	一般	48	20. 0	20. 0	97. 5
	不满意	4	1. 7	1. 7	99. 2
	非常不满	2	. 8	. 8	100. 0
	Total	240	100. 0	100. 0	

您对有线广播建设现状的满意程度

		Frequency	Percent	Valid Percent	Cumulative Percent
Valid	非常满意	30	12.5	12.5	12.5
	满意	100	41.7	41.7	54.2
	一般	87	36.3	36.3	90.4
	不满意	20	8.3	8.3	98.7
	非常不满	3	1.3	1.3	100.0
	Total	240	100.0	100.0	

您对电视节目接收现状的满意程度

		Frequency	Percent	Valid Percent	Cumulative Percent
Valid	非常满意	46	19.2	19.2	19.2
	满意	108	45.0	45.0	64.2
	一般	71	29.6	29.6	93.8
	不满意	12	5.0	5.0	98.8
	非常不满	3	1.3	1.3	100.0
	Total	240	100.0	100.0	

您对电脑宽带上网现状的满意程度

		Frequency	Percent	Valid Percent	Cumulative Percent
Valid	非常满意	25	10.4	10.5	10.5
	满意	88	36.7	37.0	47.5
	一般	72	30.0	30.3	77.7
	不满意	48	20.0	20.2	97.9
	非常不满	5	2.1	2.1	100.0
	Total	238	99.2	100.0	
Missing	System	2	.8		
Total		240	100.0		

您对垃圾集中统一处理现状的满意程度

		Frequency	Percent	Valid Percent	Cumulative Percent
Valid	非常满意	22	9.2	9.2	9.2
	满意	75	31.3	31.3	40.4
	一般	92	38.3	38.3	78.8
	不满意	35	14.6	14.6	93.3
	非常不满	16	6.7	6.7	100.0
	Total	240	100.0	100.0	

您对生产生活污水净化处理现状的满意程度

		Frequency	Percent	Valid Percent	Cumulative Percent
Valid	非常满意	28	11.7	11.7	11.7
	满意	51	21.3	21.3	32.9
	一般	86	35.8	35.8	68.8
	不满意	49	20.4	20.4	89.2
	非常不满	26	10.8	10.8	100.0
	Total	240	100.0	100.0	

您对公共卫生厕所改造现状的满意程度

		Frequency	Percent	Valid Percent	Cumulative Percent
Valid	非常满意	18	7.5	7.5	7.5
	满意	52	21.7	21.7	29.2
	一般	95	39.6	39.6	68.8
	不满意	56	23.3	23.3	92.1
	非常不满	19	7.9	7.9	100.0
	Total	240	100.0	100.0	

您对村内路灯亮化现状的满意程度

		Frequency	Percent	Valid Percent	Cumulative Percent
Valid	非常满意	24	10. 0	10. 0	10. 0
	满意	99	41. 3	41. 3	51. 3
	一般	88	36. 7	36. 7	87. 9
	不满意	21	8. 8	8. 8	96. 7
	非常不满	8	3. 3	3. 3	100. 0
	Total	240	100. 0	100. 0	

您对村办公楼建设现状的满意程度

		Frequency	Percent	Valid Percent	Cumulative Percent
Valid	非常满意	23	9. 6	9. 6	9. 6
	满意	82	34. 2	34. 2	43. 8
	一般	106	44. 2	44. 2	87. 9
	不满意	23	9. 6	9. 6	97. 5
	非常不满	6	2. 5	2. 5	100. 0
	Total	240	100. 0	100. 0	

您对老人活动场所现状的满意程度

		Frequency	Percent	Valid Percent	Cumulative Percent
Valid	非常满意	14	5. 8	5. 8	5. 8
	满意	59	24. 6	24. 6	30. 4
	一般	101	42. 1	42. 1	72. 5
	不满意	53	22. 1	22. 1	94. 6
	非常不满	13	5. 4	5. 4	100. 0
	Total	240	100. 0	100. 0	

您对村内卫生室建设现状的满意程度

		Frequency	Percent	Valid Percent	Cumulative Percent
Valid	非常满意	27	11.3	11.3	11.3
	满意	63	26.3	26.3	37.5
	一般	119	49.6	49.6	87.1
	不满意	26	10.8	10.8	97.9
	非常不满	3	1.3	1.3	99.2
	11	2	.8	.8	100.0
	Total	240	100.0	100.0	

您对村内文化室建设现状的满意程度

		Frequency	Percent	Valid Percent	Cumulative Percent
Valid	非常满意	16	6.7	6.7	6.7
	满意	39	16.3	16.3	22.9
	一般	91	37.9	37.9	60.8
	不满意	65	27.1	27.1	87.9
	非常不满	29	12.1	12.1	100.0
	Total	240	100.0	100.0	

您对村庄建设整体规划现状的满意程度

		Frequency	Percent	Valid Percent	Cumulative Percent
Valid	非常满意	31	12.9	12.9	12.9
	满意	68	28.3	28.3	41.3
	一般	95	39.6	39.6	80.8
	不满意	31	12.9	12.9	93.8
	非常不满	15	6.3	6.3	100.0
	Total	240	100.0	100.0	

做好通往乡镇的道路建设的条件是什么

		Frequency	Percent	Valid Percent	Cumulative Percent
Valid	政府资金资助	82	34.2	34.2	34.2
	村集体资金雄厚	47	19.6	19.6	53.8
	村干部能力强	48	20.0	20.0	73.8
	村民支持	54	22.5	22.5	96.3
	其他条件	9	3.8	3.8	100.0
	Total	240	100.0	100.0	

做好村通乡镇的公交车工作的条件是什么

		Frequency	Percent	Valid Percent	Cumulative Percent
Valid	政府资金资助	96	40.0	40.0	40.0
	村集体资金雄厚	47	19.6	19.6	59.6
	村干部能力强	32	13.3	13.3	72.9
	村民支持	46	19.2	19.2	92.1
	其他条件	19	7.9	7.9	100.0
	Total	240	100.0	100.0	

做好村内道路建设的条件是什么

		Frequency	Percent	Valid Percent	Cumulative Percent
Valid	政府资金资助	75	31.3	31.3	31.3
	村集体资金雄厚	63	26.3	26.3	57.5
	村干部能力强	42	17.5	17.5	75.0
	村民支持	50	20.8	20.8	95.8
	其他条件	10	4.2	4.2	100.0
	Total	240	100.0	100.0	

做好农田水利设施的条件是什么

		Frequency	Percent	Valid Percent	Cumulative Percent
Valid	政府资金资助	84	35.0	35.0	35.0
	村集体资金雄厚	59	24.6	24.6	59.6
	村干部能力强	44	18.3	18.3	77.9
	村民支持	41	17.1	17.1	95.0
	其他条件	12	5.0	5.0	100.0
	Total	240	100.0	100.0	

做好村内河道整治的条件是什么

		Frequency	Percent	Valid Percent	Cumulative Percent
Valid	政府资金资助	97	40.4	40.4	40.4
	村集体资金雄厚	38	15.8	15.8	56.3
	村干部能力强	50	20.8	20.8	77.1
	村民支持	43	17.9	17.9	95.0
	其他条件	12	5.0	5.0	100.0
	Total	240	100.0	100.0	

做好干净的自来水设施建设的条件是什么

		Frequency	Percent	Valid Percent	Cumulative Percent
Valid	政府资金资助	105	43.8	43.8	43.8
	村集体资金雄厚	47	19.6	19.6	63.3
	村干部能力强	41	17.1	17.1	80.4
	村民支持	33	13.8	13.8	94.2
	其他条件	14	5.8	5.8	100.0
	Total	240	100.0	100.0	

做好生活用电设施建设的条件是什么

		Frequency	Percent	Valid Percent	Cumulative Percent
Valid	政府资金资助	108	45.0	45.0	45.0
	村集体资金雄厚	52	21.7	21.7	66.7
	村干部能力强	24	10.0	10.0	76.7
	村民支持	40	16.7	16.7	93.3
	其他条件	16	6.7	6.7	100.0
	Total	240	100.0	100.0	

做好通电话设施建设的条件是什么

		Frequency	Percent	Valid Percent	Cumulative Percent
Valid	政府资金资助	111	46.3	46.3	46.3
	村集体资金雄厚	48	20.0	20.0	66.3
	村干部能力强	22	9.2	9.2	75.4
	村民支持	39	16.3	16.3	91.7
	其他条件	20	8.3	8.3	100.0
	Total	240	100.0	100.0	

做好有线广播建设的条件是什么

		Frequency	Percent	Valid Percent	Cumulative Percent
Valid	政府资金资助	106	44.2	44.2	44.2
	村集体资金雄厚	51	21.3	21.3	65.4
	村干部能力强	44	18.3	18.3	83.7
	村民支持	24	10.0	10.0	93.7
	其他条件	15	6.3	6.3	100.0
	Total	240	100.0	100.0	

做好电视节目接收的条件是什么

		Frequency	Percent	Valid Percent	Cumulative Percent
Valid	政府资金资助	114	47.5	47.5	47.5
	村集体资金雄厚	46	19.2	19.2	66.7
	村干部能力强	29	12.1	12.1	78.8
	村民支持	33	13.8	13.8	92.5
	其他条件	18	7.5	7.5	100.0
	Total	240	100.0	100.0	

做好电脑宽带上网的条件是什么

		Frequency	Percent	Valid Percent	Cumulative Percent
Valid	政府资金资助	98	40.8	40.8	40.8
	村集体资金雄厚	52	21.7	21.7	62.5
	村干部能力强	17	7.1	7.1	69.6
	村民支持	54	22.5	22.5	92.1
	其他条件	19	7.9	7.9	100.0
	Total	240	100.0	100.0	

做好垃圾集中统一处理的条件是什么

		Frequency	Percent	Valid Percent	Cumulative Percent
Valid	政府资金资助	55	22.9	22.9	22.9
	村集体资金雄厚	79	32.9	32.9	55.8
	村干部能力强	48	20.0	20.0	75.8
	村民支持	48	20.0	20.0	95.8
	其他条件	10	4.2	4.2	100.0
	Total	240	100.0	100.0	

做好生产生活污水净化处理的条件是什么

		Frequency	Percent	Valid Percent	Cumulative Percent
Valid	政府资金资助	78	32.5	32.5	32.5
	村集体资金雄厚	70	29.2	29.2	61.7
	村干部能力强	39	16.3	16.3	77.9
	村民支持	44	18.3	18.3	96.3
	其他条件	9	3.8	3.8	100.0
	Total	240	100.0	100.0	

做好公共卫生厕所改造的条件是什么

		Frequency	Percent	Valid Percent	Cumulative Percent
Valid	政府资金资助	74	30.8	30.8	30.8
	村集体资金雄厚	79	32.9	32.9	63.8
	村干部能力强	39	16.3	16.3	80.0
	村民支持	37	15.4	15.4	95.4
	其他条件	11	4.6	4.6	100.0
	Total	240	100.0	100.0	

做好村内路灯亮化的条件是什么

		Frequency	Percent	Valid Percent	Cumulative Percent
Valid	政府资金资助	64	26.7	26.7	26.7
	村集体资金雄厚	86	35.8	35.8	62.5
	村干部能力强	48	20.0	20.0	82.5
	村民支持	35	14.6	14.6	97.1
	其他条件	7	2.9	2.9	100.0
	Total	240	100.0	100.0	

做好村办公楼建设的条件是什么

		Frequency	Percent	Valid Percent	Cumulative Percent
Valid	政府资金资助	59	24.6	24.6	24.6
	村集体资金雄厚	94	39.2	39.2	63.8
	村干部能力强	42	17.5	17.5	81.3
	村民支持	32	13.3	13.3	94.6
	其他条件	13	5.4	5.4	100.0
	Total	240	100.0	100.0	

做好老人活动场所的条件是什么

		Frequency	Percent	Valid Percent	Cumulative Percent
Valid	政府资金资助	66	27.5	27.5	27.5
	村集体资金雄厚	88	36.7	36.7	64.2
	村干部能力强	32	13.3	13.3	77.5
	村民支持	38	15.8	15.8	93.3
	其他条件	16	6.7	6.7	100.0
	Total	240	100.0	100.0	

做好村内卫生室建设的条件是什么

		Frequency	Percent	Valid Percent	Cumulative Percent
Valid	政府资金资助	67	27.9	27.9	27.9
	村集体资金雄厚	84	35.0	35.0	62.9
	村干部能力强	34	14.2	14.2	77.1
	村民支持	35	14.6	14.6	91.7
	其他条件	20	8.3	8.3	100.0
	Total	240	100.0	100.0	

做好村内文化室建设的条件是什么

		Frequency	Percent	Valid Percent	Cumulative Percent
Valid	政府资金资助	49	20. 4	20. 4	20. 4
	村集体资金雄厚	82	34. 2	34. 2	54. 6
	村干部能力强	61	25. 4	25. 4	80. 0
	村民支持	37	15. 4	15. 4	95. 4
	其他条件	11	4. 6	4. 6	100. 0
	Total	240	100. 0	100. 0	

做好村庄整体建设规划的条件是什么

		Frequency	Percent	Valid Percent	Cumulative Percent
Valid	政府资金资助	90	37. 5	37. 5	37. 5
	村集体资金雄厚	57	23. 8	23. 8	61. 3
	村干部能力强	60	25. 0	25. 0	86. 3
	村民支持	28	11. 7	11. 7	97. 9
	其他条件	5	2. 1	2. 1	100. 0
	Total	240	100. 0	100. 0	

谁该出钱建设通往乡镇的道路

		Frequency	Percent	Valid Percent	Cumulative Percent
Valid	政府	135	56. 3	56. 3	56. 3
	村集体	70	29. 2	29. 2	85. 4
	村民小组	10	4. 2	4. 2	89. 6
	村民	9	3. 8	3. 8	93. 3
	村内企业	16	6. 7	6. 7	100. 0
	Total	240	100. 0	100. 0	

谁该出钱建设村通乡镇的公交车

		Frequency	Percent	Valid Percent	Cumulative Percent
Valid	政府	132	55.0	55.0	55.0
	村集体	58	24.2	24.2	79.2
	村民小组	14	5.8	5.8	85.0
	村民	13	5.4	5.4	90.4
	村内企业	23	9.6	9.6	100.0
	Total	240	100.0	100.0	

谁该出钱建设村内道路建设

		Frequency	Percent	Valid Percent	Cumulative Percent
Valid	政府	84	35.0	35.0	35.0
	村集体	104	43.3	43.3	78.3
	村民小组	8	3.3	3.3	81.7
	村民	24	10.0	10.0	91.7
	村内企业	20	8.3	8.3	100.0
	Total	240	100.0	100.0	

谁该出钱建设农田水利设施

		Frequency	Percent	Valid Percent	Cumulative Percent
Valid	政府	108	45.0	45.0	45.0
	村集体	71	29.6	29.6	74.6
	村民小组	23	9.6	9.6	84.2
	村民	25	10.4	10.4	94.6
	村内企业	13	5.4	5.4	100.0
	Total	240	100.0	100.0	

谁该出钱建设村内河道整治

		Frequency	Percent	Valid Percent	Cumulative Percent
Valid	政府	111	46. 3	46. 3	46. 3
	村集体	65	27. 1	27. 1	73. 3
	村民小组	20	8. 3	8. 3	81. 7
	村民	32	13. 3	13. 3	95. 0
	村内企业	10	4. 2	4. 2	99. 2
	21	2	. 8	. 8	100. 0
	Total	240	100. 0	100. 0	

谁该出钱建设干净的自来水

		Frequency	Percent	Valid Percent	Cumulative Percent
Valid	政府	120	50. 0	50. 0	50. 0
	村集体	56	23. 3	23. 3	73. 3
	村民小组	23	9. 6	9. 6	82. 9
	村民	31	12. 9	12. 9	95. 8
	村内企业	10	4. 2	4. 2	100. 0
	Total	240	100. 0	100. 0	

谁该出钱建设生活用电设施

		Frequency	Percent	Valid Percent	Cumulative Percent
Valid	政府	130	54. 2	54. 2	54. 2
	村集体	45	18. 8	18. 8	72. 9
	村民小组	25	10. 4	10. 4	83. 3
	村民	32	13. 3	13. 3	96. 7
	村内企业	8	3. 3	3. 3	100. 0
	Total	240	100. 0	100. 0	

谁该出钱建设通电话设施

		Frequency	Percent	Valid Percent	Cumulative Percent
Valid	政府	124	51.7	51.7	51.7
	村集体	55	22.9	22.9	74.6
	村民小组	19	7.9	7.9	82.5
	村民	36	15.0	15.0	97.5
	村内企业	6	2.5	2.5	100.0
	Total	240	100.0	100.0	

谁该出钱建设有线广播

		Frequency	Percent	Valid Percent	Cumulative Percent
Valid	政府	118	49.2	49.2	49.2
	村集体	75	31.3	31.3	80.4
	村民小组	14	5.8	5.8	86.2
	村民	21	8.8	8.8	95.0
	村内企业	12	5.0	5.0	100.0
	Total	240	100.0	100.0	

谁该出钱建设电视节目接收设施

		Frequency	Percent	Valid Percent	Cumulative Percent
Valid	政府	133	55.4	55.9	55.9
	村集体	55	22.9	23.1	79.0
	村民小组	16	6.7	6.7	85.7
	村民	25	10.4	10.5	96.2
	村内企业	9	3.8	3.8	100.0
	Total	238	99.2	100.0	
Missing	System	2	.8		
Total		240	100.0		

谁该出钱建设电脑宽带网络

		Frequency	Percent	Valid Percent	Cumulative Percent
Valid	政府	107	44.6	44.6	44.6
	村集体	63	26.3	26.3	70.8
	村民小组	21	8.8	8.8	79.6
	村民	40	16.7	16.7	96.3
	村内企业	9	3.8	3.8	100.0
	Total	240	100.0	100.0	

谁该出钱建设垃圾集中统一处理设施

		Frequency	Percent	Valid Percent	Cumulative Percent
Valid	政府	74	30.8	30.8	30.8
	村集体	91	37.9	37.9	68.8
	村民小组	20	8.3	8.3	77.1
	村民	34	14.2	14.2	91.3
	村内企业	21	8.8	8.8	100.0
	Total	240	100.0	100.0	

谁该出钱建设生产生活污水净化处理设施

		Frequency	Percent	Valid Percent	Cumulative Percent
Valid	政府	85	35.4	35.4	35.4
	村集体	79	32.9	32.9	68.3
	村民小组	19	7.9	7.9	76.3
	村民	24	10.0	10.0	86.3
	村内企业	31	12.9	12.9	99.2
	其他	2	.8	.8	100.0
	Total	240	100.0	100.0	

谁该出钱进行公共卫生厕所改造

		Frequency	Percent	Valid Percent	Cumulative Percent
Valid	政府	82	34. 2	34. 2	34. 2
	村集体	86	35. 8	35. 8	70. 0
	村民小组	38	15. 8	15. 8	85. 8
	村民	23	9. 6	9. 6	95. 4
	村内企业	11	4. 6	4. 6	100. 0
	Total	240	100. 0	100. 0	

谁该出钱进行村内路灯亮化

		Frequency	Percent	Valid Percent	Cumulative Percent
Valid	政府	60	25. 0	25. 0	25. 0
	村集体	106	44. 2	44. 2	69. 2
	村民小组	27	11. 3	11. 3	80. 4
	村民	35	14. 6	14. 6	95. 0
	村内企业	12	5. 0	5. 0	100. 0
	Total	240	100. 0	100. 0	

谁该出钱建设村办公楼

		Frequency	Percent	Valid Percent	Cumulative Percent
Valid	政府	57	23. 8	23. 8	23. 8
	村集体	121	50. 4	50. 4	74. 2
	村民小组	31	12. 9	12. 9	87. 1
	村民	22	9. 2	9. 2	96. 3
	村内企业	9	3. 8	3. 8	100. 0
	Total	240	100. 0	100. 0	

谁该出钱建设老人活动场所

		Frequency	Percent	Valid Percent	Cumulative Percent
Valid	政府	56	23.3	23.3	23.3
	村集体	123	51.3	51.3	74.6
	村民小组	22	9.2	9.2	83.8
	村民	26	10.8	10.8	94.6
	村内企业	13	5.4	5.4	100.0
	Total	240	100.0	100.0	

谁该出钱建设村内卫生室

		Frequency	Percent	Valid Percent	Cumulative Percent
Valid	政府	69	28.8	28.8	28.8
	村集体	99	41.3	41.3	70.0
	村民小组	29	12.1	12.1	82.1
	村民	29	12.1	12.1	94.2
	村内企业	14	5.8	5.8	100.0
	Total	240	100.0	100.0	

谁该出钱建设村内文化室

		Frequency	Percent	Valid Percent	Cumulative Percent
Valid	政府	65	27.1	27.1	27.1
	村集体	101	42.1	42.1	69.2
	村民小组	23	9.6	9.6	78.8
	村民	38	15.8	15.8	94.6
	村内企业	13	5.4	5.4	100.0
	Total	240	100.0	100.0	

谁该出钱建设村庄整体规划

		Frequency	Percent	Valid Percent	Cumulative Percent
Valid	政府	102	42.5	42.5	42.5
	村集体	84	35.0	35.0	77.5
	村民小组	23	9.6	9.6	87.1
	村民	22	9.2	9.2	96.3
	村内企业	9	3.8	3.8	100.0
	Total	240	100.0	100.0	

您的性别

		Frequency	Percent	Valid Percent	Cumulative Percent
Valid	男	120	50.0	50.0	50.0
	女	120	50.0	50.0	100.0
	Total	240	100.0	100.0	

您的身份

		Frequency	Percent	Valid Percent	Cumulative Percent
Valid	村“两委”工作人员	4	1.7	1.7	1.7
	村民代表	13	5.4	5.4	7.1
	一般村民	223	92.9	92.9	100.0
	Total	240	100.0	100.0	

您从事什么行业的工作

		Frequency	Percent	Valid Percent	Cumulative Percent
Valid	农业	51	21.3	21.3	21.3
	工业	67	27.9	27.9	49.2
	服务业	48	20.0	20.0	69.2
	退休或没有工作	74	30.8	30.8	100.0
	Total	240	100.0	100.0	

您一年中的大部分时间都在村里居住吗

		Frequency	Percent	Valid Percent	Cumulative Percent
Valid	是	193	80. 4	80. 4	80. 4
	不是	47	19. 6	19. 6	100. 0
	Total	240	100. 0	100. 0	

2. 浙江村民问卷调查数据频数统计(部分)

Frequency Table

您认为在下列项目中，本村最要紧的是什么（三个选项中的第一个选项）

		Frequency	Percent	Valid Percent	Cumulative Percent
Valid	外道路建设	48	37.5	49.5	49.5
	通公交车	13	10.2	13.4	62.9
	内道路建设	9	7.0	9.3	72.2
	水利设施	8	6.3	8.2	80.4
	内河整治	3	2.3	3.1	83.5
	自来水	5	3.9	5.2	88.7
	通电话	1	.8	1.0	89.7
	电脑上网	4	3.1	4.1	93.8
	垃圾处理	1	.8	1.0	94.8
	污水处理	3	2.3	3.1	97.9
	厕所改造	1	.8	1.0	99.0
	卫生室建设	1	.8	1.0	100.0
	Total	97	75.8	100.0	
Missing	System	31	24.2		
Total		128	100.0		

您认为在下列项目中，本村最要紧的是什么（三个选项中的第二个选项）

		Frequency	Percent	Valid Percent	Cumulative Percent
Valid	通公交车	6	4.7	6.3	6.3
	内道路建设	10	7.8	10.4	16.7
	水利设施	16	12.5	16.7	33.3
	内河整治	24	18.8	25.0	58.3
	自来水	3	2.3	3.1	61.5
	生活用电	1	.8	1.0	62.5
	电脑上网	5	3.9	5.2	67.7

续表

您认为在下列项目中，本村最要紧的是什么（三个选项中的第二个选项）					
Valid	垃圾处理	6	4. 7	6. 3	74. 0
	污水处理	4	3. 1	4. 2	78. 1
	厕所改造	10	7. 8	10. 4	88. 5
	路灯亮化	1	. 8	1. 0	89. 6
	老人活动场所	2	1. 6	2. 1	91. 7
	卫生室建设	3	2. 3	3. 1	94. 8
	文化室建设	4	3. 1	4. 2	99. 0
	建设规划	1	. 8	1. 0	100. 0
	Total	96	75. 0	100. 0	
Missing	System	32	25. 0		
Total		128	100. 0		

您认为在下列项目中，本村最要紧的是什么（三个选项中的第三个选项）					
		Frequency	Percent	Valid Percent	Cumulative Percent
Valid	内道路建设	3	2. 3	3. 3	3. 3
	水利设施	2	1. 6	2. 2	5. 5
	内河整治	9	7. 0	9. 9	15. 4
	自来水	6	4. 7	6. 6	22. 0
	生活用电	2	1. 6	2. 2	24. 2
	电脑上网	1	. 8	1. 1	25. 3
	垃圾处理	28	21. 9	30. 8	56. 0
	污水处理	5	3. 9	5. 5	61. 5
	厕所改造	3	2. 3	3. 3	64. 8
	路灯亮化	1	. 8	1. 1	65. 9
	办公楼建设	1	. 8	1. 1	67. 0
	老人活动场所	3	2. 3	3. 3	70. 3
	文化室建设	4	3. 1	4. 4	74. 7
	建设规划	23	18. 0	25. 3	100. 0
	Total	91	71. 1	100. 0	
Missing	System	37	28. 9		
Total		128	100. 0		

外道路满意度

		Frequency	Percent	Valid Percent	Cumulative Percent
Valid	非常满意	18	14. 1	16. 1	16. 1
	满意	51	39. 8	45. 5	61. 6
	一般	37	28. 9	33. 0	94. 6
	不满意	4	3. 1	3. 6	98. 2
	非常不满	2	1. 6	1. 8	100. 0
	Total	112	87. 5	100. 0	
Missing	System	16	12. 5		
Total		128	100. 0		

公交车满意度

		Frequency	Percent	Valid Percent	Cumulative Percent
Valid	非常满意	10	7. 8	11. 2	11. 2
	满意	38	29. 7	42. 7	53. 9
	一般	26	20. 3	29. 2	83. 1
	不满意	14	10. 9	15. 7	98. 9
	非常不满	1	. 8	1. 1	100. 0
	Total	89	69. 5	100. 0	
Missing	System	39	30. 5		
Total		128	100. 0		

内道路建设满意度

		Frequency	Percent	Valid Percent	Cumulative Percent
Valid	非常满意	14	10. 9	15. 1	15. 1
	满意	30	23. 4	32. 3	47. 3
	一般	38	29. 7	40. 9	88. 2
	不满意	9	7. 0	9. 7	97. 8
	非常不满	2	1. 6	2. 2	100. 0
	Total	93	72. 7	100. 0	
Missing	System	35	27. 3		
Total		128	100. 0		

水利满意度

		Frequency	Percent	Valid Percent	Cumulative Percent
Valid	非常满意	6	4. 7	5. 9	5. 9
	满意	48	37. 5	47. 5	53. 5
	一般	39	30. 5	38. 6	92. 1
	不满意	8	6. 3	7. 9	100. 0
	Total	101	78. 9	100. 0	
Missing	System	27	21. 1		
Total		128	100. 0		

污水满意度

		Frequency	Percent	Valid Percent	Cumulative Percent
Valid	非常满意	2	1. 6	2. 4	2. 4
	满意	25	19. 5	29. 4	31. 8
	一般	34	26. 6	40. 0	71. 8
	不满意	19	14. 8	22. 4	94. 1
	非常不满	5	3. 9	5. 9	100. 0
	Total	85	66. 4	100. 0	
Missing	System	43	33. 6		
Total		128	100. 0		

厕所满意度

		Frequency	Percent	Valid Percent	Cumulative Percent
Valid	非常满意	4	3. 1	4. 4	4. 4
	满意	29	22. 7	31. 9	36. 3
	一般	31	24. 2	34. 1	70. 3
	不满意	22	17. 2	24. 2	94. 5
	非常不满	5	3. 9	5. 5	100. 0
	Total	91	71. 1	100. 0	
Missing	System	37	28. 9		
Total		128	100. 0		

路灯满意度

		Frequency	Percent	Valid Percent	Cumulative Percent
Valid	非常满意	14	10.9	17.1	17.1
	满意	50	39.1	61.0	78.0
	一般	13	10.2	15.9	93.9
	不满意	5	3.9	6.1	100.0
	Total	82	64.1	100.0	
Missing	System	46	35.9		
Total		128	100.0		

办公楼满意度

		Frequency	Percent	Valid Percent	Cumulative Percent
Valid	非常满意	9	7.0	11.0	11.0
	满意	43	33.6	52.4	63.4
	一般	19	14.8	23.2	86.6
	不满意	9	7.0	11.0	97.6
	非常不满	2	1.6	2.4	100.0
	Total	82	64.1	100.0	
Missing	System	46	35.9		
Total		128	100.0		

老人活动场所满意度

		Frequency	Percent	Valid Percent	Cumulative Percent
Valid	非常满意	7	5.5	8.2	8.2
	满意	31	24.2	36.5	44.7
	一般	31	24.2	36.5	81.2
	不满意	13	10.2	15.3	96.5
	非常不满	3	2.3	3.5	100.0
	Total	85	66.4	100.0	
Missing	System	43	33.6		
Total		128	100.0		

卫生室满意度

		Frequency	Percent	Valid Percent	Cumulative Percent
Valid	非常满意	11	8. 6	13. 4	13. 4
	满意	28	21. 9	34. 1	47. 6
	一般	33	25. 8	40. 2	87. 8
	不满意	8	6. 3	9. 8	97. 6
	非常不满	2	1. 6	2. 4	100. 0
	Total	82	64. 1	100. 0	
Missing	System	46	35. 9		
Total		128	100. 0		

文化室满意度

		Frequency	Percent	Valid Percent	Cumulative Percent
Valid	非常满意	11	8. 6	14. 1	14. 1
	满意	14	10. 9	17. 9	32. 1
	一般	23	18. 0	29. 5	61. 5
	不满意	24	18. 8	30. 8	92. 3
	非常不满	6	4. 7	7. 7	100. 0
	Total	78	60. 9	100. 0	
Missing	System	50	39. 1		
Total		128	100. 0		

规划满意度

		Frequency	Percent	Valid Percent	Cumulative Percent
Valid	非常满意	16	12. 5	17. 4	17. 4
	满意	25	19. 5	27. 2	44. 6
	一般	21	16. 4	22. 8	67. 4
	不满意	25	19. 5	27. 2	94. 6
	非常不满	5	3. 9	5. 4	100. 0
	Total	92	71. 9	100. 0	
Missing	System	36	28. 1		
Total		128	100. 0		

内河满意度

		Frequency	Percent	Valid Percent	Cumulative Percent
Valid	非常满意	10	7.8	9.2	9.2
	满意	39	30.5	35.8	45.0
	一般	50	39.1	45.9	90.8
	不满意	9	7.0	8.3	99.1
	非常不满	1	.8	.9	100.0
	Total	109	85.2	100.0	
Missing	System	19	14.8		
Total		128	100.0		

自来水满意度

		Frequency	Percent	Valid Percent	Cumulative Percent
Valid	非常满意	17	13.3	18.3	18.3
	满意	42	32.8	45.2	63.4
	一般	19	14.8	20.4	83.9
	不满意	12	9.4	12.9	96.8
	非常不满	3	2.3	3.2	100.0
	Total	93	72.7	100.0	
Missing	System	35	27.3		
Total		128	100.0		

用电满意度

		Frequency	Percent	Valid Percent	Cumulative Percent
Valid	非常满意	15	11.7	16.9	16.9
	满意	57	44.5	64.0	80.9
	一般	17	13.3	19.1	100.0
	Total	89	69.5	100.0	
Missing	System	39	30.5		
Total		128	100.0		

电话满意度

		Frequency	Percent	Valid Percent	Cumulative Percent
Valid	非常满意	20	15.6	24.1	24.1
	满意	47	36.7	56.6	80.7
	一般	10	7.8	12.0	92.8
	不满意	6	4.7	7.2	100.0
	Total	83	64.8	100.0	
Missing	System	45	35.2		
Total		128	100.0		

广播满意度

		Frequency	Percent	Valid Percent	Cumulative Percent
Valid	非常满意	18	14.1	21.4	21.4
	满意	37	28.9	44.0	65.5
	一般	25	19.5	29.8	95.2
	不满意	4	3.1	4.8	100.0
	Total	84	65.6	100.0	
Missing	System	44	34.4		
Total		128	100.0		

电视满意度

		Frequency	Percent	Valid Percent	Cumulative Percent
Valid	非常满意	14	10.9	16.7	16.7
	满意	38	29.7	45.2	61.9
	一般	24	18.8	28.6	90.5
	不满意	7	5.5	8.3	98.8
	非常不满	1	.8	1.2	100.0
	Total	84	65.6	100.0	
Missing	System	44	34.4		
Total		128	100.0		

电脑满意度

		Frequency	Percent	Valid Percent	Cumulative Percent
Valid	非常满意	4	3. 1	4. 8	4. 8
	满意	21	16. 4	25. 3	30. 1
	一般	37	28. 9	44. 6	74. 7
	不满意	17	13. 3	20. 5	95. 2
	非常不满	4	3. 1	4. 8	100. 0
	Total	83	64. 8	100. 0	
Missing	System	45	35. 2		
Total		128	100. 0		

垃圾满意度

		Frequency	Percent	Valid Percent	Cumulative Percent
Valid	非常满意	13	10. 2	11. 9	11. 9
	满意	37	28. 9	33. 9	45. 9
	一般	47	36. 7	43. 1	89. 0
	不满意	12	9. 4	11. 0	100. 0
	Total	109	85. 2	100. 0	
Missing	System	19	14. 8		
Total		128	100. 0		

3. 黑龙江村民问卷调查数据频数统计(部分)

Frequency Table

最要紧的三项基础设施建设中的第一项

		Frequency	Percent	Valid Percent	Cumulative Percent
Valid	外道路建设	45	35.7	42.9	42.9
	通公交车	3	2.4	2.9	45.7
	内道路建设	28	22.2	26.7	72.4
	水利设施	20	15.9	19.0	91.4
	自来水	2	1.6	1.9	93.3
	通电话	1	.8	1.0	94.3
	电视接收	1	.8	1.0	95.2
	电脑上网	1	.8	1.0	96.2
	垃圾处理	1	.8	1.0	97.1
	厕所改造	1	.8	1.0	98.1
	老人活动场所	1	.8	1.0	99.0
	文化室建设	1	.8	1.0	100.0
	Total	105	83.3	100.0	
Missing	System	21	16.7		
Total		126	100.0		

最要紧的三项基础设施建设中的第二项

		Frequency	Percent	Valid Percent	Cumulative Percent
Valid	通公交车	11	8.7	11.3	11.3
	内道路建设	24	19.0	24.7	36.1
	水利设施	31	24.6	32.0	68.0
	内河整治	2	1.6	2.1	70.1
	自来水	6	4.8	6.2	76.3
	生活用电	3	2.4	3.1	79.4
	通电话	1	.8	1.0	80.4

续表

最要紧的三项基础设施建设中的第二项					
		Frequency	Percent	Valid Percent	Cumulative Percent
Valid	电视接收	2	1.6	2.1	82.5
	电脑上网	3	2.4	3.1	85.6
	垃圾处理	3	2.4	3.1	88.7
	污水处理	1	.8	1.0	89.7
	厕所改造	2	1.6	2.1	91.8
	路灯亮化	3	2.4	3.1	94.8
	办公楼建设	1	.8	1.0	95.9
	老人活动场所	4	3.2	4.1	100.0
	Total	97	77.0	100.0	
Missing	System	29	23.0		
Total		126	100.0		

最要紧的三项基础设施建设中的第三项					
		Frequency	Percent	Valid Percent	Cumulative Percent
Valid	内道路建设	8	6.3	9.1	9.1
	水利设施	4	3.2	4.5	13.6
	内河整治	5	4.0	5.7	19.3
	自来水	18	14.3	20.5	39.8
	生活用电	3	2.4	3.4	43.2
	通电话	2	1.6	2.3	45.5
	广播建设	4	3.2	4.5	50.0
	电视接收	1	.8	1.1	51.1
	电脑上网	2	1.6	2.3	53.4
	垃圾处理	1	.8	1.1	54.5
	污水处理	1	.8	1.1	55.7
	厕所改造	3	2.4	3.4	59.1
	路灯亮化	5	4.0	5.7	64.8
	老人活动场所	9	7.1	10.2	75.0
	文化室建设	1	.8	1.1	76.1
	建设规划	21	16.7	23.9	100.0
	Total	88	69.8	100.0	
Missing	System	38	30.2		
Total		126	100.0		

外道路满意度

		Frequency	Percent	Valid Percent	Cumulative Percent
Valid	非常满意	64	50.8	59.3	59.3
	满意	33	26.2	30.6	89.8
	一般	4	3.2	3.7	93.5
	不满意	2	1.6	1.9	95.4
	非常不满	5	4.0	4.6	100.0
	Total	108	85.7	100.0	
Missing	System	18	14.3		
Total		126	100.0		

公交车满意度

		Frequency	Percent	Valid Percent	Cumulative Percent
Valid	非常满意	17	13.5	25.4	25.4
	满意	13	10.3	19.4	44.8
	一般	4	3.2	6.0	50.7
	不满意	26	20.6	38.8	89.6
	非常不满	7	5.6	10.4	100.0
	Total	67	53.2	100.0	
Missing	System	59	46.8		
Total		126	100.0		

内道路满意度

		Frequency	Percent	Valid Percent	Cumulative Percent
Valid	非常满意	50	39.7	49.5	49.5
	满意	25	19.8	24.8	74.3
	一般	9	7.1	8.9	83.2
	不满意	14	11.1	13.9	97.0
	非常不满	3	2.4	3.0	100.0
	Total	101	80.2	100.0	
Missing	System	25	19.8		
Total		126	100.0		

水利满意度

		Frequency	Percent	Valid Percent	Cumulative Percent
Valid	非常满意	17	13.5	25.0	25.0
	满意	9	7.1	13.2	38.2
	一般	11	8.7	16.2	54.4
	不满意	18	14.3	26.5	80.9
	非常不满	13	10.3	19.1	100.0
	Total	68	54.0	100.0	
Missing	System	58	46.0		
Total		126	100.0		

内河满意度

		Frequency	Percent	Valid Percent	Cumulative Percent
Valid	非常满意	7	5.6	19.4	19.4
	满意	14	11.1	38.9	58.3
	一般	10	7.9	27.8	86.1
	不满意	2	1.6	5.6	91.7
	非常不满	3	2.4	8.3	100.0
	Total	36	28.6	100.0	
Missing	System	90	71.4		
Total		126	100.0		

自来水满意度

		Frequency	Percent	Valid Percent	Cumulative Percent
Valid	非常满意	30	23.8	41.7	41.7
	满意	32	25.4	44.4	86.1
	一般	3	2.4	4.2	90.3
	不满意	2	1.6	2.8	93.1
	非常不满	5	4.0	6.9	100.0
	Total	72	57.1	100.0	
Missing	System	54	42.9		
Total		126	100.0		

用电满意度

		Frequency	Percent	Valid Percent	Cumulative Percent
Valid	非常满意	22	17. 5	34. 4	34. 4
	满意	38	30. 2	59. 4	93. 8
	一般	3	2. 4	4. 7	98. 4
	非常不满	1	. 8	1. 6	100. 0
	Total	64	50. 8	100. 0	
Missing	System	62	49. 2		
Total		126	100. 0		

电话满意度

		Frequency	Percent	Valid Percent	Cumulative Percent
Valid	非常满意	17	13. 5	24. 3	24. 3
	满意	31	24. 6	44. 3	68. 6
	一般	11	8. 7	15. 7	84. 3
	不满意	8	6. 3	11. 4	95. 7
	非常不满	3	2. 4	4. 3	100. 0
	Total	70	55. 6	100. 0	
Missing	System	56	44. 4		
Total		126	100. 0		

广播满意度

		Frequency	Percent	Valid Percent	Cumulative Percent
Valid	非常满意	10	7. 9	16. 4	16. 4
	满意	21	16. 7	34. 4	50. 8
	一般	8	6. 3	13. 1	63. 9
	不满意	18	14. 3	29. 5	93. 4
	非常不满	4	3. 2	6. 6	100. 0
	Total	61	48. 4	100. 0	
Missing	System	65	51. 6		
Total		126	100. 0		

电视满意度

		Frequency	Percent	Valid Percent	Cumulative Percent
Valid	非常满意	12	9.5	18.5	18.5
	满意	29	23.0	44.6	63.1
	一般	9	7.1	13.8	76.9
	不满意	12	9.5	18.5	95.4
	非常不满	3	2.4	4.6	100.0
	Total	65	51.6	100.0	
Missing	System	61	48.4		
Total		126	100.0		

电脑满意度

		Frequency	Percent	Valid Percent	Cumulative Percent
Valid	非常满意	4	3.2	7.1	7.1
	满意	7	5.6	12.5	19.6
	一般	3	2.4	5.4	25.0
	不满意	37	29.4	66.1	91.1
	非常不满	5	4.0	8.9	100.0
	Total	56	44.4	100.0	
Missing	System	70	55.6		
Total		126	100.0		

垃圾满意度

		Frequency	Percent	Valid Percent	Cumulative Percent
Valid	非常满意	2	1.6	3.4	3.4
	满意	13	10.3	22.4	25.9
	一般	5	4.0	8.6	34.5
	不满意	35	27.8	60.3	94.8
	非常不满	3	2.4	5.2	100.0
	Total	58	46.0	100.0	
Missing	System	68	54.0		
Total		126	100.0		

污水满意度

		Frequency	Percent	Valid Percent	Cumulative Percent
Valid	非常满意	3	2.4	5.4	5.4
	一般	8	6.3	14.3	19.6
	不满意	40	31.7	71.4	91.1
	非常不满	5	4.0	8.9	100.0
	Total	56	44.4	100.0	
Missing	System	70	55.6		
Total		126	100.0		

厕所满意度

		Frequency	Percent	Valid Percent	Cumulative Percent
Valid	非常满意	1	.8	1.8	1.8
	满意	3	2.4	5.3	7.0
	一般	5	4.0	8.8	15.8
	不满意	40	31.7	70.2	86.0
	非常不满	8	6.3	14.0	100.0
	Total	57	45.2	100.0	
Missing	System	69	54.8		
Total		126	100.0		

路灯满意度

		Frequency	Percent	Valid Percent	Cumulative Percent
Valid	非常满意	4	3.2	6.5	6.5
	满意	13	10.3	21.0	27.4
	一般	2	1.6	3.2	30.6
	不满意	38	30.2	61.3	91.9
	非常不满	5	4.0	8.1	100.0
	Total	62	49.2	100.0	
Missing	System	64	50.8		
Total		126	100.0		

办公楼满意度

		Frequency	Percent	Valid Percent	Cumulative Percent
Valid	非常满意	6	4.8	10.5	10.5
	满意	22	17.5	38.6	49.1
	一般	8	6.3	14.0	63.2
	不满意	18	14.3	31.6	94.7
	非常不满	3	2.4	5.3	100.0
	Total	57	45.2	100.0	
Missing	System	69	54.8		
Total		126	100.0		

老人活动场所满意度

		Frequency	Percent	Valid Percent	Cumulative Percent
Valid	非常满意	6	4.8	9.2	9.2
	满意	2	1.6	3.1	12.3
	一般	4	3.2	6.2	18.5
	不满意	45	35.7	69.2	87.7
	非常不满	8	6.3	12.3	100.0
	Total	65	51.6	100.0	
Missing	System	61	48.4		
Total		126	100.0		

卫生室满意度

		Frequency	Percent	Valid Percent	Cumulative Percent
Valid	非常满意	5	4.0	8.5	8.5
	满意	16	12.7	27.1	35.6
	一般	13	10.3	22.0	57.6
	不满意	23	18.3	39.0	96.6
	非常不满	2	1.6	3.4	100.0
	Total	59	46.8	100.0	
Missing	System	67	53.2		
Total		126	100.0		

文化室满意度

		Frequency	Percent	Valid Percent	Cumulative Percent
Valid	非常满意	5	4. 0	8. 1	8. 1
	满意	8	6. 3	12. 9	21. 0
	一般	9	7. 1	14. 5	35. 5
	不满意	36	28. 6	58. 1	93. 5
	非常不满	4	3. 2	6. 5	100. 0
	Total	62	49. 2	100. 0	
Missing	System	64	50. 8		
Total		126	100. 0		

规划满意度

		Frequency	Percent	Valid Percent	Cumulative Percent
Valid	非常满意	21	16. 7	27. 3	27. 3
	满意	29	23. 0	37. 7	64. 9
	一般	12	9. 5	15. 6	80. 5
	不满意	10	7. 9	13. 0	93. 5
	非常不满	5	4. 0	6. 5	100. 0
	Total	77	61. 1	100. 0	
Missing	System	49	38. 9		
Total		126	100. 0		

4. 河南村民问卷调查数据频数统计(部分)

Frequency Table

最要紧的三项基础设施建设中的第一项

		Frequency	Percent	Valid Percent	Cumulative Percent
Valid	外道路建设	5	11.4	12.8	12.8
	通公交车	5	11.4	12.8	25.6
	内道路建设	18	40.9	46.2	71.8
	水利设施	2	4.5	5.1	76.9
	自来水	5	11.4	12.8	89.7
	生活用电	1	2.3	2.6	92.3
	垃圾处理	2	4.5	5.1	97.4
	文化室建设	1	2.3	2.6	100.0
	Total	39	88.6	100.0	
Missing	System	5	11.4		
Total		44	100.0		

最要紧的三项基础设施建设中的第二项

		Frequency	Percent	Valid Percent	Cumulative Percent
Valid	外道路建设	1	2.3	2.6	2.6
	内道路建设	5	11.4	13.2	15.8
	水利设施	4	9.1	10.5	26.3
	内河整治	2	4.5	5.3	31.6
	自来水	8	18.2	21.1	52.6
	生活用电	2	4.5	5.3	57.9
	广播建设	2	4.5	5.3	63.2
	电视接收	5	11.4	13.2	76.3
	电脑上网	1	2.3	2.6	78.9
	垃圾处理	2	4.5	5.3	84.2

续表

最要紧的三项基础设施建设中的第二项					
Valid	污水处理	2	4.5	5.3	89.5
	老人活动场所	1	2.3	2.6	92.1
	建设规划	3	6.8	7.9	100.0
	Total	38	86.4	100.0	
Missing	System	6	13.6		
Total		44	100.0		

最要紧的三项基础设施建设中的第三项

		Frequency	Percent	Valid Percent	Cumulative Percent
Valid	外道路建设	1	2.3	2.9	2.9
	内河整治	1	2.3	2.9	5.7
	自来水	5	11.4	14.3	20.0
	生活用电	6	13.6	17.1	37.1
	广播建设	2	4.5	5.7	42.9
	电视接收	1	2.3	2.9	45.7
	电脑上网	2	4.5	5.7	51.4
	垃圾处理	2	4.5	5.7	57.1
	污水处理	5	11.4	14.3	71.4
	厕所改造	1	2.3	2.9	74.3
	路灯亮化	2	4.5	5.7	80.0
	卫生室建设	2	4.5	5.7	85.7
	文化室建设	2	4.5	5.7	91.4
	建设规划	3	6.8	8.6	100.0
	Total	35	79.5	100.0	
Missing	System	9	20.5		
Total		44	100.0		

外道路满意度

		Frequency	Percent	Valid Percent	Cumulative Percent
Valid	非常满意	6	13. 6	14. 0	14. 0
	满意	21	47. 7	48. 8	62. 8
	一般	6	13. 6	14. 0	76. 7
	不满意	9	20. 5	20. 9	97. 7
	非常不满	1	2. 3	2. 3	100. 0
	Total	43	97. 7	100. 0	
Missing	System	1	2. 3		
Total		44	100. 0		

公交车满意度

		Frequency	Percent	Valid Percent	Cumulative Percent
Valid	非常满意	1	2. 3	2. 4	2. 4
	满意	11	25. 0	26. 8	29. 3
	一般	17	38. 6	41. 5	70. 7
	不满意	9	20. 5	22. 0	92. 7
	非常不满	3	6. 8	7. 3	100. 0
	Total	41	93. 2	100. 0	
Missing	System	3	6. 8		
Total		44	100. 0		

内道路建设度

		Frequency	Percent	Valid Percent	Cumulative Percent
Valid	非常满意	9	20. 5	20. 5	20. 5
	满意	11	25. 0	25. 0	45. 5
	一般	12	27. 3	27. 3	72. 7
	不满意	9	20. 5	20. 5	93. 2
	非常不满	3	6. 8	6. 8	100. 0
	Total	44	100. 0	100. 0	

水利满意度

		Frequency	Percent	Valid Percent	Cumulative Percent
Valid	非常满意	2	4.5	5.0	5.0
	满意	8	18.2	20.0	25.0
	一般	12	27.3	30.0	55.0
	不满意	15	34.1	37.5	92.5
	非常不满	3	6.8	7.5	100.0
	Total	40	90.9	100.0	
Missing	System	4	9.1		
Total		44	100.0		

内河满意度

		Frequency	Percent	Valid Percent	Cumulative Percent
Valid	非常满意	4	9.1	10.0	10.0
	满意	6	13.6	15.0	25.0
	一般	13	29.5	32.5	57.5
	不满意	14	31.8	35.0	92.5
	非常不满	3	6.8	7.5	100.0
	Total	40	90.9	100.0	
Missing	System	4	9.1		
Total		44	100.0		

自来水满意度

		Frequency	Percent	Valid Percent	Cumulative Percent
Valid	非常满意	2	4.5	4.7	4.7
	满意	10	22.7	23.3	27.9
	一般	10	22.7	23.3	51.2
	不满意	12	27.3	27.9	79.1
	非常不满	9	20.5	20.9	100.0
	Total	43	97.7	100.0	
Missing	System	1	2.3		
Total		44	100.0		

电满意度

		Frequency	Percent	Valid Percent	Cumulative Percent
Valid	非常满意	13	29.5	29.5	29.5
	满意	16	36.4	36.4	65.9
	一般	14	31.8	31.8	97.7
	非常不满	1	2.3	2.3	100.0
	Total	44	100.0	100.0	

电话满意

		Frequency	Percent	Valid Percent	Cumulative Percent
Valid	非常满意	12	27.3	28.6	28.6
	满意	19	43.2	45.2	73.8
	一般	8	18.2	19.0	92.9
	不满意	3	6.8	7.1	100.0
	Total	42	95.5	100.0	
Missing	System	2	4.5		
Total		44	100.0		

广播满意度

		Frequency	Percent	Valid Percent	Cumulative Percent
Valid	非常满意	1	2.3	2.4	2.4
	满意	12	27.3	29.3	31.7
	一般	7	15.9	17.1	48.8
	不满意	13	29.5	31.7	80.5
	非常不满	8	18.2	19.5	100.0
	Total	41	93.2	100.0	
Missing	System	3	6.8		
Total		44	100.0		

电视满意度

		Frequency	Percent	Valid Percent	Cumulative Percent
Valid	非常满意	6	13.6	14.3	14.3
	满意	14	31.8	33.3	47.6
	一般	10	22.7	23.8	71.4
	不满意	7	15.9	16.7	88.1
	非常不满	5	11.4	11.9	100.0
	Total	42	95.5	100.0	
Missing	System	2	4.5		
Total		44	100.0		

电脑满意度

		Frequency	Percent	Valid Percent	Cumulative Percent
Valid	非常满意	2	4.5	4.7	4.7
	满意	6	13.6	14.0	18.6
	一般	10	22.7	23.3	41.9
	不满意	16	36.4	37.2	79.1
	非常不满	9	20.5	20.9	100.0
	Total	43	97.7	100.0	
Missing	System	1	2.3		
Total		44	100.0		

垃圾满意度

		Frequency	Percent	Valid Percent	Cumulative Percent
Valid	非常满意	2	4.5	4.7	4.7
	满意	7	15.9	16.3	20.9
	一般	11	25.0	25.6	46.5
	不满意	15	34.1	34.9	81.4
	非常不满	8	18.2	18.6	100.0
	Total	43	97.7	100.0	
Missing	System	1	2.3		
Total		44	100.0		

污水满意度

		Frequency	Percent	Valid Percent	Cumulative Percent
Valid	非常满意	1	2. 3	2. 3	2. 3
	满意	6	13. 6	14. 0	16. 3
	一般	10	22. 7	23. 3	39. 5
	不满意	18	40. 9	41. 9	81. 4
	非常不满	8	18. 2	18. 6	100. 0
	Total	43	97. 7	100. 0	
Missing	System	1	2. 3		
Total		44	100. 0		

路灯满意度

		Frequency	Percent	Valid Percent	Cumulative Percent
Valid	非常满意	5	11. 4	11. 9	11. 9
	满意	7	15. 9	16. 7	28. 6
	一般	6	13. 6	14. 3	42. 9
	不满意	18	40. 9	42. 9	85. 7
	非常不满	6	13. 6	14. 3	100. 0
	Total	42	95. 5	100. 0	
Missing	System	2	4. 5		
Total		44	100. 0		

厕所满意度

		Frequency	Percent	Valid Percent	Cumulative Percent
Valid	非常满意	3	6. 8	7. 0	7. 0
	满意	8	18. 2	18. 6	25. 6
	一般	11	25. 0	25. 6	51. 2
	不满意	16	36. 4	37. 2	88. 4
	非常不满	5	11. 4	11. 6	100. 0
	Total	43	97. 7	100. 0	
Missing	System	1	2. 3		
Total		44	100. 0		

办公楼满意度

		Frequency	Percent	Valid Percent	Cumulative Percent
Valid	非常满意	1	2.3	2.5	2.5
	满意	10	22.7	25.0	27.5
	一般	12	27.3	30.0	57.5
	不满意	12	27.3	30.0	87.5
	非常不满	5	11.4	12.5	100.0
	Total	40	90.9	100.0	
Missing	System	4	9.1		
Total		44	100.0		

老人活动场所满意度

		Frequency	Percent	Valid Percent	Cumulative Percent
Valid	非常满意	3	6.8	7.3	7.3
	满意	5	11.4	12.2	19.5
	一般	3	6.8	7.3	26.8
	不满意	18	40.9	43.9	70.7
	非常不满	12	27.3	29.3	100.0
	Total	41	93.2	100.0	
Missing	System	3	6.8		
Total		44	100.0		

卫生室满意度

		Frequency	Percent	Valid Percent	Cumulative Percent
Valid	满意	12	27.3	29.3	29.3
	一般	14	31.8	34.1	63.4
	不满意	10	22.7	24.4	87.8
	非常不满	5	11.4	12.2	100.0
	Total	41	93.2	100.0	
Missing	System	3	6.8		
Total		44	100.0		

文化室满意度

		Frequency	Percent	Valid Percent	Cumulative Percent
Valid	非常满意	1	2.3	2.4	2.4
	满意	3	6.8	7.3	9.8
	一般	6	13.6	14.6	24.4
	不满意	24	54.5	58.5	82.9
	非常不满	7	15.9	17.1	100.0
	Total	41	93.2	100.0	
Missing	System	3	6.8		
Total		44	100.0		

规划满意度

		Frequency	Percent	Valid Percent	Cumulative Percent
Valid	非常满意	3	6.8	7.5	7.5
	满意	8	18.2	20.0	27.5
	一般	8	18.2	20.0	47.5
	不满意	16	36.4	40.0	87.5
	非常不满	5	11.4	12.5	100.0
	Total	40	90.9	100.0	
Missing	System	4	9.1		
Total		44	100.0		

5. 广西村民问卷调查数据频数统计(部分)

Frequency Table

您认为在下列项目中，本村最要紧的是什么（三个选项中的第一个选项）

		Frequency	Percent	Valid Percent	Cumulative Percent
Valid	外道路建设	88	59.1	68.2	68.2
	通公交车	7	4.7	5.4	73.6
	内道路建设	11	7.4	8.5	82.2
	水利设施	5	3.4	3.9	86.0
	内河整治	4	2.7	3.1	89.1
	自来水	4	2.7	3.1	92.2
	生活用电	2	1.3	1.6	93.8
	通电话	1	.7	.8	94.6
	广播建设	1	.7	.8	95.3
	电视接收	1	.7	.8	96.1
	电脑上网	2	1.3	1.6	97.7
	垃圾处理	1	.7	.8	98.4
	路灯亮化	1	.7	.8	99.2
	卫生室建设	1	.7	.8	100.0
	Total	129	86.6	100.0	
Missing	System	20	13.4		
Total		149	100.0		

您认为在下列项目中，本村最要紧的是什么（三个选项中的第二个选项）

		Frequency	Percent	Valid Percent	Cumulative Percent
Valid	通公交车	5	3.4	4.1	4.1
	内道路建设	23	15.4	18.7	22.8
	水利设施	35	23.5	28.5	51.2
	内河整治	3	2.0	2.4	53.7
	自来水	22	14.8	17.9	71.5
	生活用电	16	10.7	13.0	84.6
	通电话	1	.7	.8	85.4

续表

您认为在下列项目中，本村最要紧的是什么（三个选项中的第二个选项）					
Valid	广播建设	3	2.0	2.4	87.8
	电视接收	1	.7	.8	88.6
	电脑上网	2	1.3	1.6	90.2
	垃圾处理	3	2.0	2.4	92.7
	污水处理	2	1.3	1.6	94.3
	办公楼建设	1	.7	.8	95.1
	老人活动场所	1	.7	.8	95.9
	卫生室建设	2	1.3	1.6	97.6
	文化室建设	1	.7	.8	98.4
	建设规划	2	1.3	1.6	100.0
	Total	123	82.6	100.0	
Missing	System	26	17.4		
Total		149	100.0		

您认为在下列项目中，本村最要紧的是什么（三个选项中的第三个选项）					
		Frequency	Percent	Valid Percent	Cumulative Percent
Valid	内道路建设	3	2.0	2.6	2.6
	水利设施	14	9.4	12.2	14.8
	内河整治	7	4.7	6.1	20.9
	自来水	17	11.4	14.8	35.7
	生活用电	26	17.4	22.6	58.3
	通电话	7	4.7	6.1	64.3
	广播建设	2	1.3	1.7	66.1
	电视接收	5	3.4	4.3	70.4
	电脑上网	3	2.0	2.6	73.0
	垃圾处理	6	4.0	5.2	78.3
	污水处理	3	2.0	2.6	80.9
	厕所改造	4	2.7	3.5	84.3
	路灯亮化	1	.7	.9	85.2
	办公楼建设	1	.7	.9	86.1
	卫生室建设	5	3.4	4.3	90.4
	文化室建设	5	3.4	4.3	94.8
	建设规划	6	4.0	5.2	100.0
	Total	115	77.2	100.0	
Missing	System	34	22.8		
Total		149	100.0		

外道路满意度

		Frequency	Percent	Valid Percent	Cumulative Percent
Valid	非常满意	13	8.7	10.2	10.2
	满意	29	19.5	22.8	33.1
	一般	50	33.6	39.4	72.4
	不满意	28	18.8	22.0	94.5
	非常不满	7	4.7	5.5	100.0
	Total	127	85.2	100.0	
Missing	System	22	14.8		
Total		149	100.0		

水利设施满意度

		Frequency	Percent	Valid Percent	Cumulative Percent
Valid	非常满意	5	3.4	4.2	4.2
	满意	21	14.1	17.6	21.8
	一般	45	30.2	37.8	59.7
	不满意	42	28.2	35.3	95.0
	非常不满	6	4.0	5.0	100.0
	Total	119	79.9	100.0	
Missing	System	30	20.1		
Total		149	100.0		

公交车设施满意度

		Frequency	Percent	Valid Percent	Cumulative Percent
Valid	非常满意	7	4.7	6.8	6.8
	满意	14	9.4	13.6	20.4
	一般	49	32.9	47.6	68.0
	不满意	23	15.4	22.3	90.3
	非常不满	10	6.7	9.7	100.0
	Total	103	69.1	100.0	
Missing	System	46	30.9		
Total		149	100.0		

内道路建设满意度

		Frequency	Percent	Valid Percent	Cumulative Percent
Valid	非常满意	10	6.7	9.0	9.0
	满意	19	12.8	17.1	26.1
	一般	48	32.2	43.2	69.4
	不满意	24	16.1	21.6	91.0
	非常不满	10	6.7	9.0	100.0
	Total	111	74.5	100.0	
Missing	System	38	25.5		
Total		149	100.0		

水利设施满意度

		Frequency	Percent	Valid Percent	Cumulative Percent
Valid	非常满意	5	3.4	4.2	4.2
	满意	21	14.1	17.6	21.8
	一般	45	30.2	37.8	59.7
	不满意	42	28.2	35.3	95.0
	非常不满	6	4.0	5.0	100.0
	Total	119	79.9	100.0	
Missing	System	30	20.1		
Total		149	100.0		

内河满意度

		Frequency	Percent	Valid Percent	Cumulative Percent
Valid	非常满意	5	3.4	4.7	4.7
	满意	18	12.1	16.8	21.5
	一般	49	32.9	45.8	67.3
	不满意	29	19.5	27.1	94.4
	非常不满	6	4.0	5.6	100.0
	Total	107	71.8	100.0	
Missing	System	42	28.2		
Total		149	100.0		

自来水设施满意度

		Frequency	Percent	Valid Percent	Cumulative Percent
Valid	非常满意	3	2.0	2.5	2.5
	满意	39	26.2	32.0	34.4
	一般	58	38.9	47.5	82.0
	不满意	19	12.8	15.6	97.5
	非常不满	3	2.0	2.5	100.0
	Total	122	81.9	100.0	
Missing	System	27	18.1		
Total		149	100.0		

电力设施满意度

		Frequency	Percent	Valid Percent	Cumulative Percent
Valid	非常满意	24	16.1	20.3	20.3
	满意	37	24.8	31.4	51.7
	一般	49	32.9	41.5	93.2
	不满意	6	4.0	5.1	98.3
	非常不满	2	1.3	1.7	100.0
	Total	118	79.2	100.0	
Missing	System	31	20.8		
Total		149	100.0		

电话设施满意度

		Frequency	Percent	Valid Percent	Cumulative Percent
Valid	非常满意	27	18.1	25.7	25.7
	满意	21	14.1	20.0	45.7
	一般	36	24.2	34.3	80.0
	不满意	17	11.4	16.2	96.2
	非常不满	4	2.7	3.8	100.0
	Total	105	70.5	100.0	
Missing	System	44	29.5		
Total		149	100.0		

广播设施满意度

		Frequency	Percent	Valid Percent	Cumulative Percent
Valid	非常满意	18	12. 1	17. 3	17. 3
	满意	19	12. 8	18. 3	35. 6
	一般	35	23. 5	33. 7	69. 2
	不满意	24	16. 1	23. 1	92. 3
	非常不满	8	5. 4	7. 7	100. 0
	Total	104	69. 8	100. 0	
Missing	System	45	30. 2		
Total		149	100. 0		

电视网络满意度

		Frequency	Percent	Valid Percent	Cumulative Percent
Valid	非常满意	23	15. 4	22. 8	22. 8
	满意	23	15. 4	22. 8	45. 5
	一般	34	22. 8	33. 7	79. 2
	不满意	18	12. 1	17. 8	97. 0
	非常不满	3	2. 0	3. 0	100. 0
	Total	101	67. 8	100. 0	
Missing	System	48	32. 2		
Total		149	100. 0		

电脑网络满意度

		Frequency	Percent	Valid Percent	Cumulative Percent
Valid	非常满意	3	2. 0	3. 0	3. 0
	满意	4	2. 7	4. 0	6. 9
	一般	31	20. 8	30. 7	37. 6
	不满意	47	31. 5	46. 5	84. 2
	非常不满	16	10. 7	15. 8	100. 0
	Total	101	67. 8	100. 0	
Missing	System	48	32. 2		
Total		149	100. 0		

垃圾收集处理满意度

		Frequency	Percent	Valid Percent	Cumulative Percent
Valid	非常满意	2	1.3	1.9	1.9
	满意	13	8.7	12.6	14.6
	一般	41	27.5	39.8	54.4
	不满意	34	22.8	33.0	87.4
	非常不满	13	8.7	12.6	100.0
	Total	103	69.1	100.0	
Missing	System	46	30.9		
Total		149	100.0		

污水处理满意度

		Frequency	Percent	Valid Percent	Cumulative Percent
Valid	非常满意	1	.7	1.0	1.0
	满意	11	7.4	10.8	11.8
	一般	39	26.2	38.2	50.0
	不满意	44	29.5	43.1	93.1
	非常不满	7	4.7	6.9	100.0
	Total	102	68.5	100.0	
Missing	System	47	31.5		
Total		149	100.0		

厕所设施满意度

		Frequency	Percent	Valid Percent	Cumulative Percent
Valid	非常满意	2	1.3	2.0	2.0
	满意	10	6.7	9.9	11.9
	一般	44	29.5	43.6	55.4
	不满意	34	22.8	33.7	89.1
	非常不满	10	6.7	9.9	99.0
	其他	1	.7	1.0	100.0
	Total	101	67.8	100.0	
Missing	System	48	32.2		
Total		149	100.0		

路灯设施满意度

		Frequency	Percent	Valid Percent	Cumulative Percent
Valid	非常满意	2	1. 3	2. 0	2. 0
	满意	8	5. 4	8. 2	10. 2
	一般	33	22. 1	33. 7	43. 9
	不满意	34	22. 8	34. 7	78. 6
	非常不满	21	14. 1	21. 4	100. 0
	Total	98	65. 8	100. 0	
Missing	System	51	34. 2		
Total		149	100. 0		

办公楼设施满意度

		Frequency	Percent	Valid Percent	Cumulative Percent
Valid	非常满意	2	1. 3	2. 0	2. 0
	满意	16	10. 7	16. 0	18. 0
	一般	54	36. 2	54. 0	72. 0
	不满意	23	15. 4	23. 0	95. 0
	非常不满	5	3. 4	5. 0	100. 0
	Total	100	67. 1	100. 0	
Missing	System	49	32. 9		
Total		149	100. 0		

老人活动场所满意度

		Frequency	Percent	Valid Percent	Cumulative Percent
Valid	非常满意	2	1. 3	2. 0	2. 0
	满意	11	7. 4	11. 1	13. 1
	一般	41	27. 5	41. 4	54. 5
	不满意	32	21. 5	32. 3	86. 9
	非常不满	13	8. 7	13. 1	100. 0
	Total	99	66. 4	100. 0	
Missing	System	50	33. 6		
Total		149	100. 0		

卫生室满意度

		Frequency	Percent	Valid Percent	Cumulative Percent
Valid	非常满意	1	.7	1.0	1.0
	满意	19	12.8	18.6	19.6
	一般	49	32.9	48.0	67.6
	不满意	23	15.4	22.5	90.2
	非常不满	10	6.7	9.8	100.0
	Total	102	68.5	100.0	
Missing	System	47	31.5		
Total		149	100.0		

文化室满意度

		Frequency	Percent	Valid Percent	Cumulative Percent
Valid	非常满意	4	2.7	4.0	4.0
	满意	9	6.0	9.1	13.1
	一般	40	26.8	40.4	53.5
	不满意	26	17.4	26.3	79.8
	非常不满	20	13.4	20.2	100.0
	Total	99	66.4	100.0	
Missing	System	50	33.6		
Total		149	100.0		

村规划满意度

		Frequency	Percent	Valid Percent	Cumulative Percent
Valid	非常满意	5	3.4	4.9	4.9
	满意	16	10.7	15.7	20.6
	一般	47	31.5	46.1	66.7
	不满意	23	15.4	22.5	89.2
	非常不满	11	7.4	10.8	100.0
	Total	102	68.5	100.0	
Missing	System	47	31.5		
Total		149	100.0		

主要参考文献

1. Buchanan, J. M. , *An Economic Theory of Clubs*, Economica, Vol. 23 (1965), pp. 1—14.

2. Tiebout, C. M. , *A Pure Theory of Local Expenditure*, Journal of Public Economy, Vol. 64, No. 5 (1956), pp. 416—424.

3. Das, Keshab, Visaria, Leela, *Issues in Rural Sanitation*: *Lessons from Gujarat*, Journal of Rural Develop-ment · Vol · 21 (1), pp. 1—26 (2002) NIRD, Hyderabad (India) · Economic Survey 1999—2000, Government of India.

4. Dennis Epple and Richard Romano, *Collective Choice and Voluntary Provision of Public Goods*, International Economic Review, 2003 (2).

5. Dennis Lopez, *Saving America's Infrastructure*, Light & Medium Truck; Dec 2007/Jan 2008; 20, 11; Academic Research Library, pg. 38.

6. Elinor Ostrom, Larry Schroeder, Susan Wynne, *Analyzing the Performance of Alternative Institutional Arrangements for Sustaining Rural Infrastructure in Developing Countries*, Journal of Public Administration Research and Theory: J-PART, Vol. 3, No. 1 (Jan., 1993), pp. 11—45.

7. Fishbein, R. 2001, *Rural Infrastructure in Africa*: *Policy Direction*, *Africa Regional*, Working Paper series No. 18, World Bank, Washington.

8. Gallottini, Giovanna T, *Infrastructure*: *The Rural Difference*, Telephone Engineer & Management. Duluth: Jan 1, 1991. Vol. 95, Iss. 1; pg. 48, 3 pgs.

9. Geneva, *Rural Organizations and Infrastructure Projects*: *Social Investment Comes Before Material Investments*, International Labour Review. : 1992. Vol. 131, Iss. 1; pg. 45, 17pgs.

10. MS Bhatia, *Rural Infrastructure and Growth in Agriculture*, Economic and political. Weekly; March 27, 1999.

11. Ismail Issah, Tariq Y Khan, Komei Sasaki, *DO Migrants React To Infrastructure Difference Between Urban And Rural Areas*? Development Of An extended Harris - Todaro Model, Review of Urban & Regional Development Studies. Oxford: Mar 2005. Vol. 17, Iss. 1; pg. 68.

12. Ray，Mona，Ph. D，*Effectiveness of credit pooling techniques for infrastructure development in rural communities：A quasi-experimental analysis*，Clemson University，1999，173 pages；AAT 9929739.

13. Safra，Martine，Yelland，Richard，*Infrastructure for rural schools*，*Organisation for Economic Cooperation and Development.* The OECD Observer. Paris：Oct/Nov 1993. ，Iss. 184；pg. 17，4 14.

14. Stephanie White，George Oamek，Jennifer Martinek，*Funding Large Rural Water Infrastructure* 15. *Projects*，American Water Works Association. Journal. Denver：Apr 2005. Vol. 97，Iss. 4.

15. T N Andrew，D Petkov，*The need for a systems thinking approach to the planning of rural telecommunications infrastructure*，Telecommunications Policy. Kidlington：Feb/Mar 2003. Vol. 27，Iss. 1，2；pg. 75.

16. T Andrew，D Petkov，*A case study on the initial enquiry stage in a framework for improved planning of rural telecommunications infrastructure in developing countries*，International Journal of Technology Management. Geneva：2005. Vol. 31，Iss. 1，2；pg. 64.

17. World Bank，*World Development Report* 1994：*Infrustructure for Development*，New york，Oxford University Press.

18. Xiaobo Zhang，Shenggen Fan，Linxiu Zhang，and Jikun Huang. *Local Governance and Public Goods Provision in Rural China.* Environment and Production Technology Division-International Food Policy Research Institute 2033 K Street，N. W. Washington，D. C. 20006 U. S. A. and Center for Chinese Agricultural Policy（CCAP）Chinese Academy of Sciences.

19. 日本总务省统计局：《国势调查》（2000 年），日本统计协会，2002 年。

20. E. S. 萨瓦斯：《民营化与公私部门的伙伴关系》，周志忍等译，中国人民大学出版社 2002 年版。

21. 阿特金森、斯蒂格里茨：《公共经济学》，蔡江南等译，上海三联书店、上海人民出版社 1994 年版。

22. 埃莉诺·奥斯特罗姆：《公共事物的治理之道》，余逊达译，上海三联书店 2000 年版。

23. 埃莉诺·奥斯特罗姆等：《制度激励与可持续发展》，陈幽泓译，上海三联书店 2000 年版。

24. 曼瑟尔·奥尔森：《集体行动的逻辑》，陈郁等译，上海三联书店、上海人民出版社 1995 年版。

25. 文森特·奥斯特罗姆等编：《制度分析与发展的反思》，王诚等译，商务印书馆 1992 年版。

26. 道格拉斯·诺思：《经济史中的结构与变迁》，陈郁等译，上海三联书店、上海人民出版社 1994 年版。

27. 迈克尔·麦金尼斯:《多中心体制与地方公共经济》, 毛寿龙译, 上海三联书店 2000 年版。

28. 白南生等:《村民对基础设施的需求强度和融资意愿》,《农业经济问题》2007 年第 7 期。

29. 陈国忠等:《福建省农村饮用水现状调查》,《中国公共卫生》2008 年第 3 期。

30. 陈红敏:《“村企结对”建设社会主义新农村》,《浙江经济》2006 年第 14 期。

31. 陈家刚:《德国地方治理的公共品供给——以德国莱茵—法尔茨州 A 县为例的分析》,《经济社会体制比较》2006 年第 1 期。

32. 陈默等:《中国农村生活用水投资情况及区域分布》,《农业现代化研究》2007 年第 3 期。

33. 陈新平、徐广印、陈爱国:《农村交通发展的问题及对策研究》,《商场现代化》2007 年第 5 期。

34. 陈艳:《日本农村福利制度对我国新农村福利制度建设的启示》,《科技经济市场》2007 年第 3 期。

35. 蔡乐渭:《放松管制背景下公共基础设施的市场化和民营化》,《行政法学研究》2005 年第 2 期。

36. 蔡仁华主编:《中国医疗保障实用丛书》, 中国人事出版社 1998 年版。

37. 曹建业:《浅谈美国的乡村及其发展计划》,《政策计划》2007 年第 8 期。

38. 邓德胜、祝海波、杨丽华:《国外农村现代化模式对我国实现农村全面小康的启示》,《经济问题》2007 年第 2 期。

39. 董植葵:《新农村基础设施建设 PPP 典型案例调查: 沈阳市秸秆燃气站建设情况的调查》,《中国财经信息资料》2007 年第 22 期。

40. 杜威漩:《中国农业水利基建投资的实证研究》,《农业技术经济》2005 年第 3 期。

41. 国家发展和改革委员会:《2007 年政府支农投资指南》2007 年第 6 期。

42. 国家发展和改革委员会:《农村基础设施建设发展报告》, 中国环境科学出版社 2008 年版。

43. 国家统计局农村社会经济调查总队:《2000 年中国农村贫困监测报告》, 中国统计出版社 2000 年版。

44. 国务院发展研究中心课题组:《中国农村财政问题研究》,《内部报告》, 2002 年。

45. 郭泽保:《建立和完善农村公共产品需求选择的表达机制》,《中国行政管理》2004 年第 12 期。

46. 方明、劭爱云编著:《新农村建设村庄治理研究》, 中国建筑工业出版社 2006

年版。

47. 方青:《解组与重构——二元社会结构下的农村社会保障》，安徽人民出版社 2006 年版。

48. 费正清:《剑桥中华民国史（下）》，中国社会科学出版社 1998 年版。

49. 冯海波:《委托代理关系视角下的农村公共物品供给》，《财经科学》2005 年第 3 期。

50. 复旦发展研究院:《开放与合作：中国基础设施和产业》，学林出版社 1995 年版。

51. 付永、曾菊新:《农村基础设施建设的制度激励问题探析》，《生产力研究》2007 年第 14 期。

52. 甘琳等:《中国农村基础设施融资模式研究》，《建筑经济》2008 年第 4 期。

53. 郭风旗:《我国农村公共物品治理的多元模式探析》，《上海行政学院学报》2005 年第 5 期。

54. 侯军岐、任燕顺:《基于项目管理的农村基础设施建设与管理研究》，《农业经济问题》2006 年第 8 期。

55. 黄立华:《美国农村公共产品的供给及启示》，《北方贸易》2007 年第 1 期。

56. 黄佩华:《中国地方财政问题研究》，中国检察出版社 1999 年版。

57. 湖北省财政厅课题组:《用市场机制改善农村公共服务的提供》，《中国财政》2007 年第 5 期。

58. 贾康:《新农村基础设施建设需要新管理模式》，《改革》2006 年第 3 期。

59. 贾康、孙洁:《社会主义新农村基础设施建设中应积极探索新管理模式——PPP》，《财政研究》2006 年第 7 期。

60. 江苏等部分省市联合课题组:《新农村基础设施建设中运用 PPP 模式的研究》，《中国财经信息资料》2008 年第 7 期。

61. 蒋俊杰:《集权化模式的兴起与瓦解：一项对我国农村灌溉基础设施供给模式的制度分析》，《云南行政学院学报》2007 年第 6 期。

62. 蒋平:《欧美发达国家农业职业教育启示与思考》，《中国农业教育》2006 年第 1 期。

63. 鞠晴江、庞敏:《基础设施对农村经济发展的作用机制分析》，《经济体制改革》2005 年第 4 期。

64. 匡家在:《1978 年以来的农村金融体制改革：政策演变与路径分析》，《中国经济史研究》2007 年第 1 期。

65. 匡远配、汪三贵:《日本农村公共产品供给特点及其对我国的启示》，《日本研究》2005 年第 4 期。

66. 孔祥智、涂圣伟:《新农村建设中农户对公共物品的需求偏好及影响因素研究：以农田水利设施为例》，《农业经济问题》2006 年第 10 期。

67. 劳动和社会保障部、国家统计局：《1998 年劳动和社会保障事业发展年度统计公报》，《中国劳动保障报》1999 年第 6 期。

68. 黎炳盛：《村民自治下中国农村公共产品的供给问题》，《开放时代》2001 年第 3 期。

69. 李伯华等：《基于农户视角的江汉平原农村饮水安全支付意愿的实证分析：以石首市个案为例》，《中国农村观察》2008 年第 3 期。

70. 李彬：《乡镇公共物品制度外供给分析》，中国社会科学出版社 2004 年版。

71. 李剑阁主编：《中国新农村建设调查》，上海远东出版社 2007 年版。

72. 李玲玲、朱玉春：《陕西省农村公路基础设施融资方式研究》，《特区经济》2008 年第 3 期。

73. 李水山主编：《农村教育史》，广西教育出版社 2007 年版。

74. 李维汉：《回忆与研究（下）》，中共党史资料出版社 1986 年版。

75. 李燕凌、曾福生、匡远配：《农村公共品供给管理国际经验借鉴》，《世界农业》2007 年第 9 期。

76. 李云飞：《加快农村公用基础设施建设》，《求是》2002 年第 17 期。

77. 梁国华、马荣国：《对农村公路绩效评价的探讨》，《交通企业管理》2007 年第 9 期。

78. 梁国华、杨琦、马荣国：《农村公路绩效评价指标体系的构建方法》，《中国公路学报》2007 年第 6 期。

79. 林万龙：《乡村社区公共产品的制度外筹资：历史、现状及改革》，《中国农村经济》2002 年第 7 期。

80. 林万龙：《家庭承包制的实施与农村社区公共产品供给制度变迁》，《博士学位论文》，中国农业大学经济管理学院 2000 年版。

81. 林毅夫：《“三农”问题与我国农村的未来发展》，《农业经济问题》2003 年第 1 期。

82. 刘承芳：《我国农村公共品质量的影响因素分析：以道路、饮用水和灌溉项目为例》，《农业技术经济》2007 年第 2 期。

83. 刘成玉、孙小燕：《产权改革：理顺农田水利设施管护体制的突破口》，《农村经济》2006 年第 11 期。

84. 刘重来：《卢作孚与民国乡村建设研究》，人民出版社 2007 年版。

85. 刘峰涛：《农村公路投融资：外部性与产权市场的视角》，《农业经济问题》2008 年第 2 期。

86. 刘家伟：《我国农村基础设施投融资模式研究》，《中央财经大学学报》2006 年第 5 期。

87. 刘炯、王芳：《多中心体制：解决农村公共产品供给困境的合理选择》，《农村经济》2005 年第 1 期。

88. 刘铁军：《产权理论与小型农田水利设施治理模式研究》，《节水灌溉》2007 年第 3 期。

89. 刘学甫：《着力构建农村公益设施长效管护机制》，《农村经营管理》2007 年第 9 期。

90. 刘震、吴栋、孙咏梅：《新农村建设：韩国经验与中国实践》，《特区实践与理论》2006 年第 4 期。

91. 卢亚珊：《乡镇基础设施建设存在问题及对策研究：以壶镇为例》，《科技情报开发与经济》2007 年第 31 期。

92. 陆昂、李郁芳：《从农田水利建设投入看当前农村公共品供给困境：广东省农田水利投入现状分析及思考》，《农村经济》2007 年第 11 期。

93. 马书红：《农村公路规划与执行绩效评价体系研究》，《重庆交通大学学报(自然科学版)》2008 年第 1 期。

94. 马勇：《构建新农村建设资金支持体系的路径思考》，《安徽农业科学》2008 年第 16 期。

95. 毛寿龙：《中国政府功能的经济分析》，中国广播电视出版社 1996 年版。

96. 王春福：《农村基础设施治理 PPP 模式研究》，《农业经济问题（月刊）》2008 年第 6 期。

97. 王灏：《PPP 的定义与分类研究》，《都市快轨交通》2004 年第 5 期。

98. 王丽娅：《民间资本投资基础设施研究》，中国经济出版社 2006 年版。

99. 王强：《20 世纪美国农村“学校合并”运动述评》，《外国中小学教育》2007 年第 8 期。

100. 王炜：《合作金融是农村金融发展的出路：记中国人民大学农业与农村发展学院院长温铁军》，《银行家》2008 年第 6 期。

101. 王小林：《结构转型中的农村公共服务与公共财政政策》，中国发展出版社 2008 年版。

102. 王瑜、应瑞瑶：《农村基础设施投资与农民收入关系再探讨——基于江苏省的实证分析》，《江西农业学报》2007 年第 9 期。

103. 王志刚：《中国农村基础设施需求的测算》，《财政研究》2007 年第 12 期。

104. 吴朝阳：《非盈利性农村公共基础设施筹资方式分析》，《当代财经》2004 年第 5 期。

105. 曲文俏、陈磊：《日本的造村运动及其对中国新农村建设的启示》，《世界农业》2006 年第 7 期。

106. 阮小健、张红：《美国乡村住房的现状与未来》，《城乡建设》2003 年第

7 期。

107. 荣敬本等:《从压力型体制向民主合作体制的转变》，中央编译出版社 1998 年版。

108. 邵志雄:《农村饮水安全工程建设期管理问题探讨》，《中国农村水利水电》2007 年第 10 期。

109. 盛荣:《美国农村住房扶助政策及其启示》，《农业经济》2003 年第 12 期。

110. 世界银行:《1994 年世界银行发展报告：为发展提供基础设施》，中国财政经济出版社 1994 年版。

111. 束明鑫:《美国的交通扶贫政策》，《交通世界》2004 年第 6 期。

112. 孙潭镇、朱钢:《我国乡镇制度外财政分析》，《经济研究》1993 年第 9 期。

113. 陶勇:《农村公共产品供给与农民负担》，上海财经大学出版社 2005 年版。

114. 肖海翔:《"公司部门伙伴关系"模式：新农村基础设施供给的新选择》，《财经理论与实践》2007 年第 3 期。

115. 肖唐镖、石海燕:《中国农村村民自治运行的区域特征与经济背景——基于一项全国性调查资料的综合分析》，《华中师范大学学报：人文社会科学版》2007 年第 6 期。

116. 徐婉如、韦晟:《长三角地区农村基础设施的修建效率研究：以道路为例》，《河北农业科学》2008 年第 10 期。

117. 徐小青:《中国农村公共服务》，中国发展出版社 2002 年版。

118. 徐益丰、何六明:《农村公路养护与管理思考》，《公路企业管理》2008 年第 7 期。

119. 姚刚:《农田水利工程施工过程中的质量控制》，《安徽农业科学》2007 年第 14 期。

120. 杨春、陆文聪:《新农村视角下农民参与式小型水利工程管理体制研究》，《中国农村水利水电》2007 年第 6 期。

121. 杨国永等:《福建沿海地区农村基础设施供给方式创新研究》，《福建农林大学学报（哲学社会科学版）》2007 年第 6 期。

122. 杨文银、王太:《农村公路资金渠道配置评价的相对标度法》，《中国公路学报》2007 年第 6 期。

123. 杨生胜、王晓峰:《日本对农业的扶持政策》，《农业经济》1997 年第 3 期。

124. 岳松东:《呼唤新的社会保障》，中国社会科学出版社 1997 年版。

125. 游雪现、曾瑞胜:《浙江省农村供水可持续运行管理体制调查研究》，《中国农村水利水电》2007 年第 2 期。

126. 詹鸣:《美国人口现象面面观》，《人口与计划生育》2004 年第 12 期。

127. 张汉松:《深化农村饮水工程管理体制改革促进工程良性运行》，《中国农村水利水电》2007 年第 2 期。

128. 张磊主编:《中国扶贫开发历程（1949—2005)》, 中国财政经济出版社 2007 年版。

129. 张琳:《加强农村基础设施建设，改善农村公共服务——访国务院发展研究中心副主任李剑阁》,《理论视野》2007 年第 1 期。

130. 张久珍:《美国农村图书馆与少年儿童信息服务》,《中小学图书情报世界》2000 年第 4 期。

131. 张新光:《中国乡镇改革 25 年》,《中国行政管理》2005 年第 10 期。

132. 张志英等:《我国农村基础设施建设引入民间资金的思考》, 《农村经济》2004 年第 3 期。

133. 赵长峰:《略论新时期美国的农村经济政策》,《经济问题》2008 年第 1 期。

134. 浙江省交通厅乡村康庄工程办公室:《浙江交通乡村康庄工程实施意见》2003 年 12 月 1 日。

135. 浙江省交通厅课题组:《我省农村公路养护管理模式的探讨与研究》2007 年 2 月 14 日。

136. 浙江省水利厅农建办:《农田水利基本建设简报》（第 9 期）2007 年 2 月 28 日。

137. 浙江省水利厅农建办:《农田水利基本建设简报》（第 5 期）2006 年 12 月 1 日。

138. 郑功成等:《中国社会保障制度变迁与评估》, 中国人民大学出版社 2002 年版。

139. 中国社会保障制度总揽编辑委员会:《中国社会保障制度总揽》, 中国民主法制出版社 1999 年版。

140. 中华人民共和国教育部计划财务司:《中国教育成就统计资料: 1949—1983》, 人民教育出版社 1984 年版。

141. 卓越:《政府绩效评估指标设计的类型和方法》,《中国行政管理》2007 年第 2 期。

142. 曾长福、林鹰漳:《税费改革后农村基础设施建设问题研究》,《福建农业学报》2007 年第 22 期。

143. 曾鸣、谢淑娟:《中国农村环境问题研究——制度透析与路径选择》, 经济管理出版社 2007 年版。

后　记

本书为国家自然科学基金“基于多中心体制的农村基础设施治理：政策供给与制度建设（批准号：70673090）”项目的最终研究成果。课题2006年立项后，王春福和黄红华在对已有研究进行梳理的基础上完成了课题调研的总体设计。课题组成员收集整理了全国各地农村基础设施的统计数据，并分赴浙江各地农村进行了预调研，在此基础上设计了调研问卷和访谈提纲。此后，王春福主要负责了黑龙江、浙江和广西等地的调研工作，李继刚主要负责了河南等地的调研工作，黄红华主要负责了湖南等地和进城就业农民的调研工作。由王春福和应珊燕等对所有问卷调研数据进行了处理和分析，并分别写出了黑龙江省、浙江省、河南省以及广西壮族自治区等地农村基础设施调研报告以及流动人口农村基础设施问卷调查报告，为课题的研究奠定了基础。课题组成员还收集了大量的统计数据、政府部门工作资料以及农村基础设施建设过程中形成的资料与数据，并在多次研讨的基础上分头撰写本著作。具体分工如下：第一章，王春福、黄红华；第二章，束顺民；第三章，李继刚（第一、二、五、六节）、王春福（第三、四节）；第四、五章，黄红华；第六章，工春福；第七章，李继刚；第八章，许彬；附录，黄红华。由王春福和黄红华对全书进行了统稿，由王春福定稿。

在课题的研究过程中，浙江工商大学行政管理专业2007级硕士研究生，特别是应珊燕、王文礼，2008级硕士研究生特别是杨文明、覃耀荭等作了大量的资料收集和数据处理等基础性工作。

浙江大学公共管理学院院长姚先国教授对本书的初稿提出了极具建设性的修改意见，在此表示诚挚的感谢！在项目研究和本书撰写过程中，课题组成员参考和引用了一些已有的研究成果，在此对相关学者一并表示感谢！当然，课题组成员将对本项研究成果承担责任。

课题负责人：王春福
2010年2月20日于浙江工商大学